PRÉCIS

DU

DROIT DES GENS

MODERNE

DE L'EUROPE

SAINT-DENIS. — TYPOGRAPHIE DE A. MOULIN.

PRÉCIS

DU

DROIT DES GENS

MODERNE

DE L'EUROPE

PAR

G. F. DE MARTENS

AUGMENTÉ DES NOTES DE PINHEIRO-FERREIRA

Précédé d'une Introduction et complété

PAR L'EXPOSITION DES DOCTRINES DES PUBLICISTES CONTEMPORAINS

et suivi d'une *Bibliographie* raisonnée du Droit des Gens

PAR M. CH. VERGÉ

AVOCAT, DOCTEUR EN DROIT

2e Édition, enrichie de nouvelles Notes et mise au courant des événements contemporains.

TOME SECOND

PARIS

GUILLAUMIN ET Cᴵᴱ, LIBRAIRES

Éditeurs du Journal des Économistes, de la Collection des principaux Économistes
du Dictionnaire de l'Économie politique, du Dictionnaire universel du Commerce et de la Navigation, etc

RUE RICHELIEU, 14

1864

PRÉCIS

DROIT DES GENS

MODERNE DE L'EUROPE.

LIVRE V.

DES DROITS RELATIFS A LA PERSONNE ET A LA FAMILLE DES SOUVERAINS.

§ 164. — Observation générale.

La multitude des liens de famille qui ont subsisté dès longtemps entre les princes chrétiens de l'Europe, soit issus d'un chef commun, soit se trouvant dans un degré quelconque de parenté ou d'affinité, a sans doute beaucoup contribué à faire considérer tous les monarques de l'Europe comme une seule famille ; et ce point de vue, joint à la similitude des mœurs, au goût pour le faste et la pompe, et au désir de resserrer des liens utiles aux États, a donné lieu à l'introduction d'une multitude de démonstrations d'égards, d'amitié ou de politesse que les souverains ont coutume de se faire réciproquement, et dont quelques-unes s'observent particulièrement dans les cours appelées proprement *cours de famille*.

II.   1

Bien que cette matière touche moins directement les nations que la personne des monarques, qu'elle repose presque entièrement sur de simples usages, et ne renferme guère que des règles de décence, il semble qu'en traitant du droit des gens positif on ne peut se dispenser de s'en occuper, d'autant plus que si, d'un côté, les souverains ont introduit le principe que les brouilleries et les guerres des États n'influent point sur les sentiments et la conduite envers la personne des souverains qui en sont les chefs (a), d'un autre côté, on ne peut se dissimuler combien souvent les sentiments personnels, soit de haine ou d'amitié entre les souverains, ont influé sur le sort des nations entières.

§ 165. — Des Notifications.

Comme entre particuliers les membres d'une famille sont censés prendre part à tous les événements qui concernent un de leurs parents, et ont coutume de se le témoigner, de même il est reçu entre la plupart des souverains de l'Europe de se notifier les événements, soit tristes, soit heureux, qui ont lieu par rapport à la personne ou à la famille du souverain, tels que le décès du monarque, de son épouse, des princes ou princesses du sang, l'avéne-

(a) A la suite de ce principe, observé pendant des siècles, antérieurement à la révolution française, les nations se respectaient trop pour ne pas observer à l'égard de la personne des souverains avec lesquels elles étaient en guerre les dehors de la décence et de la politesse; et on se souvenait à regret d'un très-petit nombre d'exemples postérieurs aux siècles de barbarie où ces dehors avaient été enfreints.

Il faut tirer aujourd'hui un voile sur toutes les horreurs qui, au mépris de ce principe, ont été vomies contre les souverains étrangers dans les premières années de la révolution française.

ment au gouvernement, les mariages (a), les grossesses, les naissances, etc. Ces notifications se font ou simplement par écrit, ou verbalement par un ministre ordinaire ou extraordinaire. On y répond par des compliments de condoléance ou de félicitation, que, entre égaux, on a coutume de rendre sur le même pied sur lequel la notification a été faite. Quelquefois, d'après les circonstances, on y ajoute d'autres démonstrations de la part qu'on prend à la nouvelle, par exemple, en prenant le deuil (b), en faisant des cérémonies funèbres, ou en ordonnant des prières publiques, des fêtes, etc.

———

[Du principe de la souveraineté internationale résulte cette conséquence, quant à l'avénement au gouvernement, qu'une reconnaissance préalable de la part des puissances étrangères n'est nullement nécessaire; le seul fait de la détention du pouvoir est suffisant. Mais l'usage et des considérations politiques ont amené les notifications qui sont faites, aux changements de règne, aux nations amies et alliées ou à leurs représentants. Les notifications sont suivies ordinairement, comme le fait observer HEFFTER (le Droit international public de l'Europe, traduction de M. Bergson, § 51), de la promesse d'une continuation de bons procédés et de l'expression du désir d'en obtenir de semblables en retour. Lorsque le pouvoir est nouveau, ajoute-t-il, lorsqu'il n'est pas le résultat d'un droit de succession garanti, lorsqu'il est douteux ou contesté, il est aussi d'usage de demander une reconnaissance expresse aux puissances étrangères. Cette reconnaissance ne peut être valablement exigée à aucun titre que comme condition

(a) *Mémoires historiques des négociations de* 1761, p. 181 et suiv , édit. in-8.

(b) Même en temps de guerre. Louis XIV porta le deuil pour Léopold Ier et Joseph Ier, qui moururent pendant la guerre ; de même l'empereur Charles VI, ordonna, en 1712, le deuil et les cérémonies funèbres lors de la mort du dauphin, de la dauphine et du duc de Bretagne.

de la continuation des rapports internationaux. *V.* également le
baron Charles DE MARTENS, *le Guide diplomatique*, t. 1, p. 221.

§ 166. — Des Mariages.

Nul doute qu'entre les souverains le choix des époux ne
dépende du libre vœu des deux parties, et qu'en exceptant
les cas rares de traités (*a*), ou ceux d'une promesse de mariage déjà faite, de tierces puissances n'ont point le droit
de gêner ce choix. S'il est des cas où de telles puissances
ont franchi les bornes de simples représentations à l'amiable, c'est à la politique plutôt qu'au droit des gens à les
expliquer. Même le cas d'une mésalliance n'offre point aux
étrangers le droit de se refuser à reconnaître les époux ou
les héritiers qui en sont issus (*b*). Ils sont également peu
autorisés à se mêler des différends qui pourraient s'être
élevés entre les époux, ou entre d'autres membres de la
famille, si ce n'est pour offrir leurs bons offices.

Les usages relatifs à la demande en mariage, à la signature des contrats, aux mariages par procuration, etc., diffèrent d'après les cours et d'après les circonstances.

§ 167. — Des Parrains.

Il est d'usage entre les souverains, particulièrement entre
les cours de famille, de s'inviter réciproquement à tenir
leurs enfants sur les fonts de baptême (*a*). Dans le choix
de ces parrains ou marraines on n'a pas aujourd'hui les

(*a*) Traité de 1493, entre la France et l'Espagne.

(*b*) GUNTHER, *E. V. R.*, t. II, p. 483.

(*a*) F.-C. DE MOSER, *von den Gevatterschaften grosser Herren*, dans
ses *Kleine Schriften*, t. I, p. 291.

mêmes égards qu'autrefois à la parité de religion (b). Les
souverains étrangers étant rarement dans le cas de paraître
en personne à cette cérémonie, ils s'y font représenter par
un ministre, ou par quelque autre personne, dont surtout
le père de l'enfant a fait choix en les invitant. On invite
quelquefois des républiques ou autres personnes morales à
être marraines. Il est encore d'usage entre les souverains
que les parrains fassent des présents. Mais ce n'est qu'en
allemand, et quelquefois en latin, que le titre de parrain
se continue dans les écrits.

§ 168. — Des Présents.

Souvent les souverains se font des présents destinés à
servir de gages d'amitié. Cet usage est fort ancien (a); et,
quoiqu'on ne saurait réduire à des règles fixes un point qui,
généralement parlant, est si arbitraire, on peut cependant
observer, 1° que l'on s'engage quelquefois par traité à faire
des présents, soit unilatéralement, soit mutuellement (b);
2° que dans quelques rapports individuels l'usage a introduit des présents mutuels (c); 3° qu'il est des occasions où

(b) Exemples de la reine Élisabeth, invitée par Charles IX, en 1573,
et par Henri IV. Exemple du baptême de Pierre II. *V.* Moser, *loc. cit.*,
p. 321.

(a) Exemple de 879, dans Dumont, *Corps diplom.*, t. I, p. 20, savoir : Litteræ H. Ludov. regis Franciæ Ludovico regi Galliarum, Aqui-
taniæ... et Hispaniæ... Ut fœdus inter nos maneat firmum, mittimus vobis
pro arrhabone cavallum viribus et velocitate, non staturà et carnibus
probabilem et sellam qualem nos insidere solemus...

(b) Traités avec la Porte, de 1739 et de 1791 ; traités avec les États
barbaresques.

(c) Présents de faucons que firent les rois de Danemark et l'ordre de
Malte aux rois de France. Moser, *Versuch*, t. I, p. 347. — Sur les disputes élevées, en 1788, entre le pape et le roi des Deux-Siciles, au sujet

l'on ne manque guère de se faire des présents (*d*); 4° que
d'autres présents sont purement arbitraires (*e*).

§ 169. — Des Ordres.

A l'exemple des ordres religieux et militaires que les
croisades ont vus naître, et dont les chevaliers portaient
des marques distinctives, les monarques commencèrent à
établir dans leurs cours des confréries de chevaliers, auxquels les marques distinctives dont ils les décoraient ser-
vaient de témoignage de ce qu'ils étaient admis dans la
société la plus intime des amis du prince. On a étendu
dans la suite l'idée, l'usage et le nombre de ces ordres, en
les faisant servir souvent de récompense pour les services
militaires ou civils. La plupart des rois, plusieurs électeurs
et princes, et même quelques républiques, ont établi un
ou plusieurs de ces ordres (*a*), plus ou moins estimés, d'a-

---

de la présentation de la haquenée et de la cavalcade, V. *Historisch poli-
tisches Magazin*, t. IV, p. 910.

(*d*) Langes sacrés du pape. Présents de parrains; présents dans les entrevues personnelles ; présents aux États barbaresques ; à chaque changement dans la personne des monarques, etc.

(*e*) Exemples dans DE LA TORRE; *Mémoires du comte* DE HARRACH,
t. II, p. 222; MOSER, *Versuch*, t. I, p. 344; *Beyträge*, t. I, p. 469;
F.-C. VAN MOSER, *von der Staatsgalanterie*, dans ses *Kleine Schriften*,
t. I, part. I, p. 36 et suiv.

(*a*) RAMMELSBERG, *Beschreibung aller Ritterorden*, Berlin, 1744, in-4;
Abbildung und Beschreibung aller hohen Ritterorden, Augsbourg et
Leipsick, 1772, in-12. Ces deux ouvrages sont très-insuffisants, vu surtout le grand nombre d'ordres nouvellement créés. Entre les États monarchiques souverains, il y en a aujourd'hui très-peu qui n'aient pas fondé
un ordre. Beaucoup d'entre eux en ont établi plusieurs, souvent divisés
en classes. On peut en voir entre autres la liste, et une histoire abrégée,
dans G. HASSEL, *Allgemeines europäische Staats-und Address-Hand-
buch für das Jahr* 1816, 2 vol., Weimar, 1818, in-8, sous le 1er chapitre, *De la plupart des puissances*.

près la cour qui les donne, et d'après la manière dont elle en dispose. Ces ordres se confèrent non-seulement à des particuliers, sujets ou étrangers, mais les premiers ordres des rois sont quelquefois conférés à des souverains étrangers, même sans distinction de sexe, et en les dispensant de l'observation des statuts de l'ordre (b), pour servir de gages d'amitié (c); même en temps de guerre on ne discontinue pas de les porter.

Au reste, c'est aux statuts des ordres à décider jusqu'à quel point plusieurs ordres sont compatibles (d). Le chef de l'ordre conserve le droit d'exclure des chevaliers ; et comme ces ordres ne sont qu'une distinction personnelle, les héritiers sont tenus de renvoyer les *marques* de l'ordre, même en conservant les *ornements*.

Nul doute que deux puissances ne puissent établir chacune un ordre du même nom ; mais sur le droit de conférer un même ordre, il s'est élevé, entre l'Autriche et l'Espagne, touchant l'ordre de la *Toison d'or* (e), une il-

(b) Par exemple, statuts de l'ordre de l'Éléphant, 1693, dans mon *Sammlung der Reichsgrundgesetze*, t. I, p. 160; statuts de l'ordre prussien de l'Aigle noir, 1701, dans LUNIG, *R. A. P. Gen.*, cont. II, f. I, p. 201.

(c) Exemples dans MOSEN, *Versuch*, t. I, p. 333; *Beyträge*, t. I, p. 461.

(d) Quelquefois on dispense; sinon, M. MOSER, *Beyträge*, t II, p. 549, prétend qu'on peut, sans offenser, renvoyer l'ordre le moins distingué. Cela me paraît douteux, ou du moins mal exprimé. Aucun sujet ne peut accepter un ordre d'un souverain étranger sans l'agrément de son propre souverain ; et si les lois de l'ordre dont celui-ci l'a décoré l'empêchent d'accepter un autre ordre, comme, par exemple, tel est le cas pour l'ordre de la Toison, ce peut être un motif pour le décliner ou pour en prévenir l'envoi. On sait que ce moyen a été employé du temps de Napoléon. Un autre exemple, sans doute unique, de renvoi a eu lieu de la part du ci-devant roi de Suède à cette même époque.

(e) AYRER, *Magnum magisterium ordinis aurei Velleris*, Gottingue, 1748, in-4; ROUSSET, Recueil, t. XX, p. 220.

lustre contestation qui n'est pas encore formellement
terminée.

[« Il n'est pas plus permis à deux gouvernements, dit Pinheiro-
Ferreira à ce sujet, d'avoir un ordre du même nom et de la même
décoration, qu'il ne l'est à deux individus de porter le même
nom. Il est évident à toutes les lumières qu'on ne saurait exiger
d'un gouvernement qu'il veuille se charger du blâme qui peut
lui résulter du manque de circonscription qu'un autre gouvernement mettrait dans le choix des personnes auxquelles il accorderait la décoration de l'ordre qui est commun aux deux pays ;
car personne n'est obligé de savoir lequel des deux l'a accordée.
Mais du moment où les décorations se distinguent assez l'une de
l'autre pour que la méprise dont nous venons de parler ne puisse
avoir lieu, la seule identité de nom ne saurait être une raison pour
que l'ordre n'existe pas dans les deux pays. »

En France un décret du 13 juin 1853 a eu en vue de remédier
aux abus auxquels avaient donné lieu tant la collation d'ordres
étrangers par des autorités ou corporations n'ayant pas la puissance
souveraine que le mode de porter les insignes des ordres régulièrement conférés. Ce décret porte, entre autres dispositions,
« article 1, que toutes décorations ou ordres étrangers, quelle
qu'en soit la dénomination, ou la forme, qui n'auraient pas été
conférés par une puissance souveraine, sont déclarés illégalement
et abusivement obtenus, et il est enjoint à tout Français qui les
porte de les déposer à l'instant.— Art. 2. Tout Français qui, ayant
obtenu des ordres étrangers, n'aura pas reçu du chef de l'État
l'autorisation de les accepter et de les porter, sera pareillement
tenu de les déposer immédiatement, sauf à lui à se pourvoir... »
On trouve dans le baron Ch. DE MARTENS, *Guide diplomatique*,
t. I, p. 153, la liste, par ordre alphabétique, des ordres existants
dans les différents états.   CH. V.]

§ 170. — Réception de Princes étrangers.

Le cérémonial des diverses cours de l'Europe, quoique
différent dans bien des points, se ressemble dans bien d'autres, surtout quant à la réception des princes étrangers et

de leurs ministres. Cependant comme de la diversité des relations entre le souverain qui reçoit et celui qui vient le voir, il résulte une prodigieuse différence, on doit se contenter ici de toucher les divers points qui peuvent servir à distinguer l'étranger; tels sont les suivants : d'aller ou d'envoyer à sa rencontre, de le saluer du canon, ou de lui accorder d'autres honneurs militaires, de quitter le deuil, de lui accorder la préséance, d'arranger des fêtes, quelquefois de faire prier publiquement pour lui, de le défrayer, de le loger au palais, etc. On ne se quitte guère sans se faire des présents. La difficulté du cérémonial et les frais qui en résultent ont multiplié les voyages des souverains *incognito* ; dès lors il n'y a plus de cérémonial fixe, et la rigueur de l'incognito varie, surtout d'après le goût de l'étranger, ou d'après ce dont on est convenu.

———————

[Il y a l'incognito strict et l'incognito simple sous un nom d'emprunt. V. Moser, *Grundsatze des Völkerrechts in Friedens Zeiten*, p. 128 et suiv.; Dresler, *De juribus principis incognito peregrinantis odiosis*; Gunther, *Völkerrecht*, t. I, p. 478 ; le baron Charles de Martens, *le Guide diplomatique*, 4e édit., t. I, p. 222, note 1; Heffter, *le Droit international public*, traduction de M. Bergson, § 54.   Ch. V.]

§ 171. — Compliments aux Princes étrangers, à leur passage.

Souvent on s'efforce de faire des politesses à un souverain étranger qui'ne touche le territoire qu'en passant, ou qui ne passe que dans le voisinage; surtout en lui envoyant un prince du sang, ou autre personne de distinction pour le complimenter; quelquefois en le défrayant, etc. On

sent que tout dépend ici des circonstances, et qu'il n'est
pas question de droit parfait (a).

§ 172. — Exterritorialité de Souverains étrangers.

Une question plus importante et plus douteuse, c'est de
savoir si, d'après le droit des gens universel, un souverain
étranger conserve son indépendance personnelle pendant
son séjour dans un pays étranger, de sorte que, exempt
des lois et de la juridiction de ce pays, il doit être censé
n'avoir pas quitté ses États, et par conséquent jouir de
l'*exterritorialité*. Plus on peut élever de doutes à cet
égard (a), d'après la rigueur de la loi naturelle, plus il est
important d'observer qu'un usage universellement reconnu
en Europe accorde cette exterritorialité à toutes les têtes
couronnées et à d'autres princes régnants et souverains,
en tant que, 1° ils n'entrent point à l'insu de l'État (b);
2° qu'ils sont régnants, ou que du moins leur prétention au
trône est reconnue (c); 3° qu'ils ne sont pas soumis à la
juridiction de ce pays, par exemple, en entrant au service

(a) *V.* cependant les plaintes amères du czar Pierre 1er contre la Suède,
pour n'avoir pas été défrayé à son passage, etc., dans LAMBERTY, *Mémoi-*
res, t. I, p. 125, 148.

(a) L'affirmative est soutenue par PUFFENDORF, *De jure naturæ et*
gentium, lib. VIII, cap. IV, § 21; BYNKERSHOECK, *De judice competente*
legatorum, cap. III, § 13, cap. IX, § 10; NEUMANN, *De processu judicia-*
rio in causis principum, § 46; STRUBE, *Rechtliches Bedenken*, t. III,
p. 47; la négative, par HELMERTSHAUSEN, *De subjectione territoriali*
personarum illustrium, § 26; COCCEJUS, *De fundatâ in territorio et*
plurium concurrente potestate, p. 11, § 12.

(b) DE RÉAL, t. V, p. 178.

(c) La reine Christine pouvait-elle prétendre encore à cette exterrito-
rialité, après avoir abdiqué la couronne de Suède? *Histoire de la reine*
Christine en Suède, avec un récit du séjour de la reine à Rome, etc.
BYNKERSHOECK, *loc. cit.*, § 16.

militaire (*d*) : de sorte que, même en cas de crimes, on ne pourrait point fonder une juridiction criminelle sur eux, quoique l'État dont la sûreté serait immédiatement compromise par là eût le droit d'agir contre eux comme contre un ennemi déclaré (*e*).

En vertu de cette exterritorialité, on accorde aussi à des monarques étrangers la juridiction (civile au moins) sur les gens de leur suite ; mais on ne peut leur attribuer le droit d'exercer pendant leur séjour tous les différents droits de souveraineté qui produiraient leurs effets sur l'État où ils se trouvent (*f*).

———

[La question que M. de Martens considère comme douteuse ne l'est plus aujourd'hui. Au moyen âge, il est vrai, l'exterritorialité n'existait pas au profit des souverains. On a même vu souvent l'emprisonnement et les mauvais traitements infligés à des princes étrangers servir de déclaration de guerre. L'égalité aujourd'hui incontestée des souverains entre eux leur assure, tant à eux qu'à leur suite et aux objets destinés à leur usage personnel, le bénéfice de l'*exterritorialité* qui comprend : l'exemption de la juridiction territoriale, l'exemption des impôts personnels, la juridiction contentieuse sur leurs propres sujets dans les cas urgents et suivant la loi de leur pays, et la juridiction gracieuse ou volontaire. *V.* sur ce point HEFFTER, *le Droit international public de l'Europe*, traduction de M. Bergson, § 54, les nombreuses autorités indiquées dans les notes sur la question et ce qui sera dit ci-après au § 215. *V.* encore l'observation de l'inheiro-Ferreira :

« Parmi les nombreuses fictions, dit-il, que les jurisconsultes de l'école positive inventèrent pour suppléer aux principes d'une véritable jurisprudence, aucune n'est plus fausse que celle de

(*d*) DE RÉAL, *loc. cit.*, p. 165.
(*e*) BYNKERSHOECK, *loc. cit.*, § 16.
(*f*) LEIBNITZ, *De suprematu principum Germaniæ*, cap. VI, p. 27.

l'*exterritorialité*, soit qu'ils l'appliquent aux monarques voyageant
en pays étranger, soit qu'il s'agisse des ministres diplomatiques
dans les États du gouvernement auprès duquel ils sont accrédités.

» En effet, on est dans l'usage d'accorder aux monarques, lorsqu'ils se trouvent en pays étranger, des immunités et l'exercice
de juridiction sur les personnes de leur suite, ainsi que le dit
M. de Martens. Mais sur quoi repose cette concession? Est-ce un
devoir, ou bien n'est-ce qu'un simple égard pour leur haut rang?
M. de Martens, selon son usage, renvoie le lecteur aux écrivains
qui ont traité la question contradictoirement.

» La raison que donnent ceux qui soutiennent que c'est un
devoir, c'est, disent-ils, qu'on ne saurait refuser au souverain ce
que, de l'avis de tout le monde, on doit à ses ambassadeurs; et
puisque ceux-ci jouissent du privilége de l'*exterritorialité*, il serait inconséquent de ne pas accorder le même privilége aux monarques.

» Ce raisonnement porte entièrement à faux, parce que les immunités qui appartiennent de droit aux ambassadeurs et autres
agents diplomatiques dérivent du caractère dont ils sont revêtus,
c'est-à-dire de la mission dont ils sont chargés, ainsi que nous le
verrons plus bas. On ne saurait donc rien conclure, sur ce qui
est dû au monarque, de ce qu'on doit à ses envoyés. Nous verrons
aussi dans les notes au chapitre de M. de Martens où il est traité
des immunités de ces agents, que presque tous les priviléges
qu'on est dans l'usage de leur accorder à cet égard ne sont que
des honneurs purement volontaires, et nullement fondés sur un
droit inhérent à leur caractère public.

» Or, du moment où les immunités dérivent de ce caractère et
on ne saurait en trouver le fondement ailleurs, la fiction de l'exterritorialité n'est nullement nécessaire: elle conduit même à de
fausses conséquences; car il est positivement faux qu'on doive en
agir envers la demeure de l'envoyé comme envers le territoire de
son souverain.

» Si donc cette fiction ne saurait être admise au sujet des agents
diplomatiques, et si c'est par une argumentation du moins au plus
que les publicistes prétendent en faire l'application aux monarques, il s'ensuit que les immunités accordées à ceux-ci ne dé-
dérivent que des égards dus à leur haute dignité.

» Quant à la juridiction, M. de Martens a tort d'indiquer

qu'ils ont droit à prétendre *au moins à la juridiction civile sur les gens de leur suite ;* car si cela était fondé, les autorités locales seraient tenues de prêter main-forte et de mettre à exécution les arrêts que le monarque voyageur prononcerait sur ses gens, ou bien il faudrait lui accorder l'autorité d'employer lui-même à cet effet, en présence des autorités du pays, et sans que celles-ci eussent le droit d'en empêcher les abus, la force qui serait à sa disposition ; conséquences rigoureuses du principe, mais qu'à coup sûr aucun jurisconsulte ne voudrait admettre. A plus forte raison serait-il absurde de lui accorder le droit de prononcer en matière criminelle. Au reste, les publicistes qui ont soutenu de pareilles doctrines ont oublié qu'il n'y a que les gouvernements despotiques où les monarques exercent le pouvoir judiciaire ; et certes aucun de ces écrivains ne voudrait convenir que ses ouvrages fussent destinés à soutenir les droits de la tyrannie. »

CH. V.]

§ 173. — Des Biens privés des Princes étrangers.

L'exterritorialité des souverains étrangers s'étend aussi aux biens meubles qu'ils ont avec eux. De plus, un usage assez généralement introduit, tant en Europe qu'en particulier en Allemagne, accorde l'immunité de douanes pour les biens qu'un prince étranger fait venir d'un autre pays, ou qu'il fait passer par celui-ci (*Freyheit des Fürstenguts*), en tant que ces biens sont destinés à l'usage de sa personne, ou de sa famille, et qu'on a fait précéder la réquisition usitée (*a*), et qu'on les a fait accompagner de passeports obtenus en due forme (*Freypasse*).

(*a*) Elle fut expressément stipulée dans le traité de paix de 1745, entre la Prusse et la Saxe, article 10. Les républiques mêmes l'accordent ; *V*., par exemple, PESTEL, *Comment. de rep. Batavd*, § 438. Il serait bien à désirer qu'au moins les membres de la Confédération' germanique pussent s'entendre sur l'observation uniforme et réciproque de cet usage ; l'impulsion en a été déjà donnée dans les séances de la diète, en 1819.

Les biens immeubles qu'un souverain étranger possède
chez nous ne sont pas, dans la règle, exempts d'impôts ; et
quant à ces biens, comme aussi quant aux biens meubles
qui appartiennent à la personne d'un souverain absent, ils
sont, comme ceux qui appartiennent immédiatement à
l'État ou à ses sujets, soumis à la juridiction de l'État où
ils se trouvent (b); par conséquent à la *saisie* (c) et à la sé-
questration sollicitée par les sujets de cet État dans les cas
où, en général, les lois permettent une *saisie de droit* et
fondent sur elle la juridiction (d).

Mais s'il s'élève des contestations entre deux souverains
par rapport à leurs biens privés (e), il en est comme des
disputes qui surviennent immédiatement de nation à nation, savoir, qu'aucun des deux ne peut être à la fois juge
et partie. Les saisies décernées dans de tels cas ne sont
donc plus des *saisies de droit* (*arresta juris*), mais des
saisies de fait, qui ont la nature des représailles, et dont,
entre des États entièrement souverains (f), la légitimité
doit se juger d'après les mêmes principes qui ont lieu, en

(b) Exemple mémorable de la succession d'Orange, où le roi de Prusse
fut cité par un tribunal hollandais ; et nonobstant les graves plaintes qu'il
éleva sur le mode peu respectueux d'une citation au son du tambour, il
comparut par un fondé de pouvoir, et interjeta ensuite appel contre
une sentence prononcée en 1716. *V.* LAMBERTY, *Mémoires*, t. II, p. 367
et suiv.

(c) BYNKERSHOECK, *De judice competente legatorum*, cap. IV, § 2-5 ;
cap. XVI, § 6. *V.* cependant HUBER, Ad tit. *De in Jus vocando*, n. 1.

(d) Mais c'est au gouvernement à juger si cette saisie aura lieu. Elle
peut être refusée sans injustice, par des motifs d'intérêt public. STRUBEN,
Rechtliche Bedenken, t III, p. 51 ; AITZEMA, *Zaaken van Staet en Oorlogh*, chap. XXXIV, p. 76 ; chap. XLVIII, p. 1033 ; BYNKERSHOECK, *loc. cit.*,
§ 3.

(e) Exemples dans VAN MOSER, *Beyträge*, t. I, p. 449.

(f) PUTTER, *Epitome processûs imp.*, § 147.

général, dans la défense et la poursuite des droits de nation
à nation, dont il sera parlé dans le chapitre des représailles.

La question de savoir jusqu'à quel point un souverain
⋅peut se permettre d'employer les forces de la nation pour
la poursuite de prétentions qui lui sont personnelles, n'est
pas du ressort du droit des gens ; c'est au droit public à la
résoudre.

[Pinheiro-Ferreira présente sur ce paragraphe les observations
suivantes :

« Le lecteur pourrait être induit en erreur s'il adoptait comme
vraie, dans sa généralité, l'assertion par laquelle M. de Martens
paraît vouloir consacrer l'exemption des droits de douane en faveur des objets destinés à l'usage des princes ; tandis que dans
tous les pays bien réglés rien, même ce qui est destiné pour le
propre souverain du pays, n'en est exempt. Pour peu qu'on y ré-
fléchisse, on se convaincra que c'est là le seul moyen d'éviter les
innombrables abus qui ne manqueraient pas d'avoir lieu à l'abri
de tels priviléges.

» Mais l'assertion la plus étrange de M. de Martens dans ce paragraphe, c'est de nous assurer que *la question jusqu'à quel point
un souverain peut se permettre d'employer les forces de la nation
pour la poursuite des prétentions qui lui sont personnelles, n'est
pas du ressort du droit des gens, c'est au droit public à la résoudre,*
tandis qu'il vient de nous dire que telles prétentions *doivent se
décider de même que les droits de nation à nation :* doctrine fausse
et monstrueuse ; car de quel droit un souverain prétendrait-il que
le peuple s'immolât pour soutenir des droits peut-être imaginaires,
et qui, s'ils ne le sont pas, peuvent et doivent être décidés par les
tribunaux du pays où se trouvent situées les propriétés du souverain. A cet égard, il n'est qu'un simple propriétaire, et toute contestation au sujet des biens qu'il y possède doit être décidée d'a-
près les lois du pays, comme si les biens appartenaient à toute
autre personne.

» Certes il y a des cas où, les autorités du pays ne faisant pas

droit au souverain étranger, sa nation doit lui prêter l'assistance
que ses droits et la sagesse du gouvernement montreront qui lui
est due. Mais dans cela il n'y a d'autre différence que celle de
l'influence que doit exercer sur les décisions à prendre la plus
grande importance du tort, lorsque c'est le chef du gouvernement
qui en est atteint. »   Cn. V.]

§ 174. — Des Intérêts de Famille.

De même, la question de savoir jusqu'à quel point un
souverain peut épouser la cause des princes ou princesses
de sa famille, chefs ou époux des chefs d'États étrangers
qui se plaignent de la violation de leurs droits (a), peut
être différemment considérée sous le point de vue du droit
public et sous celui du droit des nations. Sous le premier
point de vue, on peut convenir que, dans les cas de collision, les devoirs du souverain de conserver son État doivent être préférés à ceux d'épouser les intérêts des membres de sa famille; mais, ces cas exceptés, des princes
passant au gouvernement d'un État étranger, et surtout les
princesses (dont les mariages sont souvent un sacrifice of-
fert à leur patrie), ne perdent point par là tous les droits
de réclamer les secours et la protection de l'État qui les a
vus naître.

Sous le second point de vue, le droit des gens n'est pas
violé lorsqu'un souverain embrasse la juste cause des
membres de sa famille, dans des cas où il serait en droit de
protéger le moindre de ses sujets ou de prêter le secours
sollicité par un prince étranger.

(a) Caroline-Mathilde en Danemark, Frédérique-Sophie en Hollande,
Marie-Antoinette en France.

[L'expression des principes posés par M. de Martens dans le présent paragraphe manque de clarté. Si notre auteur prétend simplement réserver aux souverains le droit de protéger les membres de sa famille devenus chefs ou époux des chefs d'Etats étrangers à l'égal du plus modeste de leurs sujets, rien de mieux ; mais s'il croit pouvoir engager les nations dans de purs débats de famille, il méconnait, sous l'impression des événements lamentables au milieu desquels il écrivait, le droit de chaque nation de réserver à ses intérets directs et personnels les efforts de son courage et les sacrifices de ses finances. Aussi c'est avec raison que Pinheiro-Ferreira ajoute :

» Les temps ne sont plus où l'on assimilait le droit de gouverner au droit de posséder. Ce qui n'était que faux, il y a cinquante ans, serait absurde aujourd'hui ; savoir : qu'il y a lieu à une guerre pour imposer à une nation un souverain qu'elle repousse ou même qu'elle ne reçoit pas unanimement.

» Les droits de légitimité des souverains, cherchés ailleurs que dans la volonté libre de la génération vivante, ne sont plus de notre siècle. Ce que tous les bons esprits ont proclamé de tout temps, est devenu aujourd'hui doctrine générale ; car, grâce aux rapides progrès des lumières, ces vérités ne sont plus combattues que par ce faible reste des hommes qui tiraient toute leur importance du régime des priviléges, lesquels, n'ayant rien oublié de leurs préjugés, n'ont rien appris de ce que la marche du siècle et les leçons de l'expérience ne leur permettent pas d'ignorer. » KLUBER, *Droit des gens*, édit. Guillaumin, § 50, pense, contrairement à l'opinion de Martens, que les affaires de souverains entre eux, concernant *leurs propriétés particulières*, sont souvent traitées comme appartenant au droit des gens.   CH. V.]

LIVRE VI.

DES NÉGOCIATIONS A L'AMIABLE ET DIPLOMATIQUES.

----

§ 175. — Connexion de la matière.

De même que dans d'autres branches de la jurisprudence, on doit distinguer dans celle du droit des gens les droits mêmes des nations, des moyens qu'elles ont pour les défendre et les poursuivre ; et ceux-ci, quoique fondés sur la loi naturelle, sont également assujettis à quelques modifications qui tiennent aux traités ou aux usages, et par conséquent sont du ressort du droit des gens positif.

Comme entre des peuples libres et souverains il n'y a point de juge supérieur sur la terre devant lequel ils puissent comparaître pour attendre de lui la décision de leurs disputes, il ne leur reste d'autres voies pour les terminer que les négociations *à l'amiable*, ou, à leur défaut, les *voies de fait*.

§ 176. — Des bons Offices ; de la Médiation ; du Compromis.

Les négociations à l'amiable peuvent avoir lieu soit entre les puissances seules entre lesquelles la dispute s'est élevée,

soit avec le concours d'une tierce puissance. La part que
celle-ci peut prendre pour terminer le litige diffère essentiellement, en ce que, 1° elle interpose simplement ses
bons offices pour amener à un accommodement; 2° ou
qu'elle est choisie par les deux parties pour leur servir de
médiateur (a), donc pour faire à l'une et à l'autre des
propositions impartiales d'accommodement, sauf le droit
de chacune de les accepter ou de les rejeter; 3° ou enfin
qu'elle est choisie en qualité de *juge compromissaire* pour
prononcer une sentence puisée dans les principes du droit,
et obligatoire pour les deux parties. Cette dernière voie,
très-usitée dans tout le cours du moyen âge, n'a pas été
entièrement abandonnée jusqu'à ce jour (b); mais les
exemples d'arbitrages offerts et acceptés sont devenus de
plus en plus rares, par l'expérience des inconvénients qui
semblent être presque inséparables de ce moyen, ordinai-

(a) La médiation différant essentiellement de l'interposition des bons
offices, on peut accepter ceux-ci et rejeter la médiation. *V.*, en général,
sur cette matière, Bielefeld, *Institutions politiques*, t. II, chap. VIII,
§ 17; Treuer, *De prudentiâ circa officium pacificationis inter gentes*,
Lipsiæ, 1727, in-4.

(b) A.-G.-S. Haldimand, *Diss. de modo componendi controversias
inter æquales et potissimum arbitris compromissariis*, Lugd. Bat.,
1739, in-4. *V.* différents exemples dans Kluit, *Hist. fœderum*, t. II,
p. 500. On peut, dans un certain sens, ranger encore dans cette catégorie
les décisions arbitrales qui ont eu lieu à la suite de l'acte du congrès de
Vienne, pour décider : 1° des créances de rentes sur l'octroi du Rhin
(décision arbitrale du 26 mars 1816, dans mon *Nouveau Recueil*, t. IV,
p. 225); 2° de la succession dans le duché de Bouillon (*V.* la sentence
arbitrale du 1er juillet 1816, *loc. cit.*, t. II, p. 490); 3° du différend entre
les cantons d'Uri et du Tessin, au sujet des douanes (sentence arbitrale
du 15 août 1816, *loc. cit.*, t. IV, p. 207); 4° d'une partie des dettes de
la Hollande (sentence arbitrale d'une commission entre la France et la
Hollande, du 16 octobre 1816, insérée dans mon *Nouveau Recueil*, t. IV,
p. 263).

rement insuffisant, surtont par le défaut d'un pouvoir
exécutif.

———

[La médiation, les bons offices et l'arbitrage se ressemblent en
ce que toutes ces voies ouvertes par le droit des gens ont pour but
de concilier les différends des nations. Il y a cependant, entre la
médiation et le compromis qui implique l'arbitrage, cette différence que, par la médiation, les parties intéressées conservent la
libre faculté d'accepter ou de ne pas accepter les arrangements
proposés, tandis qu'elles sont liées par le compromis et que la décision arbitrale doit leur servir de loi et de règle, à moins que
les arbitres n'aient rendu un jugement manifestement injuste et
contraire à la raison. Longtemps les papes ont été investis, au nom
de la religion et de la foi, d'un pouvoir de conciliation au sein de
la famille chrétienne. Depuis la réforme, ce pouvoir a passé aux
princes séculiers.

« Le devoir du médiateur, en interposant ses bons offices pour
engager les parties à s'entendre, est, dit Vattel, le Droit des gens,
édit. Guillaumin, liv. II, ch. xviii, § 328, de garder une exacte impartialité ; il doit adoucir les reproches, calmer les ressentiments,
rapprocher les esprits. Son devoir et de favoriser le bon droit, de
faire rendre à chacun ce qui lui appartient ; mais il ne doit point
insister scrupuleusement sur une justice rigoureuse. Il est conci-
liateur et non pas juge : sa vocation est de procurer la paix, et il
doit porter celui qui a le droit de son côté à relâcher quelque
chose, s'il est nécessaire, dans la vue d'un si grand bien. »
                                                      Ch. V.]

§ 177. — Du Style diplomatique.

Dans chacun de ces cas, les affaires peuvent se traiter
ou verbalement ou par écrit, soit immédiatement entre les
souverains, soit médiatement par leurs plénipotentiaires.

Et tandis que les négociations proprement dites ne sont
pas les seuls objets qui donnent lieu à des écrits ; que dans
les relations extérieures il peut s'offrir nombre d'occasions

où il s'agit d'exposer à d'autres nations, ou à tout le public, les droits, les intentions, les mesures de tel État, il résulte de là une multitude de genres d'écrits usités pour les affaires étrangères et assujettis aux règles du *style diplomatique* (a). •

[« Le style diplomatique, à quelque sujet qu'il s'applique, dit M. de FLASSAN, dans son *Histoire de la diplomatie française*, ne doit pas être celui de l'académicien, mais celui d'un penseur froid, revêtant d'une expression pure et exacte une logique non interrompue. La chaleur qui fait presque toujours le succès de l'éloquence doit en être exclue. » La dignité des États, le choix et la distinction des personnages qui les représentent, l'importance des négociations, commandent au style diplomatique une élévation qui peut s'allier avec la précision dans les termes employés et l'ordre dans l'exposé des faits et dans l'enchaînement des arguments. Des négligences ou des erreurs dans les expressions employées amènent des froissements ou des erreurs et par suite peuvent nécessiter des protestations ou des demandes d'explications. Il peut même arriver qu'une puissance, se croyant lésée dans ses intérêts ou blessée dans sa dignité, refuse provisoirement une réponse ou repousse la pièce comme inadmissible. V. HEFFTER, *le Droit international public*, traduction de M. Bergson, § 236. V. encore le baron Charles DE MARTENS, *le Guide diplomatique*, t. II et suiv. qui, après d'excellents conseils sur le style diplomatique en général, ajoute: «Toute composition en

(a) On peut consulter à cet égard les ouvrages suivants : LUNIG, *Theatrum cæremoniale historico-politicum*, Lipsiæ, 1720, 2 vol. in-fol.; ROUSSET, *le Cérémonial diplomatique*, La Haye, 2 vol.; et les tomes IV et V des *Suppléments au Corps diplomatique*. — Entre les abrégés qui traitent de cette matière, consultez SVEEDORF, *Essai d'un traité du style des cours*, Gottingue, 1758, in-8, revu et corrigé par ISAAC DE COLOM DU CLOS, Gottingue, 1776, in-8 ; BECK, *Versuch einer Staatspraxis*, Wien, 1754, in-8 ; pour l'Allemagne, PUTTER, *Anleitung zur juristischen Praxis*, 1753, en 2 vol., et la 3ᵉ édit., de 1765 ; et, à quelques égards, J.-J. MOSER, *Einleitung in die Canzeley-Wissenschaft*, Hanau, 1750, in-8 ; F.-C. VAN MOSER, *Versuch einer Staatsgrammatik*, 1749, et plusieurs traités dans ses *Kleine Schriften*.

matière politique renferme des points principaux et des matières secondaires. Pour les exposer ou les développer selon leur importance,
il faut savoir placer chaque chose dans son vrai jour, et ordonner
les matières de telle sorte que les transitions ne soient point
forcées et que les arguments, se fortifiant l'un l'autre dans une
gradation naturelle, complètent la conviction; enfin, on doit soutenir l'attention en sachant se restreindre et conclure. En un mot,
*bien dire dans l'ordre convenable tout ce qui doit être dit et rien
au delà,* tel est le grand art du diplomate... On ne saurait trop recommander aux rédacteurs d'actes et offices diplomatiques, d'*unir
à la précision des idées, la propriété des termes et la concision du
style.* Les circonlocutions, les épithètes oiseuses, les expressions
ambitieuses ou recherchées, les longues périodes, les hors-
d'œuvre, les lieux communs, sont plus particulièrement mal
venus dans les écrits de ce genre où tout, étant grave et important,
doit marcher simplement et directement au but. »   Cн. V.]

§ 178. — Des différents genres d'Écrits.

On se contentera d'observer ici qu'on peut diviser ces
différents genres d'écrits, souvent généralement appelés
actes publics, en écrits adressés à une personne ou à une
cour déterminée, ou destinés pour elles, et en écrits adressés à tout le public, et qu'on nomme quelquefois actes publics, en sens particulier.

De ce premier genre sont : 1o les lettres, soit de conseil
ou de chancellerie, de cabinet ou de main propre (a);
2o les mémoires et les notes des cours ou des ministres, les
décrets, résolutions, signatures, dépêches, etc.

Du second genre, sont : 1o les pleins pouvoirs, les ratifications, les actes de garantie, les passe-ports, les priviléges, et quelques manifestes ordinairement dressés en

(a) *V.,* par exemple, *OEuvres posthumes* du roi de Prusse, t. III,
p. 365-407, édit. de Hambourg.

forme de *lettres patentes*; 2° les traités, les déductions,
exposés des motifs, etc., adressés à tout le public, mais
dressés *in forma libelli.*

[Il y a encore, à côté des notes signées, des *notes* dites *verbales*,
que l'usage a admises et que l'agent diplomatique s'abstient de
signer, soit qu'il ne veuille pas engager sa responsabilité d'une
manière définitive, soit qu'il s'agisse simplement de rappeler les
points essentiels d'une conversation politique sur des questions
qui ont été traitées de vive voix.

L'usage qui s'est introduit dans les gouvernements représentatifs, de porter à la tribune les questions de politique étrangère,
doit inspirer à l'agent diplomatique une réserve plus grande dans
les dépêches qu'il adresse à ses supérieurs hiérarchiques; de là
aussi des lettres confidentielles qui, à côté de l'exposé exact et
succinct des faits qui figurent dans la correspondance officielle,
font connaître d'une manière plus complète l'état des affaires et les
probabilités de leur solution.   Сн. V.]

§ 179. — De la Langue.

Les principaux points du cérémonial diplomatique
concernent l'usage de la *langue* et des *titres.* Quant
à la langue, on doit distinguer la langue de *cour* et
celle d'*État* (a). Entre des puissances qui n'ont pas la
même langue d'État, chacune considère aujourd'hui (b)
comme un avantage qu'on se serve de la sienne; et
tandis qu'aucune n'a, dans la règle, un droit à cette
prérogative, on avait introduit depuis longtemps entre

(a) F. C. van Moser, *Von den Europäischen Hof und Staatssprachen nach deren Gebrauch im Reden und Schreiben*, Frankfurt, 1750,
in-8.

(b) Sur les variations des principes suivis à cet égard chez les Romains,
à diverses époques, V. A Duxe, *De usu et auctoritate juris romani*,
lib. II, cap. 1, p. 150.

de tels États l'usage de la langue latine comme d'une langue neutre, en l'employant dans les lettres, dans les négociations, dans les traités, etc. Mais depuis que, surtout sous Louis XIV, la langue française est devenue la langue presque universelle des cours (c), elle a été substituée dans une multitude de relations à l'usage du latin, tant dans les correspondances des cours et des ministres, que dans les négociations et dans les traités; en ajoutant à ces derniers (lorsque la France y a part), un article séparé pour empêcher qu'il n'en résulte une obligation pour la suite. Mais lorsqu'une puissance s'obstine à se servir de sa langue d'État (d), et qu'aucun des deux ne veut céder, on doit, ou s'arranger sur le choix d'une langue neutre, ou se servir chacun de la sienne, en négociant ou dressant le traité en deux langues (e); ce qui doit paraître absurde dans les discours (f); très-nuisible dans les négocia-

---

(c Le comte de RIVAROL, *Dissertation sur l'universalité de la langue française*, ouvrage qui a remporté le prix à Berlin en 1784, in-4; J.-C. SCHWAB, *Von den Ursachen der Allgemeinheit der französischen Sprache und der wahrscheinlichen Dauer ihrer Herrschaft*; eine gekrönte Preisschrift, neue Ausgabe, Tubingen, 1785, in-8.

(d) L'Empire d'Allemagne n'a voulu traiter avec les étrangers qu'en latin ou en allemand. Le Danemark, la Grande Bretagne, le pape, le Portugal, la Suède, les Provinces-Unies des Pays-Bas, quoique également en usage de se servir de la langue latine dans les occasions de cérémonie, ont souvent négocié et traité en français; de même la Russie, dont, ainsi qu'en France, la langue du pays est la langue d'État. Les Turcs affectent de négocier dans leur langue, et, d'après DE RÉAL, *de la Science du Gouvernement*, t. V, p. 558, ne regardent aucun traité comme obligatoire s'il n'est dressé dans leur langue. C'est peut-être pourquoi le traité de 1774 entre la Russie et la Porte fut dressé en trois langues, en turc, en russe et en italien. V. art. 28 de ce traité, dans mon *Recueil*, t. IV, p. 607.

(e) Nombre de traités modernes, conclus surtout par l'Angleterre et par les Etats-Unis de l'Amérique, ont été dressés en deux langues.

(f) Exemple dans MOSER, *Versuch*, t. III, p. 406, 430; t. IV, p. 250.

tions (*g*), et non sans quelques inconvénients dans les traités (*h*).

Entre les États dont la langue du pays est la même, il
paraît tout simple de se servir de celle-ci de préférence à
toute autre ; mais dans ces rapports mêmes la langue française a quelquefois prévalu par différents motifs (*i*).

[Chaque État a évidemment le droit d'employer sa langue ou
une langue étrangère et même de demander qu'elle soit employée
pour traiter avec lui; mais il est d'usage en général de recourir à
une langue neutre. On s'est servi de la langue latine jusqu'au
dix-huitième siècle. Les traités de paix de Nimègue, de Ryswick,
d'Utrecht, de Bade en 1714, de Vienne en 1725 et en 1738, le
traité de la quadruple alliance de Londres de 1788, ont été rédigés en latin. Les bulles du pape sont encore en latin. Peu à peu,
grâce aux chefs-d'œuvre de sa littérature, la langue française
est devenue comme un idiome universel et la langue officielle
des cours et des cabinets. La plupart des traités signés depuis le
commencement du dix-neuvième siècle ont été rédigés exclusivement en français. On peut citer notamment les actes du congrès
de Vienne en 1815, les traités de 1833, concernant la séparation
de la Belgique et de la Hollande, plus récemment le traité du 30
mars 1856 qui a mis fin à la guerre d'Orient. La langue française
a prévalu pour les relations des États de l'Allemagne entre eux,
bien que la Confédération germanique ait décidé à Francfort, le

(*g*) Exemple instructif des négociations de Rastadt, 1797-1799.

(*h*) Comme, dans ce cas, il y a deux originaux, dont aucun n'a un
droit de préférence, il peut naître des disputes sur le vrai sens d'un mot
ou d'une phrase différemment rendus dans les deux langues, ce qui eut
lieu, par exemple, entre la France et la Grande Bretagne sur quelques
passages du traité de commerce de 1786.

(*i*) Entre les États de l'Empire, la paix de Breslau, de 1742, offre le
premier exemple de ce genre, suivi en 1745, 1763, 1779. Moser,
Teschner Friedensschluss mit Anmerkungen, p. 48. Les traités *entre*
les États de l'Allemagne, depuis 1813, n'ont été dressés en partie qu'en
français.

12 juillet 1817, qu'elle ne se servirait dans ses rapports avec les autres puissances que de la langue allemande en y ajoutant une traduction latine ou française et à charge de réciprocité. Souvent on insère des réserves pour déclarer que la langue française a été employée *sans tirer à conséquence pour l'avenir*. C'est ce qui a eu lieu dans l'acte final du congrès de Vienne, art. 120.

La Porte-Ottomane emploie dans sa correspondance avec les cours européennes la langue turque; mais ses communications sont accompagnées d'une traduction latine ou française,

Le baron Charles DE MARTENS, dans son *Guide diplomatique*, t. II, p. 7, fait observer qu'en cas de désaccord sur le choix d'une langue et lorsque chaque partie intéressée persiste à employer la sienne pour les relations habituelles et pour la rédaction des traités, on fait deux instruments originaux. Mais alors les négociations sont longues et difficiles et les actes ou les traités manquent le plus souvent de clarté et de précision. Ainsi en 1797 et 1799, aux négociations de Rastadt, les ministres de l'Empire germanique et les envoyés de France correspondirent chacun dans leur langue, sans y joindre de traduction.

« Ce que M. de Martens appréhende, dit Pinheiro-Ferreira, du double texte d'un traité en deux langues a également lieu lorsqu'on n'a employé qu'une seule langue; car, si on est de bonne foi on avouera, ce qui est en réalité, que des deux textes il n'y en a qu'un qui ait servi comme original, et que l'autre n'en est que la traduction. Sans doute que la signature du négociateur français, par exemple, apposée au bas du texte anglais, induit une présomption qu'il en a sanctionné le contenu, la même où il y a différence entre les deux textes; mais cette présomption s'évanouit si on réfléchit que, ne pouvant pas donner à la fois son assentiment à deux assertions contradictoires, il a mieux compris, et par conséquent il a entendu signer ce qui est dans le texte français. On peut en dire autant du négociateur anglais. D'où il résulte qu'il n'y a qu'un des deux textes qui doive être pris pour l'original, et que l'autre doit être assimilé aux traductions que l'on fait faire lorsqu'on n'a employé qu'une langue, à l'usage de la nation dont chaque membre ne saurait être tenu d'exécuter le traité que d'après une pareille traduction authentique. Les discussions que celle-ci peut faire naître se décident d'après les règles générales de l'herméneutique appliquées au traité original.

De la même manière devra-t-on lever toutes celles qui naîtraient
des différences qu'on pourra remarquer entre celui-ci et la traduction. Mais il y a toujours un avantage à présenter à côté de
l'original une traduction qu'on sait avoir passé sous les yeux des
deux négociateurs, ainsi que des personnes appelées à approuver
et à ratifier le traité. »

V. encore Heffter, *le Droit international public*, traduction
par M. Bergson, § 235, suivant lequel les règles qui précèdent
s'appliquent également aux communications verbales qui ont lieu
dans les occasions solennelles, telles que les discours prononcés
dans les audiences publiques : « Le ministre étranger tient, ou
du moins il peut tenir son discours dans sa propre langue : un
interprète est chargé de le traduire. Le souverain répond dans
la sienne. Ce principe entraînait des inconvénients qui l'ont fait
abandonner, en lui substituant d'autres expédients. La personne
d'un rang inférieur emploie la langue de celle d'un rang plus
élevé, ou bien on s'entend sur l'usage d'une langue neutre, fa-
milière aux deux parties, telle que l'est aujourd'hui la langue
française. »   Ch. V.]

§ 180. — Des Titres de Possessions.

Quoiqu'il dépende du goût de chaque souverain de
spécifier ou non dans ses titres et dans ses armes les
différents États qu'il possède incontestablement, l'emploi
des titres et des armes a souvent donné lieu à des contestations, lorsque, 1° il conserve les titres de possessions qu'il
n'a plus, et sur lesquels quelquefois il a cessé de former
des prétentions ; 2° lorsqu'une autre puissance forme des
prétentions sur des États qu'il possède, et dont elle refuse
de lui reconnaître les titres. Autrefois les disputes de cérémonial qui en résultaient ont plus d'une fois fait naître
des guerres ou échouer des négociations. Dans des temps
plus récents, on a vaincu la difficulté dans les traités par
un article séparé *de non præjudicando*, tant qu'on n'a

pu s'arranger (a) ou se déterminer à une suppression volontaire.

[On trouve dans le baron Charles DE MARTENS, *le Guide diplo-matique*, 4ᵉ édit., t. II, p. 14, une distinction au sujet des titres de possessions. Cet auteur reconnaît pour chaque souverain la faculté d'énoncer tous ses titres en énumérant tous les noms des différents États qu'il possède. Mais quelques-uns réunissant dans le *grand titre* une longue série de possessions, on est arrivé, pour la facilité d'expédition des pièces de chancellerie, à adopter un *titre moyen* et un *petit titre* pour les affaires ordinaires. Le *grand titre* embrasse tous les titres de possession *réelle* et ceux de possession *fictive;* le *titre moyen* comprend quelques titres de possession *réelle* : Roi, archiduc, grand-duc, prince, mar-grave, etc.; le *petit titre* est le titre même de la dignité, sous le-quel on désigne habituellement chaque souverain.   CH. V.]

§ 181. — Des Épithètes.

A ces titres, quelques têtes couronnées ont ajouté des épithètes particulières, introduites par l'usage ou par des bulles papales. C'est ainsi que l'empereur romain portait le titre de *semper Augustus*; les rois de France portent ce-lui de *Roi très-chrétien* (a); les rois d'Espagne sont quali-fiés, depuis 1496, de *Roi catholique;* les rois d'Angleterre, depuis 1521, 'de *Défenseur de la foi;* les rois de Portugal,

---

(a) Après la cession de la Norwége au roi de Suède, en 1814, le Da-nemark continua encore quelque temps à se servir des titres et des armes de ce royaume; mais, par une déclaration et une contre-déclaration ajoutées au traité du 1ᵉʳ septembre 1819 entre ces deux puissances, le Danemark a consenti à en supprimer l'usage à des époques déterminées d'après les distances du lieu. V. mon *Nouveau Recueil*, t. IV, p. 653.

(a) Sur l'usage de ce titre, V. *Mémoires et Négociations secrète de la paix de Munster*, t. I, p. 112, édit. in-8; PIGANIOL DE LA FORCE, t. I, p. 92; J.-J. MOSER, *Vermischte Abhandlungen aus dem Wolker-recht*, n. 2.

depuis 1748, de *Roi très-fidèle* (b), les rois de Hongrie, depuis 1758, de *Roi apostolique* (c). Mais le roi de la Grande-
Bretagne est aujourd'hui le seul qui fasse lui-même usage
de ces épithètes dans ses titres ; les autres se contentent de
se les faire donner, surtout par des étrangers. Les nations
étrangères ne font plus aujourd'hui de difficultés de les
leur attribuer.

<hr>

[*V*. les observations qui accompagnent le § 183.]

§ 182. — Des Titres de Parenté.

Le caprice du cérémonial a introduit dans le style diplomatique un double usage des titres qui désignent les liens
de parenté. On s'en sert, 1° pour indiquer les liens du sang
qui subsistent effectivement entre deux monarques ; 2° pour
exprimer les relations politiques (ou religieuses) égales, ou
plus ou moins inégales, qui subsistent entre les États ou
leurs chefs : c'est dans ce sens que la piété a fait donner au
pape le titre de *Très-Saint-Père* ; que tous les rois se qua-
lifient réciproquement de *frères*, et que ce titre est donné
même par la plupart des rois aux princes qui jouissent des
honneurs royaux, tels que l'électeur de Hesse et les grands-
ducs. Mais le titre de *cousin*, quoique égal d'après la nature, désigne, ainsi que celui de *neveu*, l'infériorité quelconque de celui auquel cette distinction est unilatéralement
accordée. Les bizarres combinaisons de ces doubles titres
bravent quelquefois la nature (a).

<hr>

(b) *V*. la bulle papale dans WENCK, *Codex juris gent*, t. II, p. 432.
(c) WENCK, *loc. cit.*, t. III, p. 184.
(a) J.-J. MOSER, *Von dem Brudertitel*, dans ses *Opuscula academica*,

Les titres de *parrain* et de *marraine* ne se trouvent plus guère que dans le style diplomatiqne allemand (*b*).

———

[*V.* les observations qui accompagnent le § 183.]

§ 183. — De la Courtoisie.

Les empereurs prétendaient autrefois seuls au titre de *Majesté* (*a*), et les rois se contentaient de l'*Altesse*. Mais depuis qu'à la fin du quinzième siècle (*b*) les rois de France se firent donner la majesté par leurs sujets, et qu'au seizième siècle plusieurs autres rois (*c*) suivirent cet exemple, ce titre, successivement (*d*) introduit entre les rois entre eux, et dans leurs relations avec d'autres États, fut demandé même à l'empereur, qui, après beaucoup de difficultés, l'accorda d'abord à la France à la paix de Westphalle (*e*); bientôt à quelques autres rois, surtout, en 1700, à la Prusse ; et depuis l'empereur Charles VII (*f*) l'accorda à tous les rois.

p. 413; F.-C. Moser, *der Titel Vater, Mutter, Sohn nach dem Hof-Welt-und Canzeley-Gebrauch,* dans ses *Kleine Schriften,* t. I, n. 4.

(*b*) F.-C. Moser, *Von den Gevatterschaften grosser Herren,* dans ses *Kleine Schriften,* t. I, n. 3.

(*a*) F.-C. van Moser, *Von dem Titel Majestät,* dans ses *Kleine Schriften,* t. VI, n. 2.

(*b*) Hénault, *Abrégé chronol.,* t. II, p. 413.

(*c*) Tels que le Danemark sous le roi Jean, *V.* Holberg, *Dän. Reichs-historie,* t. I, p. 477; l'Espagne sous Charles Ier; l'Angleterre sous Henri VIII, *V.* Leti, *Cæremoniale hist. politico,* t. VI, p. 483; le Portugal en 1758, Hénault, *Abrégé chronologique,* t. II, p. 560.

(*d*) Comme entre le Danemark et l'Angleterre en 1520 ; entre la Suède et le Danemark en 1685; la France ne le donna au Danemark qu'au commencement du dix-huitième siècle, à la Prusse, en 1713.

(*e*) Wicquefort, *l'Ambassadeur et ses fonctions,* p. 734; Puffendorf, *De rebus gestis Friderici Wilhelmi,* lib. X, § 17.

(*f*) Putter, *Juristische Praxis,* t. I, p. 117.

On peut donc aujourd'hui considérer le titre de *majesté*
comme généralement commun à tous les rois et empereurs
en Europe, à l'exception de l'empereur turc qui n'obtient
de la plupart des États que le titre de *Hautesse* (g).

Le titre d'*Altesse* devint le partage des princes, surtout
de l'Italie et de l'Allemagne, quelquefois même de simples
particuliers qualifiés de princes ou de ducs, et se multiplia
étonnamment (h). Pour le relever, on inventa au dix-septième siècle les titres distinctifs d'Altesse royale pour
quelques princes du sang, d'Altesse électorale pour les
électeurs, d'Altesse sérénissime pour les anciens princes (i);
et l'*Excellence*, dont autrefois aucun prince ne s'offensait,
ne fut plus que pour les comtes, et, surtout depuis la paix
de Westphalie, pour les ambassadeurs, et pour les premières charges civiles et militaires.

Quelques républiques même, trouvant le *vous* trop simple, ont demandé et obtenu une courtoisie plus relevée,
telles, par exemple, que les Provinces-Unies des Pays-
Bas (j), le titre de *Hautes-Puissances*, etc. (k).

(g) Rousset, *Cérém. diplom.*, t. II, p. 742.

(h) *V.* les plaintes amères de Leti, dans son *Cæremoniale historico-
politico*, t. I, en plusieurs endroits.

(i) Aujourd'hui, le titre d'*Altesse royale* est accordé à tous les grands-
ducs, comme à l'électeur de Hesse ; l'*Altesse sérénissime*, aux anciens
princes aujourd'hui souverains d'Allemagne, comme à quelques princes
régnants en Italie. On a conservé aux princes médiatisés les titres honorifiques qu'ils pouvaient réclamer avant cette époque.

Quant à des particuliers nouvellement créés princes, il n'y a pas d'usage
uniforme sur la question si, et de la part de qui, ils peuvent demander les
titres d'Altesse et de Monseigneur en français, ou en allemand ceux de
Durchlauch ou de *Fürstliche Gnaden:*

(j) Pestel, *Commentarii de rep. Batavâ*, § 366.

(k) Sur la ci-devant république de Venise et la Suisse, *V.* Rousset,
Cérémonial, t. II (v.), p. 811, 818.

Dans l'état actuel des relations internationales le pape reçoit le titre de *Sa Sainteté, Sanctitas Sua, Sanctissimus Pater.* Celui de *Summus Pontifex* fut usité dès le troisième siècle, et celui de *Papa,* dès le cinquième. Les empereurs et rois reçoivent le titre de *Majesté,* qui appartint longtemps exclusivement à l'empereur romain d'Allemagne; et quand on leur parle, ou quand on leur écrit, la qualification de *Sire.* L'empereur de Turquie (*Padischah*) a reçu le titre de *Majesté Impériale* dans les traités conclus en 1854 et en 1856 entre les grandes puissances au sujet des affaires d'Orient. La plupart des souverains ne lui donnaient autrefois que le titre d'Altesse.

Quant aux grands-ducs et à l'électeur de Hesse, on les traite d'*Altesse Royale, Celsitudo Regia;* les ducs et les princes d'*Altesse Sérénissime, Serenitas.* Le protocole signé à Aix-la-Chapelle le 11 octobre 1818 décide ce point de cérémonial.

Les chefs d'États portaient ou portent encore des titres particuliers honorifiques, dérivant des rôles qu'ils ont joués dans les affaires de religion : le roi de France prenait celui de *Roi très-chrétien, Rex christianissimus,* ou de *Fils premier-né de l'Église;* celui d'Espagne, de *Roi catholique, Rex catholicus;* celui d'Angleterre, de *Défenseur de la foi, Defensor fidei;* celui de Portugal, de *Roi très-fidèle, Rex fidelissimus;* celui de Pologne, de *Roi orthodoxe, Rex orthodoxus;* celui de Hongrie, de *Roi apostolique, Rex apostolicus.* Le pape se dit *Servus servorum Dei.*

On reconnaît enfin des titres sous lesquels on désigne l'héritier présomptif de la couronne; ces titres varient suivant le droit public de chaque monarchie. En France c'était le Dauphin; en Angleterre c'est le prince de Galles; en Russie le Czarewitz; en Espagne le prince ou la princesse des Asturies, etc.

En parlant d'eux-mêmes les monarques se servent du pluriel et emploient, depuis le dixième siècle, la formule suivante, adoptée par les évêques dès le quatrième siècle : *Nous par la grâce de Dieu...*

Les titres des États fédéraux et des républiques sont moins fixes. Dans ses relations diplomatiques la Confédération germanique jouit du titre de *Sérénissime Confédération germanique.*

Autrefois les républiques de Venise, de Gênes et de Pologne étaient qualifiées de *Sérénissimes Républiques.* Ch. V.]

§ 184. — Des fautes contre le Cérémonial.

Supposé qu'on ait péché contre le cérémonial diplomatique, soit dans le choix des titres, soit dans quelque autre
point du style diplomatique, et qu'on ne s'empresse pas de
son chef de redresser l'erreur, l'État qui croit ne pas pouvoir garder le silence se contente ou d'en avertir ou de
protester pour l'avenir ; ou, s'il soupçonne qu'on a manqué
de propos délibéré à ce qu'il croit pouvoir prétendre, il
refuse de répondre jusqu'à ce qu'il ait obtenu le redressement, ou menace de renvoyer dans la suite un semblable
écrit, ou le renvoie effectivement comme inadmissible (a).

(a) F.-C. MOSER, von *Ahndung fehlerhafter Schreiben*, Frankfurt,
1750, in-8.

LIVRE VII.

CHAPITRE PREMIER.

DU DROIT D'AMBASSADE.

§ 185. — Source du Droit d'Ambassade.

Pour peu que les affaires qu'on traite soient importantes
et compliquées, il serait difficile pour les nations de les
terminer par une simple correspondance ; il devient nécessaire de s'aboucher, et les entrevues personnelles entre les
chefs des États n'étant pas toujours sans difficultés, il ne
leur reste qu'à envoyer des mandataires munis de pleins
pouvoirs et d'instructions pour traiter en leur nom avec
les puissances étrangères. De là l'origine des ambassades (a) et le fondement des droits essentiels des plénipotentiaires des États.

(a) Sur la multitude d'écrits plus ou moins étendus qui traitent du
droit d'ambassade, V. MEISTER, Bibliotheca juris gentium, verbo
Legatus ; DE OMPTEDA, Litteratur, t. II, p. 351, et DE KAMPTZ, § 199 et
suiv.; comme aussi V. RÓMER, Handbuch für Gesandte, dont le premier
volume renferme la littérature du droit d'ambassade. On trouve une liste
des dissertations qui ont paru en Hollande sur cette matière dans KLUIT.
Uist fœderum, t. II, p. 527.

En suivant l'ordre chronologique, on peut remarquer les écrits sui-

[C'est avec raison que notre auteur signale la nécessité de communications entre les peuples et l'insuffisance des rapports personnels des chefs d'États, rois ou empereurs dans les monarchies, magistrats dans les républiques. Pour obvier aux lenteurs, aux dépenses et aux difficultés des rapports personnels des souverains entre eux, il est devenu d'usage de traiter par des mandataires investis de pouvoirs et d'instructions.

L'antiquité n'a point connu les missions permanentes; les relations diplomatiques des principales nations n'étaient que transitoires et avaient toujours un objet déterminé. Suivant HEFFTER, *le Droit international public,* traduction de M. Bergson, § 199, c'est aux papes qu'il faut faire remonter l'usage des missions permanentes. Ils ont commencé les premiers à entretenir auprès des princes des races franques, des missions permanentes connues sous le nom de *apocrisiarii* ou *responsales.* C'est du moins ce qui semble résulter de la *Novelle* 123 de Justinien, ch. xxv. Mais leur exemple n'a porté ses fruits dans les cours de l'Europe qu'au quinzième siècle et l'établissement de ces missions est contemporain de celui des armées permanentes; on est autorisé à conclure de cette coïncidence, que ces missions permanentes

vants : Conradi BRUNI, libriquinque *De legationibus,* Moguntiæ, 1548, in-fol.; Albericus GENTILIS, *De legationibus,* libritres, Londini, 1583, in-4; *le Parfait Ambassadeur,* par Antonio DE VERA et DE CUNIGA, Paris, 1642, in-12; A. DE WICQUEFORT, *Mémoires touchant les ambassadeurs,* par L.-M. P, 1677, in-12; GALARDI, *Réflexions sur les Mémoires pour les ambassadeurs,* Villefranche, 1677, in-12; Abraham DE WICQUEFORT, *l'Ambassadeur et ses fonctions,* La Haye, 1680; Cologne, 1690, in-4; Amsterdam, 1746, in-4; DE SARRAS DE FRANQUENAY, *le Ministre public dans les cours étrangers,* Paris, 1731, UHLICH, *les Droits des ambassadeurs,* Leipsick, 1731, in-4; PACASSI, *Einleitung in die Gesandtschaftsrechte,* Vienne, 1777, in-8. Des ouvrages de J.-J. MOSER, les t. III et IV du *Versuch,* et les t. III et IV des *Beyträge des neuesten Europäischen Volkerrechts in Friedenszeiten,* traitent du droit d'ambassade. Le même a aussi écrit *Beytrade zu dem Europäischen Gesandtschaftsrecht,* 1780, in-8. C-G. AHNERT, *Lehrbegriff der Wissenschaften, Erfordernisse und Rechte der Gesandten,* Dresde, 1784, 2 vol. in-8. C.-H. VAN ROMER, *Versuch einer Einleitung in die rechtlichen, moralischen und politischen Grundsätze über die Gesandtschaften,* Gotha, 1788, in-8. F.-X. VON MOSHAM, *Europäisches Gesandtschaftsrecht,* Landshut, 1805, in-8.

avaient autant pour objet la surveillance réciproque des forces militaires des nations, que le maintien de leurs bons rapports et le développement de leur mutuelle prospérité. De nos jours, avec les progrès du commerce, les développements de la civilisation et la solidarité de tous les peuples, l'institution des missions permanentes s'est consolidée et étendue, et les fruits qu'elle porte pour féconder la paix et pour prévenir ou arrêter la guerre sont apparents et réels même aux yeux des esprits les plus prévenus. *V.* VATTEL, *le Droit des gens,* édit. Guillaumin, liv. IV, ch. v, § 55 et suiv., et les notes de M. Pradier-Fodéré qui présentent des renseignements bibliographiques très-exacts et très-étendus. CH. V.]

§ 186. — Notion des Ministres.

Par ministre public on entend, en général, tout officier de l'État ; dans un sens plus limité, le terme de ministre s'emploie à l'égard de ceux qui président en chef à un département d'affaires d'État (ministre de la guerre, ministre des affaires étrangères, etc.) ; enfin on emploie aussi particulièrement le terme de *ministre* ou ministre étranger (*legatus, gesandte*), pour désigner celui qui est envoyé près d'un État étranger, ou à un congrès, pour y traiter des affaires publiques. De tels ministres étant un moyen nécessaire pour la conduite des affaires étrangères, le droit de les envoyer est un droit essentiel pour les États ; et en tant que de tels ministres diffèrent des mandataires qu'envoient des particuliers, il est un droit qui n'appartient qu'au gouvernement.

Le droit des gens universel, en parlant de ces ministres et de leurs droits, a toujours en vue des agents diplomatiques effectivement chargés de quelque négociation (ministres négociateurs). Aujourd'hui on envoie quelquefois des ministres pour un simple objet de cérémonie, ou, depuis l'introduction de missions permanentes, pour le maintien de l'amitié réciproque et pour informer leur cour de ce qui se passe dans celle où ils résident, sans les charger d'une négociation déterminée. Cependant le droit des gens coutumier accorde, dans la règle, à ceux-ci les mêmes prérogatives dont jouit un négociateur effectif.

[Suivant le baron Charles DE MARTENS, *Guide diplomatique*, t. I, p. 38, dans le langage du droit des gens le ministre est l'agent diplomatique qu'un souverain ou un gouvernement envoie auprès d'un Etat étranger, ou à un congrès, pour y traiter des affaires publiques, et qui, muni de *lettres de créance* ou de *pleins pouvoirs*, jouit des priviléges que le droit des gens accorde au caractère public dont il est revêtu.   CH. V.]

§ 187. — Du Droit d'envoyer des Ministres.

Le but propre et primitif des ambassades indique assez, 1° que tous ceux qui sont autorisés à traiter en leur propre nom avec les puissances étrangères doivent aussi avoir le droit d'envoyer des ministres ; que par conséquent nonseulement les États entièrement souverains, indépendamment des alliances égales (*a*) ou inégales qui les unissent à d'autres États, mais aussi ceux qui, sans jouir d'une souveraineté entière, sont en possession du droit de la guerre, de la paix, et des alliances, doivent en jouir (*b*). La question de savoir à qui, dans un État monarchique ou républicain, appartient l'exercice de ce *droit d'ambassade actif*, est

(*a*) PESTEL, *Commentarii de rep. Batavd*, § 356.

(*b*) Sur les anciens États de l'Empire, *V.* paix d'Osnabruck, art 8 ; sur le droit de légation de la noblesse immédiate, MADER, *Reichsritterschaftliches Magazin*, t. VII, p. 617 ; sur les hospodars de la Moldavie et de la Valachie, *V.* art. 16 de la paix de 1774, entre la Russie et la Porte. *V.* aussi VATTEL, l. IV, § 60.

du ressort du droit public positif de chaque État (*c*).

2º Mais ces parties sujettes d'un État, et ces personnes physiques qui ne sont point autorisées à traiter en leur nom avec les étrangers, quelque éminentes que soient les dignités, la naissance, ou les charges de ces dernières, n'ont pas le droit d'ambassade, bien que dans leurs affaires privées ils puissent, à l'exemple d'autres particuliers, constituer des mandataires.

3º De même, dans la relation entre le chef d'un État et ses sujets ou états provinciaux, le premier peut envoyer des *commissaires*, et les derniers des *députés*; mais ni les uns ni les autres ne sont considérés comme ministres en sens particulier (*d*) : les commissaires ne le sont pas, au moins dans la règle, vu que le souverain n'a pas voulu leur attribuer cette qualité, et qu'il n'a pas besoin de recourir à celle-ci pour les faire jouir des droits qu'il demande pour eux ; les députés, vu que leurs constituants ne jouissent pas du droit d'ambassade actif.

Cependant l'État peut déléguer le droit d'ambassade ; et c'est ainsi qu'il se peut que des princes du sang (*e*), des vice-rois, gouverneurs, généraux, ministres (*f*), obtiennent

(*c*) MOSER, *Versuch*, t. III, p. 119.

(*d*) On pouvait donc considérer comme singulier et propre à la constitution germanique, que les États de l'Empire envoyant des ministres à la cour impériale et à la diète, et que l'empereur, envoyant des commissaires aux diètes et députations de l'Empire, et envoyant des ministres aux cercles et aux États de l'Empire, l'on ait fait difficulté d'admettre un commissaire à la diète d'élection d'un roi des Romains. MOSER, *Zusätze zu seinem neuen Staatsrecht*, t. I, p. 78.

(*e*) Anciens exemples en France. *V.* WICQUEFORT, *l'Ambassadeur et ses fonctions*, t. I, p. 35, édit. de 1690. C'est sur d'autres principes que repose la question, si les princes français émigrés pouvaient s'attribuer un droit d'ambassade actif.

(*f*) MOSER, *Versuch*, t. III, p. 13, le même, *Von der Religionsver-*

l'autorité de nommer et d'accréditer des personnes jouissant du caractère, des droits essentiels, et de l'autorité de ministres.

[Le droit de se faire représenter par des ministres publics appartient à tous les souverains, mais à eux seuls, sans acception de la force et de la richesse des Etats, le caractère de la souveraineté engendrant les mêmes droits et la même indépendance. Nul individu, quelle que soit sa situation dans l'Etat, aucune personne morale, quelle que soit son importance, n'a le droit d'ambassade et ne peut conférer à des agents le caractère diplomatique. En France, le gouverneur de l'Algérie, en Angleterre, le directeur de la compagnie des Indes n'ont pas ce pouvoir. Il peut arriver cependant, comme le fait observer notre auteur, que des autorités non souveraines, telles que des vice-rois et des gouverneurs de province, obtiennent par des concessions expresses, le droit d'envoyer des ministres publics. Les Etats dépendants ou mi-souverains, c'est-à-dire ceux qui n'exercent pas la souveraineté par eux-mêmes, quoique étant régis par une constitution distincte et propre et pourvus d'une administration intérieure spéciale, comme les Etats-Unis de l'Amérique du Nord, les cantons de la Confédération suisse, les îles Ioniennes, la Valachie, la Moldavie et la Servie; la Pologne, la Norwége, le grand-duché de Luxembourg, les divers royaumes composant la monarchie autrichienne, ne peuvent envoyer des agents diplomatiques. Ce droit n'appartient qu'au représentant de l'Etat, en ayant égard toutefois aux limitations insérées dans les constitutions et dans les lois fondamentales qui les régissent.

C'est ainsi que par l'art. 6 de la première confédération des Etats-Unis, il était permis à chacun de ces Etats, en particulier, d'envoyer et de recevoir des ambassadeurs, mais avec le consentement des Etats-Unis assemblés en congrès. Dans leur second acte fédéral les Etats-Unis ont renoncé au droit de légation pour chacun d'eux isolément. Il y a du reste, en ce qui concerne des Etats souverains réunis dans une confédération, une distinction à faire et que signale Merlin, *Rép.*, v° *Ministre public*, sect. II, § 1, n. 5, distinction puisée dans la nature des choses et marquant bien la limite de l'exercice du droit de légation par un des États d'une confédération. Si les confédérés sont entre eux comme de simples alliés, unis pour leur sûreté et leur défense communes ; dans ce cas, supposé même qu'ils aient un centre commun pour leurs délibérations, ou plutôt pour leurs conférences, le droit d'ambassade demeure entier à chacun d'eux Telle était autrefois la position des cantons suisses. Si les confédérés ont pour leurs intérêts politiques, un centre commun d'autorité investi du pouvoir législatif pour toute la confédération, s'il existe un corps chargé d'agir pour la confédération et la représenter, ce corps peut seul avoir des relations avec les puissances étrangères, et, par suite, exercer le droit d'ambassade. Chaque État romprait l'unité en entretenant des relations pour son compte avec les puissances étrangères.

Dans le cas de vacance du trône, de minorité, de captivité ou de suspension d'exercice de la souveraineté par une cause quelconque, le droit d'ambassade est dévolu à la personne ou aux personnes investies d'après les lois de l'État de la direction des affaires publiques; mais même, dans le cas de régence d'un roi mineur ou infirme, c'est toujours au nom de ce dernier que doivent être signés et publiés les divers actes ou traités qui découlent de la souveraineté. *V.* sur ces divers points Hefften, *le Droit international public*, traduction de M. Bergson, § 200. *V.* aussi Wheaton, *Éléments du droit international*, t. I. p. 190.

« Il y a dans ces trois alinéas, dit Pinheiro-Ferreira, une incroyable confusion d'idées que nous devons chercher à éclaircir.

» Ces mandataires, que les *parties sujettes d'un État*, et les autres personnes dont parle M. de Martens, peuvent constituer, aussi bien que les commissaires et députés des provinces, et autres dont il fait aussi mention, ne sauraient être comptés parmi les agents diplomatiques, car on ne donne cette épithète qu'aux agents employés par un gouvernement auprès des gouvernements étrangers.

» Quant au *droit d'ambassade* que l'*État*, selon l'expression de M. de Martens, peut déléguer, on peut entendre le mot *État* en deux sens; car on peut le rapporter au corps de la nation, ou à son représentant en pareil cas, le chef suprême du pouvoir exécutif. On ne peut pas croire que l'auteur l'entende dans le premier de ces deux sens ; car non-seulement la nation peut déléguer cette nomination, mais elle ne peut que la déléguer, par la raison toute simple qu'une nation ne peut exercer en masse aucun acte des cinq pouvoirs politiques, et par conséquent il faut bien que quelqu'un les exerce par délégation.

» Ce que M. de Martens a donc voulu dire, et on peut encore le conjecturer d'après les exemples qu'il cite lui-même, c'est que le souverain peut déléguer à des tiers le droit de nommer des agents diplomatiques ; ce qui ne saurait être douteux, si on s'arrête à la simple nomination. Mais si l'on veut étendre cette autorisation à la faculté de donner à l'agent diplomatique des instructions et des ordres qu'il ait à observer comme s'ils étaient émanés du souverain lui-même, on commettrait une très-grave erreur. L'agent diplomatique ne saurait regarder comme expression de la volonté du souverain que les ordres qui lui sont transmis par le ministère d'Etat auquel il ressortit. Il trahirait ses devoirs si, en sa qualité d'interprète de son gouvernement auprès de celui auquel il est envoyé, il avançait comme expression de la volonté souveraine ce qui lui aurait été dicté par une autre autorité que celle exclusivement avouée par la loi comme organe authentique des décisions du chef de l'État. On comprend que nous entendons parler des gouvernements constitutionnels. S'il était question des monarchies absolues, on ne pourrait rien dire de positif, car on ne saurait prescrire des règles à l'arbitraire. »   Cu. V]

§ 188. — Du Droit de recevoir des Ministres.

Ceux qui ont le droit d'envoyer des ministres ont aussi celui d'en recevoir, et il n'y a qu'eux qui en jouissent ; de sorte que le droit de légation, le droit *actif* et le droit *passif* dépendent inséparablement l'un de l'autre, tant en général que même par rapport aux différents grades de missions.

———

[Le droit de recevoir des ministres est, comme celui d'en envoyer, une conséquence de la souveraineté. Ils sont corrélatifs. Cependant HEFFTER, *le Droit international public*, traduction de M. Bergson, § 200, estime qu'on ne saurait naturellement refuser à des particuliers le droit de recevoir des ministres publics. Rien, suivant cet auteur, ne les empêche de recevoir d'un souverain étranger des agents diplomatiques. Par quels motifs serait-il défendu à une tête couronnée d'envoyer un représentant auprès d'une maison princière non souveraine, par exemple, dans une affaire matrimoniale ou dans d'autres affaires purement personnelles ? Nous ne saurions nous ranger à cette opinion et reconnaître le caractère et les priviléges de l'agent diplomatique à un personnage agissant dans une des hypothèses prévues par Heffter. Il représente simplement dans ces divers cas des intérêts privés.

Il n'y a pas obligation comme il est dit ci-après au § 190, mais simplement convenance ou raison politique pour un Etat souverain de recevoir les ministres publics d'une autre puissance ; aussi est-il libre de fixer les conditions de leur admission et de déterminer les droits et les prérogatives qu'il leur accordera. Il lui appartient également de se refuser à recevoir tel ou tel individu comme ministre d'une autre puissance, et il ne doit aucun compte des raisons personnelles ou politiques qui lui dictent ce refus.

L'état de guerre ne dispense pas les souverains de l'obligation de recevoir et d'écouter les ministres des autres puissances. Ces rapprochements sont même le seul moyen de traiter de la paix ou d'adoucir les maux de la guerre. L'agent de la puissance ennemie ne peut se présenter sans une permission spéciale qui prend le nom du sauf-conduit et qui est habituellement demandée par un parlementaire ou par un ennemi commun. La guerre n'est pas par elle-même un motif suffisant de refuser un sauf-conduit ; il faut avoir quelque raison particulière et sérieuse de le faire : Telle serait, dit VATTEL, *le Droit des gens*, édit. Guillaumin, liv. IV, ch. v, § 67, une crainte raisonnable et justifiée par la conduite même d'un ennemi artificieux, qu'il ne pense à envoyer ses ministres, à faire des propositions que dans la vue de désunir des alliés, de les endormir par des apparences de paix et de les surprendre. C'est aussi le sentiment de Burlamaqui, *Principes du droit des gens*, chap. xiii, § 4. Ch. V.]

§ 189. — Comment le droit d'Ambassade se perd.

Le droit d'ambassade étant un droit essentiel du gouvernement, il appartient, en cas de vacance du trône dans les monarchies, à celui ou à ceux qui, d'après la constitution, sont autorisés à tenir les rênes du gouvernement pendant l'interrègne. Le monarque qui abdique volontairement la couronne ne peut plus exercer le droit d'ambassade, ni le monarque prisonnier, tant que dure sa détention. Au reste, la perte involontaire de la possession du trône ôte aussi peu au monarque légitime le droit d'ambassade, que la possession de fait l'accorde à l'usurpateur. C'est pourquoi la réception ou l'envoi d'un ministre sont considérés en Europe comme des actes de reconnaissance de celui dont on le reçoit ou auquel on l'envoie, et donnent quelquefois lieu à des plaintes de la part du parti opposé (§ 80).

[On s'est demandé si une nation cessait d'être souveraine et perdait le droit d'ambassade par cela seul qu'elle était tributaire d'une autre nation. Évidemment non. Le tribut est une preuve de faiblesse, mais il n'exclut pas la souveraineté et par suite le droit d'ambassade. Telle est l'opinion de MERLIN, *Rép.*, v° *Ministre public*, sect. II, § 1, n. 3.

On peut, d'après le même auteur, dire la même chose d'un État vassal. Aussi, depuis la paix de Westphalie surtout, accordait-on le droit d'ambassade aux princes et aux États de l'empire germanique. Sous la nouvelle constitution politique de l'Allemagne établie par les traités de 1815, le droit des États souverains unis seulement par les liens de la Confédération germanique ne fait aucun doute et est exercé sans contestation.

L'existence d'un traité d'alliance inégale et même un traité de protection, se conciliant avec la souveraineté, ne dépouillent point un État du droit d'envoyer et de recevoir des ministres publics. *V. Conf.* VATTEL, *le Droit des gens*, édit. Guillaumin, liv. IV, ch. v, § 58 ; BURLAMAQUI, *Principes du Droit des gens*, ch. XIII, § 2 ; DE RÉAL, t V, ch. I, sect. VI, n. 2

La question de savoir si une ville sujette, se reconnaissant telle, mais ayant néanmoins le droit de traiter avec les puissances étrangères, pouvait envoyer à ces puissances des ministres publics, s'est élevée à l'occasion de la ville de Neufchâtel. Contrairement à l'opinion de Vattel, édit. préc., liv. IV, ch. v, § 60, MERLIN, *Loc. cit.*, n. 9, décide avec raison qu'on ne peut être à la fois sujet et souverain et que la ville sujette cesse par sa position même d'avoir l'indépendance nécessaire au droit de légation. Aussi, avant 1789 comme depuis 1815, la ville de Neufchâtel adressait-elle les réclamations qu'elle pouvait avoir à présenter au gouvernement français, par l'intermédiaire du roi de Prusse reconnu par le traité d'Utrecht, seigneur souverain de la principauté de Neufchâtel et Valengin.

M. Pinheiro-Ferreira présente sur ce paragraphe les observations suivantes :

« L'auteur oublie dans ce moment la distinction généralement admise, et par lui-même avouée, des *gouvernements de droit* et des *gouvernements de fait.*

» Sans admettre les définitions que les publicistes ont essayé de donner de ces deux sortes de gouvernements, nous aussi nous l'adoptons.

» Sans répéter donc ici ce que nous avons dit ailleurs à cet égard, nous remarquerons que l'admission de l'ambassadeur d'un gouvernement quelconque suppose que celui qui l'admet reconnaît que la personne au nom de qui l'ambassadeur parle est, à la vérité, un gouvernement ; mais de ce seul fait, on ne saurait conclure s'il le reconnaît comme *gouvernement de droit* ou seulement comme *gouvernement de fait.*

» Il n'y a que la nature des stipulations qui peut faire connaître jusqu'à quel point le gouvernement auquel l'ambassadeur a été adressé considère les actes de l'autre gouvernement comme avoués par la nation dont il se dit le représentant. Se borne-t-il à des conventions de peu d'importance ou compatibles avec une durée éphémère de l'autre gouvernement, une telle reconnaissance ne suppose nullement qu'on ait compté sur l'assentiment de toute la nation : *ce n'est que pour ce fait* qu'on a entendu reconnaître que le gouvernement était en mesure de faire accomplir les stipulations dont on sera convenu. Mais si, au contraire, les conditions du traité doivent étendre leur effet à une telle étendue de temps, et embrassent une telle somme d'intérêts, que si le gouvernement avec lequel on a contracté était renversé par la volonté nationale, le traité ne serait considéré que comme une conspiration du gouvernement déchu avec l'étranger contre les intérêts de la nation :

il est dès lors évident que l'on a entendu contracter avec un gouvernement qu'on savait ou qu'on affectait de croire stable et légitime; car, en fait de gouvernement, on ne saurait croire stable que
celui qui est légitime. »   Ch. V.]

§ 190. — Du Droit des Ministres.

Comme, les traités exceptés, il n'y a aucune obligation
parfaite d'envoyer ou de recevoir un ministre, moins
encore d'admettre des missions permanentes, tout État peut
fixer les conditions sous lesquelles il veut consentir à la
réception d'un ministre étranger. Cependant, 1° dans la
pratique une puissance amie ne se refuserait guère aujour-
d'hui, dans la généralité, à admettre une mission ; 2° en
consentant à recevoir un ministre, on doit le laisser jouir
des droits que la loi naturelle attache essentiellement aux
ambassades ; 3° il est d'autres droits qui reposent sur des
traités particuliers ou sur les lois (a) ; 4° d'autres sont tellement fondés sur l'usage, qu'ils peuvent être censés accordés tacitement tant qu'on n'a pas déclaré le contraire ;
5° enfin d'autres sont arbitraires, et, dépendant des
usages particuliers de chaque cour, ne sont pas susceptibles d'être ramenés à des règles générales.

(a) V. les lois des diverses puissances de l'Europe sur les prérogatives
des ministres étrangers, dans le Supplément à mes *Erzählungen merkwürdiger Fälle aus dem Völkerrecht*, t. I, p. 330-377; t. II, p. 314 et
suiv.; et une liste plus ample, dans mon *Guide diplomatique*, chap. I,
sect. III, *De chaque puissance*.

CHAPITRE II.

DES DIFFÉRENTS ORDRES DE MINISTRES.

§ 191. — De l'Origine des différents Ordres de Ministres.

Le droit des gens universel ne connaît point de division de ministres en différents ordres; il les considère tous comme chargés des affaires de l'État qu'ils représentent, mais seulement quant aux affaires dont la gestion leur est confiée : c'est de cette qualité qu'il fait descendre les différents droits qu'il leur attribue. Mais le droit des gens positif de l'Europe a introduit plusieurs classes ou ordres de ministres (a) distingués par la diversité du grade de leur représentation et du cérémonial dont ils jouissent.

Cette distinction n'a pas toujours subsisté; aussi, dans des temps plus reculés, on ne trouve en Europe qu'une sorte de ministres publics, qualifiés tantôt du nom d'am-

(a) J.-J. Mascov, *Principia juris publici*, lib. VI, cap. iv, § 13-28 ; Hagedorn, *Discours sur les différents caractères des envoyés ordinaires*, etc., Amst., 1736, dans J.-J. Moser, *Vorrede zum Belgrader Friedensschluss*, in-4 ; Bielefeld, *Institutions politiques*, t. II, p. 174. Mais V. surtout Gutschmidt ou Ferber, *Diss. de prærogativâ ordinis inter legatos*, Lipsiæ, 1755, in-4 ; sur l'Allemagne en particulier, Kulpis, *De legationibus statuum Imperii*, lib. II, cap. ii, § 4, p. 460.

bassadeur, tantôt même de celui de *procureur*. Pour les
affaires privées des princes, ceux-ci nommaient de simples
agents; et, dans des occasions de cérémonie ou de moindre
importance, on envoyait des gentilshommes : mais ceux-ci
ne jouissaient, pas plus que les agents, du caractère ou du
cérémonial de ministres publics. Ce n'est que plus tard,
lorsqu'au quinzième et surtout au seizième siècle, la vanité
des cours et des ministres poussa l'idée du caractère représentatif de l'ambassadeur jusqu'au suprême degré, que
l'éclat avec lequel celui-ci devait paraître dès lors, les difficultés du cérémonial, et les frais plus considérables qui
en résultèrent, surtout depuis qu'à la même époque quelques cours commencèrent à s'envoyer des ministres per-
manents, donnèrent lieu à l'envoi d'un genre de ministres
publics de moindre dignité pour lesquels on ne demandait
ni le grand cérémonial ni le caractère représentatif de la
personne du souverain, et qu'on qualifiait du simple nom
de *résidents* (b) en réservant depuis le nom d'ambassadeur
à ceux qui devaient paraître avec l'éclat du caractère représentatif. Mais ces résidents, étant ministres publics, ils
avaient sans contredit le pas sur les simples agents pour les
affaires privées, quand même ceux-ci auraient été quelquefois chargés d'une commission de l'État, ce qui ne pouvait
pas manquer d'arriver de temps en temps. Cependant ces
derniers furent depuis appelés *chargés d'affaires*, pour les
distinguer des simples agents pour les affaires privées,

(b) Sur l'ancienneté de cet usage, *V*. Howel, *Discourse on Precedency of Kings whereunto is also adjoined a Treatise of Ambassadors*,
London 1664, p 181 et suiv ; Leti, *Cærem. hist. politico*, t. VI, en dif-
frents endroits.

auxquels le nom d'agent, moins estimé dès lors, fut exclusivement conservé dans plusieurs cours.

Ce n'est que dans la première moitié du dix-septième siècle qu'on commença à accorder à de simples gentilshommes envoyés un cérémonial de légation, d'abord assez vague, quelquefois approchant de celui de l'ambassadeur, mais beaucoup plus souvent presque aussi égal à celui des résidents que le traitement des ambassadeurs extraordinaires. Successivement, et surtout depuis le commencement du dix-huitième siècle, le cérémonial de ces *envoyés* devint un peu plus fixe; et dans la plupart des cours les envoyés furent considérés comme ministres d'un second rang beaucoup inférieur au premier des ambassadeurs, mais aussi plus relevé que le troisième des simples résidents. On a depuis, sans augmenter le nombre des ordres de ministres, multiplié celui des dignités des ordres inférieurs, en nommant des ministres avec le caractère de *ministre plénipotentiaire, ministre résident, ministre chargé d'affaires* (c) : la France fit quelque temps encore une autre innovation dans les grades diplomatiques pour ceux qu'elle employait à des missions (d).

Le règlement sur le rang entre les agents diplomatiques

(c) BIELEFELD, *Institutions politiques*, t II, p. 281 ; *Merc. hist. et polit*, 1753, t. I, p. 117, ou MOSER, *Versuch*, t. IV, liv. IV, chap. VII. Exemple de la Suède à Constantinople, en 1784.

(d) *V*. l'arrêté des consuls, du 23 mai 1800, inséré dans mes *Erzählungen merkw. Fälle*, t. II, Appendice, p 346. Dans cet arrêté, les grades diplomatiques pour la France furent fixés à quatre, savoir : celui d'ambassadeur, de ministre plénipotentiaire, de premier et de second secrétaires de légations. Cependant ce règlement n'a jamais été suivi d'une manière régulière. *V*. HERBIN, *Statistique*, t II, p. 440. Il n'en reste aujourd'hui que le souvenir. *V*., sur le but de cet arrêté, KLÜBER, *Droit des gens*, § 179.

annexé à l'acte du congrès (e), dont il fait partie, partage, article 1er, les employés diplomatiques en trois classes :

Celle des ambassadeurs, légats ou nonces ;

Celle des envoyés, ministres, ou autres accrédités auprès des souverains ;

Celle des chargés d'affaires accrédités auprès des ministres chargés des affaires étrangères.

Les cinq puissances réunies dans les conférences d'Aix-la-Chapelle de 1818, ayant observé que dans cette classification on semblait n'avoir point prévu un point d'étiquette diplomatique qui pourrait donner lieu à des discussions entre elles, sont convenues que les ministres résidents accrédités auprès d'elles formeront, par rapport à leur rang, une classe intermédiaire entre les ministres du second ordre et les chargés d'affaires.

En prenant cette disposition pour règle, ainsi qu'il est probable qu'elle sera adoptée, même par nombre d'autres puissances et États, il y aurait donc aujourd'hui, quant au rang, quatre classes d'employés diplomatiques, savoir : les ambassadeurs, les envoyés et ministres plénipotentiaires, les ministres résidents, et les chargés d'affaires.

————————

[Il serait plus exact de substituer à l'expression de *ministre* employée par notre auteur, celle d'agent diplomatique, pour comprendre tous les délégués d'une souveraineté destinés à la représenter auprès d'une souveraineté étrangère. A cela près, les causes qui ont fait substituer à un seul ordre d'agents diplomatique, les différentes classes usitées aujourd'hui sont suffisamment indiquées par M. de Martens.

(e) *V.* mon *Nouveau Recueil*, t. IV, p. 434, f. v ; Procès-verbal de la conférence d'Aix la-Chapelle, du 21 novembre 1818, dans mon *Nouveau Recueil*, t. IV, p. 648.

On s'est demandé si le droit d'ambassade pouvait être exercé par les ministres des puissances qui en jouissent. Nous répéterons ici ce que nous avons dit précédemment, au § 187, au sujet des vice-rois et gouverneurs : ce droit n'appartient aux représentants du souverain que dans le cas où il leur a été expressément accordé, et même alors le droit n'est exercé que par suite de la délégation qui en a été faite. C'est ainsi qu'on a vu l'Espagne, à l'époque où elle commandait en Italie et en Flandre, autoriser ses gouverneurs à envoyer et à recevoir des ambassadeurs. Ces concessions sont plus rares aujourd'hui. La facilité des communications, en abrégeant les distances, permet au pouvoir central d'agir directement par lui-même, sans laisser péricliter les intérêts publics. Il arrive seulement, en France, en ce qui regarde les consuls, que le ministre des affaires étrangères, en vertu de l'autorisation qui lui est donnée par le chef de l'Etat, autorise ces agents à nommer eux-mêmes des vice-consuls ou des agents consulaires.

Tout en reconnaissant avec notre auteur qu'il n'existe en principe aucune différence fondamentale entre les agents diplomatiques de plusieurs puissances accrédités à une même cour, et que néanmoins une pratique générale a introduit certaines classifications, HEFFTER, le *Droit international public de l'Europe*, traduction de M. Bergson, § 208, semble n'admettre que trois ordres d'agents diplomatiques.

La première comprend, suivant cet auteur : Les légats *a* ou *de latere*, ainsi que les nonces du pape et les ambassadeurs des puissances temporelles;

La seconde classe : les agents accrédités auprès des souverains, portant le titre d'internonces, d'envoyés, de ministres plénipotentiaires, et de ministres ;

La troisième classe : les chargés d'affaires accrédités seulement auprès des ministres des affaires étrangères : peu importe d'ailleurs qu'ils portent le titre de ministre ou non ; les consuls chargés d'une mission diplomatique particulière de leur gouvernement. En s'appuyant sur la lettre de recès du congrès de Vienne du 19 mars 1815, il est vrai que Heffter ajoute : « Les agents diplomatiques portant le titre de ministres résidents accrédités auprès d'une cour, forment une classe intermédiaire entre les agents de seconde et de troisième classe. » C'est en effet ce qui est décidé dans la séance du 21 novembre 1818 du congrès

d'Aix-la-Chapelle; du reste, ces diverses dispositions qui, dans
le principe, n'étaient obligatoires que pour les puissances signataires des congrès de Vienne et d'Aix-la-Chapelle, ont été reconnues et adoptées par tous les Etats de l'Europe soit par une
adhésion formelle, soit tacitement, et on peut affirmer qu'il
n'existe aujourd'hui, en fait et en droit, que quatre classes ou
ordres d'agents diplomatiques, chefs de mission : les ambassadeurs, — les envoyés, et les ministres plénipotentiaires, — les
ministres résidents, — et les chargés d'affaires.

Au point de vue de l'organisation intérieure des Etats, Heffter,
§ 201, présente une autre classification des agents diplomatiques.
Les agents chargés des relations extérieures sont d'abord les
ministres des affaires étrangères, et en second lieu les agents,
ou mandataires, envoyés par chaque souverain auprès des autres
puissances à titre temporaire, ou avec un caractère permanent,
pour suivre les affaires ordinaires ou pour ouvrir des négociations, et ces agents se distinguent en plusieurs catégories. Il
y a : 1° Les ministres publics, *legati publice missi*, revêtus d'un
caractère public et officiel ; 2° les agents sans caractère public et
officiel ; 3° les commissaires ayant pour mission le règlement de
certaines affaires, comme des délimitations de frontières, l'arrangement d'un différent, l'exécution d'un traité, et qui ne se mettent pas en communication directe avec le souverain étranger ou
ses ministres ; 4° les consuls. Cette dernière classification, présentée par Heffter, ressort de la nature des fonctions des agents
diplomatiques, tandis que la première prend pour point de départ
les dénominations qui leur sont données. On peut encore consulter sur l'origine des différentes classes de ministres, VATTEL,
le Droit des gens, édit. Guillaumin, liv. IV, ch. VI ; § 74 et la note
de M. Pradier-Fodéré ; le baron Charles DE MARTENS, *le Guide
diplomatique*, t. I, p. 54.

Pinheiro-Ferreira présente sur ce paragraphe les observations
suivantes :

« Si M. de Martens, dit-il, se proposant de montrer dans ce
paragraphe l'origine des différents ordres de ministres diplomatiques, n'avait pas invoqué le véritable principe juridique d'où
cette sorte d'agents tirent leur existence, le *mandat,* on pourrait
ne pas s'étonner de le voir errer en essayant de fixer les principes
de leur classification.

» Mais lorsqu'il ne voit dans l'agent diplomatique qu'un agent public à l'étranger, rien ne paraîtrait plus naturel que d'examiner s'il n'y a qu'une sorte de mandats de ce genre qui soit possible, ou s'il peut y en avoir de plusieurs sortes ; et puisque, par le fait, on signale depuis longtemps des agents diplomatiques de différents ordres, rien de plus facile que de comparer entre eux les mandats de ces différents ordres pour voir si ce n'est pas sur la diverse nature des mandats que repose la diversité des différents ordres de mandataires.

» Au lieu de cela, M. de Martens a préféré s'engager dans ce que les logiciens appellent un cercle vicieux ; car il fait consister la différence des ordres dans la différence de leur cérémonial; et si on lui demandait pourquoi les ambassadeurs jouissent de plus grands honneurs que les envoyés, il ne saurait rien répondre, sinon que c'est parce qu'ils appartiennent au premier ordre diplomatique, tandis que les envoyés n'appartiennent qu'au second.

» S'il était vrai que *le droit des gens universel ne connaît point de division de ministres en différents ordres,* ainsi que le dit M. de Martens, les divisions existantes ne seraient qu'une puérile imposture : on serait ambassadeur parce qu'on jouit de certains honneurs ; et on jouirait de certains honneurs parce qu'on est ambassadeur.

» Si les publicistes, au lieu de ne voir dans les emplois diplomatiques que l'éclat du cérémonial, s'étaient appliqués à étudier la nature du mandat de cette sorte d'agents, ils auraient reconnu que leur division en trois ordres est si peu chimérique, que lorsqu'on en a voulu créer un quatrième, celui des *résidents,* ainsi que M. de Martens le rapporte, n'ayant pas trouvé de quoi fournir à ce nouvel ordre, on est tombé dans le cercle vicieux que nous venons de signaler. On a dit que les *résidents* voulaient former un quatrième ordre, parce qu'on leur accordait un plus grand cérémonial qu'aux *chargés d'affaires,* mais pas aussi grand que celui des envoyés.

» Mais si on demandait aux ministres qui, à Aix-la-Chapelle, créaient ainsi à leur gré ce quatrième ordre diplomatique, pourquoi les résidents devront avoir moins d'honneurs que les envoyés, ou plus que les chargés d'affaires, ils diraient pour toute réponse que c'est parce qu'ils appartiennent à un quatrième ordre

entre les deux que nous venons de nommer. Ce qu'il y a de réel
en tout cela, c'est que le mandat des agents diplomatiques se partage par *sa nature*, ou, ce qui revient au même, par le *droit des
gens universel*, en deux classes, savoir : la première, lorsque
l'agent est accrédité par son souverain auprès du souverain étranger : on lui donne, dans ce cas, le nom d'*envoyé*; la seconde,
lorsqu'il est accrédité par le ministre des affaires étrangères de
son pays auprès du ministre des affaires étrangères de l'autre : on
le nomme alors *chargé d'affaires*.

» A ces deux ordres, qui sont fondés sur la nature des choses,
on en a ajouté un troisième, savoir : lorsque l'agent, étant accrédité, ainsi que l'envoyé, par son souverain auprès de l'autre
monarque, est en outre autorisé à traiter immédiatement avec ce
souverain lui-même ; car l'envoyé n'est reçu à traiter qu'avec le
ministre des affaires étrangères, ou avec une autre personne
autorisée à cet effet par le souverain du pays.

» On a donné à cette sorte d'agents diplomatiques le titre d'*ambassadeurs*; et, comme ce qui les distingue, c'est le plus grand
honneur de traiter immédiatement avec le souverain auprès
duquel ils sont accrédités, on en a fait le premier ordre diplomatique. Nous verrons ci-après qu'il y a plus d'apparence que de réalité dans la distinction que nous venons d'indiquer, et que, par
conséquent, l'orgueil avec lequel cette classe d'agents diplomatiques prétend se placer si fort au-dessus des envoyés, n'est fondé
que sur les fausses idées qu'ils ont de leur propre dignité.

» Nous verrons aussi dans une autre note que les consuls, dans
leur origine, simples mandataires auprès des autorités subalternes, administratives ou judiciaires, sont actuellement, et
depuis longtemps, des agents diplomatiques en tout point compa-
rables aux chargés d'affaires.

» Les *résidents*, dont nous parlions tout à l'heure, ne sont aussi
le plus souvent que des ministres du troisième ordre ; car eux
aussi, de même que les chargés d'affaires, ne sont accrédités que
de ministère à ministère. Mais comme personne n'avait songé
jusqu'à présent à préciser les idées qui doivent servir de base à
la classification des agents diplomatiques, il est arrivé quelquefois qu'on a donné à des ministres accrédités de souverain à
souverain, c'est-à-dire à des ministres du second ordre, le titre
de *résidents*. »   CH. V.]

§ 192. — Ministres du premier Ordre.

On range dans la classe des ministres du premier ordre ceux qui jouissent du caractère représentatif (a) au suprême degré, en vertu duquel ce n'est pas dans la gestion seule des affaires dont ils sont chargés qu'ils représentent l'État qui les envoie, mais que, *dans la généralité*, ils peuvent prétendre aux mêmes honneurs dont jouirait leur constituant s'il était présent (b).

De de nombre sont, 1° les cardinaux *légats à latere* ou *de latere* envoyés par le pape (c); 2° les *nonces* du pape (d); 3° les ministres envoyés avec le caractère d'*ambassadeur* (*Bothschafter, ambasciatores, oratores*, ou *magni legati, Grossbothschafter*) (e).

(a) L'article 2 du règlement annexé à l'acte du congrès de Vienne porte expressément que les ambassadeurs, légats ou nonces, ont seuls le caractère représentatif.

(b) Telle est, je crois, la seule notion qu'on puisse donner du caractère représentatif des ambassadeurs. Sans doute ce sont les monarchies qui y ont donné lieu, parce qu'il pouvait être question de représenter la *personne* du monarque; les républiques ont imité l'exemple. Au reste, ce n'est que dans la généralité qu'on peut attribuer à l'ambassadeur les honneurs dont jouirait son constituant, et c'est toujours l'usage qu'on doit consulter. Conférez les *Discours* de MERLIN, de Douai, au nom du comité de Salut public, du 23 avril 1795, dans GEBHARD, *Recueil*, t. II, p. 3 et suiv. *V.* cependant KLÜBER, *Droit des gens*, § 202.

(c) J.-S. DE LA TORRE, *De auctoritate, gradu et terminis legati à latere*, Romæ, 1656, in-4. G. WAGENSEIL, *De legato à latere*, Altorf., 1696; *De legatis et nunciis pontificum, corumque fatis*, Salzbourg, 1785, in-8. Rarement les papes ont envoyé dans les temps plus récents des légats *à latere*, par les motifs qu'on trouve exposés dans LE BRET, *Vorlesungen über die Statistik*, t. II, p. 317; et BIELEFELD, *Institutions politiques*, t. II, 276. On ne confondra pas les légats *à latere* avec les simples légats.

(d) WEIDENFELD, *Gründliche Entwickelung der Dispens und Nuntiatur-Streitigkeiten*, 1788, in-4, sect. III, et Suppl., 1788.

(e) LUNIG, *Theatrum cæremoniale*, t. I, p 746. Le *bailo* de la ci-de-

On divise les nonces et les ambassadeurs en *ordinaires*
et *extraordinaires*, division qui, dans son origine, servait
à distinguer les missions permanentes de celles qui avaient
pour but une négociation particulière et extraordinaire.
Aujourd'hui le caractère d'extraordinaire, considéré comme
un peu plus relevé (*f*) que celui d'ordinaire, s'accorde
quelquefois (*g*) même à des ambassadeurs destinés à résider
à une cour pour un temps indéterminé.

[C'est à tort, suivant nous, que WHEATON, *Éléments du droit
international*, t. 1, p. 192, parlant des ministres de première
classe, les regarde comme exclusivement revêtus de ce qu'on
appelle le caractère *représentatif*. Qu'ils jouissent de ce caractère
au degré le plus élevé, suivant l'expression du baron Charles DE
MARTENS, *le Guide diplomatique*, t. 1, p. 58 ; que seuls ils en
jouissent à un degré éminent, comme le prétend HEFFTER, *le Droit
international public*, traduction de M. Bergson, § 208, on le comprend ; mais il serait contraire au caractère de l'agent diplomatique, tel qu'il résulte des mœurs, des usages, des traités, de
dénier aux trois dernières classes l'élément représentatif. C'est, du
reste, par une sorte de contradiction ou de rétractation que Wheaton ajoute plus loin, au sujet des ambassadeurs et des autres ministres publics de la première classe : « Tous les autres ministres
publics sont dépourvus de ce caractère spécial qu'on suppose
dériver de ce qu'ils représentent généralement la personne et la
dignité du souverain. Ils ne le représentent qu'en égard aux affaires particulières dont ils sont chargés à la cour auprès de laquelle

vant république de Venise, envoyé à Constantinople, était également
ambassadeur et à la fois consul général Le BRET, *Vorlesungen über die
Statistik*, t. 1, p. 327.

(*f*) LÜNIG, *Theatrum cæremoniale*, t. 1, p. 368. Cependant l'art. 3 du
règlement fixe en général que les employés diplomatiques en mission
extraordinaire n'ont, à ce titre, aucune supériorité de rang.

(*g*) MOSER, *Vorrede zu dem Belgrader Friedensschluss*, p. 16, note 1 ;
du même, *Beyträge zu dem Europäischen Völkerrecht in Friedenszeiten*, t III, p ?1 et suiv.

ils sont accrédités. » *V.* le baron Ch. DE MARTENS, *le Guide diplo-matique*, 4ᵉ édit., t. I, p. 58.

Les ministres de première classe jouissent d'honneurs particu-liers et de prérogatives spéciales ; ils ont souvent prétendu avoir le pas immédiatement après les princes du sang impérial et royal, et même sur les princes régnants qui ne sont pas d'un rang égal à celui du souverain qu'ils représentent ; mais cette prétention, qui n'a d'autre fondement ou plutôt d'autre prétexte que le carac-tère représentatif dont l'ambassadeur est revêtu, n'a pas été généralement admise ; et c'est avec raison que HEFFTER, *le Droit international public de l'Europe*, traduction de M. Bergson, § 220, repousse cette prétention en se fondant sur ce que la personne du souverain ne saurait se multiplier, en conférant à d'autres des prérogatives exclusivement accordées au souverain seul ; et il résulte de là que le ministre même de première classe n'est dans l'État près duquel il est envoyé qu'un sujet étranger de premier rang, supérieur à d'autres sujets, comme représentant de son souverain, mais n'ayant aucun droit à demander le pas sur des princes régnants.

Il existe en faveur des ministres de première classe d'autres prérogatives, et qui ne leur sont nullement contestées. Ce sont, d'après le même auteur, les suivantes :

1° Ils ont le titre d'Excellence et peuvent l'exiger de tous ceux avec lesquels ils traitent par écrit ou de vive voix, sauf de la part des souverains auprès desquels ils sont accrédités ;

2° Ils ont le droit d'avoir un dais dans la salle de cérémonie de leur hôtel ;

3° Ils peuvent se couvrir dans le cours de la cérémonie de pré-sentation au souverain près duquel ils sont envoyés, mais seule-ment lorsque celui-ci a remis son chapeau ;

4° Ils ont le droit d'aller à six chevaux et de prétendre aux honneurs militaires.

« Nous avons dit dans la note sur le paragraphe précédent, ajoute Pinheiro-Ferreira, que les ambassadeurs auraient beau-coup à rabattre de l'orgueil que leur inspirent les honneurs presque royaux qu'on leur accorde, s'ils n'avaient pas, sur la nature de leur caractère, les fausses idées que les publicistes, soit par ignorance, soit par flatterie, ont consignées dans leurs ouvra-ges. Aussi ces écrivains n'ont-ils fait que se copier les uns les autres; et, en réfutant ici la doctrine aussi erronée que ténébreuse de M. de Martens, nous aurons réfuté tous ceux qui, avant et après lui, ont écrit sur ces matières.

» *On range dans la première classe*, dit M. de Martens, *les ministres qui jouissent du caractère représentatif au suprême degré.*

» On voit que, d'après l'auteur, il y a plusieurs degrés de représentation, et par conséquent il devait s'attendre à ce qu'on lui demandât en quoi consiste ce *suprême degré.*

Aussi se hâte-t-il d'ajouter que c'est *celui en vertu duquel ce n'est pas dans la gestion seule des affaires dont ils sont chargés qu'ils représentent l'État qui les a envoyés.*

» Là M. de Martens s'arrête; et au lieu de nous dire ce que les ambassadeurs représentent encore, outre l'État qui les a envoyés, il passe à un autre objet, en nous rapportant quels sont les honneurs qu'on leur accorde : *Dans la généralité*, dit-il, *ils ont les mêmes honneurs à prétendre dont jouirait leur constituant s'il était présent.*

» Mais il n'était pas question de savoir quels honneurs sont dus à l'ambassadeur; ce qu'il fallait dire, c'est en quoi consiste *ce suprême degré représentatif, qui n'est pas celui de représenter l'État dont on est l'envoyé.*

» M. de Martens supplée pourtant à ce silence du texte, lorsque, dans sa note (*b*), il ajoute que *ce caractère représentatif des ambassadeurs consiste à représenter la personne du monarque.*

» Si M. de Martens (et on doit en dire autant des autres publicistes), avant de raisonner sur le *caractère représentatif* des agents diplomatiques, s'était rendu compte de ce que c'est que *représenter* quelqu'un ; s'il avait réfléchi qu'il s'agit de déterminer les fonctions d'un *agent constitué*, d'un *mandataire* qui *représente* son *constituant*, il n'aurait pas manqué de reconnaître qu'en pareil cas *représenter* veut dire *être autorisé à exercer certaines fonctions dans les intérêts de son constituant.*

» La première conséquence de cette définition juridique, c'est qu'on *ne représente que des intérêts*, et que, lorsqu'on dit qu'on représente quelqu'un, on entend dire qu'on représente ses intérêts.

» Quels sont donc les intérêts confiés aux agents diplomatiques? sont-ce les intérêts privés du monarque ou ceux de la nation ?

» L'homme chargé des intérêts privés du monarque n'est que le fondé de pouvoirs d'un homme privé : il ne saurait être considéré comme un agent diplomatique.

» Ainsi, soit ambassadeur, soit envoyé, soit chargé d'affaires ou résident, *un agent diplomatique ne représente que les intérêts de sa nation.* Jusque-là on ne saurait voir de différence entre aucune de ces trois sortes d'agents.

» Il n'y a pas non plus de différence entre eux quant à l'importance des affaires qu'on leur confie ; car il peut arriver, et il est souvent arrivé, de confier à des chargés d'affaires des négociations très-importantes et fort délicates, tandis qu'on a nommé des envoyés et des ambassadeurs pour des affaires de très-peu d'importance.

» A quoi se réduit donc ce *suprême degré de représentation* qui devait constituer la haute catégorie de l'ambassadeur? A une phrase de convention, que l'on répète comme signifiant beaucoup, par cela même qu'on n'y ajoute aucun sens.

» D'autres publicistes portent l'absurdité au point d'affirmer qu'*il n'y a de véritable représentation que celle de l'ambassadeur; car lui seul représente la personne du monarque, tandis que l'envoyé et le chargé d'affaires ne représentent que l'Etat.*

» En sorte que, selon eux, il n'y a pas de représentation quand on représente les intérêts nationaux, mais seulement quand on représente la personne du monarque. Cependant qu'entendent ces publicistes par *représentation de la personne du monarque?* Est-ce agir d'après ses ordres, dans ses intérêts privés ou dans les intérêts de la nation ?

» Ce n'est pas agir dans les intérêts privés du prince ; ce ne serait pas une représentation diplomatique, ce serait une affaire privée.

» Et si c'est agir dans les intérêts de la nation, en quoi cette représentation diffère-t-elle de celle des autres agents diplomatiques ?

» Il n'y a donc, dans toute cette doctrine concernant les ambassadeurs, que contradiction et ignorance.

» Il ne reste par conséquent de réel que le plus haut degré de confiance que suppose l'autorisation de traiter immédiatement avec le souverain auprès duquel on est accrédité. Nous allons cependant voir que dans cela même il y a plus d'apparence que de réalité.

» En effet, de tout temps, mais surtout depuis que les leçons des siècles ont rapproché les souverains de toutes les autres classes de citoyens, il est généralement reçu que les monarques s'entretiennent des intérêts des deux pays, et même de la politique générale, avec les agents diplomatiques de tous les ordres.

» Mais, alors même qu'il était rare, ou que l'étiquette de cour ne permettait qu'aux ambassadeurs d'entretenir immédiatement les souverains des intérêts de leurs missions, jamais ces entretiens ne furent regardés comme actes valables de leurs négociations. C'est avec les ministres du monarque qu'il fallait conférer et conclure ; et jamais ministre qui tint à cœur les intérêts de l'État, la dignité de la couronne et sa propre dignité, n'aura pu s'abaisser à apprendre de la bouche de l'ambassadeur étranger les décisions de son propre souverain. C'est au contraire par lui que l'ambassadeur aura dû savoir, ainsi que l'envoyé ou le chargé d'affaires, ce qui en définitive doit être censé accordé entre les deux gouvernements, quelque flatteuses qu'aient été les espérances que l'ambassadeur ait pu concevoir de ses entretiens avec le souverain.

» Jusqu'ici nous avons supposé que les constitutions de l'État auquel l'ambassadeur appartient, ainsi que celles du pays où il est envoyé, lui permettent de traiter valablement de souverain à souverain. Mais tel n'est pas le cas dans les pays dont le gouvernement est représentatif, monarchie ou république ; car, dans les premières, le souverain n'exerce aucun acte de royauté que par l'entremise de ses ministres. Il ne peut y avoir de la part d'un monarque constitutionnel envers les autres souverains que des rapports privés.

» On peut encore moins concevoir de quels intérêts l'ambassadeur d'une république peut être chargé par le président auprès du souverain étranger, ou l'ambassadeur de celui-ci auprès du président de la république.

» Un ambassadeur est donc une entité diplomatique dénuée de toute signification dans un gouvernement constitutionnel, et surtout un ambassadeur accrédité auprès du président d'une république.

» Nous aimons à croire que les lumières du siècle feront enfin disparaître des cadres diplomatiques ces agents qui, n'ayant aucun but réel qui les distingue des deux autres ordres, ne sauraient que contribuer à entretenir les idées d'une fausse aristocratie, aussi incompatible avec l'économie d'une sage administration qu'avec les principes de tout gouvernement représentatif. »

CH. V.]

§ 193. — Ministres du second Ordre.

Tous les ministres des ordres inférieurs ne sont pas revêtus du caractère représentatif proprement dit, et ne représentent le gouvernement ou l'État qui les envoie que relativement aux affaires pour lesquelles ils sont mandataires ou porteurs de pouvoirs, ou du moins ne le représentent que vaguement au delà (a). La manière de représenter leur constituant est la même pour tous les ministres de ce genre, et dans ce sens il ne peut y avoir que deux classes de ministres. Mais, en tant qu'on a égard à la dignité qui leur est conférée et à la diversité du cérémonial introduit aujourd'hui dans la plupart des États de l'Europe (b), surtout d'après le règlement de 1815, on doit admettre encore une distinction entre les ministres du second et du troisième ordre.

Sous ce point de vue, on nomme ministre du second or-

(a) VATTEL, liv. IV, § 69; MOSER, *Vorrede zum Belgrader Friedenss*, p. 20. On ne saurait dire que les ministres des ordres inférieurs ne représentent absolument leur souverain que relativement aux affaires, c'est-à-dire comme tout mandataire particulier représente son constituant : alors il ne pourrait pas être question pour eux d'exercer la préséance sur le même pied que l'exercent ou la prétendent leurs cours ; ce qui, même nonobstant le règlement de 1815, est encore applicable à d'autres États que les États royaux ; de sorte qu'on voit combien cette définition est vague est imparfaite.

(b) La république de Venise n'a toujours connu que deux classes de ministres.

dre (c) les envoyés (d) *(initiati, ablegati)*, les ministres plénipotentiaires (e) *(bevollmachtigte Minister* ou *Gesandte)* (f),
les internonces du pape (g).

[« Puisque M. de Martens reconnaissait, dit Pinheiro-Ferreira,
que sa définition du caractère diplomatique, lorsqu'on l'applique
aux différents ordres d'agents, était vague et imparfaite, comment
se fait-il que l'idée ne lui soit pas venue de la rectifier ou de chercher à en donner une meilleure? C'est que, d'un côté, il était
entré dans les fausses voies de ses prédécesseurs; et que, d'un
autre côté, les principes de l'école positive le forçaient de subordonner les dictées de sa raison aux décisions des grandes puissances.

» Tous les publicistes classent les diplomates d'après les honneurs qu'il a plu aux différents gouvernements de leur accorder.
M de Martens n'a donc pu s'empêcher d'adopter cette même base
de classification. Mais lorsqu'il a voulu savoir ensuite d'où déri-
vait cette différence dans les honneurs qu'on leur accordait, son
bon sens a été choqué de trouver qu'on déterminait la distinction
des honneurs d'après celle des rangs, après avoir déterminé la
distinction des rangs d'après celles des honneurs.

» Sa raison lui aurait bien dicté d'abandonner cette fausse voie

----

(c) Le règlement de 1815 plaçait généralement dans cette catégorie les
envoyés, les ministres ou autres accrédités auprès des souverains, ce qui
comprenait donc aussi la plupart des résidents.

(d) Soit simplement qualifiés du titre d'*envoyé* ou de celui d'envoyé extraordinaire, ou même d'envoyé extraordinaire et ministre plénipotentiaire

(e) Ce n'est que vers le milieu du dix huitième siècle que le cérémonial a rangé les ministres plénipotentiaires dans la même classe que les
envoyés. V. DE RÉAL, *Science du gouvernement*, t. V, p. 48 ; MOSER,
Beytruge zu dem Volkerrecht, t. III. p. 28.

(f) Exemple d'une singulière distinction faite à cet égard à Bonn, en
1787, dans *Polit. Journal*, 1787, p. 447.

(g) C'est sans doute par erreur que le baron DE BIELEFELD, dans ses *Institutions politiques*, t. II, p. 276, range les internonces du pape dans la
troisième classe, et les nonces dans la seconde. V. MOSER, *Beytruge zu
dem Gesandtschaftsrecht*, p. 8.

des publicistes ses prédécesseurs, et d'aller chercher dans la spé-
cialité des mandats de chacun des trois ordres diplomatiques la
distinction de leurs rangs; mais la décision du congrès d'Aix-la-
Chapelle était là, qui n'avait ajouté, aux trois ordres signalés par
celui de Vienne, le quatrième des ministres résidents, que parce
que le cérémonial de ceux-ci est différent de ceux des trois autres
ordres. De là M. de Martens a conclu qu'il ne lui était pas permis
de chercher ailleurs que dans la diversité du cérémonial tout à
fait arbitraire des cours la distinction de ces rangs. »]

§ 194. — Ministres de troisième Ordre. — Chargés d'affaires.

Sous le même point de vue, on nomme ministres du troisième ordre les *ministres résidents*, les *résidents*, les *ministres chargés d'affaires* (*a*), accrédités auprès des souverains.

Les simples chargés d'affaires nommés par *interim* pendant l'absence du ministre, ou à des cours auxquelles on
ne peut ou on ne veut pas envoyer des ministres titrés,
n'ont pas le caractère formel de ministres ; aussi la plupart (*b*) d'entre eux, sans être légitimés par des lettres de
créance présentées au souverain, ne sont accrédités que par
des lettres remises au secrétaire d'État ou ministre des
affaires étrangères, ou même ne le sont que verbalement
par le ministre ordinaire qui les présente à son départ, et
le cérémonial auquel ils peuvent prétendre, surtout de la
part d'autres membres du corps diplomatique, est assez

(*a*) Le titre de ministre chargé d'affaires comme désignation d'un genre
particulier de ministre, semble avoir été rarement donné. Il est douteux
si ce que rapportent Bielefeld, *Institutions politiques*, t. II, p. 281, et
Moser, *Versuch*, t. IV, liv. IV, chap. xxvii, peut en offrir la preuve. Cependant, en 1784, le roi de Suède conféra cette qualité à son ci-devant
chargé d'affaires à Constantinople.

(*b*) Exceptions pour les agents diplomatiques des villes anséatiques.

incertain dans plusieurs cours : cependant ils sont agents diplomatiques, et on ne saurait leur refuser les immunités dont jouissent les ministres du troisième ordre, quoique le cérémonial ne soit pas le même, en tant qu'ils ne sont pas accrédités auprès du souverain.

§ 195. — De la préséance entre les ministres des trois Ordres, et entre eux.

Le caractère représentatif élève les ambassadeurs au-dessus de tous les ministres des ordres inférieurs, sans égard à la préséance entre leurs cours. Les ambassadeurs entre eux accordent la préséance, ou y prétendent entre eux sur le même pied que leur cour l'accorde ou l'exige (a), et l'exercent sans distinction entre l'ambassadeur extraordinaire et ordinaire de *deux diverses cours* (b); de plus, le caractère représentatif absorbe tellement toutes les autres qualités, que la diversité de naissance, de dignités, ou de charges civiles ou militaires dont ils seraient revêtus, n'influe en rien, ni sur la préséance, ni sur les titres, ni même sur les honneurs qu'ils seraient en droit de prétendre (c).

(a) Par rapport à tous les employés diplomatiques des têtes couronnées, donc aussi par rapport à leurs ambassadeurs, l'article 4 du règlement de 1815 veut qu'ils prennent le rang d'après la date de la notification officielle de leur arrivée, sans cependant rien innover par là relativement aux représentants du pape.

(b) *V.* ce règlement, article 3. Entre deux ambassadeurs d'une même cour, l'ambassadeur extraordinaire a, dans la règle, le pas sur l'ambassadeur ordinaire; mais c'est la volonté de leur cour qui décide. La distinction qu'on faisait dans quelques cours, entre les ministres des cours de famille et autres, a également été supprimée, quant au rang, par ledit règlement.

(c) Moser, *Versuch*, t. III, p. 504.

Jusqu'à présent la question de savoir si les ministres du second ordre ont la préséance sur tous ceux du troisième ordre, n'était pas uniformément décidée dans tous les États. D'après le règlement de 1815, l'affirmative n'est pas douteuse ; et, tandis qu'autrefois les ministres du second ordre exerçaient entre eux la préséance, ou la prétendaient sur le pied de leurs souverains, sans même que les ministres plénipotentiaires (d) se crussent obligés de céder le pas aux envoyés extraordinaires, comme tels (quoique la dignité de ceux-ci soit un peu plus relevée), les ministres des têtes couronnées prennent, en conformité de l'article 4 du règlement, leur rang d'après la date de la notification officielle de leur arrivée ; il en est de même des ministres de la troisième classe entre eux, comme aussi des chargés d'affaires entre eux, en tant que l'arrangement pris entre les cinq cours à Aix-la-Chapelle est adopté par les têtes couronnées en général.

Au reste, quoique à la rigueur le règlement de Vienne ne soit proposé qu'aux têtes couronnées, il paraît probable qu'il servira aussi d'exemple à d'autres États entre eux, sans toutefois parer à toutes les difficultés qui pourraient encore survenir.

[Pinheiro-Ferreira présente sur le présent paragraphe les observations qui suivent :

« Nous ne pouvons assez nous récrier contre le système adopté par l'auteur, de se borner au simple rôle de rapporteur des usages, sans s'acquitter du devoir que lui imposait son sujet, d'expliquer à la jeunesse, à qui son ouvrage était destiné, la raison, bonne ou mauvaise, de ces usages, puisqu'il suivait les errements

(d) HAGEDORN, *Discours sur le rang*, § 7

de l'école positive ; il n'aurait pas osé essayer d'apprécier la jus-
tesse des principes sur lesquels ces usages sont fondés.

» Nous nous sommes donc fait un devoir de suppléer, autant que
la brièveté d'une note nous le permet, à ces graves omissions ;
car il ne suffit pas que les élèves sachent ce qu'on fait, mais
il faut aussi qu'ils connaissent la raison pour laquelle on le fait.

» Ce n'est pas parce que la qualité d'ambassadeur extraordinaire
a quelque motif de prééminence, que celui qui en est revêtu jouit
d'une plus grande distinction.

» M. de Martens, par la manière dont il s'exprime ici, induit
le lecteur dans une double erreur : d'abord parce qu'il regarde
comme inhérente à la qualité d'ambassadeur extraordinaire une
plus grande distinction que celle qu'on doit accorder à l'ambassadeur ordinaire ; ensuite parce qu'il considère comme chose purement arbitraire et dépendante du bon plaisir du gouvernement
de ces deux agents, de maintenir cette distinction ou d'accorder
à tous les deux un même rang.

» Un gouvernement sage n'agit jamais sans raison, et par conséquent il faut savoir dans quels cas les deux ambassadeurs doivent être mis sur la même ligne, et quand il est loisible au
gouvernement d'établir une distinction en faveur de l'un ou de
l'autre.

» Lorsque le gouvernement ne s'est nullement prononcé à cet
égard, et que ni la nature de l'affaire ni les instructions qu'ils
auront reçues n'indiquent aucune différence entre eux, ce n'est
que par suite d'une politesse bien entendue et généralement en
usage dans de pareilles rencontres de la vie civile, que l'ambassadeur ordinaire cédera partout le pas à son collègue ; et c'est aussi
en raison de ce principe que la cour et le corps diplomatique,
devant accorder le pas à l'un d'eux, n'hésitent pas à l'accorder à
l'ambassadeur extraordinaire.

» Il n'en est pas de même lorsque cet ambassadeur a été choisi
dans une plus haute catégorie civile, militaire, ecclésiastique, etc.,
que l'ambassadeur ordinaire ; ou lorsque les fonctions mêmes
qu'il a à exercer lui défèrent une suprématie sur son collègue ; ou
enfin quand la nature et l'importance de l'affaire même dont il
est chargé font preuve d'un plus haut degré de considération et
de confiance de la part de leur gouvernement.

» Dans tous ces cas, le motif de la distinction ne saurait être douteux, sans que cependant on puisse le dire arbitraire, ainsi qu'il le serait s'il ne dépendait que de la protection de la cour ou de la faveur du souverain.

» Ce que M. de Martens remarque au sujet de la suppression des distinctions accordées autrefois aux ambassadeurs des cours de famille, prouve que les ambassadeurs, aussi bien que les envoyés et les chargés d'affaires, ne représentent rien de ce qui est personnel à leur souverain, qu'ils ne représentent que les intérêts de la nation, dont ils sont, moyennant la nomination du monarque, des mandataires auprès des gouvernements étrangers. »

Et plus loin :

« Il est fort remarquable que cet ouvrage étant destiné à faire connaître les principes du droit positif des nations, l'auteur y ait débuté pour affirmer (§ 9) *qu'il n'existe point de droit des gens positif universel*, ce qui veut dire *qu'il n'existe point du tout de droit des gens positif;* car, si ce qui en existe n'est pas *universel*, ce n'est plus du *droit des gens;* ce n'est qu'un certain nombre de conventions et d'usages isolés et souvent contradictoires de telles ou telles nations entre elles. Ce n'est donc pas d'un *droit des gens positif*, mais des conventions et des usages de quelques nations entre elles que M. Martens nous donne le précis, et il nous y fournit à chaque page des preuves de la disparité et même des contradictions qui règnent entre les conventions et les usages des différentes nations. Mais c'est surtout dans le chapitre du cérémonial et des préséances que ces disparités se font remarquer. Ce n'est pas à dire qu'il n'y ait point de principes fixes d'après lesquels on puisse régler le rang que les différents agents diplomatiques doivent observer entre eux; mais c'est que l'amour-propre, et des individus, et des gouvernements surtout, lorsqu'ils ont pu faire valoir leurs prétentions par la force, a toujours préféré laisser dans le vague la détermination des rangs que les représentants d'un pays appartenant à l'un des ordres diplomatiques devaient occuper relativement à ceux d'un autre pays appartenant à ce même ordre.

» Nous disons qu'on a laissé cette question dans le vague, parce que les règles qu'on a voulu établir n'ont servi qu'à embrouiller davantage les questions qu'elles étaient destinées à éclaircir. Nous n'en citerons ici que les principales.

» Un des premiers principes qu'on invoqua à cet égard, c'est l'ancienneté de l'indépendance de l'État ; mais comme l'histoire de chaque peuple nous montre que tous ont passé alternativement de l'asservissement à l'indépendance, on pressent combien de questions non-seulement compliquées, mais odieuses, ce principe, chaque fois qu'on voudra en faire usage, doit nécessairement soulever.

» Un autre titre de prééminence souvent allégué par les gouvernements, c'est l'ancienneté de la famille régnante ; mais, outre l'inconvenance de subordonner la dignité réelle de la nation à la dignité purement conventionnelle de son chef, ce principe rendrait les rangs des nations sujets aux changements toujours éventuels des dynasties.

» La troisième règle invoquée par les publicistes, est qu'on doit fixer le rang de la puissance d'après le titre d'empereur, de roi, de duc, etc., dont jouit le souverain. Mais cette règle est une véritable *pétition de principe*; car si on demande pourquoi tel souverain doit avoir le titre d'empereur plutôt que celui de roi, ou ce dernier plutôt que celui d'archiduc, de duc, etc., on ne saurait en donner d'autre raison que la supériorité de rang que les nations commandées par les premiers ont droit à prétendre sur celles gouvernées par les seconds.

» Une troisième règle, encore plus irrationnelle que les précédentes, est celle qui place au dernier rang les nations dont le gouvernement est républicain. On peut cependant juger de la solidité de ce principe lorsqu'on pense aux exceptions qu'il a bien fallu y faire en faveur du protectorat de Cromwell et du consulat de Napoléon, et à celle qu'on fera aujourd'hui en faveur des États-Unis, toutes les fois qu'une question de rang vaudra la peine que le bon sens américain mette de l'intérêt à sa décision.

» Le lecteur entrevoit déjà sans peine où nous voulons en venir; car l'analyse seule de ces différentes opinions démontre que les rangs des puissances, en tant que gouvernements, ne sauraient se régler que d'après la puissance des nations ; et dès lors la question se réduit à savoir lequel des éléments dont se compose la puissance des nations est le plus propre à en servir d'indice et de mesure incontestable.

» Réduit à cette simple expression, le problème de statistique dont nous nous occupons ne saurait rester longtemps indécis ; car personne n'ignore qu'une nation populeuse ne peut rester stationnaire : ou elle rétrograde, et la chute des grandes masses est aussi rapide qu'effrayante, ou elle avance à pas de géant en civilisation et en puissance.

» C'est donc d'après la force de la population des Etats, et non pas d'après les faux principes jusqu'à présent adoptés par la diplomatie, qu'on doit régler la hiérarchie des nations, et par conséquent l'ordre de la préséance de leurs chefs.

» Quant au principe adopté au congrès de Vienne pour mettre un terme aux questions des préséances entre les ministres d'un même ordre, savoir, *qu'ils prendraient rang d'après la date de la notification officielle de leur arrivée*, ce principe est tout aussi erroné que ceux adoptés par la classification des puissances représentées par ces agents. C'était un aveu de l'insuffisance de ces principes; car si l'on croyait que les rangs des puissances étaient fixés, il était contradictoire de chercher encore à déterminer ceux de leurs représentants.

» Aussi est-il évident que du moment où la diplomatie, se conformant aux dictées du sens commun, aura classé les nations d'après les données de la statistique, qui prend pour base la population, les agents diplomatiques d'un même ordre ne sauraient se ranger que d'après l'ordre hiérarchique des nations qu'ils sont appelés à représenter. »   Ch. V.]

§ 196. — Des Agents, etc.

Les simples *agents pour les affaires privées (a)*, et ceux qui n'ont que le seul titre de *résident*, de *conseiller de légation*, d'*agent*, ne sont pas membres du corps diplomatique, et, sans pouvoir demander un cérémonial ou des prérogatives et immunités diplomatiques, sont sujets de l'Etat dans lequel ils vivent (b).

(a) Ceux ci n'ont jamais de lettres de créance, mais seulement des lettres de provision, ou tout au plus des lettres de recommandation

(b) PESTEL, *Commentarii*, p. 1, cap. v, § 66 Ce que de petits États leur accordent quelquefois ne suffit pas, a beaucoup près, pour en faire une regle.

[« Il y a dans cet alinéa, dit Pinheiro-Ferreira, plusieurs erreurs : l'une, c'est de confondre les *résidents* avec les *conseillers de légation ;* l'autre, de classer ces deux sortes d'employés parmi les *agents pour affaires privées ;* la troisième, c'est d'affirmer que tous *ces agents sont sujets de l'État dans lequel ils vivent.*

» Les *résidents,* ainsi que nous venons de le voir, sont des chefs de mission, ministres du second ou du troisième ordre, selon la manière de compter actuellement en usage.

» Les conseillers de légation sont des agents que les gouvernements attachent quelquefois aux missions pour assister de leurs avis le ministre dans les affaires d'une certaine importance, ou qui exigent des connaissances spéciales que l'ambassadeur n'est pas censé posséder. Dans la suite, comme on abuse de tout, on ne vit dans les conseillers d'ambassade que des attachés d'une catégorie supérieure aux attachés proprement dits, et inférieure aux secrétaires de légation, et on accorda ce titre à de simples élèves de diplomatie.

» Il ne sera pas inutile de faire observer ici que dans l'ordre hiérarchique ils sont inférieurs aux secrétaires de légation, puis, que ceux-ci, pendant l'absence du ministre, sont appelés à devenir des chefs de mission, et, par là, les supérieurs de tous les autres employés à la légation.

» Loin de pouvoir dire que ces deux sortes d'employés, les résidents et les conseillers de légation, sont ordinairement des *sujets du pays où ils vivent,* il y a une sorte d'incompatibilité entre la qualité de national et celle d'attaché au service diplomatique d'une puissance étrangère, ainsi que nous aurons l'occasion de le montrer ci-après, au § 200. »

Ajoutons que les agents, dont il est ici question, n'ont jamais de lettres de créance, mais seulement des lettres de provision, ou de recommandation. *V.* le baron Ch. DE MARTENS, *le Guide diplomatique,* t. I, p. 65.   CH. V.]

§ 197. — Des Députés et des Commissaires.

On appelle quelquefois *députés,* des ministres envoyés vers un congrès, ou accrédités de la part d'une assemblée d'états (comme les ci devant Provinces-Unies des Pays-Bas,

de la Ligue helvétique, du corps germanique). Ce titre seul
ne leur donne ni ne leur ôte les prérogatives de ministres ;
ils peuvent être ministres (du premier?) du second ou du
troisième ordre. Il en est de même des *commissaires*, qui,
comme tels, ne sont pas ministres en titre, lors même qu'ils
sont envoyés à l'étranger, mais auxquels cette qualité peut
être attribuée par leurs souverains, ainsi que cela se pratique quelquefois pour des commissaires envoyés par des
Etats pour régler les limites ou pour arranger des liquida-
tions. Tout dépend de la question de savoir jusqu'à quel
point leur constituant a pu et voulu leur attribuer un
caractère ministériel.

§ 198. — Du Droit d'envoyer des Ministres du premier Ordre.

La distinction entre les différents ordres de ministres, la
diversité du cérémonial dont ils jouissent, et l'idée du caractère représentatif proprement dit, étant d'institution
positive, on peut reconnaître à un État le droit de légation
en général, sans lui accorder le droit d'envoyer des ministres de chacun de ces trois ordres, et surtout d'envoyer des
ambassadeurs : c'est aussi ce qu'on a vu arriver en Europe.

Entre les États monarchiques et souverains, toutes les
têtes couronnées jouissent de ce droit, quoique quelques-
unes d'entre elles s'en servent peu ou ne s'en servent point
du tout. Entre les républiques, déjà avant la révolution qui
changea la France pour quelque temps en république,
celles de Venise, des Provinces-Unies des Pays-Bas et de
la Ligue helvétique (a) en jouissaient, de même que,

(a) *État et délices de la Suisse*, t I, chap. XIII, DE RÉAL, t V, p. 50

dans quelques cours, la république de Gênes et l'ordre de
Malte (*b*).

Dans les États non entièrement souverains, les électeurs
s'étaient fait assurer ce droit par la capitulation impériale (*c*),
et les puissances étrangères le leur ont reconnu dans les
assemblées de l'Empire, soit à la diète générale, soit aux
diètes d'élection, etc. Ils le prétendaient également dans les
cours étrangères, et se fondaient sur la possession ; cependant quelques cours ont tâché d'éviter les occasions de le
leur reconnaître formellement (*d*). Les anciens princes de
l'Empire y prétendaient également (*e*), mais au moins la
possession n'a-t-elle pas été à leur avantage ; aussi ceux-ci
et les autres États (*f*) de l'Empire n'envoyaient-ils aux
cours de l'Europe que des ministres du second et du troisième ordre, comme le font les autres moyens ou petits
États (*g*).

Aujourd'hui il paraît peu douteux que ceux des États
souverains de l'Allemagne qui jouissent des honneurs

(*b*) MOSER, *Versuch*, t. III, p. 5 ; *Merc. hist. et pol.*, 1740, t. I,
p. 372.

(*c*) Capitulation imp , art. 23, § 2.

(*d*) MOSER, *Auswärtiges Staatsrecht*, p. 229 ; *Zusatze zu seinem
neuen Staatsrecht*, t. I, p 102. Exemple de 1781, à Turin.

(*e*) *Anecdoten uber die furgefallene Quastion, ob Reichsfursten
befugt sind Ambassadeur zu schicken, mit einigen Remarquen.* V. *Neue
juristische Litteratur*, 1780.

(*f*) Sur l'ancien droit de légation des comtes, V. MOSER, *Beytrage*,
t. III, p. 10 ; sur celui des villes, V H DE CRAMER, *De pari jure ci-
vitatum imperialium uc gentium liberarum in recipiendis legatis ;*
sur celui de la ci-devant noblesse immédiate, V. MADER, *Reichsritterschaftliches Magazin*, t. VII, p 617. Il ne saurait plus être attribué aux
médiatisés.

(*g*) Sur les États d'Italie, V. cependant MOSER, *Beytröge*, t. III, p 7.

royaux ne puissent envoyer des ambassadeurs s'ils le trouvaient convenable.

Dans la règle, on n'envoie point d'ambassadeurs à des
États desquels on refuserait d'en recevoir.

———

[Telle n'est pas, sur le dernier point traité par notre auteur,
l'opinion d'HEFFTER, *le Droit international public*, traduction de
M. Bergson, § 209, qui, relativement au rang ou à la classe du
ministre à envoyer, en attribue le choix exclusif au gouvernement
qui le constitue. Cet auteur reconnaît qu'aujourd'hui :

1° D'après le principe de la réciprocité, les puissances ne s'envoient que des ministres du même ordre. Les puissances du
second et du troisième rang consultent à cet égard l'état de leurs
ressources matérielles ;

2° Aucune puissance jouissant des honneurs royaux ne reçoit
chez elle, en qualité de ministre de première classe, les agents
diplomatiques d'une puissance qui ne jouirait pas des mêmes
honneurs ; mais il serait, suivant lui, difficile d'établir avec
quelque fondement, comme le prétend notre auteur, que le droit
d'envoyer des ministres de première classe n'appartient qu'aux
États pouvant prétendre aux honneurs royaux. S'il est arrivé que
des souverains d'un rang inférieur s'envoient réciproquement des
ambassadeurs, notamment dans des affaires matrimoniales, ce
droit ne saurait être refusé au souverain le plus faible, et les
frais seront toujours dans ce cas un obstacle à l'abus du droit.
V. cependant WHEATON, *Éléments du droit international*, t. I,
p. 193.

« L'auteur, ajoute Pinheiro-Ferreira, n'aurait pas soulevé les
différentes questions traitées dans le paragraphe, s'il s'était fait
une idée juste du caractère des ministres classés par les publicistes au premier rang de la hiérarchie diplomatique.

» S'il avait remarqué que ce qui distingue réellement l'ambassadeur de l'envoyé, c'est l'honneur de traiter directement avec le
souverain auprès duquel il est accrédité, il en aurait conclu que
tout chef supérieur d'une nation autorisé à traiter immédiatement

avec le chef suprême d'une autre nation, est apte à lui envoyer
un ambassadeur.

» Cette conclusion, qui est une conséquence rigoureuse de la
définition, montre en même temps ce que nous avons déjà fait remarquer en traitant de ces agents diplomatiques, savoir, que les
chefs suprêmes des gouvernements constitutionnels, soit monarchiques, soit républicains, ne sauraient ni envoyer ni recevoir des
ambassadeurs, rien de ce qui se traiterait autrement que par l'entremise du ministère ne pouvant être valable dans cette sorte de
gouvernements.

» Et, qui plus est, même dans les monarchies absolues, rien
n'est censé avoir été conclu à la charge de l'Etat et sous la sauvegarde du droit des gens, que ce qui aura été discuté par des négociateurs nommés par le souverain, indépendamment de tout ce
qui pourra avoir été dit ou promis par le monarque dans ses entretiens particuliers avec l'ambassadeur étranger : d'où nous avons
conclu, qu'à l'exception d'un honneur que les envoyés et même
les chargés d'affaires partagent souvent, mais qui n'a aucune influence sur le mandat des uns ni des autres, aucune distinction
réelle dans ce qui concerne le caractère diplomatique n'établit
une différence de hiérarchie entre l'ambassadeur et l'envoyé. »

Ch. V.]

§ 199. Du choix de l'Ordre, et du nombre des Ministres.

L'État qui a le droit d'envoyer des ministres de différents
ordres peut, dans la règle, se déterminer à son gré sur le
choix de l'ordre et du nombre (a) des ministres Cependant,
1º les puissances qui entretiennent des missions réciproques ont coutume d'observer à cet égard une égalité entre

(a) Quelquefois un État entretient à la fois plusieurs ministres à telle
cour, la France l'a souvent fait. V. Lettres, mémoires et négociations
du chevalier (Mlle) d'Éon de Beaumont, p. 101. D'autres motifs engageaient plusieurs États de l'Empire à entretenir deux ministres à Vienne,
l'un pour les affaires étrangères, l'autre surtout pour celles de l'Empire. Ceci à plus fréquemment lieu encore pour des missions extraordinaires, telles qu'à un congrès de paix, etc.

le caractère de ceux qu'elles envoient et de ceux qu'elles reçoivent ; 2° il y a quelques missions de cérémonie qu'on ne veut recevoir que lorsqu'elles sont conformes à l'usage introduit par rapport à la qualité et au nombre (§ 77) ; 3° on a quelquefois révoqué en doute le droit de se faire représenter par plusieurs ambassadeurs à la fois dans des Etats auxquels on ne refusait pas de reconnaître un ambassadeur (b).

Nul doute qu'un ministre ne puisse être accrédité à la fois auprès de plusieurs États ; et l'Allemagne et la Suisse offrent surtout de fréquents exemples de ce genre.

———

[Dans les conditions nouvelles des sociétés modernes, le choix de l'agent diplomatique n'a d'autre règle que la volonté du souverain. Le sexe, la naissance, le rang social, ne sont plus des obstacles absolus. On a quelquefois choisi des femmes pour remplir les fonctions de ministre public. Cet usage est aujourd'hui abandonné, du moins pour ce qui concerne les missions officielles. Ce que l'on considère aujourd'hui, c'est que le ministre choisi sera agréable à la cour auprès de laquelle il est accrédité.

Il est facultatif pour chaque puissance de déterminer le caractère et l'importance de la mission, d'envoyer un ou plusieurs ministres d'un rang égal ou inégal, à une même cour, d'envoyer un seul ministre auprès de plusieurs cours à la fois, ou à plusieurs souverains, d'envoyer un seul ministre à la même cour. C'est au gouvernement qui choisit un ministre à déterminer son rang et sa classe. Il est cependant généralement reconnu aujourd'hui ; V. HEFFTER, *le Droit international public de l'Europe*, traduction de M. Bergson, § 209, que d'après le principe de la réciprocité, les puissances ne s'envoient que des ministres du même ordre. Les puissances de second et de troisième

(b) *V.* DE WICQUEFORT, *le Parfait Ambassadeur*, liv. I, sect. XXVI, MOSER, *Versuch*, t. III, p. 106.

rang consultent à cet égard l'état de leurs ressources matérielles; qu'aucune puissance jouissant des honneurs royaux ne reçoit chez elle, en qualité de ministres de première classe, les agents diplomatiques d'une puissance qui ne jouirait pas des mêmes honneurs.

Le même auteur fait observer avec raison qu'il serait difficile d'établir que le droit d'envoyer des ministres de première classe n'appartient qu'aux États qui peuvent prétendre aux honneurs royaux. Il est constant que des souverains d'un rang inférieur s'envoient quelquefois réciproquement des ambassadeurs. Bien plus, comme les ambassadeurs jouissent à un degré éminent du caractère représentatif, il est évident qu'on doit choisir un ministre de ce rang, pour représenter son souverain dans des affaires purement personnelles, par exemple, dans une affaire matrimoniale. Par suite, ce droit ne devrait être refusé pas même au souverain le plus faible.

Il est inconstestable, comme nous venons de le dire, qu'une ambassade peut se composer de plusieurs personnes. L'envoi d'une ambassade nombreuse est même considéré comme une preuve de respect. Vainement au congrès de Nimègue, Louis XIV qui était représenté par plusieurs ministres, voulut-il prétendre que l'électeur de Brandebourg ne pouvait en envoyer qu'un : chaque souverain est libre d'employer pour ses affaires autant de ministres qu'il le juge utile. Mais en général ce n'est que dans les congrès que les puissances envoient plusieurs ministres; on en a eu un exemple au congrès de Paris, en 1856. Dans ce cas, plusieurs ministres forment un seul corps indivisible.

« Il était naturel que M. de Martens, dit Pinheiro-Ferreira sur le présent paragraphe, s'étant proposé de décrire le droit des gens positif, c'est-à-dire ce que les nations ont fait ou ont coutume de faire dans leurs rapports naturels, descendit à faire le récit même de chicanes les plus déraisonnables que les gouvernements se sont trop souvent permis de prodiguer les uns envers les autres. Ces refus d'envoyer ou de recevoir des ambassadeurs plutôt que des ministres du second ordre, ou ceux-ci plutôt que ceux du troisième, sont du nombre de ces inconvenantes disputes que les gouvernements, infatués d'une idée de supériorité, ont souvent élevées sans aucun droit comme sans aucun autre motif que de vouloir faire parade de leur prééminence.

» Il nous semble cependant qu'à ces détails historiques l'auteur aurait dû ajouter, pour l'instruction de la jeunesse à laquelle son ouvrage était destiné, la doctrine qui pourrait servir à justifier ou à combattre de pareilles pratiques.

» Cette doctrine, ajoute Pinheiro-Ferreira sur le dernier alinéa du présent paragraphe, est beaucoup trop évidente pour qu'elle ait besoin d'aucun éclaircissement de notre part, si nous n'avions pas entendu avec une sorte d'indignation le ministre Canning affecter de soutenir une opinion contraire, lorsque, interrogé dans le parlement sur les motifs qui avaient empêché l'admission d'un envoyé de l'un des nouveaux Etats de l'Amérique méridionale, il répondit que c'était parce qu'il était destiné à représenter son gouvernement à la fois auprès de deux gouvernements, français et anglais, tandis que la Grande-Bretagne, ajouta-t-il, se croyait en droit d'exiger *un envoyé tout entier*. Ce n'est pas que ce ministre ignorât ou pût mettre en doute qu'il appartient à chaque gouvernement de confier à un seul individu ses intérêts auprès d'autant de gouvernements qu'il le croira convenable; mais c'est que, par une plaisanterie aussi mal assortie à la gravité du sujet qu'à la dignité de la chambre, licence qu'il se permettait assez souvent, il a voulu éviter de dire tout haut que le gouvernement britannique trouvait les Etats de l'Amérique méridionale assez consolidés pour y envoyer des chargés d'affaires, mais pas assez pour recevoir les leurs. »   Cit. V.]

§ 200. — Du choix de la personne du Ministre.

De même, c'est de l'État qui envoie le ministre qui dépend, dans la règle (a), le choix de l'individu qu'il veut charger d'une telle *commission*. La *naissance (b)*, les *charges*, la *religion (c)*, le *sexe même (d)*, n'en excluent pas.

(a) Sur le droit des puissances catholiques de concourir au choix des nonces, V. HÆBERLIN, *Romisches Conclave*, p. 23.

(b) Réponse du président JEANNIN à Philippe II, *Lettres, mémoires et négociations du chevalier* D'ÉON DE BEAUMONT, p. 65.

(c) *Mémoires de* DE HARRACH, par DE LA TORRE, t. I, p. 287.

(d) MOSER, *die Gesandtinn nach ihren Rechten und Pflichten*, dans

Mais tout État auprès duquel on veut l'accréditer conserve
le droit de se refuser à la réception d'un ministre qui lui
déplaît *(e)*, ou qui n'est pas admissible d'après les lois *(f)*
du pays.

D'ordinaire, on prévient d'avance de ce choix l'État auquel on veut envoyer un ministre, pour s'assurer de son
agrément.

[« Quoique M. de Martens n'ait eu l'intention de nous donner,
dans cet ouvrage, qu'un précis du droit des gens positif, dit
Pinheiro-Ferreira, cela ne saurait le dispenser d'annoncer sur
chaque article les doctrines générales et les notions historiques
les plus essentielles, au lieu de se borner à renvoyer le lecteur à
d'autres écrivains, sans rien énoncer de positif sur la doctrine en
question. C'est cependant ce qui lui arrive très-souvent, et notamment lorsque dans ce paragraphe il nous renvoie aux auteurs cités
dans la note *(f)* pour y voir quelles sont les lois des différents
pays qui ne permettent point d'y envoyer tels ou tels individus en
qualité de ministres diplomatiques. Deux mots auraient suffi
cependant pour ne pas laisser ses lecteurs en suspens. Une des
qualités les plus essentielles d'un agent diplomatique est sans
doute celle de pouvoir soutenir les intérêts dont il est chargé,
sans la crainte de compromettre aucune sorte de devoirs dont il ait
d'ailleurs contracté l'engagement. Tel est le cas de celui qui,
s'étant expatrié pour aller se faire naturaliser dans un autre pays,

---

ses *Kleine Schriften*, t. III, n. 2 ; MAUBERT, *Histoire du siècle*,
p. 370.

(e) *V.* cependant *Mémoires du comte* D'ESTRADES, t. I, p. 237, 263.
Sémonville refusé en 1792 par le roi de Sardaigne. Exemple d'un autre
genre, dans SCHLOTZER, *Staatsanzeigen*, liv. IV, p. 458 ; MOSER, *Zusatze*,
t. III, p. 1192.

(f) Sur les lois de la France, de la Suède, des Provinces-Unies des
Pays Bas, etc., etc., *V* mon *Guide diplomatique*, ch. I, sect. III, *des
diverses Puissances*, et mes *Erzählungen merkwurdiger Falle*, t. I,
Supplém., p. 330 et suiv.; t. II, p. 334 et suiv.

serait chargé par le gouvernement de celui-ci d'aller en représenter les intérêts auprès de son ancien gouvernement. On ne
saurait mettre en doute que cet agent, lors d'un conflit entre les
intérêts des deux pays envers lesquels il a des obligations de plus
d'un genre et les obligations les plus sacrées, ne se voie dans la
fâcheuse alternative de paraître déchirer les liens qui l'unissent
indissolublement, soit à la première, soit à la seconde de ses deux
patries. »   Ch. V.|

CHAPITRE III.

DE CE QU'IL FAUT AU MINISTRE POUR ENTRER EN FONCTION.

§ 201. — De la Suite et de l'Ameublement du Ministre.

Le ministre étant désigné, et ses appointements (a) fixés, il faut encore pourvoir à sa suite, à son ameublement, et surtout le munir des pièces nécessaires pour entrer en fonction.

Le cortége militaire dont la cour fit autrefois accompagner ses ambassadeurs n'a plus guère lieu aujourd'hui que dans ces missions solennelles qui suivent ordinairement la paix avec la Porte, ou bien quelquefois en temps de guerre. De même, on ne permet plus aux ambassadeurs d'avoir

---

(a) F.-C. van Moser, *Von dem Appointement oder Gehalt eines Gesandten*, dans ses *Kleine Schriften*, t. I, p. 182, Le Bret, *Magazin*, t. II, p. 206 Sur la Hollande, *V*. Kluit, *Hist. fœd.*, t. II, p. 571, et mes *Erzahlungen merkw. Fälle*, Appendice, t. II, p. 373. Ce n'est pas sous ce point de vue seul qu'il importe d'observer que jusqu'à ce jour même les missions permanentes ont été considérées presque partout comme des commissions, et non comme des charges

dans le lieu de leur résidence leur garde militaire (b), si ce n'est quelques Suisses.

Du reste, le train du ministre est très-différent, surtout d'après le genre de mission. La suite complète d'un ambassadeur supposait jusqu'à présent plusieurs gentilshommes et pages d'ambassade, plusieurs secrétaires d'ambassade, une chancellerie, un ou plusieurs secrétaires interprètes (truchements à la Porte), un aumônier, des gens de l'office, une livrée nombreuse, etc. Dans l'ameublement d'un ambassadeur on comprend une vaisselle, plusieurs attelages de six chevaux, etc.

La suite des ministres du second ordre est *ordinairement* beaucoup moins nombreuse : le plus souvent sans gentilshommes attachés à la légation, rarement plus d'un secrétaire de légation ; cependant tout dépend des circonstances. Celle des ministres du troisième ordre est encore plus limitée, ou peut l'être, du moins.

Les frais et les difficultés de cérémonial que font naître les missions du premier ordre sont cause que plusieurs, même des cours royales, n'envoient que peu ou point d'ambassadeurs ; en général, il ne serait pas surprenant d'en voir diminuer encore le nombre (c).

[On ne comprend plus aujourd'hui dans la suite d'un ministre que : 1° les secrétaires d'ambassade ou de légation de diverses

(b) Capitulation impériale, art. 28, § 2 ; MOSER, *Anmerkungen zur Wahlcapitulation Joseph II*, t. II, p. 364.

(c) En temps de paix on comptait, jusqu'à la guerre de la révolution, environ quarante missions permanentes du premier ordre, outre les nonciatures du pape. Le plus grand nombre de ces ambassadeurs étaient envoyés par l'Autriche, la France, l'Espagne et la Grande-Bretagne.

classes, suivant la hiérarchie adoptée par chaque État ; 2° les personnes attachées aux missions, comme le chancelier, les secrétaires interprètes, les attachés et élèves ou aspirants, les pages pour les missions d'apparat; 3° l'aumônier et le médecin ; 4° les officiers de la maison et les gens de livrée attachés au service du ministre. *V.* encore le baron Ch. DE MARTENS, *le Guide diplomatique,* 4° édit., t. I, p. 158, d'autres dénominations données au personnel officiel et au personnel officieux qui accompagnent chaque chef de mission et composent sa suite.

« Nous profiterons de cette occasion, dit Pinheiro-Ferreira, pour émettre, sur la composition des légations permanentes, quelques idées qui nous semblent pouvoir contribuer à les rendre plus utiles qu'elles ne le sont par suite de leur organisation. Ce que quelques écrivains, en très-petit nombre, ont proposé, ne saurait s'accorder avec les principes d'un système constitutionnel, tant pour ce qui concerne la nomination que la promotion et même les destinations des employés des missions diplomatiques. L'auteur qui paraît s'être préoccupé de cette matière avec le plus de détail, dans l'intention de donner à la diplomatie une forme d'enseignement scientifique, est M. Hellmuth Winter, savant professeur de l'université de Berlin, à en juger par le plan qu'il vient de publier de son ouvrage sur cet important sujet. Cependant cet écrivain, d'ailleurs si distingué, n'a pas évité le défaut essentiel que tous les plans antérieurs d'une école de diplomatie présentent en commun. Contents de montrer la nécessité de faire étudier aux élèves en diplomatie un cours de droit public interne et externe, tant positif que philosophique, ces écrivains se sont imaginé que, munis de ces connaissances théoriques, les élèves pourraient sur-le-champ les mettre en pratique, en passant des bancs de l'école aux légations en pays étrangers. C'est une grave erreur. Les jeunes gens destinés à servir dans les missions diplomatiques doivent avoir servi auparavant, pendant quelque temps, dans les divers départements de l'administration publique les plus propres à leur donner une idée complète de tous les différents ressorts dont elle se compose. Destinés à défendre un jour les intérêts du commerce de leur pays contre les exigences des nations étrangères; il faut qu'ils connaissent les besoins et les ressources de ce commerce. S'ils ne connaissent pas à fond l'organisation et la force de l'armée de terre et de mer chez eux,

comment pourront-ils traiter dans leurs négociations une foule
de questions qui dépendent essentiellement de ces données?
Étrangers à l'administration de la justice et des finances, igno-
rant jusqu'à quel point l'État peut compter sur ses ressources
pendant la paix comme pendant la guerre, sur quelles bases pourront-ils asseoir les arguments qu'il sont appelés à employer à
l'appui de leurs propositions? En un mot, le diplomate qui n'aura
pas ajouté des connaissances bien positives sur la statistique de
son pays, aux connaissances théoriques de la science du gouvernement, ne sera qu'un médiocre diplomate.

» C'est donc dans les bureaux des départements administratifs
qu'il faut prendre ces jeunes gens destinés à être attachés aux
légations étrangères. C'est dans les rangs plus élevés de ces
mêmes départements qu'il faut prendre les membres des différents degrés de la hiérarchie diplomatique. Ainsi, après avoir
servi quelque temps comme attaché en pays étranger, l'élève en
diplomatie rentrera aussi pour quelque temps, dans un grade plus
élevé, au département d'administration intérieure, d'où il aura
été tiré; en sorte que, passant alternativement du service dans
le pays à celui des légations étrangères, au moyen d'une promotion graduelle et fondée sur l'acquisition progressive de connaissances acquises dans l'une aussi bien que dans l'autre de ces
deux carrières, le diplomate pourra rendre à son pays des services
qu'on ne saurait espérer de ceux dont toute la science se borne
à une stérile routine des cours, seules écoles de la diplomatie jusqu'à présent.

» Les commissions des agents diplomatiques sont ou transitoires ou permanentes. Les unes, aussi bien que les autres, ont
pour objet de régler des rapports de commerce ou de politique
entre les deux nations; mais les missions permanentes ont encore
pour but de suivre les progrès de la civilisation chez le peuple
où le diplomate établit sa résidence.

» Tous ces objets exigent évidemment dans les personnes qui
en sont chargées un ensemble de connaissances statistiques pro-
portionnées au rôle qu'elles ont à jouer dans la légation. Aussi
ne faut-il pas croire que pour tirer tout le parti possible d'une
mission permanente il suffise toujours de la confier à un ministre
habile, même secondé par un secrétaire de légation, ainsi qu'on
le pratique ordinairement. Sans doute que tous les pays ne méri-

tent pas également la peine d'être étudiés dans leurs progrès, ou parce qu'ils n'en font guère, ou parce qu'ils en font de si lents, qu'on ne serait pas récompensé des frais qu'on ferait en y établissant une mission assez complète pour suivre la marche progressive de toutes les différentes branches de l'administration publique. Mais le principe, qu'il faut charger les missions diplomatiques de tenir le gouvernement au courant de tout ce qui se fera d'intéressant dans le pays relativement à l'organisation sociale, une fois reconnu en général, on en conclura aisément qu'il faut les composer d'un personnel qui, sans surcharger l'Etat d'une trop forte dépense, présente une réunion d'individus qui, sous la direction du chef de la mission exploitent, chacun dans sa partie, tout ce que le pays pourra offrir d'intéressant sous les différents rapports de la statistique. »   Cu. V.]

§ 202. — Des Lettres de créance.

Pour être reçu avec le caractère de ministre par l'État auquel il est envoyé, le ministre doit être muni d'une lettre de créance (a). Cette lettre du souverain qui l'envoie, à celui qui le reçoit, renferme le but général de la mission, le nom et le caractère du ministre, et la demande d'ajouter foi à ce qu'il dira au nom de sa cour (b). La forme de la lettre est arbitraire, quoique le plus souvent on l'expédie en forme de lettre du conseil. Outre l'original, muni du sceau de l'État, on donne ordinairement au ministre une copie légalisée pour la présenter au secrétaire d'État en demandant audience (c).

(a) JUGLER, *De litteris legatorum credentialibus*, Jenæ, 1711, in-4 ; J. G. ESTOR, *De jure poscendi litteras quas vocant credentiales à legatis*, Jenæ, 1748, in-8.

(b) D. NETTELBLADT, *De formâ litterarum credentialium*, Halæ, 1753, in-4 ; SNEEDORFF, *Essai d'un style des cours*, p. spec., chap. 1, art. 1.

(c) BIELEFELD, *Institutions politiques*, t. II, p 296 ; BECK, *Versuch einer Staatspraxis*, liv. V, chap. 1, p. 240.

Une seule lettre de créance peut suffire pour deux ministres envoyés à la fois, s'ils sont du même ordre. Quelquefois un seul ministre est chargé de plusieurs lettres de
créance, s'il est accrédité auprès de plusieurs souverains,
ou auprès du même prince, mais sous plusieurs qualités.

[La lettre de créance imprime à l'ambassadeur un caractère
public; elle est donnée suivant les formes usitées dans les chan-
celleries, et sa rédaction indique le but général de la mission
au souverain auprès duquel il est envoyé. Les agents inférieurs
n'ont pas besoin de lettres de créance. Le ministre des affaires
étrangères les accrédite directement auprès de son collègue à
l'étranger. « Ces lettres, dit le baron Charles DE MARTENS, *le
Guide diplomatique*, t. I, p. 66, sont une espèce de plein pouvoir général; mais, dans la pratique, elles ne servent qu'à constater le caractère d'un ambassadeur et ne l'autorisent à aucune négociation particulière. Leur forme varie selon le rang du souverain
qui écrit, et celui du souverain auquel elles sont adressées. Elles
ne sont reçues qu'après qu'il en a été donné une copie textuelle
et que le protocole a été reconnu conforme aux usages établis;
elles sont remises, ou censées l'être, dans une audience publique
ou privée, selon l'usage du pays et le caractère officiel de celui
qui en est porteur. »

Les légats et nonces du pape sont porteurs de *bulles* qui leur
servent à la fois de lettres de créance et de pouvoir général Il y
a aussi pour les ministres envoyés en Turquie, nécessité d'être
munis, indépendamment de la lettre de créance pour le sultan,
d'autres lettres pour le grand vizir et le chef du département des
affaires étrangères.

« De toutes les assertions contenues dans ce paragraphe, ajoute
Pinheiro-Ferreira, la seule qui ait besoin de quelque explication
est celle de la copie, dont M. de Martens dit que l'envoyé doit
donner connaissance au secrétaire d'Etat, en demandant l'audience de présentation au souverain. Là-dessus, nous remarquerons que cet usage ne se borne pas uniquement aux lettres
de créance; il est commun à toute autre lettre dont l'agent diplomatique est chargé pour le souverain à la cour duquel il est accré-

dité. On peut trouver deux motifs à cet usage : l'un, c'est de mettre le secrétaire d'Etat à même de pouvoir se préparer à faire à son souverain un rapport en connaissance de cause sur l'objet contenu dans la lettre en question ; l'autre, c'est de prévenir qu'aucune lettre ne soit présentée au souverain, dont la seule lecture pût être considérée comme une atteinte au respect qui lui est dû. » *V.* encore VATTEL, *le Droit des gens*, édit. Guillaumin, liv. IV, ch. VI, § 76 et la note de M. Pradier-Fodéré. »   CH. V.]

§ 203. — Des Lettres de recommandation.

De ces lettres de créance diffèrent les simples lettres de recommandation dont le souverain munit quelquefois son ministre pour des personnes qui n'ont pas le droit de léga-tion (a), pour des princes ou princesses, pour les princi-paux ministres, et, dans quelques cas, pour le magistrat du lieu où le ministre doit résider (b).

§ 204. — Du Plein Pouvoir.

Tout ministre négociateur doit être muni d'un plein pou-voir sur la foi duquel on peut entrer avec lui en négocia-tion. Un plein pouvoir général (a) ne dispense pas d'en donner encore de spéciaux lorsque le ministre est chargé

(a) Exemples à l'égard des ministres accrédités auprès des ci-devant Provinces-Unies des Pays-Bas. *V.* cependant KLUIT, *Hist. fœd.*, t. II, p. 545.

(b) ICKSTADT, *De legatorum in civitatibus immediatis ac liberis resi-dentium privilegiis ac juribus*, Wurtzbourg, 1740, in-4, et dans ses *Opuscula*, t. II, p. 501.

(a) J'entends ici par plein pouvoir général celui qui ne détermine point l'objet particulier de la négociation. On appelle aussi quelquefois plein pouvoir général celui qui autorise le ministre à traiter avec toutes les cours avec lesquelles il y a lieu ; c'est ce qu'on entend par *actus ad omnes populos*. Les exemples en sont rares : on en trouve dans DE TORCY, *Mémoires*, t. III, p 65 ; dans LAMBERTY, *Mémoires*, t, VIII, p. 748 ; t. IX, p. 65). De ce genre approche le plein pouvoir que le pre-mier consul, en France, donna, en 1800, à Augereau, pour faire la paix avec des princes de l'Empire. *V.* mon *Recueil*, t. VII, p. 472

d'une négociation particulière, pour faire voir s'il n'est autorisé qu'à écouter les propositions pour en faire rapport, ou à proposer, ou même à conclure; s'il a un pouvoir illimité ou limité; de même, quand il y a plusieurs plénipotentiaires, s'ils sont autorisés à agir séparément.

Le plein pouvoir peut être inséré dans la lettre de créance, ou dans une autre lettre, mais le plus souvent on dresse un plein pouvoir séparé, en forme de lettres patentes.

Les ministres qui ne sont pas envoyés immédiatement au gouvernement, mais à un congrès, une diète, etc., n'ont ordinairement point de lettres de créance (b), mais seulement un plein pouvoir qui leur sert de légitimation, et dont ils échangent les copies vidimées, ou les remettent entre les mains du médiateur, etc. (c).

[Il est bien évident que le plein pouvoir rédigé par écrit, indiquant l'objet et les limites du mandat du ministre, constitue seul la base de la validité de ses actes. Les instructions qu'il a pu recevoir ne sont en principe destinées qu'à lui seul, à moins qu'elles ne soient explicatives du pouvoir, et que dans ce cas elles n'aient dû être communiquées par lui.

Un plein pouvoir spécial est nécessaire pour une négociation déterminée, alors même que le ministre serait antérieurement investi d'un plein pouvoir général.

On peut insérer le plein pouvoir dans la lettre de créance, ou

---

(b) Exception touchant les ministres *étrangers* accrédités auprès de l'ancienne diète de l'Empire. Les ministres étrangers accrédités auprès de la Confédération germanique doivent présenter des lettres de créance à la diète de Francfort, qui en est l'organe.

(c) SNEEDORFF, *Essai d'un style des cours*, p. spec., chap. ı, art. I, p 187; DE CALLIERES, *Manière de négocier*, chap. xı; BIELEFELD, *Institutions politiques*, t. II, p. 296,

dans une autre lettre, bien qu'il soit d'usage de dresser un plein pouvoir séparé sous la forme de patente.

Lorsque des ministres sont envoyés à un congrès ou à une diète, on ne leur remet pas de lettre de créance, mais seulement un plein pouvoir dont les copies sont échangées.

Pinheiro-Ferreira ajoute ce qui suit :

« M. de Martens ne dit pas pourquoi le ministre plénipotentiaire autorisé, ainsi que son titre même l'indique, à traiter sur toutes sortes d'affaires, a besoin de pleins pouvoirs spéciaux lorsqu'il doit entrer dans une négociation spéciale. Il était cependant d'autant plus nécessaire d'en donner la raison, que cette règle a une exception, et que cette exception à son tour devient une confirmation du principe sur lequel est fondé l'usage qu'il s'agit d'expliquer.

» En effet, lorsqu'un négociateur, un ambassadeur, un envoyé, ou enfin tout agent diplomatique, se présente pour traiter des intérêts dont il se dit chargé, on ne saurait le recevoir, s'il ne produit pas des titres qui constatent sa capacité pour agir dans l'affaire en question, en sa qualité de mandataire du souverain dont il se dit le représentant.

» Mais, d'un autre côté, l'autre négociateur, ou le ministre d'État, ou bien le souverain à qui il a à remettre ses lettres de créance ou ses pleins pouvoirs, ne sauraient être compétents pour juger de l'authenticité du diplôme qui leur est présenté. En outre, tous les moyens de vérification, quand même ils seraient praticables, entraîneraient des retards nuisibles aux intérêts mêmes qui font l'objet des négociations. On y procède donc de bonne foi, et on se borne à juger de l'authenticité du diplôme d'après les caractères extérieurs dont il est revêtu. Mais pour pouvoir montrer en tout temps sur quelles preuves on a donné son assentiment à la capacité du négociateur avec qui on a traité, on garde par devers soi le titre vidimé qui doit faire foi de la légalité de l'acte.

» S'il arrive que la négociation doive avoir lieu entre le ministre accrédité à une cour et le secrétaire d'État, organe vis-à-vis de lui des volontés du souverain du pays, toutes sortes de conventions et de traités peuvent être conclus entre eux sans qu'il y ait besoin de pleins pouvoirs spéciaux, quoique rien n'empêche qu'il n'y en ait, et même on est dans l'usage d'en produire des deux côtés toutes les fois qu'il s'agit de traités ou de conventions d'une certaine importance.

» Mais lorsque l'agent étranger a à traiter avec un négociateur à cet effet nommé, il faut qu'il y ait échange de pouvoirs, et par conséquent il est dans la nécessité d'en avoir de spéciaux, qui lui seront envoyés par son gouvernement. » *V.* une note de M. Pradier-Fodéré, *in fine* sur le § 77, liv. IV, ch. vi, de VATTEL, *le Droit des gens*, édit. Guillaumin.   CH. V.]

§ 205. — De l'Instruction et du Chiffre.

Le ministre doit encore être muni, de la part de son souverain, d'une instruction, tant générale, touchant la conduite à tenir envers la cour, près de laquelle il est envoyé, envers les autres membres du *corps diplomatique*, etc., que particulière, relative à l'objet de sa mission (a). Mais, outre les premières instructions dont il est chargé, toutes les dépêches qu'on lui adresse sont autant d'instructions ultérieures, quoique encore on lui envoie quelquefois dans le cours de la négociation de nouvelles instructions formelles. Dans la règle, ces pièces ne sont destinées que pour le ministre seul. Quelquefois on lui envoie des instructions ostensibles, et d'autres qui sont secrètes. C'est à la sagesse du ministre à juger ce que, sans ordre de sa cour, il peut confidentiellement communiquer aux ministres des cours amies.

Enfin on doit remettre au ministre la double clef pour *chiffrer* et *déchiffrer (b)*.

(a) On trouve des modèles de telles instructions dans les *Mémoires de* WALSINGHAM, t I, p. 260 et suiv.; dans les *Mémoires du comte* D'ESTRADES, en plusieurs endroits; dans AITZEMA, *Zaaken van Stuet and Oorlogh*, etc. Sur la manière de les dresser, *V* PUTTER, *Juristische Praxis*, t. I, p. 232; BECK, *Versuch einer Staatspraxis*, p. 245.

(b) *V.* KLÜBER, *Kryptographik*, Tubingen, 1809, in-8

[« L'usage des chiffres n'est pas sans inconvénients, dit Pinheiro-Ferreira, et il peut y en avoir de deux sortes. La première,
c'est que lors même qu'on ne pourra point parvenir à déchiffrer
la dépêche du ministre étranger, on sera fondé à croire qu'il
transmet à son gouvernement des informations dont il croit nécessaire de dérober la connaissance aux autorités du pays; ce
qui n'est pas le moyen le plus propre à le recommander auprès
d'elles.

» L'autre sorte d'inconvénients, c'est que l'envoyé, comptant
sur le secret du chiffre, se permet d'écrire ce qu'il n'aurait pas
osé imprudemment confier au papier, sans la sécurité que ce
moyen lui inspire. Mais cette sécurité est la plupart du temps
trompeuse; car, sans compter les facilités que les gouvernements
ont d'apprendre dans chaque pays ce que les ministres résidents
en pays étrangers écrivent à leurs gouvernements, il est rare que
tôt ou tard la clef du chiffre que l'envoyé croyait en toute sûreté
n'ait été découverte et communiquée aux gouvernements intéressés à en faire l'acquisition.

» Nous devons cependant excepter les chiffres basés sur des
conventions qui, étant faciles à retenir par cœur, n'ont besoin
d'aucune clef, ni ne sont sujettes aux risques d'une indiscrétion;
comme, par exemple, si les deux personnes qui doivent corres-
pondre s'accordaient à choisir pour base de leur chiffre le Télé-
maque d'une certaine édition pour y prendre dans telle ligne de
telle page qu'on voudra les vingt-six lettres de l'alphabet, en indiquant chaque fois, au commencement de la lettre, la page et la
ligne où on l'a pris » sur les instructions données au ministre.»
V. WHEATON, *Eléments de dr. intern.*, t. I, p. 197, § 9 et VATTEL,
le Droit des gens, édit. Guillaumin, liv. IV, ch. VI, § 77, ainsi
que la note de M. Pradier-Fodéré.   CH. V.]

CHAPITRE IV.

DU CÉRÉMONIAL D'AMBASSADE.

§ 206. — De l'Audience des Ambassadeurs.

Le ministre, arrivé au lieu de sa destination, doit présenter au ministre des relations extérieures la copie de ses lettres de créance, et demander d'être admis à l'audience. Celle-ci est publique ou privée. De ce premier genre est l'audience solennelle des ambassadeurs, qui moins fréquemment aujourd'hui qu'autrefois est précédée de leur *entrée solennelle* (a).

Dans les *monarchies*, le prince envoie celui qui est destiné à l'introduction de l'ambassadeur, accompagné d'autres officiers de la cour, à l'hôtel de celui-ci, qui, accompagné de toute sa suite, autrefois même des ministres étran-

(a) D'après DE RÉAL, t. V, p. 309, cette entrée solennelle n'a jamais eu lieu dans les cours de famille. Les Turcs ne l'accordent pas à tous les ambassadeurs; *V.* LE BRFT, *Magazin*, t. II, n. 2; les papes ne l'accordent que pour les seules missions d'obédience; *V.* ROUSSET, *Cérémonial diplom.*, t. II, p 175. On trouve encore des exemples de ces entrées solennelles dans MOSER, *Versuch*, t. III, p. 251, 260 et suiv.; *Beytrage*, t. III, p. 304, 309 et suiv.

gers (b), monte dans le carrosse de cour attelé de *six chevaux*, et fait suivre ses voitures attelées de même. Conduit
dant la *cour intérieure* du palais, salué par les gardes, et
accompagné de son introducteur, il monte par l'*escalier des
ambassadeurs* à la *salle (c)* destinée à sa réception, et dont
on ouvre les deux battants. Là siége le monarque sous un
dais, ayant à ses côtés le chancelier ou ministre d'État, et
environné des princes et princesses du sang de sa cour, des
ministres étrangers, etc., placés en haie. L'ambassadeur,
accompagné de quelques personnes de sa suite, s'approche
du souverain par trois révérences, tandis que celui ci se
lève, se découvre, et fait signe au ministre de se couvrir en
se couvrant, et de s'asseoir dans le fauteuil qui lui est destiné en s'asseyant. Le ministre *se couvre (d)*, prononce son
discours d'audience, pendant lequel, en faisant mention de
ses lettres de créance, il prend celles-ci des mains de son
secrétaire ou gentilhomme d'ambassade pour les présenter
au souverain, et les remettre au chancelier ou ministre
qui est à ses côtés. Le discours étant fini, le souverain y
répond, ou le plus souvent y fait répondre par son ministre.
La cérémonie terminée, le ministre se retire par trois révé-

(b) DE RÉAL, L. V, p. 309, soutient que cet usage aurait cessé depuis
l'événement qui eut lieu à Londres en 1661. *V.* cependant, entre
autres, un exemple de 1785, dans *Nouv. extraordinaires*, 1785, n. 31.
C'est surtout aux missions pour demander une princesse en mariage ou
pour l'épouser par procuration, que ces cérémonies semblent réservées
aujourd'hui.

(c) Dans quelques cours, on fait une distinction entre la salle royale
et la salle ducale.

(d) C'est le point essentiel du cérémonial, cependant, dans les audiences des reines, l'ambassadeur se contente de faire le signe de se couvrir Il ne se couvre pas non plus dans les audiences du pape.

rences, regardant toujours le souverain en face. Souvent il est alors admis immédiatement à l'audience de l'épouse du souverain et des autres princes et princesses du sang qui ont leur cour particulière (e), lesquels il doit également haranguer, et qui répondent, soit en personne, soit, surtout les princesses, par un officier de leur cour.

Dans les *républiques*, le détail des cérémonies pour la première audience de l'ambassadeur est moins uniforme ; mais l'honneur du fauteuil, le droit de se couvrir, le discours d'audience, se trouvent assez généralement observés (f).

Au reste, toute cette pénible cérémonie de l'audience solennelle (g) est peu nécessaire, même à un ambassadeur, pour entrer en fonctions (h) ; et plus d'une fois on s'est contenté d'une audience privée ; quelquefois, ce qui paraît encore plus singulier, en renvoyant la cérémonie de l'entrée et de l'audience solennelle à un temps plus éloigné.

[On trouve dans le *Guide diplomatique,* du baron Ch. DE MARTENS, t. I, p. 141 et suiv., l'indication des règlements et

(e) MOSER, *Beytrüge,* t. III, p. 402; t. IV, p. 376; *Beytruge zum Gesandtschaftsrecht,* p. 145; F.-C. MOSER, *Von den Staatsprachen,* p. 9.

(f) Sur le cérémonial autrefois usité à La Haye, *V.* JANIÇON, *État présent des Provinces-Unies,* p. 1, p. 92; sur celui qui a subsisté à Venise, *V.* AMELOT DE LA HOUSSAIE, *Hist. de Venise.* t. I, p. 37 ; sur celui de la République française, 1795, *V.* mon *Erzuhlungen merkwurdiger Falle,* Append., p. 330, et GEBHARD, *Recueil,* t. II, p. 3 et suiv.; sur celui des États-Unis de l'Amérique, mon *Erzuhlungen merkwurdiger Falle,* t. I, Append., p. 377.

(g) OEuvres posthumes du roi de Prusse, t. I, p. 61 ; t. V, p. 229; t. XI, p. 158.

(h) LAMBERTY, t. I, p. 29.

des usages suivis dans les différentes cours au sujet de la réception des ministres publics et des audiences solennelles ou privées
qui sont accordées par les souverains aux ambassadeurs et aux
ministres des diverses classes. *V.* encore WHEATON, *Éléments de
droit international*, t. I, p. 198, et DALLOZ, *Jurisprudence générale*, v° *Agent diplomatique*, n. 65 et suiv.   **CH. V.**]

§ 207. — Des Audiences des Ministres des Ordres inférieurs.

Dans la plupart des cours les ministres du second ordre
peuvent également obtenir une audience publique (a) ; mais
le plus souvent ils sont admis, dans les monarchies, à une
audience privée, où le souverain n'est accompagné que d'un
ou deux de ses ministres, et où le ministre étranger, après
un discours souvent très-abrégé, lui remet ses lettres de
créance.

Il en est de même aujourd'hui pour les ministres résidents (b). La question de savoir si les simples résidents et
chargés d'affaires sont admis à l'audience pour remettre
leurs lettres de créance, ou ne sont accrédités que par une
lettre remise au secrétaire d'État ou ministre des affaires
étrangères, doit se juger d'après le cérémonial de chaque
cour. Il varie non-seulement d'État à État, mais même à
telle cour dans ses relations individuelles (c). Il en est de
même de la question, si dans le cours de la mission les

(a) JANIÇON, *État présent des Provinces-Unies*, t. I, p 97.

(b) Au moins pour les cours qui ont signé le protocole du 21 novembre 1818, déjà cité.

(c) Sur la Russie, *V.* l'exemple de 1750, dans ADELUNG, *Staatsgeschichte*, t. VII, p. 130. Mais les agents ou chargés d'affaires des villes anséatiques apportent des lettres de créance en vertu desquelles ils sont
admis à l'audience, en Russie comme dans d'autres cours. A Vienne,
tous les résidents des États de l'Empire étaient admis à l'audience de
l'empereur.

simples résidents ou chargés d'affaires sont admis à la
cour (d).

[« Nous ignorons, dit Pinheiro-Ferreira, où M. de Martens a
puisé ses informations pour renvoyer les lecteurs au cérémonial
de chaque cour, comme s'il y en avait où les chargés d'affaires
fussent porteurs de lettres de créance pour le souverain. Nous
pouvons assurer que du moment où l'agent diplomatique est
porteur de cette sorte de lettre de créance, il est partout mis au
rang des envoyés, et jamais à celui des chargés d'affaires, qui ne
sont munis, ainsi que nous l'avons déjà dit, que de lettres de
créance pour le ministre d'Etat.

» Nous ignorons encore à quelle époque M. de Martens a
entendu assurer que les chargés d'affaires et les résidents n'é-
taient pas admis à la cour dans quelques pays. Si cela est jamais
arrivé quelque part, nous pouvons affirmer que, pour le moins
depuis trente ans, les ministres dont nous venons de parler ont
été admis à la cour chez toutes les grandes puissances de l'Europe. »   Ch. V.]

§ 208. — Des Visites.

Quand même le ministre, en arrivant, aurait fait des visites privées à des membres du corps diplomatique, il doit,
après s'être légitimé auprès de la cour, leur faire les visites
d'étiquette, s'il veut être reconnu par eux dans cette qualité. Ces visites de cérémonie ont souvent donné lieu à des
contestations qui, en partie, ne sont pas encore terminées.
Le cérémonial n'est même pas uniforme à cet égard dans
toutes les cours.

D'après le cérémonial de la plupart des cours, l'ambassadeur fait notifier sa légitimation aux ambassadeurs et
autres membres du corps diplomatique par un gentilhomme
d'ambassade, secrétaire d'ambassade, ou autres personnes

(d) Moser, *Beyträge*, t. IV, p. 498.

marquantes de sa suite, et attend alors la première visite solennelle de leur part, qu'il rend solennellement aux ambassadeurs, et par cartes aux autres ministres (a). Les ministres des ordres inférieurs doivent lui demander l'heure pour lui faire leur première visite.

Mais les ambassadeurs des rois ont demandé quelquefois à ceux des républiques que ces derniers leur fissent en personne la visite de notification, par conséquent la première visite, avant de l'obtenir de leur part (b).

Les ministres du second et du troisième ordre font en personne la première visite de notification aux ambassadeurs, en demandant l'heure (c) ; aux ministres du second et du troisième ordre, par *billet* ou *carte* de notification, en attendant la contre-visite de tous par carte.

Mais les envoyés de quelques cours refusent cette visite de notification en personne aux chargés d'affaires, en la faisant faire par leur secrétaire de légation, et demandant que les chargés d'affaires leur fassent la première visite, ce à quoi cependant ceux-ci ne se prêtent pas généralement.

Tant que le point des visites à faire et à rendre n'est pas arrangé d'une manière quelconque entre les deux membres du corps diplomatique qu'il concerne, ils ne se reconnaissent pas dans leur caractère diplomatique.

(a) De Callières, *Manière de négocier*, p. 118. Sur le cérémonial des visites au congrès de paix de Westphalie, *V.* Bourgeant, t. II, p. 170 et suiv.

(b) De Wicquefort, t. I, p. 286, 292 ; Gutschmidt, *De prærogativâ ordinis inter legatos*, § 34.

(c) De là en partie les contestations au sujet des visites des ministres à la diète de Ratisbonne. *V.* Faber, *Neue Europaische Staatscanzeley*, t. XXXIII, p. 100; t. XLIII, p. 183, t. XLVII, p. 9; t. LV, p. 12.

[Il suffira d'ajouter au sujet des règles de cérémonial exposées par notre auteur, que dans toute cette matière il ne doit rien être fait de blessant pour la dignité des États et pour le respect réciproque qu'ils se doivent. A côté des visites d'étiquette que le ministre doit faire, il en est d'autres de pure convenance, mais dont un ministre accrédité dans un État monarchique ne saurait se dispenser, ce sont celles qui s'adressent à la femme du souverain, à l'héritier de la couronne, aux princes et aux princesses du sang, etc. *V.* sur ce point HEFFTER, *le Droit international public de l'Europe*, traduction de M. Bergson, § 218. *V.* aussi le baron Ch. DE MARTENS, *le Guide diplomatique*, t. I, p. 147, et WHEATON, *Eléments de droit international*, t. I, p. 198.

« Quelque grande que soit l'importance que l'étiquette diplomatique ajoute aux visites, dit Pinheiro-Ferreira, on ne va jamais au point que M. de Martens l'assure ici.

» Certes, parmi les agents diplomatiques, comme dans la société en général, celui qui n'a pas répondu aux avances d'une première visite des personnes de la société ne saurait s'attendre à être reçu dans les réunions de ces mêmes personnes, et moins encore à y être invité, aussi longtemps qu'il n'aura pas satisfait à ce retour de juste convenance.

» Mais, quant à le reconnaître comme ministre accrédité auprès du gouvernement qui l'a reçu, dans tout ce qui concernera les intérêts des nations que lui et les autres membres du corps diplomatique y représentent, on ne saurait faire entrer en ligne de compte le manque de civilité d'un individu qui en trouvera une ample punition dans le retour d'indignation ou de dédain dont le corps diplomatique, ainsi que toute personne de bonne éducation, ne manquera pas de rétribuer sa grossièreté ou son orgueil. »

CH. V.]

§ 209 — De la Préséance dans les Visites de cérémonie.

Dans les visites de cérémonie, 1° chaque ambassadeur accorde la main à l'ambassadeur qui vient le voir, indépendamment de la préséance entre les cours (*a*); 2° aucun am-

(*a*) Il n'y a plus de disputes sur ce point avec les ambassadeurs de

bassadeur n'accorde la main aux ministres des ordres inférieurs (b), même des cours auxquelles la sienne accorde la préséance.

Les visites entre les ministres du second et du troisième ordre sont moins cérémonieuses, et tout ministre y accorde le pas à celui qui vient le voir.

§ 210. — Du rang entre les Ministres étrangers et d'autres Personnes de distinction.

Il y a de même nombre de disputes de cérémonial entre les ministres étrangers et d'autres personnes de distinction à la cour où ils résident, tant par rapport aux visites qu'au sujet d'autres prérogatives.

Les ambassadeurs ne veulent céder qu'aux princes du sang royal, et prétendent le pas sur d'autres princes en personne (a), et sur tous les officiers de cour et d'État du souverain auprès duquel ils résident, comme aussi sur les cardinaux (b).

républiques ; *V.* DE RÉAL, t. V, p. 42 ; il n'y en avait plus avec ceux des électeurs ; *V.* ROUSSET, *Discours sur le rang*, p. 87 ; même les ambassadeurs des empereurs accordent chez eux le pas aux ambassadeurs des rois, et l'accordaient à ceux des électeurs ; *V.* GUTSCHMIDT, *De prærogativâ ordinis inter legatos*, § 31, note h.

(b) *Mémoires du comte* D'ESTRADES, t. II, p. 38, 469 et 480.

(a) *Mémoires et négociations secrètes touchant la paix de Munster*, t. III, p. 565 ; MOSER, *Kleine Schriften*, t VII, p. 190 ; DE RÉAL, t. V, p. 51 ; ROUSSET, *Discours*, p. 88. Sur les disputes touchant la préséance et la première visite pour le prince d'Orange à La Haye, V. *Mémoires du comte* D'ESTRADES, t. II, p. 429, 432, 434, 439, 447 ; DE RÉAL, t. V, p. 303 ; *Neue Nederl. Jaerboeken*, 1776, p. 1366. Sur la dispute de rang entre l'ambassadeur de Suède à Copenhague et le prince Charles de Hesse et celui d'Augustenbourg, V. *Niederelbisches Magazin*, t. III, p. 152, et mes *Erzählungen*, t. II, p. 188. Sur les prétentions des électeurs, V. *Capitulation imp.*, art. 3, § 20.

(b) BOUGEANT, *Hist.*, t. I, p. 362 ; *Merc. hist. et polit.*, 1751, t. I,

Il y a pareillement une multitude de disputes de rang
par rapport aux ministres des ordres inférieurs, dont les
prétentions sont plus ou moins étendues d'après le grade
de leur mission et la relation entre leur cour et celle auprès
de laquelle ils résident (c).

[L'esprit de notre époque et de nos mœurs a fait justice de
nombreuses prétentions élevées autrefois par les gouvernements
sous les inspirations d'un sentiment exagéré de leur dignité ; et
l'on peut aujourd'hui réduire, avec HEFFTER, *le Droit international public*, traduction de M. Bergson, § 219, aux propositions
suivantes toutes les règles relatives au rang des agents diplomatiques entre eux : — Entre les agents diplomatiques de la même
puissance, le rang se règle d'après les instructions de leur souverain, ou tacitement d'après l'ordre établi dans la lettre de
créance qui leur est commune; — Entre les agents de plusieurs
puissances, d'après le rang auquel ces agents appartiennent, sans
avoir égard au rang du souverain de chacun d'eux; — Entre
les agents du même ordre, on a longtemps suivi le rang de
leurs souverains ou le rang du souverain auprès duquel ils étaient
accrédités relativement à celui qu'ils représentaient. Il a été
innové à cet usage par le règlement du congrès à Vienne du
19 mars 1815, d'après lequel les employés diplomatiques doivent
prendre rang entre eux, dans chaque classe, d'après la date de la
notification officielle de leur arrivée, sauf la préséance accordée
aux représentants du pape, du moins par les Etats catholiques. Il
résulte encore de l'article 6 du même règlement que les liens de
parenté ou d'alliance de famille entre les cours ne donnent
aucun rang à leurs agents diplomatiques; d'après l'article 3 les
employés diplomatiques en mission extraordinaire n'ont à ce titre
aucune supériorité de rang. Les bienséances et l'usage veulent
que le ministre qui reçoit ou qui traite des ministres du même
rang leur accorde le pas ou la préséance : sous ce rapport il n'y

p. 382; MOSER, *Versuch*, t. IV, p. 52; *Beytrage zum Gesandschaftsrecht*,
p. 100.

(c) *Merc. hist. et polit*, 1705, t. I, p. 330.

a d'exception qu'en faveur des ambassadeurs, surtout vis-à-vis
des agents diplomatiques d'un ordre inférieur. *V.* aussi VATTEL,
le Droit des gens, édit. Guillaumin, liv. IV, ch. vi, § 79 et la
note de M. Pradier-Fodéré ; le baron Ch. DE MARTENS, *le Guide
diplomatique,* t. I, p. 150.

« La première de ces deux questions, dit Pinheiro-Ferreira, est
aujourd'hui décidée par un commun assentiment des gouvernements monarchiques : les fils et les frères des empereurs et des
rois ont le pas sur les ambassadeurs; et, sans qu'il y ait eu
besoin d'une déclaration expresse, aucun prince régnant, aucun
chef de gouvernement, même républicain, tel, par exemple,
que le président des Etats-Unis, ne souffrirait aujourd'hui que
le délégué d'un autre gouvernement prétendît le pas sur lui. »

CH. V.]

§ 211. — Du Titre d'Excellence.

C'est surtout depuis l'époque des négociations pour la
paix de Westphalie (*a*) que le titre d'Excellence est considéré comme le propre titre des ambassadeurs, lequel, indépendamment des autres dignités dont ils seraient revêtus (*b*), leur est donné par tous, excepté par le souverain
auprès duquel ils résident (*c*).

Quoique ce titre soit fréquemment donné aux ministres
du second ordre, surtout aux envoyés des rois dans les
moyennes et petites cours, etc., ils n'ont pas le droit de
l'exiger (*d*), pas même par rapport à d'autres qualités qu'ils

---

(*a*) GUTSCHMIDT, *De prærogat. ord. inter legatos,* § 33, note *k*;
MOSER, *Actenmässige Geschichte der Excellenztitulatur,* dans ses *Kleine
Schriften,* t. II, p. 100 ; t. III, p. 1 et suiv.

(*b*) MOSER, *Versuch,* t. III, p. 504

(*c*) MOSER, *Beytråge,* t. IV, p. 116. Conférez l'arrêté du 18 fructidor
an V, cité dans le *Moniteur* de l'an VI, n. 41.

(*d*) J.-J. MOSER, *Von der Excellenztitulatur der Gesandten vom
zweyten Range,* 1783, in-4.

y joignent ; du moins pas dans les occasions où ils paraissent dans leur qualité diplomatique.

[« La doctrine si positivement énoncée ici par M. de Martens, dit Pinheiro-Ferreira, ne nous paraît ni juste ni conforme aux usages. Celui qui aurait droit de prétendre au titre d'Excellence à la cour où il est envoyé, s'il s'y présentait comme un simple voyageur, ne saurait le perdre par le fait de la commission nouvelle dont il est chargé. Certes, on n'aura pas à la cour de Berlin l'idée de refuser l'*excellence* à un lieutenant général autrichien qui y arriverait comme envoyé, lorsqu'on la lui donnerait s'il s'y présentait sans aucune mission. Il ne peut y avoir de dissentiment sur ce point. La question véritable, et celle qui a probablement donné lieu à l'assertion de l'auteur, est de savoir si tel qui reçoit le titre d'Excellence dans son pays a le droit d'y prétendre en pays étranger. Mais cette question même ne peut être longtemps indécise. Il est généralement reçu de donner aux étrangers les titres qu'ils tiennent de leurs souverains, et, par conséquent, on ne saurait refuser celui d'Excellence aux personnes qui en jouissent dans leur pays.

» Il ne sera cependant pas inutile de remarquer que, tout en accordant aux étrangers les titres qu'ils portent chez eux, on ne les place pas pour cela au rang que ces titres ont dans les autres pays, mais à celui qui leur appartient d'après l'étiquette de leurs cours. Par exemple, quoique en Espagne on donne le titre de marquis, de comte, de conseiller, aux étrangers qui jouissent de ces titres dans leur pays, on ne les place pas pour cela au rang des nationaux qui ont les mêmes qualifications, mais à un rang correspondant à celui que leur accorde le cérémonial de leurs propres cours. »

V. sur l'historique des difficultés diplomatiques auxquelles le titre d'Excellence a donné lieu, MERLIN, *Rép.* sect. V, § 1, et le baron Ch. DE MARTENS, *le Guide diplomatique*, t. I, p. 149.

CH. V.]

§ 212. — Des autres Distinctions qu'on accorde aux Ministres.

L'ambassadeur est également distingué par bien des
points du cérémonial qui ont lieu dans le cours de sa mission, et auxquels les ministres des ordres inférieurs ne peuvent prétendre qu'en partie. De ce genre sont, le droit
d'avoir un attelage de six chevaux (a) dans les occasions de
cérémonie, de leur faire attacher des *fiocchi* (b), d'être salué des honneurs militaires (c), d'être admis aux fêtes de
la cour, etc. (d). Les grandes cours accordent moins aux
ministres des ordres inférieurs que les moyens et petits
États, où quelquefois des résidents obtiennent ce que
dans d'autres cours on accorde à peine à l'envoyé extraordinaire.

Le ministre étranger ne peut, dans la règle, prétendre
dans une cour qu'à ces prérogatives d'honneur qui y sont
accordées en général aux ministres du même ordre.

§ 213. — Des Audiences pendant le cours de la Mission.

On peut diviser les audiences auxquelles le ministre est
admis pendant le cours de sa mission en *ordinaires* et en
extraordinaires, et celles ci en audiences privées et publiques. Ces dernières n'ont guère lieu que dans les occasions
de cérémonie, et quelquefois lorsque le ministre prend
congé.

(a) J.-J. Moser, *Von dem Recht mit sechs Pferden zu fahren*, dans
ses *Abhandlungen besonderer Rechtsmaterien*, sect. I, p. 126.
(b) Édit du pape, de 1743, dans le *Merc. hist. et polit.*, 1743, p. 54
(c) *Merc. hist. et polit*, 1763, t. II, p. 355, 597: F.-C. van Moser,
Von den militärischen Ehrenbezeugungen der Gesandten, dans ses
Kleine Schriften, t. VI, p. 347
(d) Adelung, *Staatsgeschichte*, t. VII, p. 196.

CHAPITRE V.

DE L'INVIOLABILITÉ ET DE L'INDÉPENDANCE DU MINISTRE.

§ 214. — De l'Inviolabilité du Ministre.

Tout étranger est sous la protection de l'État, et doit être à l'abri de la violation. Mais si l'on attribue particulièrement aux ministres des différents ordres l'*inviolabilité* (a), en regardant leur personne comme *sacrée*, c'est que la dignité de l'État qu'ils représentent, et l'intérêt réciproque des nations, qui veut que leurs mandataires puissent traiter avec une entière sûreté dans les pays étrangers, obligent encore plus spécialement d'écarter d'eux toute sorte d'injure. L'État doit donc non-seulement s'abstenir lui-même de toute sorte de violation contre un ministre étranger, mais aussi punir irrémissiblement, et comme *crime d'État* (b), tout délit commis contre la personne d'un

(a) Le comte van Bynkershoeck, *De foro competente legatorum*, cap. i, § 1; J. Hoogeveen, *Legatorum origo et sanctimonia*, Lugd.- Bat., 1763, in-4; Schleusing, *De legatorum inviolabilitate*, Lips., 1690; Viteb., 1743, in-4.

(b) *L. VII, D., Ad L. Jul., De vi publica ; L. ult., D., De legationibus.*

ministre étranger ; en supposant toutefois que le coupable,
1° a connu ou dû connaître la personne qu'il offensait ;
2° qu'il est sujet à la juridiction de l'État ; 3° que le ministre n'a pas provoqué lui-même le fait dont il se plaint (c).

Toutes les puissances de l'Europe reconnaissent cette inviolabilité pour les ministres des différents ordres et la leur accordent du moment où ils touchent le territoire de l'État *prévenu de leur mission (d),* jusqu'à celui où ils l'ont quitté ; de sorte que, même en cas de rupture, on laisse partir en sûreté le ministre de l'ennemi. Les Turcs seuls n'ont pas encore entièrement proscrit l'usage barbare d'enfermer dans les Sept-Tours les ministres de la puissance avec laquelle ils sont en guerre, ou sur le point de rompre (e).

[Le principe de l'inviolabilité du ministre est tellement nécessaire aux rapports extérieurs des Etats qu'il a été admis par tous les peuples, même dans l'antiquité : *Sancti habentur legati,* disait la loi romaine (1. 17 Dig. *De legat.*). Les Turcs mêmes, qui y ont fait exception, sont revenus aux usages des peuples de la chrétienté. « Ils sont, dit Montesquieu, *Esprit des lois,* liv. XXVI, ch. xxi, la parole du prince qui les envoie, et cette parole est sacrée. » Du principe de l'inviolabilité des agents diplomatiques résulte pour tout gouvernement l'obligation, dès qu'il a reconnu et admis un ministre étranger comme tel, avec le caractère public qui lui appartient, non-seulement de ne rien faire de contraire à l'inviolabilité de ce ministre, mais aussi de prévenir ou tout au

---

(c) Exemples : Basseville, Duphot, Bernadotte ; V. *Geheime Geschichte der Restatter Friedensunterhandlungen,* t. I, p. 355, 455.

(d) Exemple du comte de Lasalle, dans mes *Erzuhlungen merkwurdiger Fälle,* t. I, p. 24.

(e) V. mon *Cours diplomatique,* Tableau, liv. XI, chap. i, § 225. Exemple de 1799, contre la France.

moins de réprimer les atteintes à sa personne ou à sa dignité. Toute offense à un ministre étranger est une offense au gouvernement qu'il représente ; aussi les législations de l'antiquité et des peuples modernes s'accordent à punir comme un crime d'Etat toute atteinte à la personne de l'agent diplomatique. Les actes de violence, même à titre de représailles, ne perdent pas ce caractère, si ce n'est dans le cas où le gouvernement du ministre lésé aurait donné l'exemple en se rendant lui-même coupable d'actes de cette nature. L'histoire contient de nombreux exemples d'insultes faites à des ambassadeurs et des réparations exigées par les gouvernements qui en avaient été l'objet. De nos jours, c'est l'insulte commise vis-à-vis d'un consul français par le dernier dey d'Alger qui l'a précipité du trône et a amené la conquête de l'Algérie par les armées françaises. L'inviolabilité des ambassadeurs est donc à la fois un principe et un fait. *V.* BURLAMAQUI, *Principes du droit de la nature et des gens*, ch. XIII, § 5 ; DE REAL, *Science du gouvernement*, t. V, ch. I, sect. VII, n. 4 et suiv., ch. XIII, sect. X, n. 8 et 9 ; VATTEL, *le Droit des gens*, édit. Guillaumin, § 80 et suiv., liv. IV, ch. VII, et les notes de M. Pradier-Fodéré ; KLUBER, *Droit des gens moderne de l'Europe*, édit. Guillaumin, § 203 ; MERLIN, *Répertoire de jurisprudence*, v° *Ministre public*, sect. V, § 3, n. 1 ; le baron Ch. DE MARTENS, *le Guide diplomatique*, t. I, p. 83 ; DALLOZ, *Jurisprudence générale*, v° *Agent diplomatique*, n. 88 et suiv. ; HEFFTER, *le Droit international public*, traduction de M. Bergson, § 204.   CH. V.]

§ 215. — De l'Exterritorialité.

Le but des missions exige essentiellement que, dans tout ce qui touche la gestion des affaires confiées à un ministre étranger, il soit entièrement indépendant de la puissance avec laquelle il est chargé de négocier, et considéré comme s'il n'avait pas quitté les Etats du souverain qui l'envoie. Dans ce sens, le droit des gens universel attribue l'*exterritorialité* au ministre. Mais le droit des gens positif, surtout des puissances de l'Europe, étend tellement la notion de cette exterritorialité, que d'après lui le ministre, pour sa

personne, pour les gens de sa suite, pour son hôtel, ses
carrosses et ses biens meubles, est, *dans la généralité*, considéré en sens de droit comme s'il n'avait point quitté l'État
qui l'envoie et continuait à vivre hors du territoire dans
lequel il réside. Cependant cette extension de l'exterritorialité ne tenant qu'au droit de gens positif, soit aux traités,
soit à l'usage, elle est susceptible de modifications, et les
éprouve effectivement ; de sorte qu'il ne suffit pas toujours
de provoquer à l'exterritorialité pour jouir de ces droits
qu'on pourrait faire descendre de cette notion étendue.

———————

[L'exterritorialité est une fiction qui fait considérer les agents
diplomatiques comme n'ayant pas quitté les États du souverain
qu'ils représentent ; elle est critiquée par plusieurs publicistes
comme étant d'une utilité contestable à raison des restrictions
importantes qu'elle comporte. « Cette fiction de l'*exterritorialité*,
dit Pinheiro-Ferreira, n'étant d'aucune utilité pour la science,
ne peut qu'induire en erreur, ainsi que M. de Martens en fait
l'aveu, lorsqu'il remarque, à la fin de ce paragraphe, qu'*il ne
suffit pas toujours de provoquer à l'exterritorialité pour jouir de
ces droits qu'on pourrait faire descendre de cette notion étendue.*

» Au lieu donc de recourir à cette stérile fiction, les publicistes
auraient dû examiner le véritable fondement des immunités et
exemptions qui sont dues au diplomate étranger ; car ils ne sauraient disconvenir que, parmi celles qu'on leur accorde, les unes
sont rigoureusement dues à leur caractère diplomatique, tandis
que d'autres ne sont qu'une suite des égards que les gouvernements se plaisent à leur témoigner, comme un gage de leurs dispositions amicales envers leurs souverains.

» Faute d'avoir fait cette distinction, les publicistes, et d'après
eux les diplomates, ont prétendu faire un devoir aux gouvernements de ce qui n'est qu'une générosité de leur part.

» Il est vrai que tous les publicistes s'accordent à chercher
l'origine de ces immunités dans l'*indépendance où l'agent diplomatique doit être du gouvernement avec lequel il est chargé de*

négocier, ainsi que M. de Martens s'exprime dans ce paragraphe ; il ajoute même, ce que tous les publicistes ne font pas, que cette indépendance se rapporte au *but de la mission*, et ne concerne que la *gestion des affaires confiées au ministre étranger*.

» Mais ce que M. de Martens ni les autres publicistes ne déclarent pas, c'est *en quoi cette indépendance doit consister*, quelles doivent en être les limites. Tâchons de suppléer à leur silence.

» Chargé de l'importante mission de mettre un terme aux désastres de la guerre, ou du soin non moins important de maintenir la paix entre les deux Etats, l'envoyé est naturellement en butte aux intrigues et aux embûches des partis intéressés à la continuation de la guerre, ou à l'interruption de la bonne intelligence qui subsiste entre les deux nations. Il y a toujours en outre, dans tous les pays, un certain nombre d'hommes puissants prévenus contre tous les étrangers en général, mais particulièrement contre les membres du corps diplomatique, qu'ils considèrent comme autant d'agents payés pour travailler contre les intérêts du pays où ils sont envoyés.

» Il fallait donc que la loi des nations entourât d'une protection toute particulière les agents diplomatiques, pour suppléer à l'appui qu'ils ne devaient s'attendre à trouver ni dans la loi civile, ni dans les magistrats, ainsi que l'attestent d'innombrables faits pris dans l'histoire de tous les temps et de toutes les nations.

» C'est en conséquence de ces prévisions qu'on a admis au nombre des principes du droit des gens positif, en Europe, l'immunité de la personne et de la demeure, ainsi que des équipages et des effets de l'ambassadeur.

» Quant à l'immunité de la personne, chacun en aperçoit aisément la raison, car sans une pleine sûreté et liberté individuelle, il lui serait impossible d'atteindre le but de sa mission.

» Mais ce qu'on ne voit pas aussi facilement, c'est le motif de l'immunité tant de l'hôtel que des équipages et effets. Aussi les publicistes, et à plus forte raison les gouvernements puissants, penchent à classer cette dernière sorte d'immunité parmi les concessions de générosité qu'il est loisible au gouvernement du pays de refuser ou de limiter, selon qu'il le croira convenable.

» Cette doctrine est erronée, par cela seul qu'elle laisse du vague sur un objet d'une aussi haute importance. Examinons donc la question de plus près.

» La sûreté personnelle de l'ambassadeur n'est pas le seul objet pour lequel on ait à craindre des atteintes de la part soit du gouvernement, soit des partis au milieu desquels il se trouve sans autre protection que celle du droit des nations.

» Les papiers de la mission sont un objet d'une trop haute importance pour qu'il soit permis de penser que les personnes intéressées à faire échouer la négociation négligeront d'employer tous les moyens imaginables pour s'en emparer, n'importe sous quel prétexte, pourvu qu'on puisse trouver un motif plausible pour y parvenir.

» Ainsi, sous prétexte de la visite des effets, ou des équipages, à la douane, de même que lors d'une visite domiciliaire dans les cas généralement permis ou ordonnés par les lois, mille occasions pourraient se trouver d'accomplir, sans le moindre risque d'être convaincu, un aussi coupable dessein.

» Voilà l'origine, voilà le but, et voilà aussi les limites des immunités, tant personnelles que réelles, rigoureusement dues à l'ambassadeur. Nous verrons dans les notes suivantes quelles sont les conséquences de ce principe, où il n'y a rien de fictif et qui peut être appliqué dans toute son étendue ; d'où il suit qu'on n'est pas exposé à tomber dans des erreurs, précisément parce qu'on a été conséquent avec le principe établi, ainsi qu'il arrive avec celui de l'exterritorialité, et ne peut qu'arriver toutes les fois qu'au lieu de se servir des mots dans le sens propre, on préfère employer des métaphores. On les nomme des expressions lumineuses, tandis qu'elles ne sont qu'éblouissantes. »

Les observations de Pinheiro-Ferreira sont fondées en ce sens qu'il n'est pas possible d'appliquer dans tous les cas et à toutes les personnes diplomatiques les conséquences résultant de l'exterritorialité. V. une note de M. Pradier-Fodéré sur le § 103, liv. IV, ch. VII, de VATTEL, le Droit des gens, édit. Guillaumin, et du reste le baron Ch. DE MARTENS, le Guide diplomatique, t. I, p. 87, et HEFFTER, le Droit international public, traduction de M. Bergson, § 205.   CH. V.]

§ 216. — De l'Immunité de la Juridiction civile pour la personne du Ministre.

On ne saurait prouver d'une manière convaincante que, d'après le droit des gens universel et rigoureux, le ministre soit exempt de toute juridiction civile de l'État auprès duquel il réside (a). Mais, en vertu de l'exterritorialité, fondée dans le droit des gens coutumier, sa personne est entièrement exempte de cette juridiction civile, et ne ressortit que des tribunaux de son propre souverain, à moins que, 1° il n'ait déjà été sujet de l'État auprès duquel il réside à l'époque de sa nomination, et que celui-ci n'ait point renoncé à sa juridiction (b); 2° ou que le ministre ne soit en même temps au service de la puissance qui le reçoit comme ministre; 3° que le ministre n'ait pu ni voulu se soumettre à la juridiction de cette puissance, ce qui particulièrement peut avoir lieu lorsqu'il paraît comme demandeur, et que, par conséquent, il doit suivre le for du défendeur, même en cas d'*appel* (c) et de *réconvention*.

Les dettes, même contractées avant ou pendant le cours de sa mission, ne peuvent pas autoriser à des saisies ou autres actes de juridiction contre sa personne (d). Et, bien qu'il soit plus douteux si l'on ne pourrait pas arrêter un ministre qui, après avoir terminé sa mission, en prenant congé, s'apprêterait à partir sans s'être arrangé avec ses créanciers, ou si du moins on ne pourrait pas lui refuser jusque-là les passeports nécessaires (e), ceci même ne se

(a) On peut considérer comme un ouvrage classique sur cette matière celui de C. van BYNKERSHOECK. *De judice competente legatorum*, traduit en français sous le titre *Du juge compétent des ambassadeurs*, La Haye, 1783, in-8. Dans la section dernière de cet ouvrage, on trouve rassemblées les diverses opinions sur l'immunité de juridiction des ministres.

(b) BYNKERSHOECK, *De judice competente legatorum*, cap. XI. En vain WICQUEFORT s'est-il efforcé de prouver le contraire.

(c) BYNKERSHOECK, *loc. cit.*, cap. XVI, § 15.

(d) GROTIUS, lib. II, cap. XVIII, § 9; KULPIS, *Colleg. Grotianum, loc. cit.*, § 3, p. 109.

(e) Exemples de Matueoff, ministre de Russie à Londres; du comte

pratique que dans des cas fort extraordinaires, et plusieurs lois défendent expressément une telle saisie.

(Le principe est généralement admis : c'est une des conséquences immédiates de l'inviolabilité et de l'exterritorialité qui protégent les agents diplomatiques. En France, l'immunité de la personne est consacrée par un décret de la Convention du 13 ventôse an II, encore aujourd'hui en vigueur et qui dispose · « La Convention nationale interdit à toute autorité constituée d'attenter en aucune manière à la personne des envoyés des gouvernements étrangers ; les réclamations qui pourraient s'élever contre eux seront portées au comité de salut public (au gouvernement), qui seul est compétent pour y faire droit. » De cette disposition résulte la conséquence que toute réclamation contre un agent diplomatique ne peut plus être traitée en France que par la voie diplomatique, entre le gouvernement français et le gouvernement étranger que représente l'ambassadeur dont on se plaint. Vattel, *Le Droit des gens*, édit. Guillaumin, livre. IV, chap. VIII, § 116, propose une autre voie moins conforme à la dignité des rapports diplomatiques et moins utile aux intérêts particuliers. Suivant cet auteur, le citoyen lésé doit s'adresser au souverain de l'ambassadeur pour que celui-ci rappelle son ministre, le traduise devant les tribunaux nationaux ou ordonne toute autre mesure réparatrice. A l'exemple de la France, les pays étrangers comme la Russie, l'Autriche, l'Espagne et la Turquie admettent l'immunité de juridiction pour la personne des agents diplomatiques. En Angleterre, le jurisconsulte Coke enseignait qu'on pouvait poursuivre un ambassadeur pour l'exécution d'un contrat valide suivant les principes du droit des gens ; mais suivant Blackstone, liv. I, chap. VII, il a été ordonné par un statut converti en loi le 22 avril 1709 qu'à l'avenir tout acte tendant à faire arrêter un ambassadeur ou quelqu'un de sa suite ou de ses gens, ou à faire saisir ses biens et effets, serait nul et de nul effet ; que ceux qui auraient requis, sollicité ou exécuté de tels actes seraient consi-

Bosset, ministre de Suède à Berlin ; de M. de Wrak, ministre de Hesse à Paris, etc. V. Moser, *Versuch*, t. IV, p. 545, 555 ; *Merc., hist. et polit.*, 1772, t. I, p. 266.

dérés comme ayant violé la loi des nations et comme perturbateurs de la paix publique, et devraient subir telles peines et puni-
tions corporelles qu'il plairait au lord chancelier et aux deux chefs
de justice de leur infliger. Le code prussien par ses articles 42 et
43 semble admettre la possibilité d'appliquer le droit commun des
Etats prussiens aux envoyés étrangers accrédités auprès du cabinet de Berlin lorsqu'ils sont appelés devant les tribunaux du
pays.

Un jurisconsulte français, DALLOZ, *Jurisprudence générale*,
v° *Agent diplomatique*, n° 108, propose une distinction qui ne
nous semble contraire au décret précipité de l'an II : s'il s'agit
d'une citation se rapportant à un acte dont les conséquences sont
de nature à porter atteinte à la liberté de l'ambassadeur, et par
conséquent à son inviolabilité et au paisible exercice de ses fonctions, la citation sera nulle et pourra motiver de justes réclamations ; mais si la citation n'a d'autre objet que d'obliger l'ambassadeur à reconnaître un engagement purement civil et non susceptible de contrainte par corps, la citation sera valable, suivant
Dalloz, parce qu'il ne peut en résulter ni voie de fait sur la
personne de l'ambassadeur ni empêchement dans l'exercice de ses
fonctions. L'opinion de Dalloz est contraire au texte du décret de
l'an II; elle blesse le principe de l'exterritorialité et elle est de
nature à compromettre la dignité de l'ambassadeur.

Il est évident que l'indépendance de juridiction s'étend à tous
les agents diplomatiques ayant le caractère représentatif; mais
elle ne profite pas aux simples agents et commissaires. Nous ne
croyons même pas, contrairement à l'opinion de Dalloz, n° 105,
que les termes des lettres de créance de ces agents et commissaires puissent suppléer à l'insuffisance sous ce rapport de leur caractère : il n'appartient pas au gouvernement qui leur a donné
une mission de modifier ou d'étendre à son gré les exemptions
qui, d'après les principes du droit des gens, ne profitent qu'aux
ministres. *V.* MERLIN, *Répertoire de jurisprudence*, sect. V, § 4,
art. 5 ; de REAL, *Science du gouvernement*, t. V, chap. i, sect. I,
n° 7. *V.* aussi plusieurs notes de M. Pradier-Fodéré sur le § 110
et suiv., liv. IV, chap. VIII, de VATTEL, *Le Droit des gens*, édit.
Guillaumin.

« Nous avons déjà eu plus d'une occasion, ajoute Pinheiro-
Ferreira sur ce paragraphe, de regretter que M. de Martens, en

composant son ouvrage, n'ait pas plutôt suivi les inspirations de
sa saine raison que les dictées de l'école positive, pour laquelle
rien n'est légitime, en fait de droit des gens, que ce qui a été
une fois décrété par les puissances influentes ; peu importe si ces
principes sont conformes à la loi immuable du juste, on ne s'en
enquiert même pas. Qu'en est-il arrivé ? C'est que si, par hasard, les publicistes de cette école essayent de remonter jusqu'à
la jurisprudence des lois ou des usages admis par les diverses
nations, on s'aperçoit qu'ils ne sont plus dans leur élément, les
principes leur manquent, par cela même qu'ils font profession de
se passer de principes en reniant toute théorie ; car qu'est-ce que
la théorie ? sinon des principes généraux, déduits, par le raisonnement, des données particulières de l'expérience.

» C'est donc faute d'une théorie, ou, ce qui revient au même,
faute de principes généraux de la science, que M. de Martens a
pu affirmer dans ce paragraphe qu'*on ne saurait prouver d'une
maniere convaincante que, d'après le droit des gens universel et
rigoureux, le ministre soit exempt de toute juridiction civile de
l'État auprès duquel il réside ;* assertion d'autant plus étonnante
de la part de cet écrivain, qu'il venait de prouver dans le paragraphe précédent la nécessité de cette indépendance par le véritable motif qui lui sert de base, la nature des affaires dont l'agent
étranger est chargé ; car tout ce qui est fondé sur la nature même
des rapports sociaux est de *droit universel rigoureux*, pour nous
servir des expressions de M. de Martens.

» Mais s'il n'est pas douteux que ce droit universel assure, jusqu'à un certain point, aux agents diplomatiques, l'immunité vis-
à-vis des autorités locales, il reste à déterminer en dedans de
quelles limites cette immunité doit se renfermer ; car l'étendue
sans bornes que M. de Martens, et la presque totalité des publicistes, veulent lui accorder, est tout aussi inadmissible que les
exceptions par lui indiquées et approuvées, dans des cas fort extraordinaires.

» A la manière dont les publicistes s'expriment relativement à
l'immunité des agents diplomatiques, tant en matière civile qu'en
matière criminelle, on dirait qu'ils regardent les législateurs
comme les maîtres absolus des droits des citoyens ; en sorte qu'à
les entendre, il est loisible au gouvernement de mettre au néant
les justes prétentions que le créancier peut avoir contre le di-

plomate, ainsi que les réclamations de la veuve et des orphelins qui l'accuseraient d'avoir été l'assassin de leur mari ou de leur père.

» Nous n'ignorons pas que c'est là la jurisprudence de l'absolutisme; mais comme ce n'est pas celle de la raison, nous ne saurions nous empêcher de repousser, comme iniques, les doctrines qui seront basées sur de tels principes.

» S'il était permis de supposer que l'intérêt public exigeât que le citoyen fît à l'État le sacrifice des droits qu'il aurait à faire valoir contre le ministre étranger, la conséquence qu'on en pourrait tirer, c'est que l'État au profit de qui, par supposition, ce sacrifice doit tourner, se trouve dans l'obligation rigoureuse d'en dédommager le citoyen qui, d'après le droit commun, ne doit jamais être forcé à se dessaisir de sa propriété pour le service de l'État, à moins qu'on ne lui accorde préalablement une indemnité équivalente.

» Mais, outre l'absurdité de charger ainsi l'État du payement des dettes et de la réparation des méfaits de tous les ministres étrangers, la supposition de l'utilité de déclarer les agents non justiciables des tribunaux du pays est absolument fausse et gratuite, parce qu'elle n'a aucun rapport avec le motif que nous avons montré ci-dessus être le seul fondement de toute immunité diplomatique, et parce qu'il n'est pas vrai que d'assujettir les ministres étrangers aux tribunaux du pays, il doive résulter le moindre préjudice à la bonne harmonie entre les deux nations. En effet, l'affaire en question appartient ou au civil ou au criminel. Dans le premier cas, aucune difficulté réelle ne se présente à ce que l'envoyé nomme un fondé de pouvoirs pour ester en son nom par devant les tribunaux en qualité de défendeur, de même qu'on est dans l'usage de le faire lorsqu'un agent diplomatique veut se porter partie civile contre quelque concitoyen, soit au civil, soit au criminel.

» Si l'affaire est criminelle, il faut distinguer la procédure de l'exécution de l'arrêt, et, dans celle-ci, les droits de la partie civile de ceux de la justice, représentée par le ministère public. Quant à la procédure, l'envoyé peut, comme dans les causes civiles, se faire représenter par un fondé de pouvoirs; et lorsque l'arrêt du tribunal l'aura déclaré coupable, le dédommagement de la partie civile pourra suivre son cours de la même manière que pour les affaires civiles ; c'est-à-dire qu'on exécutera l'arrêt sur les biens qu'il aura dans le pays, et que le gouvernement fera les démarches nécessaires auprès du gouvernement de l'envoyé, pour faire payer ce qui pourra encore être dû avec les biens qu'il possède chez lui. Quant à la punition, qu'il n'appartient qu'à la justice d'exiger, les égards que les gouvernements se doivent réciproquement commandent que celui dont les lois ont été violées par l'envoyé, rende à l'autre la justice de croire qu'il se chargera d'infliger au coupable la punition que son délit aura méritée, puisque jamais délit ne doit rester impuni.

» Si cependant il arrivait, ce qui a eu lieu plus d'une fois, que le gouvernement de l'envoyé fût le complice, peut-être même l'instigateur du délit, c'est au gouvernement offensé à poursuivre dans la personne du ministre criminel la part qui lui appartient dans le délit, en agissant, quant à son gouvernement, de la manière que la loi des nations et la raison politique de l'Etat, qu'il saura apprécier dans sa sagesse, lui ordonneront de le faire.

» En quoi consistera donc l'immunité de l'envoyé, demanderont nos adversaires, s'il reste justiciable, tant au civil qu'au criminel, des tribunaux du pays?

» Dans le mode d'ester par devant ses juges, et dans celui qu'on doit tenir pour l'exécution de l'arrêt qui le condamnerait.

» Suivant les codes de procédure de tous les pays, le défendeur est tenu, en plusieurs cas, de comparaître en personne. C'est donc une exception qui rentre dans les attributions du pouvoir législatif, que celle d'en exempter les ministres étrangers, parce que la comparution personnelle n'est pas tellement essentielle à l'ordre de la procédure, qu'on ne puisse y suppléer, dans les intérêts tant de la justice que de la partie civile.

» Quant au mode de l'exécution, nous venons de voir que lorsqu'il s'agit d'une affaire criminelle, le ministère public peut, sauf le droit des parties, s'en rapporter à la justice du gouvernement de l'envoyé, toutes les fois que des raisons majeures ne lui font pas un devoir d'en juger autrement; en sorte que dans toutes les suppositions, satisfaction est assurée à la justice universelle.

» Quant aux saisies-arrêts, les autorités chargées de leur exécution, après avoir fait avertir l'envoyé pour qu'il mette en sûreté les archives de sa mission, devront y mettre, conformément aux lois, beaucoup plus de formalités que dans les cas ordinaires, afin qu'il ne puisse rester aucun doute sur la scrupuleuse exactitude avec laquelle ils se seront acquittés des égards dus tant à la personne de l'envoyé, et à celles de sa famille et de sa suite, qu'à tout ce qui peut, en quelque façon, compromettre la bonne intelligence des deux gouvernements.

» Nous remarquerons enfin que M. de Martens s'est gravement trompé lorsqu'il signale comme autant d'exceptions au droit d'immunité de l'ambassadeur les trois cas qu'il mentionne dans le premier alinéa de ce § 216; car, du moment où le souverain du pays a consenti à reconnaître dans un de ses sujets l'envoyé d'un autre gouvernement, il doit respecter en lui, dans toute l'étendue du droit, le caractère dont il est revêtu, par cela seul que c'est au caractère et non à l'individu que les honneurs, les exemptions et les immunités sont accordés. En second lieu, il n'est pas loisible à l'ambassadeur de se soumettre à une juridiction qui ne saurait être exercée à son égard sans qu'il soit porté atteinte au caractère dont il est investi; et la vérité du fait est qu'il peut se constituer plaignant, et par là se voir dans la nécessité de subir le rôle de défendeur, soit en action de réconvention, dommages-intérêts, calomnie, etc., parce que ce n'est pas dans la prétendue exemption de répondre par-devant les tribunaux à qui de droit que consiste l'immunité diplomatique, mais quant au mode d'y répondre, ainsi que nous venons de le démontrer. »   Cu. V.]

§ 217. — De l'immunité de Juridiction pour les biens du Ministre.

De même, le droit des gens positif, plus encore que le droit naturel des nations, exempte de toute juridiction civile, et par conséquent aussi de saisie, tous les biens meubles d'un ministre étranger qui ne lui appartiennent pas manifestement dans une autre qualité. Il n'en est pas de même, 1º des biens immeubles du ministre; 2º de ces biens meubles desquels il conste qu'il les possède dans une autre qualité, par exemple, comme marchand (a), exécu-

(a) Van Steck, *Von einem Gesandten der Handel treibt*, dans ses *Ausführungen*, 1776, p 17; Bynkershoeck, *loc. cit*, cap. xiv.

teur testamentaire, etc. (b) ; 3° quant aux ministres étrangers sujets de l'État auprès duquel ils résident, on distingue entre les actions réelles et personnelles. A ces exceptions près, l'immunité de saisie des biens est même respectée ordinairement dans le cas du départ d'un ministre qui n'a pas encore satisfait à ses créanciers ; et dans quelques pays les lois défendent expressément d'y porter atteinte (c).

[Les distinctions posées par notre auteur sont admises dans la pratique du droit des gens. L'exemption de la juridiction étrangère que nous venons de reconnaître comme un privilége de la personne de l'ambassadeur s'étend à ses biens meubles. Il faut, dans les conditions modernes de la civilisation, pour que son indépendance personnelle lui profite, qu'elle s'étende à toutes les choses qui lui sont nécessaires pour remplir ses fonctions avec dignité et tranquillité. Aussi toutes ces choses qui l'ont suivi dans le pays auprès du gouvernement duquel il est accrédité, ou dont il s'est pourvu ultérieurement, sont exemptes de la juridiction locale. C'est la doctrine de Vattel, *Droit des gens*, édit. Guillaumin, liv. IV, chap. viii, § 113 ; de Réal, *Science du gouvernement*, t V, chap. i, sect. IX, n° 6 ; de Merlin, *Répertoire de jurisprudence*, v° *Ministre public*, sect. V, § 4, art. 6 ; de Wheaton, *Éléments du droit international*, t. I, p. 199 et 203. Mais s'il s'agit de choses mobilières appartenant au ministre à un autre titre qu'au titre diplomatique, s'il s'est fait commerçant, agriculteur, spéculateur, l'exemption doit disparaître et les objets qui proviennent pour lui de son commerce, les denrées qu'il retire de son exploitation agricole, les fonds que produisent ses spéculations ne sont plus protégés par les raisons politiques et de

(b) Exemple du compte de Wartensleben à Cassel, dans mon *Erzahlungen*, t. I, p. 170.

(c) V., sur les Provinces-Unies des Pays-Bas, ordonnances des états généraux, du 9 septembre 1679, des états de Hollande, du 5 août 1651 ; sur l'Angleterre, l'acte du parlement de 1708 ; sur le Portugal, l'ordonnance de 1748, tous dans mon *Sammlung merkwürdiger Fälle*, t. I, p. 339, 340, 343, 344 ; t. II, p. 365, sur l'Espagne, *ibid.*, t. II, p. 366.

haute convenance qui interdisent toute action en justice contre
l'agent diplomatique ; seulement, et c'est l'opinion de VATTEL,
Droit des gens, édit. précitée, liv. IV, ch. VIII, § 114 ; de MERLIN,
loc. cit.; de REAL, *Science du gouvernement*, t. V, ch. I, sect. IX,
n. 3; de DALLOZ, *Jurisprudence générale*, v° *Agent diplomatique*,
n. 110, on ne peut même dans ce cas s'adresser à la personne du
ministre, mais seulement procéder par la saisie des choses ou
valeurs relatives à son commerce, à son exploitation agricole, à
ses spéculations. D'accord avec ces auteurs sur le point où
cesse l'immunité de l'ambassadeur, nous ne croyons pas nécessaire de les suivre dans la voie détournée à laquelle ils ont
recours pour obtenir justice de lui dans les hypothèses précédentes. Agir par la voie de la saisie ou par une action directe
revient au même, puisque la saisie n'est souvent valable et n'a
d'effet que par l'intervention de la justice. Si l'ambassadeur est
appelé devant les tribunaux, c'est par suite de ses actes, et pourquoi d'ailleurs respecter jusqu'à l'abus une dignité que le ministre
lui-même semble avoir oubliée ?

Dalloz, dans l'ouvrage précité, n° 115, demande si les meubles
servant à l'ambassade sont susceptibles de revendication de la
part du marchand non payé du prix, lorsque le ministre a cessé
ses fonctions ; et, suivant lui, la circonstance du départ ne suffit
pas pour autoriser la revendication et la saisie. En effet, les
droits de l'ambassadeur ne finissent pas au même instant que ses
fonctions. Les fonctions cessent dès que le ministre a eu son
audience de congé, mais les droits ne cessent que lorsqu'il est
rentré ou lorsqu'il a pu rentrer dans son pays... « Nous croyons
aussi, ajoute le même auteur, que par égard pour le souverain
qu'un ministre représentait, on doit le traiter comme ambassadeur, même après le retrait de ses lettres de créance et son
audience de congé, qui mettent fin à ses fonctions ; la prolonga-
tion de son séjour devrait lui conserver les prérogatives de son
ancien titre. Mais dès qu'il a quitté sa résidence, il n'y a plus
aucun motif d'ajourner l'exercice des actions qu'on peut avoir à
exercer contre lui. Toute protection est due à sa personne dans
les endroits où elle se trouve ; mais dans les lieux qu'il a quittés,
les biens qu'il laisse ne peuvent plus être considérés comme attachés à sa personne, ni comme nécessaires à un poste qui n'est
plus occupé... »

D'après WHEATON, *Éléments du droit international*, t. 1, p. 200, l'exemption de la juridiction civile souffre exception : 1° pour les affaires contentieuses que le ministre peut soumettre aux tribunaux locaux, en se portant volontairement lui-même partie dans un procès; 2° lorsque le ministre est citoyen ou sujet du pays auprès duquel il est envoyé et si ce pays n'a pas renoncé à son autorité sur lui; 3° lorsqu'il est en même temps au service de la puissance qui le reçoit comme ministre; dans ce cas, il demeure soumis à la juridiction locale.

Ce qui vient d'être dit de l'exemption de juridiction pour les meubles de l'ambassadeur ne s'applique pas à ses immeubles bien que BURLAMAQUI, *Principes du droit de la nature et des gens*, chap. XIII, § 12, ait essayé de donner une plus grande extension à l'indépendance de l'ambassadeur, en déclarant indistinctement tous ses biens à l'abri de saisie. Ses immeubles sont soumis à la juridiction du pays; l'ambassadeur ne les possède pas à raison de son caractère politique; ils ne sont ni attachés à sa personne, ni nécessaires à ses fonctions : ils peuvent donc être saisis et donner lieu à des instances judiciaires devant les tribunaux du lieu de leur situation. Il n'y a d'exception que pour l'hôtel appartenant au ministre et qu'il occupe. C'est du moins l'opinion de Dalloz, dans l'ouvrage précité, n. 113, et des nombreux auteurs dont il reproduit le temoignage. Les créanciers des agents diplomatiques pouvant saisir leurs immeubles, peuvent à plus forte raison poursuivre le payement de ce qui leur est dû sur les revenus ou sur les fruits produits par ces immeubles.

Le privilége d'exemption de juridiction civile s'étend aux personnes attachées aux ambassadeurs, c'est-à-dire à la famille du ministre et à sa suite, aux secrétaires de légation et autres secrétaires, à ses domestiques. WHEATON, *Éléments du droit international*, loc. cit.   CH. V.]

§ 218. — De l'Immunité du ministre à l'égard de la Juridiction criminelle.

Déjà le droit des gens universel offre des arguments plus décisifs pour exempter le ministre étranger de la juridiction criminelle de l'État auprès duquel il réside, que pour

l'exempter de la juridiction civile : la nature des actes
inséparables d'une procédure criminelle, et toutes les suites
qu'on en pourrait craindre pour le sort des négociations,
semblent s'opposer à l'exercice d'une telle juridiction (a);
on ne saurait soutenir que tout crime, soupçonné ou
commis, priverait le ministre de prérogatives qui lui sont
accordées moins en faveur de sa personne qu'en faveur de
sa cour.

D'un autre côté, aucun État ne peut être obligé de voir
d'un œil tranquille commettre des crimes chez lui, et d'en
tolérer l'auteur. Il conserve donc le droit non-seulement
d'éloigner de son territoire un ministre qui y a commis un
crime, mais, même en cas de crimes d'État, d'employer
tous les moyens nécessaires, d'après les circonstances, pour
la sûreté de l'État ou de la personne du monarque. Mais
c'est plutôt du droit de défense contre celui qui, par sa
conduite, se déclare l'ennemi de l'État que de la juridiction criminelle, qu'il semble qu'on doive faire descendre
les mesures auxquelles l'État peut être autorisé, même
contre la personne d'un ministre étranger.

Dans la pratique des peuples de l'Europe, en cas de
crimes privés, commis ou tentés par un ministre étranger,
on se contente ordinairement de demander son rappel (b).
En cas de crimes d'État (c), si le danger est urgent, on se

(a) Cassius (Wilde), *Diatribe de jure et judice legatorum*, Francof.-
ad Mœn., 1717, in-4 ; Cramer, *Opuscula*, t. IV, opusc. xxiv.

(b) Moser, *Beyträge*, t. IV, p. 277. Cependant les lois alléguées plus
haut, § 217, note *a*, ne parlent pas de l'exemption de la juridiction civile. *V*., sur l'Angleterre, Archenholz, *Briefe über England*, sect. VIII,
1ʳᵉ édit.

(c) Outre les exemples plus anciens cités par Bynkershoeck et Wicquefort, on peut remarquer la conduite de la Grande-Bretagne et des

permet de se saisir de la personne du ministre jusqu'à ce
que le danger soit passé ; sinon on se borne souvent à demander son rappel ou à le renvoyer (d).

[L'inviolabilité de l'ambassadeur a aussi pour effet et à plus
forte raison, de le soustraire à la juridiction criminelle étrangère. Ce principe, longtemps controversé, est admis dans la pratique actuelle des Etats (*V.* Grotius, *De jure belli et pacis,* II, 1,
§ 4 ; Bynkershoeck, *De judice compet. leg.,* cap. xxiv et xvii-xix ;
Wheaton, *Histoire des progrès du droit des gens,* p. 170 et suiv.),
et depuis trois siècles l'histoire présente peu d'exemples de poursuites criminelles dirigées contre un agent diplomatique *V.* pour
les précédents le baron Ch. de Martens, *le Guide diplomatique,*
4e édit., t. I, p. 97). Mais l'exemption de la juridiction criminelle
ne peut devenir un principe d'impunité pour tous les actes coupables que peut commettre un ministre étranger soit contre
l'existence ou la sûreté de l'Etat auprès duquel il est accrédité,
soit au préjudice de simples particuliers. Le droit suprême de
défense et de conservation passe dans ce cas avant l'observation
rigoureuse des priviléges de l'ambassadeur qui, en manquant à
tous ses devoirs, a implicitement abdiqué le premier et le plus
essentiel de ses droits. L'étendue de la répression qui appartient
à l'Etat offensé, doit se mesurer à la gravité des faits et à l'immi-
nence du danger. Heffter, *le Droit international public,* traduction de M. Bergson, § 214, indique la gradation des mesures aux-

Provinces-Unies à l'égard de Gyllenborg et Goertz, ministres de Suède
en 1711. *V.* Glafey, *Disquisitio juris naturalis et gentium, de justo
Gyllenborgii et Goertzii Sueciæ legatorum in Britannia et Confœd.
Belgio arresto.* Francofurt. et Lipsiæ, 1717, in-4, Lamberty, *Mémoires,*
t. X, de la même conduite de la France à l'égard du prince de Cella-
mare, 1718; dans les *Mémoires de la régence du duc d'Orléans,* t. II,
p. 153, celle de la Russie à l'égard du marquis de la Chétardie, dans
Adelung, *Staatshistorie,* t. IV, p. 131; et à l'égard du marquis de
Botta d'Adorno, 1744, dans Moser, *Versuch,* t. IV, p 374; *Beytrage,*
t. IV, p. 290.

(d) Exemple de la détention du ministre de Portugal, chevalier d'A-
raoujo au Temple

quelles peut recourir l'Etat offensé pour obtenir satisfaction. S'il s'agit de faits peu importants, il adressera un avertissement confidentiel au ministre ou une plainte à son gouvernement ; si l'infraction est plus grave, il demandera son rappel et exigera une satisfaction, sans préjudice des mesures de surveillance vis-à-vis de sa personne. Si le rappel n'est pas accordé, l'Etat lésé sera en droit d'éloigner le ministre prévaricateur et de l'obliger à quitter dans un délai déterminé le territoire de la nation auprès de laquelle il était accrédité ; enfin, s'il y a attentat contre la personne du souverain ou contre la sûreté de son gouvernement, le ministre pourra être détenu jusqu'au moment où satisfaction sera donnée.

Il y a dissentiment entre les publicistes sur la question de savoir si le chef d'un Etat peut arrêter, traduire et faire juger devant ses tribunaux un ministre public étranger, pour crime ou délit soit ordinaire, soit dirigé contre la sûreté publique de l'Etat. La plupart d'entre eux ne permettent de le faire juger et exécuter que dans le cas où l'attentat a eu lieu avec violence, voies de fait et les armes à la main. *V.* VATTEL, *Droit des gens*, § 94 et suiv.; MERLIN, *Répertoire de jurisprudence*, v° *Ministre public*, sect. V, § 4, art. 11 et suiv ; KLUBER, *le Droit des gens moderne de l'Europe*, édit. Guillaumin, § 211, et surtout de REAL, *Science du gouvernement*, t. V, chap. I, sect. IX, n. 15 et suiv.

Le ministre étranger profite également de l'exemption de la juridiction de police, ce qui ne veut pas dire qu'il soit affranchi de l'observation des règlements de police auxquels les nationaux et les étrangers séjournant dans le pays, seraient tenus de se conformer : tels sont les règlements relatifs aux fêtes publiques, à la circulation des voitures, à l'éclairage, au passage sur un pont ou près d'un magasin à poudre ; mais seulement qu'en cas de contravention il n'y a pas lieu de procéder contre lui par la voie de citation, mais simplement par celle d'avertissement, comme il a été dit plus haut.

La circonstance que le ministre de la puissance étrangère est sujet du gouvernement auprès duquel il est envoyé, ne doit en rien diminuer l'étendue des priviléges que reconnait l'usage des nations aux agents diplomatiques.

Pinheiro-Ferreira ajoute ce qui suit : « Les doctrines de droit pénal vulgairement adoptées parmi les jurisconsultes expliquent la singulière distinction que M. de Martens établit, dans ce paragraphe, entre les crimes commis par le ministre étranger contre l'État ou le monarque, et ceux commis contre les citoyens.

» D'après ces écrivains, le gouvernement doit être rigoureux envers le ministre étranger, lorsqu'il s'agit de crimes contre les droits de l'Etat dont il est l'administrateur; et lorsqu'il s'agit de crimes contre les droits privés, sur lesquels le pacte social ne reconnaît au gouvernement que le devoir de les défendre contre toute atteinte, et de leur assurer réparation de tout dommage, nos jurisconsultes lui accordent le pouvoir de passer outre et de mettre au néant les justes réclamations de ses concitoyens, c'est-à-dire que ceux-ci, en nommant des mandataires pour veiller au maintien de leurs droits, ont entendu leur accorder le pouvoir d'en disposer à leur gré et comme ils le croiraient convenable.

» Nous avons montré dans notre note précédente ce qu'il faut penser de la prétendue immunité diplomatique en général ; nous avons prouvé que le pouvoir législatif, pas plus que le pouvoir exécutif, n'est nullement le maître de mettre au néant les droits publics ou privés, et que lorsque l'intérêt général exige le sacrifice de ces derniers, ce n'est pas en les anéantissant, mais en les indemnisant, qu'il peut être permis d'exercer quelque générosité envers l'envoyé étranger. »   Ch. V.]

§ 219. — De la Juridiction sur les Gens de la suite du Ministre.

Il ne semble pas que le but des missions exige d'une manière absolue que les gens de la suite du ministre soient exempts de toute juridiction civile de l'État, auprès duquel il réside. Cependant il y aurait des inconvénients à les y soumettre, et, dans la pratique, tous les ministres, en se fondant surtout sur l'usage, prétendent à une immunité de juridiction civile pour tous les gens *attachés à leur mission* (a). Aussi la plupart des États l'accordent-ils, sur-

(a) Précautions à cet égard dans l'acte du parlement d'Angleterre de 1708, et dans l'ordonnance du Portugal de 1748. La distinction faite en

tout aux ministres du premier et de second ordre; du sorte que, même dans les cas de délits civils, on ne refuse pas à leur réclamation l'extradition du coupable, saisi par méprise ou dans une rixe ou dans un attroupement (b).

Les ministres prétendent à cette même immunité en faveur des gens de leur suite, quant à la juridiction criminelle. Mais elle est moins universellement reconnue (c), surtout quant aux crimes commis hors de l'hôtel du ministre; de sorte qu'a défaut de traités on doit consulter les usages particuliers, qui cependant sur ces points sont rarement bien décisifs.

En tant qu'on accorde l'immunité de juridiction pour les gens de la suite du ministre, il dépend de la volonté mutuelle des deux cours (d) de déterminer jusqu'à quel point le ministre pourra exercer lui-même une juridiction sur ses gens, ou devra les renvoyer à son souverain. Tous les ministres prétendent à la juridiction civile. On l'accorde aux ambassadeurs; on ne conteste pas non plus aux ministres des ordres inférieurs une autorité plus étendue sur leurs gens qu'on n'en attribue à de simples particuliers;

1790, à Munich, entre les gens qui forment *proprement* le personnel de la mission et les autres, ne semble pas être admissible. *V.* mon *Erzählungen merkwürdiger Fälle*, t. I, p. 8. La question de savoir si le domestique est sujet de l'État auprès duquel le ministre réside semble ne pas entrer en ligne de compte. *V.* BYNKERSHŒCK, *loc. cit.*, cap. xv.

(b) Exemples dans MOSER, *Beytrage*, t. IV, p. 249.

(c) MOSER, *Versuch*, t. IV, p. 324.

(d) WILLENBERG, *De jurisdictione legati in comites suos*, Gedani, 1705, in-4. *V.* cependant BYNKERSHŒCK, *loc. cit.*, cap. xv KLUIT, *Hist. fœderum*, t. II, cap. x, dit fort bien que le souverain du ministre lui accorde le droit, et l'État auprès duquel il réside, la permission de l'exercer.

mais on ne saurait affirmer avec vérité que toutes les
grandes cours en Europe accorderaient l'ensemble de cette
juridiction *contentieuse* et *volontaire* (e) aux ministres des
ordres inférieurs, surtout aux résidents et chargés d'affaires.

En cas de crimes formels les ministres des puissances
chrétiennes (f) ne prétendraient plus guère aujourd'hui
exercer tous les actes du pouvoir criminel dans leur hôtel ;
mais ils demandent de pouvoir faire lier et garrotter le criminel et le renvoyer à leur souverain pour le punir. Cependant ce droit même ne leur est pas universellement
reconnu sans difficulté.

(Différentes considérations ont fait admettre, non sans résistance, la juridiction spéciale du ministre étranger sur les per-

---

(e) On ne conteste pas : 1° aux ministres des différents ordres et aux
chargés d'affaires le droit de donner des passeports aux sujets de leur
nation qui désirent se rendre dans leur patrie, ou qui, à leur passage,
sollicitent le renouvellement de leurs passeports ; cependant le ministre
n'est pas autorisé à donner des passeports aux sujets de l'État où il réside sans l'agrément de celui-ci, ni même aux étrangers, quoique ce dernier point s'accorde quelquefois par connivence. 2° Mais il paraît douteux si l'on accorderait aux résidents et aux chargés d'affaires le droit de
recevoir la déposition de leurs gens dont le témoignage est requis dans
les tribunaux de l'État ; cependant l'auteur des *Essais sur divers sujets
de politique*, 1778, in-8, p. 36, le leur attribue. 3° Tout ministre peut
recevoir le testament déposé entre ses mains par un des gens de sa suite,
et lui procurer par là l'autorité d'un testament judiciel. La question s'il
peut de même recevoir le testament d'un simple sujet de sa nation ou
d'un étranger peut paraître plus douteuse ; cependant, si le ministre est
doué d'une juridiction formelle, il semble que la nature de l'acte qui
n'exige que l'autorité, non la compétence du juge, doit faire pencher
pour l'affirmative.

(f) Sur les ministres de la Porte, *V.* Moser, *Versuch*, t. IV chap. xix,
p. 323

sonnes de sa suite; des agents diplomatiques ont été jusqu'à
s'arroger le droit de prononcer contre elles la peine capitale.
Aujourd'hui, comme le fait observer HEFFTER, *le Droit international public,* traduction de M. Bergson, § 216, le droit de juridiction ne peut être que le résultat d'une délégation formelle du
gouvernement étranger; mais ni ce gouvernement ni le gouvernement auprès duquel le ministre est accrédité ne peuvent l'autoriser à exercer dans son hôtel une juridiction criminelle, pas
plus qu'on ne le permettrait à un souverain étranger. Il n'y
a d'exception que pour la Turquie et pour plusieurs États barbaresques.

La politique des cours européennes agit sagement en s'efform-
çant de ramener la juridiction des ministres étrangers à des
bornes très-étroites et à la réserver aux tribunaux de leur nation.
Cette juridiction se manifeste encore dans les cas suivants énu-
mérés par HEFFTER, *loc. cit.* :

« 1° En cas de crime ou de délit commis par une personne de
la suite du ministre, il se borne à faire arrêter le prévenu ou à
demander son extradition; à faire constater les faits, autant que
les localités de l'hôtel le permettent, éventuellement à requérir
à cet effet les autorités étrangères; à procéder à l'interrogatoire
des gens de l'hôtel comme témoins; et généralement à procéder
aux actes d'instruction et à faire mettre à exécution les actes de
réquisition envoyés par les autorités judiciaires de son pays. Mais,
tant qu'il s'agit d'un délit ou d'un crime commis dans l'intérieur
de l'hôtel par les gens de la suite du ministre, ou bien sur eux,
et que le coupable a été saisi dans l'hôtel, le gouvernement auprès
duquel le ministre est accrédité, ne peut, sous aucun prétexte,
en demander l'extradition.

» 2° Le ministre exerce la juridiction volontaire ou gracieuse
à l'égard des personnes de sa suite, toutefois lorsqu'il en a reçu
mandat de son gouvernement et sous la réserve pour les tribunaux de celui auprès duquel il est accrédité de ne pas admettre la
validité de ces actes. En conséquence, il peut recevoir des testa-
ments, légaliser les contrats et les actes de l'état civil, faire
apposer le scellé, etc. » Mais ce droit de juridiction volontaire n'implique pas le droit de statuer sur les contestations qui
s'élèvent entre ses nationaux et même entre les personnes de sa
suite.

La jurisprudence française n'admet pas au bénéfice de l'exemption de juridiction les individus attachés au service personnel des agents diplomatiques sans mission du gouvernement représenté, surtout lorsque ceux-ci consentent à les livrer à la justice du lieu. C'est ainsi qu'il a été jugé, en France, par arrêt de la cour de cassation, en date du 11 juin 1852, que les délits commis dans l'hôtel de l'ambassade par un individu attaché en qualité d'intendant au service de l'ambassadeur, sont régulièrement déférés aux tribunaux français sur la plainte de cet ambassadeur ou avec l'assentiment de celui qui lui a succédé C'est pour prévenir toute confusion sous ce rapport que les lois civiles de quelques nations et les usages diplomatiques veulent qu'une liste officielle des domestiques des ministres étrangers soit communiquée au ministre des affaires étrangères pour leur assurer le bénéfice de cette exemption. WHEATON, *Eléments du droit international*, t. I, p. 202. *V.* encore sur l'étendue de la juridiction civile et criminelle du ministre, VATTEL, *le Droit des gens*, édit. Guillaumin, liv. IV, ch. IX, § 124 et les notes de M. Pradier-Fodéré; le baron Charles DE MARTENS, *le Guide diplomatique*, 4ᵉ édit., t. I, p. 98 et suiv.

« Il suffit d'observer, dit Pinheiro-Ferreira, la manière vague et incertaine dont M. de Martens rapporte non pas les droits, mais les usages disparates qui existent à l'égard de l'immunité, qu'il prétend étendre jusqu'aux gens attachés au service des ambassadeurs, pour se convaincre de l'absurdité de ces mêmes usages, que le bon sens des peuples a repoussés de tout temps, tandis que l'opiniâtreté de l'orgueil diplomatique à les soutenir n'a servi qu'à les rendre plus odieux.

» D'abord il faut distinguer les effets que doivent produire les actes mentionnés par M. de Martens, dans le pays auquel l'envoyé appartient, de ceux qu'ils doivent produire dans le pays où il réside ; car c'est là la confusion qui règne dans tout cet alinéa et la note *e*. Parcourons donc les différentes questions qui s'y trouvent, en ayant égard à cette distinction.

» S'il s'agit de savoir si les différents actes pratiqués par l'envoyé doivent être considérés comme valables dans son pays, la réponse est très-facile ; car aussi longtemps que M. de Martens suppose qu'il n'est question que d'actes de juridiction volontaire, et que l'envoyé y a été légitimement autorisé par son gouvernement, il est hors de doute que tous ces actes ne peuvent qu'être regardés comme valables dans son pays.

» On ne saurait dire la même chose des actes de juridiction contentieuse civile ou criminelle, dont le ministre ne peut être investi, par les raisons que nous avons exposées en parlant des agents consulaires.

» Voyons ce qu'il faut penser de ces mêmes actes, considérés dans leurs rapports avec le pays où l'envoyé exerce ses fonctions diplomatiques.

» S'il était généralement reçu, ainsi que nous pensons que cela devrait être, que tous les actes de juridiction volontaire, aussi bien que ceux de juridiction contentieuse, passés en force de chose jugée dans un pays, eussent pleine foi et accomplissement dans tous les autres pays, les actes dont nous venons de dire que l'envoyé peut être valablement chargé par son gouvernement, devraient avoir aussi entière foi dans le pays de sa résidence. Mais jusqu'à présent les gouvernements sont loin d'être d'accord sur ces différents points, et, par conséquent ces actes de l'envoyé, très-valables chez lui, n'auront point, dans le pays de sa résidence, plus de valeur que celle dont y jouissent ceux des autorités du pays auquel il appartient.

» Quant aux passeports, l'envoyé ne peut en accorder qu'à ses concitoyens pour voyager où ils voudront, et aux étrangers pour se rendre dans le pays dont il est le représentant.

» Les passeports ne sont pas ce que M. de Martens semble vouloir indiquer, des titres de recommandation ou de sauvegarde destinés à soustraire le voyageur aux poursuites légitimes des autorités nationales ou étrangères; ils ne sont que des certificats de la nationalité et de l'identité de la personne du porteur.

» Il n'y a donc pas lieu à demander si l'envoyé peut ou ne peut pas en accorder aux sujets du pays où il réside, ou à des étrangers, avec ou sans le consentement des autorités locales, lorsque ces passeports ne sont pas destinés pour le pays de l'envoyé, car là seulement il est compétent pour donner de ces certificats, et pour cela il n'a pas besoin du consentement des autorités locales; car le passeport du ministre n'autorise pas le porteur à sortir du pays d'où il part, mais seulement à entrer dans celui vers lequel il se dirige. »   CH. V.]

§ 220. — Du Droit d'asile.

L'immunité de juridiction qu'on accorde au ministre s'étend aussi à son hôtel, en tant qu'il s'agit de l'exempter des descentes et des perquisitions des suppôts ordinaires de la police et des préposés des douanes : ce point est reconnu (*a*). Mais un ministre peut-il faire servir son hôtel d'*asile* (*b*) à des personnes poursuivies par la justice criminelle? et, s'il en refuse l'extradition, jusqu'où l'État auprès duquel il réside peut-il aller pour l'y obliger?

Si l'exterritorialité du ministre avait lieu dans toute l'étendue du terme, un criminel qui se serait réfugié chez lui devrait être censé se trouver sur le territoire du souverain du ministre, et il n'y aurait point de droit parfait d'en demander l'extradition. Mais le droit des gens universel n'étend pas à ce point l'exterritorialité, et le droit des gens positif admet des modifications dans ce que la sûreté de l'État exige et ce que le but de la mission permet. Or, il importe à la sûreté de l'État que les crimes ne restent pas impunis, et le ministre n'a aucun motif légitime pour soustraire aux mains de la justice un individu sur lequel il n'a point de juridiction (*c*). On peut donc refuser le droit d'asile ou le limiter.

Autrefois, tant que les priviléges d'asile étaient en général fréquemment accordés, les ministres en jouissaient presque

(*a*) Exemples de satisfaction donnés dans de tels cas; V. *Merc. hist. et polit.*, 1749, t. I, p. 661; Kluit, *Hist. fœderum*, t. II, p. 541; Mosen, *Versuch*, t. VI, p. 307.

(*b*) Thomasius, *De jure asyli legatorum œdibus competente*, Lipsiæ, 1698, in-4, et dans ses *Dissertationes Lipsienses*, p. 1103.

(*c*) Vattel, t. II, liv. II, ch. IX. § 118.

universellement pour leur hôtel ; on a sagement limité ou
supprimé depuis ces anciens priviléges. Cependant les ministres y prétendent encore aujourd'hui ; et, dans quelques
cours, l'usage ou la connivence parlent même en leur faveur dans les cas plus rares où ils auraient accordé leur
protection à un individu pour des *crimes privés*. Mais tous
les États soutiennent aujourd'hui que s'il s'agit d'un *cri-*
minel d'État, et qu'il conste qu'il s'est réfugié dans l hôtel
du ministre, l'État peut, en cas de refus (*d*) de l'extradition
demandée, le faire enlever de fait et même de force : ceci
ne manque cependant guère de donner lieu à des contestations ; mais le plus souvent des mésintelligences subsistant
déjà entre les cours en sont la véritable source.

Il en est de même des carrosses des ministres, qui, quoique exempts, dans la plupart des cours, des visites ordinaires des commis des douanes, ne peuvent servir à soustraire des criminels à la juridiction du pays, et à favoriser
leur évasion (*e*).

————————

[La question du droit d'asile est une de celles qui ont donné lieu
autrefois aux abus les plus criants et les plus nombreux. L'inviolabilité du ministre étranger s'étend à son hôtel, mais cet hôtel ne
peut plus, comme cela avait lieu, servir d'asile à des individus prévenus de crime, pour les enlever à la juridiction compétente. On

(*d*) Exemple du duc de Ripperda en 1726. *V.* MONTGON, *Mém.*, t. I,
p. 516, et Append., n 11, 12, 13 ; ROUSSET, *Recueil*, t. IV, p. 69 ; *Merc.*
hist. et polit., 1748, t. I, p. 53 et suiv.; 205 et suiv. Exemple de Benzel-
stirna, dans mon *Erzählungen merkwürdiger Fälle*, t. I, p. 217. Autre
exemple, dans KLUIT, *Hist. fœd.*, t. II, p. 540.

(*e*) VATTEL, liv. IV, chap. IX, § 119. Exemple à Rome, en 1750, dans
MOSER, *Versuch*, t. IV, p. 266. Autre exemple à Copenhague, en 1789,
dans *Nouvelles extraordinaires*, 1789, n. 26 et 27, et dans le Suppl. de
mon *Erzählungen*, t. I, p. 217.

admet comme règle du droit des gens que lorsqu'un criminel s'est
refugié dans l'hôte d'un ambassadeur, l'Etat peut, en cas de refus de
l'extradition demandée, le faire enlever de force. *V.* VATTEL, *le
Droit des gens,* édit. Guillaumin, liv. IV, chap. IX, § 118 ; FELICE,
Leçons de droit des gens, § 31 ; KLUBER, *Droit des gens moderne
de l'Europe,* édit. Guillaumin, § 208, et surtout BYNKERSHOECK,
Du juge compétent des ambassadeurs, ch. XXI, qui traite la question de savoir *si l'hôtel des ambassadeurs doit servir d'asile* et la
résout négativement. *V.* encore le décret du 13 octobre 1789, qui
supprime les lieux privilégiés servant de retraite aux accusés.
BECCARIA, *Des délits et des peines,* § XXI, dit avec raison : « La
persuasion de ne trouver aucun lieu sur la terre où le crime
puisse demeurer impuni, serait le moyen le plus efficace de le
prévenir…. »

« Le temps et le bon sens public, ajoute Pinheiro-Ferreira, ont
déjà fait justice de ces extravagantes prétentions des diplomates.
Cependant, appuyés sur la fiction de l'exterritorialité dont le romanisme de leurs publicistes les a imbus, ils n'en insistent pas moins
sur ce prétendu droit d'asile de leurs hôtels toutes les fois que,
représentant une cour puissante auprès d'un gouvernement faible,
ils croient pouvoir faire valoir tout ce qu'ils appellent avec osten-
tation les prérogatives du corps diplomatique.

» Si le ministre étranger prétendait s'arroger l'absurde prérogative d'assurer dans son hôtel l'impunité aux malfaiteurs, en leur
y ouvrant un asile ; si après avoir été requis de faire sortir de
chez lui le malfaiteur, il s'y refusait, il manquerait essentiellement au respect qui est dû aux autorités constituées ; et si le cas
en question était assez grave pour que les autorités ne dussent
pas se borner à prendre en dehors de l'hôtel les mesures capables
d'empêcher l'évasion du criminel, il ne leur resterait autre chose
à faire que de prévenir l'envoyé, par égard pour sa mission, de
serrer convenablement ses papiers, et de prendre toutes les autres
mesures qu'il jugera à propos, pour que la visite de l'hôtel puisse
se faire partout où le malfaiteur peut se trouver caché, sans que
ses archives, sa personne ou celles de sa suite, aient le moindre
danger à courir.

» Si l'envoyé, sur un nouveau refus à cette réquisition, rédui-
sait les autorités à la nécessité d'employer la force, il se serait mis
lui-même dans le cas de ne pouvoir plus rester dans le pays. Il

devra donc en être renvoyé avec tous les égards dus à son caractère public, mais avec toutes les précautions nécessaires pour que le criminel puisse être saisi. L'hôtel, du moment où la légation l'aura quitté, avec toutes les facilités indispensables pour qu'on en retire tous les objets qui pourraient intéresser la mission, ne jouit plus d'aucune immunité. »   CH. V.]

§ 221. — De la Franchise des Quartiers. — Des Protections.

Il y a encore bien moins d'arguments solides pour attribuer aux ministres étrangers cette *franchise des quartiers* (a) (*quartiers freyheit*), en vertu de laquelle des quartiers entiers de la ville dans lesquels leur hôtel est situé seraient exempts de la juridiction du pays, en y arborant les armes du souverain du ministre (b). Cet abus manifeste, autrefois toléré dans plusieurs cours, surtout à Rome (c), peut être considéré aujourd'hui comme universellement aboli (d).

On ne peut pas non plus faire descendre du droit des gens un droit pour les ministres d'accorder des *billets de*

(a) J. UPMARK s. resp O. TŒRNE, *De franchisiâ quarteriorum, seu jure asyli apud legatos*, Upsal, 1706, in-8.

(b) Sur l'usage d'arborer les armes du souverain, tant à l'hôtel de l'ambassadeur qu'à d'autres maisons voisines, V. F.-C. VAN MOSER, *Von den Rechten der Gesandten in Ansehung der Wappen ihres Souverains*, dans SCHOTT, *Juristisches Wochenblatt*, III jahrgang a 33; même, quant à l'hôtel du ministre, l'usage particulier de chaque cour doit décider. Sur la contestation survenue à Vienne en 1798, V. *Geheime Geschichte der Rastatter Friedens-Negociation*, t. V, part. II, p. 185; *Nouv. extraordinaires*, 1791, n. 33 et suiv.; et *Nouv. polit.*, n. 7, 8.

(c) LAVARDINI, *Legatio romana ejusque cum romano pontifice Innocentio XI dissidio*, 1688; édit. 2ª, 1697, in-12. THOMASIUS, *De jure asyli*, Lipsiæ, 1689, in-4. SCHMAUSS, *Corp. jur. gent. acad.*, t. I, p. 1069.

(d) Sur l'Espagne, V. KHEVENHULLER, *Annales*, t. IV, p. 1340. D'autres motifs semblent avoir donné lieu au droit de protection que les ambassadeurs de France prétendent sur quelques églises et maisons à Constantinople. V. LAUGIER, *Hist. de la paix de Belgrade*, t. I, p. 84.

protection à des personnes qui ne sont pas attachées à leur mission, soit pour exercer des métiers dont la liberté est restreinte, soit à d'autres fins. Si cet abus a subsisté, et se tolère encore aujourd'hui en quelques endroits (*e*), il ne peut être considéré comme généralement admis.

(*e*) La Porte expédie aux ministres étrangers des *barats*, c'est-à-dire des lettres par lesquelles elle exempte de sa juridiction des personnes auxquelles les ministres étrangers donnent des lettres de protection. *V*., par exemple, le traité entre l'Espagne et la Porte, de 1782, art. 3 ; *V.* mon *Recueil a*, t. II, p. 218 ; *b*, t. III, p. 402.

A l'ancienne dette de l'Empire germanique, les ministres d'Empire étaient en possession d'accorder de telles lettres de protection ; la diète de la Confédération germanique a volontairement renoncé à l'exercice de ce droit abusif.

CHAPITRE VI.

DU CULTE RELIGIEUX DANS L'HÔTEL DU MINISTRE.

§ 222. — Du Culte religieux.

La dévotion domestique *simple* est de liberté naturelle ;
elle est un droit de tout étranger, auquel, en lui accordant
le séjour, on ne peut refuser ce moindre degré de tolérance. Mais la dévotion domestique, qualifiée (*sacres pri-
ves*), qui suppose l'intervention d'un ecclésiastique particulier pour l'administration des sacrements, a été soustraite
à la liberté naturelle par les décrets des conciles (*a*) et par
les lois civiles (*b*) : elle exige un titre particulier ; et c'est
elle qu'on a en vue en demandant jusqu'à quel point les
ministres sont autorisés à un culte religieux dans leur
hôtel.

§ 223. — Des Droits des Ministres à l'égard du Culte religieux.

1 *D'après les principes du Droits des gens universel.*

Il n'est pas absolument essentiel pour le but des mis-

(*a*) *Concil. Gangrense*, can. V, VI ; *Concil. Laodicense*, can. LVII.
V. J.-H. Böhmer, *De privatis legatorum sacris*, cap. I, § 15.
(*b*) Nov. XVIII, L. v, C., *De summâ Trinitate;* L. III, C., *De
hæret. ;* L. xv, C., *De episcop. et clericis.*

sions que le ministre jouisse d'un tel culte religieux. Quand même la religion qu'il professe ne serait pas publiquement exercée dans le lieu de sa résidence, il peut, d'après les principes de toutes les religions, sauf le salut de l'âme, se contenter de la dévotion domestique simple, bien qu'il serait dur de l'y borner dès qu'on entre dans l'idée des missions permanentes.

Le droit d'exercer ce culte pourrait être déduit de l'exterritorialité de l'hôtel du ministre ; mais le droit des gens universel n'étend pas cette exterritorialité à des points qui ne sont pas essentiellement liés au but des missions.

Il semble donc que ce n'est pas du droit des gens naturel, mais du droit des gens positif, qu'on doit faire descendre les prérogatives dont jouissent les ministres à cet égard.

[Pinheiro-Ferreira présente sur ce paragraphe les observations suivantes : « Nous avons déjà fait remarquer à plusieurs reprises, dit-il, le combat que la saine raison de M. de Martens le forçait de livrer aux fictions du romantisme de l'école où il avait été élevé. Mais par cela même qu'en ne basant les doctrines que sur des *fictions de leur fantaisie*, les jurisconsultes de cette école en bannissent les *principes de la raison*, qu'ils appellent des *théories*, le bon sens de l'auteur, après avoir répudié dans ses conséquences la fiction de l'exterritorialité, n'a pas su trouver, dans le droit des gens universel, c'est-à-dire dans la théorie naturelle du droit commun rejetée par son école, un principe sur lequel on pût baser les prérogatives réellement inhérentes au caractère diplomatique, ainsi que nous l'avons vu en parlant de l'immunité de l'hôtel de l'ambassadeur, et dans le § 223, au sujet du culte privé de l'ambassadeur et de sa famille dans l'intérieur de leur demeure. Faute de principes généraux de jurisprudence, l'auteur a été invoquer le principe de droit positif de quelques peuples dont l'intolérant fanatisme s'est permis d'assujettir à des lois les actions de la vie

privée, qui, ne portant aucune atteinte aux droits d'autrui, ni par
conséquent au maintien de la tranquillité publique, étaient évidemment en dehors de la juridiction de la loi civile.

» L'auteur, en regardant comme licite, et conséquemment
comme conforme au droit des gens universel, cette restriction du
droit naturel de la liberté du culte, même privé et concentré
dans l'intérieur de la demeure de l'habitant, n'a pas su trouver
d'argument pour établir une exception en faveur des agents diplomatiques, parce que, dit-il, *il n'est pas absolument essentiel, pour
le but des missions, que le ministre jouisse d'un seul culte religieux.*

» Ce raisonnement porte entièrement à faux, car il vaudrait
autant affirmer qu'il est loisible au gouvernement de défendre à
l'ambassadeur accrédité auprès de lui tout ce qui n'est pas absolument essentiel pour que le but de sa mission soit rempli ; proposition évidemment absurde.

» Ce qu'au contraire les principes d'une saine jurisprudence
prescrivent à cet égard, c'est qu'il n'est permis au gouvernement
de défendre aux agents étrangers que ce qui pourrait porter
atteinte aux droits d'autrui ; ces agents ne pouvant être moins
bien traités dans le pays que tous les autres habitants, à qui la loi
civile ne saurait défendre ce qui n'est pas défendu par la loi morale. »   Cн. V.]

§ 224.

II. *D'après le Droit des gens positif.*

Un usage général, en partie fondé sur les traités entre
les puissances chrétiennes de l'Europe, et introduit depuis
l'époque de la réforme (*a*), accorde à tous les ministres,
tant du premier que du second et du troisième ordre (*b*),

(*a*) Depuis il a été confirmé dans les lois de quelques pays. *V* , sur le
Danemark et la Suède, mon *Erzählungen merkwürdiger Fälle*, App.,
p. 352, 358.

(*b*) Dispute élevée à cet égard à Cologne en 1708. *V.* Faber, *Europ.
Staatskanzeley*, t. XIV, p. 166, 220 ; J.-H. Böhmer, *De privatis legatorum sacris*, Halæ, 1713 et 1721, in-4.

le droit d'exercer dans leur hôtel une dévotion domestique qualifiée, lorsque, 1º dans le lieu de leur résidence, il n'y a point d'exercice *public* ou *privé* (c) de la religion *de leur pays ;* 2º lorsqu'il n'y a pas déjà un autre ministre *de la même cour* dont ils pourraient fréquenter la chapelle.

Cependant, comme il dépend de la volonté du souverain qui les envoie de les autoriser à tenir une chapelle et à se charger des frais considérables qui en résultent, il n'est pas étonnant qu'on trouve en Europe une multitude de missions, surtout du second et du troisième ordre, qui ne font pas usage d'un droit dont la cour auprès de laquelle ils résident ne leur refuserait pas l'exercice.

Dans presque tous les traités des puissances chrétiennes avec la Porte et avec les États barbaresques ce droit est accordé à leurs ministres, et même à leurs consuls.

§ 215. — De l'étendue de ce Droit.

Cette dévotion domestique qualifiée renferme le droit, 1º d'entretenir un aumônier (a) et les subalternes destinés à desservir la chapelle ; 2º de faire célébrer dans celle-ci tous les actes religieux dont les effets ne peuvent s'étendre hors de l'hôtel du ministre (b). Mais ce culte n'étant accordé

(c) Depuis que l'empereur Joseph II accorda aux protestants un exercice privé de religion à Vienne, il insista sur la cessation du culte dans les chapelles des ministres protestants. Dans les États de la Confédération germanique, il y a moins lieu qu'autrefois à y prétendre depuis l'acte de la Confédération, art. 16.

(a) Cependant on est autorisé d'en limiter le nombre et d'exclure les naturels du pays. *V.* un exemple en Angleterre, en 1746, dans MOSER, *Versuch,* t. IV, p. 158. Au reste, l'aumônier attaché a la mission jouit de l'exemption de juridiction. *V.* une dispute sur cet objet, dans mon *Erzahlungen,* t. II, p. 291.

(b) Il n'a pas le droit de donner à la chapelle les dehors d'une église.

qu'en faveur du ministre et de ceux qui appartiennnent à
sa mission, non-seulement l'aumônier n'est pas autorisé à
exercer les fonctions de sa charge hors de l'hôtel du ministre (c), mais aussi l'État n'est pas obligé de permettre
que d'autres personnes, soit de la nation du ministre ou
d'autres étrangers, soit surtout les naturels du pays, fré-
quentent la chapelle du ministre, et même s'y fassent
administrer les sacrements. Cependant, dans les temps plus
récents, on a été moins sévère, surtout à l'égard des étrangers, soit en vertu de traités (d), soit par connivence ; il y
a même des cas où l'on a permis à l'aumônier d'exercer
telle fonction individuelle de sa charge hors de l'hôtel, et
d'autres où la cour l'en a requis (e).

———————

[Pinheiro-Ferreira présente sur ce paragraphe les observations
suivantes : « Tout ce qui est dit dans ce paragraphe au sujet du
droit qu'a le gouvernement d'empêcher que les nationaux ne
prennent part aux exercices du culte, qu'on ne saurait défendre à
l'ambassadeur et aux gens de sa suite dans l'intérieur de son hôtel,
et sans que la tranquillité publique en soit troublée, est parfaitement juste, par cela seul qu'il est permis à chaque gouvernement
de défendre à chaque membre de la communauté ce que la nation
veut bien qu'on défende. La loi peut être absurde, mais c'est à la

moins encore de se servir d'un orgue ou de cloches, de faire des proces-
sions, etc.; il doit même, dans la règle, faire exercer le culte dans la
langue de son pays. V. *Mémoires de* D'AVAUX, t. V, p. 201 ; *Leges Daniæ, Christ. V*, lib. VI, cap. I, art. 5. Exception conventionnelle en
faveur de la Suède en France, dans SCHLOTZER, *Briefwechsel*, t. III,
p. 76.

(c) MOSER, *Versuch*, t. IV, p 187. Rescrit du roi de Suède, de 1742,
dans mon *Erzählungen merkwürdiger Fälle*, t. I, p 358.

(d) Par exemple, entre la France et la Hollande, de 1624; entre la
France et la Suède ; entre le Danemark et l'Autriche, etc.

(e) Exemples dans MOSER, *Versuch*, t. IV, p. 187.

nation à voir ce qu'il convient à ses intérêts de conserver ou d'abroger.

» Il n'en est pas tout à fait de même quant aux étrangers. On ne saurait les contraindre à se désister des droits qu'ils tiennent de la nature. L'exercice de ces droits ne pouvant menacer les intérêts de qui que ce soit, personne n'est en droit de les empêcher d'en jouir. Tel est le droit du culte dans l'intérieur de leurs demeures, et à plus forte raison dans l'hôtel du ministre étranger, surtout lorsque rien ne s'en fait remarquer au dehors qui puisse provoquer la partie la moins éclairée de la nation à des actes contraires au maintien de la tranquillité publique. » — Сн. V.]

§ 226. — De la durée de ce Culte.

Ce culte doit cesser, dans la règle, dès que le ministre a quitté son poste ; cependant, s'il n'est absent que par congé, et qu'il conserve son hôtel en y laissant quelques-uns de ses gens, on tolère la continuation du culte. Mais lorsque la mission est terminée, ou que le ministre n'a plus d'hôtel, le culte cesse, et il est rare qu'on permette en Europe (a) qu'alors le culte se continue dans la maison du chargé d'affaires ou du consul. Toutefois, si c'est la mort d'un des deux souverains qui termine la mission, on attend les nouvelles lettres de créance, à moins qu'il ne s'agisse d'un prince électif dont le successeur n'est pas encore connu (b).

[Les explications de notre auteur, dans les paragraphes qui précèdent, sont précises, et la plupart des publicistes qui ont écrit depuis lui n'ont fait que reproduire sa doctrine. Il convient du

(a) Traité de commerce entre la France et la ville de Hambourg, de 1769 et 1789, art. sép. 2. Par d'autres motifs, les consuls en Afrique et dans le Levant jouissent ordinairement de ce droit.

(b) Exemple de la conduite de la ville de Hambourg après la mort de l'empereur Charles VI, en 1740. *V.* Moser, *Versuch*, t. V. p. 192.

reste d'ajouter que de nos jours les progrès de la tolérance religieuse ont levé beaucoup de difficultés qui se produisaient dans les siècles précédents ; aujourd'hui les chapelles publiques attachées aux différentes ambassades sont ouvertes non-seulement aux étrangers de leur nation, mais même aux sujets du pays qui suivent la même religion.

Quant aux actes paroissiaux qui peuvent être passés régulièrement dans la chapelle du ministre, par l'ecclésiastique qui y est attaché, il est incontestable qu'ils produisent tous leurs effets civils au profit des personnes qui font partie du personnel de l'ambassade. Cet ecclésiastique est la seule autorité compétente ; mais ces actes ne sauraient être valables pour des personnes étrangères à la mission et à plus forte raison pour les sujets de l'État auprès duquel le ministre est accrédité. *V.* cependant HEFFTER, *le Droit international public,* traduction de M. Bergson, § 213. On peut encore, sur les diverses questions que soulève l'exercice du culte religieux pour les agents diplomatiques, consulter de REAL, *Science du gouvernement,* t. V, chap. I, sect. VII, n. 1 et 2 ; VATTEL, *Droit des Gens,* liv. IV, ch. VII, n. 104 ; KLÜBER, *Droit des gens moderne de l'Europe,* édit. Guillaumin, § 215 et 216 ; le baron Ch. DE MARTENS, *le Guide diplomatique,* 4ᵉ édit., t. I p. 116 ; WHEATON, *Eléments du droit international,* t. I, p. 223, et HEFFTER, *loc. cit.*

« Il serait pour le moins inexact, ajoute Pinheiro-Ferreira, de dire que les ministres du troisième ordre jouissent à cet égard de moins de droits que ceux du premier ou du second. Il est vrai que rarement les chargés d'affaires et les consuls tiennent chez eux une chapelle de leur culte ; mais ce n'est pas que le gouvernement du pays ait plus droit de le leur refuser qu'aux ambassadeurs ou aux envoyés : c'est parce que l'entretien du culte des légations étant aux frais de la cour de l'envoyé, on ne l'accorde, par principe d'économie, qu'aux légations du premier ou du second ordre ; et il n'est pas rare que la cour représentée auparavant par un envoyé, se décidant ensuite à le remplacer par un chargé d'affaires en permanence, laisse subsister la chapelle qui y était établie, sans que le gouvernement ait jamais songé à y mettre le moindre obstacle à cause du changement de catégorie de la légation. »   CH. V.]

CHAPITRE VII.

DES IMMUNITÉS DES MINISTRES RELATIVEMENT AUX IMPÔTS.

§ 227 — Impôts sur les biens meubles.

L'exterritorialité personnelle du ministre l'exempte, ainsi que sa suite, des impositions personnelles payées par les sujets; mais l'immunité de douanes, d'accises, etc., pour les biens qu'il fait venir à son usage, n'est pas fondée dans la rigueur de la loi naturelle.

Cependant un usage fort ancien (a) accordait cette immunité aux ministres étrangers; et même lorsque celui de défrayer les ministres, soit en tout, soit en partie, disparut depuis l'introduction des missions permanentes (b), on leur conserva l'immunité de douanes, d'accises, etc.; probablement ils en jouiraient encore généralement, s'ils en avaient

(a) Exemple de 1382, en Angleterre, dans RYMER, t. VII, p. 361.

(b) MOSER, *Von dem Appointement oder Gehalt eines Gesandten*, dans ses *Kleine Schriften*, t. I, p. 182 et suiv. Aujourd'hui, l'usage de défrayer les ministres a cessé entre les puissances de l'Europe. Il subsiste encore pour les missions extraordinaires avec la Porte; et les États barbaresques, lorsqu'ils envoient des ministres, sont aussi accoutumés à les voir défrayés, soit en argent, soit en vivres.

moins abusé ou moins toléré les abus (c). Ces abus ont engagé plusieurs cours à faire cesser cette immunité, à la
restreindre, ou à y substituer un équivalent ; de sorte qu'on
ne peut plus, à beaucoup près, la considérer comme généralement introduite dans les grandes cours (d), et que tout
ministre doit se contenter de ce que la cour où il réside
accorde aux autres membres du corps diplomatique, à
moins qu'il n'ait à réclamer une immunité particulière,
fondée quelquefois sur une juste réciprocité.

De même, on exerce aujourd'hui dans quelques cours le
droit d'interdire aux ministres étrangers l'importation de
marchandises déclarées de contrebande par les lois.

Sous ce double point de vue, le ministre doit souffrir
qu'on visite à la douane les objets qu'il importe ou fait venir (e) ; mais il n'est pas *obligé* de souffrir cette visite dans
son hotel (f). La conduite qu'on tient à l'égard des ses voitures n'est pas uniforme dans les diverses cours.

[Il n'y a pas de doute pour les impôts personnels directs : ils ne
sauraient peser sur les agents diplomatiques ou les gens de leur

(c) F.-C. van Moser, *Von der Zoll-und Accisefreyheit der Gesandten*
dans ses *Kleine Schriften*, t. VII, p. 1.

(d) V. mon *Cours diplomatique*, Tableau, chap. i, § final. *Des diverses puissances*, et plusieurs ordonnances, dans le supplément à mes
Erzahlungen merkwürdiger Falle, t. I, p. 346; t. II, p. 360, 365. Dans
les moyens et dans les petits États, les ministres étrangers jouissent encore
assez généralement de cette immunité; elle a été stipulée pour les ministres des membres de la Confédération germanique à la diète de Francfort, dans un accord fait avec la ville.

(e) Mais peut-on se permettre de visiter à la douane les paquets cache-
tés envoyés au ministre par la poste ? Exemple de disputes à cet égard,
dans LAMBERTY, t. IV, p. 220.

(f) MOSER, *Versuch*, t. IV, p. 303; *Merc. hist. et polit.*, 1749, t. I,
p. 661; 1751, t. I, p. 538.

suite. Ils ne sont pas sujets de l'Etat; leur exemption naît de leur indépendance, sauf le cas où le ministre exercerait une industrie étrangère à ses fonctions : il devrait, par exemple, acquitter les droits de patente. Mais, quant aux impositions indirectes, sauf le cas de dispense spéciale, il n'en est pas de même que pour les impositions directes. En France une lettre du ministre des affaires étrangères porte que les contributions indirectes sur les droits de consommation, les droits de douanes, les taxes des rentes, péages et droits d'octroi, sont des charges que les agents étrangers des relations commerciales (les consuls) sont tenus de supporter comme les simples particuliers. Les mêmes motifs existent pour les agents diplomatiques en général. Pour les droits de douanes, les usages, malgré l'opinion de HEFFTER, *le Droit international public de l'Europe*, traduit de l'allemand par M. Bergson, § 217, d'après lequel l'agent diplomatique jouirait de l'immunité de droits d'entrée pour tous les objets qu'il est dans le cas de faire venir de l'étranger, ne sont pas uniformes : quelques États admettent l'exemption, d'autres la refusent ou la modifient; mais dans le cas d'exemption, l'abus doit la faire cesser. Quant aux impositions communales, aux droits de portes et fenêtres, *V.* HEFFTER, *le Droit international public*, traduction de M. Bergson, § 217, et les autorités auxquelles il renvoie pour l'indication des usages et des lois intérieures de chaque pays.

Il faut, pour les droits d'enregistrement et de mutation par décès, distinguer, du moins en France : s'il s'agit, par exemple, d'une succession ouverte en France *au profit* d'un agent diplomatique, les droits de mutation sont dus par lui, à moins qu'il n'existe dans le pays étranger auquel appartient l'agent diplomatique une loi de réciprocité en faveur des agents du gouvernement français : c'est ce que la cour de cassation a jugé par arrêt du 26 avril 1815. Par application du même principe il doit être passé déclaration et payé un droit de mutation pour les rentes et créances dues à l'ambassadeur par des Français et payables en France, et pour toutes créances et droits incorporels. Mais s'il s'agit de la succession mobilière de l'ambassadeur, aucun droit de mutation ne sera dû : l'ambassadeur est réputé décédé en pays étranger. Telle est la solution formulée par plusieurs décisions ministérielles rapportées par DALLOZ, *Jurisprudence générale*, v° *Agent diplomatique*, n. 144. Il résulte même d'une lettre du ministre des affaires étrangères, du 29 décembre 1814, que les héritiers de l'épouse d'un consul marié en communauté ne sont pas tenus de déclarer les objets mobiliers existant dans la maison. Cependant un arrêt de cassation du 26 février 1815 décide que la succession mobilière de la femme d'un ministre étranger, recueillie en France par son mari, est soumise au droit d'enregistrement, du moins quant aux créances civiles et commerciales qui en dépendent.

« Ce n'est pas seulement, dit Pinheiro-Ferreira, à cause des abus, malheureusement trop vrais, qu'elles entraînent, mais parce que c'est un privilége contraire à toute raison, et qui devient la source d'une foule de contestations par trop inconvenantes entre l'administration et les agents diplomatiques, que ces exemptions ont été successivement restreintes, et nous espérons qu'elles seront tout à fait abolies.

» L'exterritorialité, d'où M. de Martens veut faire dériver l'exemption accordée aux ministres étrangers de payer les impositions personnelles, n'est qu'une fiction dénuée de tout fondement, ainsi que nous l'avons déjà fait remarquer; et ce n'est pas par des fictions qu'on peut parvenir à démontrer des vérités.

» Cette exemption, aussi bien que celle des droits de douanes, d'accises, etc., ne sont que des concessions de pure générosité, et n'ont d'autre fondement que le désir des gouvernements de témoigner par des égards envers les agents diplomatiques leurs dispositions amicales pour leurs souverains ou les nations qu'ils représentent.

» La loi de la contrebande est du nombre de celles dont nous disions dans la note précédente qu'elles ne sauraient s'étendre jusqu'aux étrangers. Les nationaux peuvent céder de leurs propriétés, en permettant aux gouvernements de veiller à ce que chacun des citoyens achète cher et mauvais dans le pays ce qu'il pouvait obtenir de meilleure qualité et moins cher de l'étranger; là il n'y a pas d'attaque au droit de propriété; puisqu'il y a consentement des propriétaires; mais l'étranger n'y consent que par force : c'est une vexation à laquelle ni le gouvernement ni le législateur ne sont autorisés, parce que le résultat en est d'éloigner les étrangers au détriment du pays. Certes, l'étranger ne saurait se permettre de vendre aux nationaux des objets défendus, et moins encore de les introduire en fraude; mais ce n'est pas du trafic, c'est de l'usage, en bonne foi, de ces objets qu'il est question ici.

» C'est encore une erreur que d'accorder aux officiers de la douane le droit de visiter les bagages de l'envoyé, parce que là il y a danger pour l'objet de sa mission, aucune garantie ne pouvant lui être offerte, que ces agents du pouvoir respecteront l'inviolabilité due à ses papiers. C'est là la seule raison de l'immunité de son hôtel ; et si, de l'aveu de tout le monde, il n'est pas obligé de souffrir la visite de celui-ci, il ne saurait l'être, à plus forte raison, de souffrir celle de ses effets.

» Au reste, la visite n'ayant pour but que le payement des droits de douane ou l'introduction des objets de contrebande, du moment où il sera convenu, comme nous pensons qu'il doit l'être, que celle-ci ne concerne pas les objets destinés à l'usage des gens de la mission, la parole du ministre doit suffire pour qu'on s'abstienne de toute visite. Nous en disons autant quant à la spécification de la nature et de la valeur des objets dont il aurait à payer les droits d'entrée ; car si on venait à acquérir la certitude d'un abus de sa part, dans l'un comme dans l'autre cas, le gouvernement du pays ne manquerait pas de moyens de le rappeler à l'ordre. »   Ch. V.]

§ 228. — Impôts sur les biens-fonds, etc.

Quant aux biens desquels il conste que le ministre les possède dans une qualité différente de celle de ministre, il n'a aucune immunité d'impôts à prétendre (a).

L'hôtel du ministre est exempt du logement des gens de guerre et des droits qui y sont substitués. Mais, au reste, soit que cet hôtel appartienne en propre à lui ou à sa cour (b), soit qu'il possède d'autres biens-fonds, ces possessions sont assujetties à tous les impôts et à toutes les autres charges qui doivent être payées par le propriétaire.

(a) Vattel, *Droit des gens*, liv. IV, chap. viii, § 114.

(b) Sur les hôtels des ministres étrangers à La Haye, V. Matth. van der Pot, *De tributo prædiali quod in Hollandiâ exigitur sub nomine de* Ordinaire Verponding, Leyde, 1782, in-4.

[« Nous avons dit dans la note précédente, continue Pinheiro-Ferreira, que ce n'est que par faveur, et non pas en vertu de leur caractère diplomatique, que les agents étrangers sont exempts des impositions personnelles; il n'en est pas de même quant aux charges où il y a incompatibilité avec cette sécurité que le droit des gens peut seul garantir à l'envoyé dans l'exercice de sa mission. Or, ainsi que nous l'avons déjà remarqué plusieurs fois, on ne saurait offrir une pareille garantie à l'agent étranger, s'il était loisible aux autorités du pays de pénétrer malgré lui dans l'intérieur de sa demeure. Voilà la raison de l'exemption concernant le logement des gens de guerre. Mais l'auteur a tort d'étendre cette exemption jusqu'au payement de la contribution par laquelle le gouvernement a l'habitude de remplacer ces logements pour les personnes qui ont de justes motifs d'en être exemptées, ou lorsqu'il croit préférable d'adopter cette mesure en général. Là on ne saurait trouver aucune raison d'en exempter l'agent étranger, pas plus que tout autre habitant qui, à l'égal des citoyens, profite dans la juste proportion des avantages que ces contributions sont destinées à procurer à tout le pays en général. »   Ch. V.]

§ 220 — Péages; Port de lettres.

Enfin le ministre ne peut, dans la règle, demander aucune exemption de ces péages qui sont une contribution proportionnée aux frais des établissements publics dont il profite, tels que ponts, chaussées, balises, fanaux, etc. (a).

Il en est de même du port de lettres; et il s'en faut de beaucoup que les ministres jouissent d'une franchise de port (b) dans les pays étrangers, même dans ceux où, comme en Angleterre, ce droit a la nature d'un impôt formel.

(a) Dans l'ancien Empire germanique, cette immunité de péages pour les ponts et chaussées s'accordait à tous les ministres accrédités auprès des assemblées de l'Empire, telles que la diète, les députations d'Empire, etc. Elle s'observe encore assez libéralement en faveur des ministres près de la diète de la Confédération, quoique jusqu'ici sans aucun engagement formel.

(b) Moser, *Versuch*, t. IV, p. 145.

CHAPITRE VIII.

DE LA MANIÈRE DE NÉGOCIER.

§ 230. — Des différents genres de Missions.

Il y a aujourd'hui des missions qui offrent peu d'occasions à négocier : telles sont les missions de cérémonie, de satisfaction, et plusieurs missions permanentes dans des États entre lesquels il y a peu d'affaires à ménager.

Mais, lorsqu'il s'agit de ministres négociateurs, on peut faire quelques observations sur la manière reçue d'entrer en négociation (a).

§ 231. — Des Négociations verbales, ou par écrit.

Dans les États monarchiques le ministre étranger peut quelquefois négocier immédiatement avec le monarque, soit

(a) Il ne s'agit pas ici de l'art de négocier, peu susceptible d'être traité systématiquement : il est le fruit des talents, de l'usage du monde, et en partie de la lecture réfléchie des négociations des temps passés. Toutefois, on peut consulter avec quelque fruit MABLY, *Principes des négociations*, dans ses *OEuvres*, t V, p. 1; PECQUET, *De l'art de négocier avec les souverains*, La Haye, 1738, in-8; et quelques observations dans DE CALLIÈRES, *De la manière de négocier avec les souverains*, nouvelle édition, Londres, 2 vol. 12; quoique ce dernier ouvrage appartienne plutôt au droit d'ambassade.

de vive voix, soit en lui présentant des mémoires, etc. (a) ;
mais le plus souvent il doit entrer en conférence avec le
ministre des relations extérieures, ou avec un ou plusieurs
commissaires dont il a obtenu la nomination. Ces conférences ont lieu, tantôt dans l'hôtel du ministre, tantôt dans
celui du secrétaire d'État ou commissaire, tantôt dans un
lieu tiers.

Dans les républiques, c'est le ministre des relations
extérieures, ou ce sont des députés nommés par le gouvernement avec lesquels le ministre étranger entre en conférence ; s'il est de petites républiques où l'on permet au ministre étranger de rejeter des députés dont le choix lui
déplaît, ce n'est pas la forme du gouvernement qui peut
autoriser cet abus.

Souvent le ministre remet officiellement un mémoire,
une note ou autre pièce, qui renferme par écrit la substance de ce qu'il a proposé de vive voix, et, dans la règle,
ces *offices* doivent être signés.

Plusieurs États ont pris la sage résolution de ne jamais
délibérer sur un point, à moins que le ministre étranger
n'en ait présenté la substance par écrit dans un mémoire,
une note, etc. (b).

Mais, dans la généralité, on ne saurait obliger un ministre de remettre par écrit la substance de ce qu'il a pro-
féré de bouche, ou ce dont il a fait la lecture, ni de signer
la copie ou le protocole qu'on en aurait dressé ; quoique,

(a) S'il y a un premier ministre titré à la cour, il est d'usage de lui
remettre d'avance copie du mémoire que le ministre va présenter à la
cour.

(b) *Mémoires de* d'Avaux, t. II, p. 127 ; t. IV, p. 353, 363.

d'après les circonstances, il consente quelquefois à donner une *note verbale,* un *aperçu de conversation,* etc. Mais ces pièces ne sont ordinairement pas signées ; comme aussi il est peu usité de signer les mémoires confidentiels, et de même ces déclarations de cour auxquelles le mémoire dont le ministre étranger les accompagne donne l'authenticité nécessaire (c).

[« Il n'y a en réalité aucune différence, dit Pinheiro-Ferreira, relativement à l'objet dont il est question dans cet alinéa, entre les républiques et les monarchies. Il y en a cependant, quoique plus apparente que réelle, entre les monarchies absolues et les gouvernements constitutionnels.

» Il n'est pas moins loisible au président d'une république qu'au souverain d'une monarchie de traiter avec des agents étrangers. Cela ne saurait être une question. Ce qu'on peut mettre en doute, c'est si ce que ces agents auraient conclu immédiatement avec le chef du gouvernement sans l'intervention du ministère, doit être considéré comme valable et obligatoire vis-à-vis de la nation en général, et de chacun de ses membres en particulier.

» C'est sous ce point de vue que peut avoir lieu la distinction que nous venons de signaler entre les monarchies absolues et les gouvernements constitutionnels; car il est évident, d'après la nature de ces gouvernements, que rien n'est valable que ce qui est conclu par le chef du gouvernement, avec la signature des personnes sous la garantie desquelles la loi fondamentale a seulement voulu que les émanations du pouvoir fussent regardées comme des actes authentiques du gouvernement.

» Mais dans les monarchies absolues, où la nation a accumulé la double délégation des pouvoirs législatif et exécutif dans la seule personne du monarque, celui-ci peut à son gré exercer par

(c) Exemple d'un différend à cet égard dans les négociations de lord Malmesbury à Paris, en décembre 1796. V. *Recueil des actes diplomatiques,* etc., n. 14-18

lui-même toutes les fonctions inhérentes à ces deux pouvoirs, ou en déléguer à des personnes de son choix la partie qu'il jugera convenable. Il semblerait donc que les conventions conclues immédiatement par les monarques absolus entre eux ou avec des envoyés des nations étrangères, devraient être regardées comme obligatoires pour les nations de qui ces souverains tiennent leurs mandats.

» Cependant le danger d'une aussi exorbitante étendue de pouvoirs a forcé les nations à ne regarder, par le fait, comme des actes internationaux que ceux revêtus de certaines formalités autres que la simple signature des souverains, et toutes tendantes à constater le concours des conseillers de la couronne, parmi lesquels le ministère occupe la première place, ainsi qu'il porte la plus grande responsabilité des actes émanés du trône.

» Ainsi la distinction même qu'on voudrait faire à cet égard entre les monarchies absolues et les gouvernements constitutionnels, serait plus apparente que réelle, quand aux effets que les actes conclus avec les puissances étrangères sont destinés à produire. »

« ..... Nous devons rectifier deux assertions avancées par M de Martens dans cet alinéa : la première est que les *notes verbales* ou aperçus de ce qu'on a traité en conversation *ne sont qu'un acte de condescendance* de la part du ministre par qui elles sont rédigées; l'autre, c'est d'insinuer que l'usage de ne pas signer les différentes pièces dont il est fait mention ici ne saurait avoir de danger.

» Quant à la première de ces assertions, elle présente sous un faux jour le but des notes verbales, qui n'est pas moins de constater ce qui a été dit en faveur de celui qui l'a écrite, que de celui à qui elle est adressée.

» L'usage de remettre des papiers quelconques sans signature est aussi peu loyal que peu prudent. La signature apposée à la lettre qui accompagne ces papiers ne garantit ni l'authenticité ni l'intégrité de tout leur contenu. Il faut donc clore soigneusement, et pour sa propre sûreté et pour l'honneur de celui à qui le papier va être confié, tout ce qu'on lui remet, isolé ou accompagné d'une lettre d'envoi, quelle qu'en soit la forme de la rédaction ou la nature du contenu. »   Ch. V.]

§ 232. — Si la corruption est permise.

Est-il permis au ministre d'user de corruption pour parvenir au but de sa mission, ou pour avancer les intérêts de sa cour? peut-on concilier sur ce point la théorie avec la pratique (a)?

D'abord, on ne peut taxer de corruption les présents faits pour se concilier l'affection ou l'amitié de ceux qui peuvent servir à nos vues, sans leur demander *expressément* ou *tacitement* quelque chose d'illicite.

S'agit-il, au contraire, de présents destinés à faire manquer un sujet aux devoirs envers son État, c'est pécher sans doute *envers lui* contre les principes de morale et de droit naturel, qui défendent la séduction ; mais quant à la question, si c'est manquer aux devoirs parfaits (b) envers l'Etat, il y a d'abord une différence entre le cas où, de son chef, on tâche de corrompre, et celui où l'on profite des offres d'un traître; ensuite le but même de la corruption peut influer sur sa nature. Le ministre qui corrompt pour exciter une rébellion se déclare lui-même l'ennemi de l'État, et traître, en ce qu'il prend le masque d'ami : il n'en est pas de même de celui dont le but est de découvrir un secret ou d'obtenir des complaisances. D'ailleurs, un Etat qui se sert de cet odieux moyen contre nous, est peu

---

(a) VATTEL, liv. IV, chap. vii, § 93 ; PECQUET, *De l'art de négocier*, p. 71.

(b) Ce n'est que de ces devoirs parfaits qu'il est question. S'agit il de ce qui est délicat, noble et conforme à la dignité des États, on ne peut guère s'empêcher de rejeter jusqu'à l'ombre de la corruption, même dans la plupart des cas où le droit des gens externe pourrait la justifier ou en offrir des excuses. On lit avec peine l'éloge de la corruption par Louis XIV, dans ses *Mémoires*, t 1, p. 74 et suiv.

en droit de se plaindre si l'on use de rétorsion contre lui.
Enfin, il est des cas où notre propre conversation nous autorise à manquer aux devoirs d'ailleurs parfaits envers
d'autres.

On sait combien, dans la pratique, on emploie de corruptions : cela ne peut servir à les justifier. Il faut considérer, premièrement, qu'un acte, s'il est illicite, ne peut
s'excuser par l'usage ; secondement, que les puissances
européennes, lorsqu'on les accuse de corruption, nient le
fait ou le désavouent, et se croient autorisées à se plaindre,
comme d'une lésion du droit des gens, des corruptions
imputées à telle cour étrangère ou à son ministre (c).

¶ Il est regrettable que M. de Martens se soit cru obligé de s'arrêter à la question qui fait l'objet du présent paragraphe ; il est
encore plus regrettable qu'il n'ait pas flétri dans tous les cas et
sans distinction, l'usage longtemps pratiqué de la corruption
exercée sur des ambassadeurs. On en trouve de trop fréquents
exemples dans les annales de l'histoire, sous François 1er, sous
Louis XIV et peut-être à des époques plus récentes : discuter la
légitimité de pareils actes, c'est pour ainsi dire les excuser. Ce
que nous disons ne s'applique qu'aux cadeaux secrets. L'usage
des cadeaux officiels s'est conservé dans certains cas, mais tend
chaque jour à devenir plus rare. Ces cadeaux se font dans des
occasions spéciales, notamment dans le cas de rappel. Plusieurs
gouvernements défendent à leurs agents d'en recevoir ; c'était

(c) Mais la vague imputation d'une corruption intentée peut elle autoriser à emprisonner un ministre ? Conduite de la France envers le Portugal, en 1797. V. *Nouv. extraordinaires*, 1798, n. 20. S'il faut un
commentaire à ce fait, les négociations entamées à cette même époque
avec les États-Unis d'Amérique peuvent le fournir. V. *Pièces relatives
à la négociation qui a eu lieu en 1797 et 1798, sur les différends entre
le gouvernement des États-Unis d'Amérique et le Directoire exécutif de
France*, imprimées à Philadelphie en anglais, et en français à Londres,
1798, in-8.

autrefois la règle de la république de Venise ; c'est aujourd'hui celle des Etats-Unis de l'Amérique du Nord.

Aussi ne pouvons-nous qu'approuver l'observation suivante de Pinheiro-Ferreira : « On ne peut qu'être surpris de l'inconséquence avec laquelle l'auteur, après avoir énoncé positivement les principes les plus clairs de la loyauté avec laquelle il convient que les agents diplomatiques se conduisent dans le pays où ils sont accrédités, se relâche de l'austérité de ses propres doctrines, jusqu'au point d'affirmer, en parlant de corruption, que, lors même qu'elle nous est défendue par un devoir parfait, nous pouvons l'employer, nous regardant comme dispensés de ce devoir toutes les fois qu'il s'agit de notre propre conservation.

» Cette doctrine est non-seulement erronée, mais abominable. La fin ne justifie pas les moyens. Pourvoir à notre propre conservation par des moyens licites est un devoir ; employer à cet effet des moyens illicites, c'est un crime ; engager quelqu'un à commettre une trahison pour nous sauver, est un acte de scélératesse. »   Ch. V.]

§ 233. — Conduite du Ministre envers les étrangers qu'il rencontre à la cour.

Les égards que le ministre doit à l'État auprès duquel il réside doivent influer aussi sur sa conduite envers les étrangers qu'il y rencontre ; et même, par rapport aux ministres ou sujets de ceux dont le souverain est en guerre avec son maître, il doit pleinement respecter la neutralité du territoire où il se trouve. S'il y manque, il ne perd pas toujours à la vérité par là les prérogatives dont il jouit en faveur de sa cour, mais l'État est pleinement en droit, et peut même être obligé de l'éloigner et de demander satisfaction au gouvernement qui l'a envoyé.

CHAPITRE IX.

DE LA SUITE DU MINISTRE.

§ 234. — De l'Épouse du Ministre.

Avant l'introduction des missions permanentes il n'était pas d'usage parmi les ministres de se faire accompagner de leurs épouses, et le titre d'ambassadrice était ignoré (a). Ce n'est qu'au dix-septième siècle (b) que l'un et l'autre ont été introduits, à mesure que les missions permanentes devinrent plus fréquentes.

L'épouse du ministre jouit, dans cette qualité, d'une in-violabilité encore plus distinguée que celle qui est due à son sexe et à sa naissance. Les immunités de son époux s'é-tendent sur elle; et, quant au cérémonial touchant les visites, la préséance, la présentation à la cour, etc., ses prétentions au rang sur d'autres dames de qualité sont les

---

(a) F.-C. van Moser, die Gesandtinn nach ihren Rechten und Pflich-ten, dans ses Kleine Scriften, t. III, n. 2.

(b) Encore en 1649 un ambassadeur français à La Haye plaisantait sur l'arrivée de l'épouse de celui d'Espagne, en disant que c'était une am-bassade hermaphrodite. V. Bynkershoeck, Du juge compétent, chap. xi, § 7.

mêmes que celles que son époux fait valoir par rapport aux
époux de celles-ci (c).

————

[Au premier rang des personnes qui participent à plusieurs
prérogatives du ministre public, spécialement à l'inviolabilité et
à l'exterritorialité qui s'attachent à son caractère, viennent sa
femme et ses enfants.

En général, il n'est accordé à l'épouse du ministre aucuns
droits honorifiques particuliers; elle est habituellement traitée
comme une personne étrangère d'un rang élevé. L'épouse de
l'ambassadeur porte le titre d'ambassadrice. Plusieurs auteurs,
V. notamment HEFFTER, le Droit international public, traduction
de M. Bergson, § 221, et ESCHBACH, Introduction à l'étude du
droit, § 234 in fine, refusent à la femme d'un ministre public le
libre exercice de son culte, si ce culte différait de celui de son
mari; mais cette opinion empruntée à Ch. DE MOSER, Kleine
Schriften, t. III, ne serait sans doute plus suivie aujourd'hui.

Quant aux enfants du ministre public et aux autres membres
de sa famille, ils sont inviolables tant qu'ils résident auprès de
lui, mais dans les cérémonies ils ne jouissent d'aucun privilége.
V. VATTEL, le Droit des gens, édit. Guillaumin, liv. IV, ch. IX,
§ 121, et la note de M. Pradier-Fodéré, le baron Ch. DE MARTENS,
le Guide diplomatique, 4e édit., t. I, p. 162.   CH. V.]

§ 235. — Des Gentilshommes et des Pages d'ambassade.

Les gentilshommes et les pages d'ambassade servent à
augmenter l'éclat de la mission dans les occasions de cérémonie (a). Peu importe qu'ils soient nommés et appointés
par la cour ou par le ministre, ou qu'ils servent gratis,
pourvu qu'ils soient attachés à la mission, ils jouissent
alors de l'inviolabilité et des prérogatives que le ministre

————

(c) Exemples de disputes sur ces objets, dans BOUGEANT, Histoire des
guerres, etc., t. I, p. 331. Exemple en France, V. Moniteur de 1804,
31 mai

(a) MOSER, Versuch, t. III, p. 136; Beytrage, t. III, p. 150.

peut réclamer pour toutes les personnes de sa suite. Mais
ceux qui, sans être attachés à la mission, accompagnent le
ministre, n'ont, dans la règle, aucune prérogative de légation à réclamer.

| Les questions relatives au personnel des ambassades n'ont
plus l'importance qu'elles avaient autrefois. L'esprit moderne et
des considérations d'économie ont amené sous ce rapport des
réductions que l'on ne peut regretter.

La suite des ministres publics se compose habituellement :

1° Des secrétaires d'ambassade ou de légation avec des attributions qui sont fixées par leurs gouvernements respectifs · ils n'ont
droit à aucun cérémonial;

2° Des personnes attachées aux missions, telles que le chancelier, le secrétaire-interprète, les gentilshommes, attachés ou
élèves, les pages dans les missions d'apparat comme les demandes
en mariage;

3° D'un aumônier;

4° D'un médecin;

5° Des officiers de la maison et gens à livrées, domestiques et
laquais. Pour ces derniers, qui sont souvent des nationaux, il
appartient au gouvernement auprès duquel le ministre est accrédité d'imposer certaines conditions à leur entrée au service des
ministres étrangers. Cependant, pour prévenir le désordre,
il est arrivé, comme au congrès de Munster et de Nimègue,
de soumettre les gens des ministres à l'action des autorités
locales.

Les personnes qui viennent d'être indiquées sont placées sous
la protection du droit des gens et par conséquent ne sont pas
soumises aux lois et à la juridiction du pays qu'elles habitent,
alors même que ce pays serait le leur. Elles ne sont justiciables,
pour toutes les actions civiles ou criminelles, que de l'État représenté par le ministre. La législation des principaux États de
l'Europe est positive sur ce point. V. notamment pour le Danemark une ordonnance royale du 8 octobre 1708, pour l'Angleterre
un acte du parlement de 1709, pour la France un décret du 11
décembre 1789, pour la Prusse les dispositions générales de son

Code de procédure, et pour les Etats-Unis un acte du congrès de 1790.

De l'exemption qui précède, résulte cette conséquence signalée par WHEATON, *Éléments du droit international*, t. I, p. 202, que la juridiction civile et criminelle sur les gens de la suite du ministre repose sur le ministre lui-même et doit être exercée d'après les lois et les usages de son pays; et, en fait, cela a lieu habituellement pour la juridiction civile, contentieuse et volontaire. Mais pour les crimes commis par ses domestiques, ajoute le même auteur, quoique, strictement parlant, le ministre ait le droit de les juger et de les punir, l'usage moderne l'autorise simplement à les arrêter et à les envoyer dans leur propre pays pour y être jugés. Il peut aussi, à son choix, les renvoyer de son service, ou les livrer aux tribunaux de l'Etat où il réside, de même qu'il peut renoncer à tout autre privilége qu'il est en droit d'attendre du droit public.

Dès que les personnes de la suite du ministre quittent son service, elles sont justiciables des lois du pays où elles se trouvent si elles ne sont pas sujettes du souverain représenté par le ministre, dans le cas contraire, le ministre ne peut consentir à leur extradition ou à leur mise en jugement pour des faits antérieurs à leur sortie d'auprès de lui.

Le gouvernement auprès duquel le ministre est accrédité conserve vis-à-vis des personnes de la famille de ce ministre et des gens de sa suite le droit de recourir aux mesures que peuvent rendre nécessaires la sûreté de l'Etat et la conservation de l'ordre public. *V.* ce qui a été dit ci-dessus § 218, et VATTEL, *le Droit des gens*, édit. Guillaumin, liv. IV, ch. IX, 124 et 125 et les notes de M. Pradier-Fodéré, HEFFTER, *le Droit international public*, traduction de M. Bergson, 224 et 225, et le baron Ch. DE MARTENS, *le Guide diplomatique*, t. I, p. 158 et suiv.

« Ces deux expressions de *gentilshommes* et de *payes* d'ambassade, dit Pinheiro-Ferreira, ne sont plus en usage. On y a substitué celle d'*attachés*. On déduit aisément, des principes sur lesquels nous avons établi dans les notes précédentes les immunités et exemptions *dues* aux agents diplomatiques, que si les autres personnes employées dans les légations jouissent de quelques distinctions qu'on n'accorde pas généralement à tous les étrangers, cela ne dérive nullement de leur caractère diploma-

tique, mais d'une pure faveur du gouvernement du pays par
égard pour celui qui les y emploie. Nous ajouterons seulement
qu'on a coutume de comprendre dans la classe des personnes
attachées aux missions étrangères, relativement aux honneurs
qu'on leur accorde, les aumôniers et toutes les autres personnes
censées au service de l'Etat, quoique à la suite du ministre,
parce qu'elles ne sont point au service particulier de la personne
du ministre, mais, chacun selon son rang, à l'ensemble de la
légation. » Ch. V.]

§ 236. — Des Secrétaires d'Ambassade et de Légation.

Le plus souvent c'est la cour qui nomme et appointe le
secrétaire attaché à la mission qu'elle envoie (a). Les secrétaires d'ambassade sont ordinairement présentés à la cour
auprès de laquelle leur ambassadeur est accrédité. Les secrétaires de légation dans les missions des ordres inférieurs
ne le sont souvent que lorsque, en cas d'absence du ministre, celui-ci les légitime en qualité de chargés d'affaires
par *interim*. Ils jouissent de l'inviolabilité et des immunités
des ministres, tant en leur propre nom, qu'en qualité de
personnes attachées à la suite du ministre. On doit les distinguer des secrétaires privés du ministre, qui, dans la
règle (b), ne sont employés qu'aux affaires privées de
celui-ci ; tandis que les secrétaires d'ambassade et de légation servent, tant à des objets de cérémonie, tels que visites
de notification, compliments, etc., qu'aux affaires de la
mission, employés à soigner les archives, à chiffrer et

(a) Quelques États abandonnent, dans de certaines missions, le choix
du secrétaire de légation au ministre même ; il n'en est pas moins à distinguer du secrétaire privé.

(b) Cette règle souffre cependant bien des exceptions dans la pratique.
V. un exemple singulier dans la correspondance secrète de Louis XV,
dans *Politique de tous les cabinets de l'Europe*, t. I, p. 1-155, édit. de
Hambourg.

déchiffrer, quelquefois à minuter des mémoires, des dépêches, à dresser des protocoles, etc.

On ne révoque pas en doute qu'en cas d'empêchement du ministre présent le secrétaire ne puisse être employé aux conférences, et présenter des mémoires signés par le ministre ; mais on a disputé quelquefois, si, en cas d'absence, le secrétaire de légation peut présenter en son propre nom des mémoires lorsqu'il n'a pas été légitimé comme chargé d'affaires (c), et même, dans ce dernier cas, s'il peut être admis à toutes les fonctions du ministre ; ce qui semble ne pas avoir lieu.

[Pinheiro-Ferreira présente sur ce paragraphe l'observation suivante :

« Tout ce que M. de Martens rapporte ici au sujet des secrétaires d'ambassade et de légation est exact, sauf la manière dont il insinue que ces employés ont aux prérogatives dont ils jouissent dans les différents pays un droit analogue à celui de leur ministre. Ils n'en ont aucun. Ils sont dans le même cas que les autres attachés à la légation, dont nous avons parlé dans la note précédente. Tout ce qu'on leur accorde n'est que pure faveur.

» L'auteur laisse en doute si le secrétaire de légation qui n'a pas été accrédité auprès du ministère pour exercer les fonctions de chargé d'affaires pendant l'absence du ministre, peut, le cas échéant, s'en acquitter valablement. Il ne saurait y avoir de question à cet égard. Sans caractère public, puisque, par supposition, il n'a pas été accrédité, en quelle qualité pourrait-il exercer des fonctions de service public ? » Ch. V.]

§ 237. — Des autres personnes de la Suite du Ministre.

De même toutes les autres personnes au service de la légation ou du ministre, tant celles que le souverain

(c) Moser, *Beyträge*, t. IV, p 25 ; *Neue Europæische Staatscanzeley*, t. XXXII p. 43.

nomme ordinairement, telles que l'aumônier, le directeur et les subalternes de la chancellerie, etc., que celles qui, dans la règle, sont choisies par le ministre seul, telles que son secrétaire privé, ses gens de l'office, sa livrée, jouissent de ces immunités que l'usage étend généralement sur tout ce qui forme la suite du ministre. Mais aucun État n'est obligé d'étendre ces immunités à des personnes qui, sans être au service du ministre, s'efforcent de se mettre sous sa protection (a).

————

[Nous renvoyons le lecteur à notre note sur le § 235 pour la rectification dont ont besoin, selon nous, les doctrines beaucoup trop générales de ce paragraphe.   Ch. V.]

(a) V. plus haut, § 221.

CHAPITRE X.

DE LA MANIÈRE DE TERMINER LES MISSIONS.

§ 238. — Des différentes manières de terminer les Missions.

Les missions peuvent se terminer, 1° par l'extinction des lettres de créance ou des pleins pouvoirs; 2° par le rappel; 3° par l'éloignement volontaire ou forcé; 4° par la mort du ministre. Quelquefois la mission est seulement suspendue, ou n'éprouve qu'un changement de grade.

———

[Les fonctions de l'agent diplomatique ne sont que suspendues dans les trois cas suivants :

1° Dans le cas de mésintelligence entre les deux États, mésintelligence non suivie de l'ouverture d'hostilités;

2° Dans le cas d'événements importants survenus dans le cours de la mission, et qui rendent sa continuation problématique, du moins dans les mêmes conditions : tel un changement de règne;

3° Dans le cas de décès ou d'abdication volontaire ou forcée de l'un des deux souverains.

V. HEFFTER, *le Droit international public*, traduction de M. Bergson. CH. V.]

§ 239.

I. De l'extinction des Lettres de Créance.

Les ministres étant mandataires du gouvernement qui les envoie, il est naturel que leurs lettres de créance et leurs

pleins pouvoirs expirent, tant par des changements essentiels dans la forme du gouvernement, que par la mort ou
l'abdication, soit de celui qui les a accrédités en son propre
nom, soit du souverain auprès de la personne duquel ils
étaient accrédités (a). Tant qu'ils ne sont donc point munis
de nouvelles lettres de créance, ou de nouveaux pleins pouvoirs, ils n'ont pas le droit de demander qu'on continue
avec eux les conférences, ni même qu'on leur continue la
jouissance de toutes leurs immunités ; néanmoins leur inviolabilité doit leur être conservée pour le temps nécessaire à
leur départ. Cependant, dans la pratique, on continue de
les traiter comme ministres tant qu'on a lieu de supposer
que l'interruption sera de peu de durée ; il y a même eu
plusieurs cas dans lesquels on a continué des négociations
confidentielles.

Si le ministre n'est expressément accrédité que par
interim, ou pour un temps déterminé, l'arrivée ou le retour
du ministre ordinaire, dans le premier cas, ou le laps de
temps, dans le second, font expirer ses lettres de créance,
et il n'est pas même essentiel de le rappeler formellement (b).

(a) Il n'en est pas de même si le prince qui vient à mourir n'a accrédité ou reçu le ministre que dans la qualité de directeur d'un corps moral, par exemple d'un cercle, d'une curie de comtes, etc. *V.* mon *Essai
sur la légitimation des envoyés de la part des comtes de l'Empire,*
Gottingue, 1782, in-8.

(b) Sur le premier cas , V. *Lettres, Mémoires et Négociations du Chevalier (Mlle) d'Éon,* p 85 Quant au second cas, la ci-devant république
de Venise n'envoyait ses ministres que pour trois ans, mais sans en faire
mention dans ses lettres de créance V LE BRET, *Vorlezungen über die
Statistik,* t. 1, p. 328.

[La suspension des fonctions du ministre n'entraîne pas pour lui la perte des prérogatives attachées à son caractère public. Le seul effet de cette suspension est d'interrompre les relations d'État à État.

Si, au contraire, la mission est terminée complétement, le ministre a droit de se retirer librement, même dans le cas d'hostilités ou de mésintelligence, avec les choses qui lui appartiennent, du territoire de la nation auprès de laquelle il était accrédité et de rentrer dans un délai convenable, lui, sa suite et ses effets, sur son propre territoire. Ce n'est qu'à l'expiration de ce délai ou sur une déclaration de lui qu'il entend rentrer dans la vie privée que les priviléges de son caractère officiel disparaissent. A plus forte raison n'est-il permis sous aucun prétexte de retenir un ministre étranger ou les personnes de sa suite ou ses effets, excepté dans le cas de rétorsion. Aucun acte de souveraineté ou de juridiction, saisie-arrêt, demande en justice, n'est admissible contre lui, et les intérêts des nationaux, des créanciers du ministre, par exemple, ne peuvent être sauvegardés que par des voies indirectes et d'une manière officieuse de la part du gouvernement, mais sans que ses instances puissent aller jusqu'au refus des passeports. Les immeubles particuliers du ministre seul répondent de ses engagements. *V.* sur la fin des missions diplomatiques et sur le changement du rang des ministres accrédités VATTEL, *le Droit des gens,* édit. Guillaumin, liv. IV, chap. IX, § 125 et la note de M. Pradier-Fodéré; le baron Ch. DE MARTENS, *le Guide diplomatique,* 4° édit, t. I, p. 202; WHEATON, *Éléments du droit international,* t. I, p. 224, et HEFFTER, *le Droit international public,* traduction de M. Bergson, § 224 et 225.

« Quant à l'extinction des pouvoirs, ajoute Pinheiro-Ferreira, par le rappel du ministre ou la mort du souverain qui les a conférés, il n'y a rien à observer sur ce que M. de Martens en dit ici. Mais quant à celle qu'il prétend résulter des changements survenus dans la forme du gouvernement, son assertion pèche encore par trop de généralité. Tout changement dans la forme du gouvernement ne met pas au néant les lettres de créance en vertu desquelles le ministre se trouve accrédité.

» Le mandat ne devient caduc que du moment que la personne qui l'a dûment conféré le retranche, cesse d'exister ou cesse

d'avoir elle-même le pouvoir en vertu duquel elle l'avait conféré.

» Il n'est donc question ici que de ce dernier mode d'extinction, et par conséquent ce n'est que lorsque le changement
survenu dans la forme du gouvernement retire au chef du pouvoir l'autorité de conférer des pleins pouvoirs aux agents diplomatiques, que ceux-ci ont besoin de recevoir de nouvelles lettres
de créance de la part de l'autorité qui, d'après la réforme dans
les constitutions de l'Etat, sera compétente pour les accréditer à
l'avenir. Mais aussi longtemps que le chef suprême du pouvoir
exécutif, quoique d'ailleurs plus restreint dans ses autres attributions, conserve celle de nommer aux places diplomatiques, les
lettres de créance par lesquelles il a accrédité son ministre n'ont
rien perdu de leur valeur, car l'autorité en vertu de laquelle il
a pu les accorder est la même dont, par supposition, il continue
d'être investi. »   Ch. V.]

§ 240.

II. — Du Rappel.

Le rappel du ministre termine sa mission, au moins dès
le moment où il a présenté sa lettre de rappel. Celle-ci lui
est envoyée, 1° lorsque le but de la mission est rempli, ou
qu'on perd l'espoir de l'atteindre ; 2° pour des motifs particuliers qui sont indépendants des relations entre les deux
États ; 3°' pour cause de mésintelligence, soit que l'État
auprès duquel il réside ait demandé son rappel, ou que son
gouvernement se plaigne d'une lésion du droit des gens,
ou se serve de rétorsion (a), ou bien lorsque les différends
survenus menacent d'une rupture. Dans les deux premiers
cas le ministre, s'il est présent, doit demander une
audience de congé, soit publique, soit privée, dans laquelle
il présente sa lettre de rappel, en tenant un discours qui

(a) ADELUNG, *Staatshistorie*, t VII, p. 331.

termine ses fonctions ministérielles; de sorte que, à moins qu'il n'obtienne de nouvelles lettres de créance, il n'est plus autorisé à négocier. S'il est absent lorsqu'on le rappelle, il peut prendre congé en accompagnant sa lettre de rappel d'une lettre ou mémoire de sa part. Dans l'un et l'autre de ces cas, on lui remet sa lettre de recréance et les présents (*b*) ordinaires ou extraordinaires usités dans la plupart des États (*c*). S'il est présent, on lui remet encore ses passeports; sur quoi le ministre, après les visites de congé faites et rendues, apprête son départ.

S'il est rappelé pour cause de mésintelligence, les circonstances doivent décider si on lui enverra une lettre de rappel, s'il demandera et obtiendra une audience de congé, et si les présents ordinaires seront offerts et acceptés.

———

[« Il n'y a rien dans ce paragraphe, dit Pinheiro-Ferreira, qui ait besoin d'une observation spéciale, sinon ce qui concerne l'usage des présents qu'on fait presque partout aux ministres lors de leur départ. L'idée de présents obligés est tellement repoussante et même contradictoire, elle présente quelque chose de si fort incompatible avec la dignité et l'indépendance d'un envoyé à une cour étrangère, qu'on a raison d'être surpris qu'un pareil usage ait pu surmonter les répugnances qu'il a dû nécessairement réveiller dans l'esprit d'un grand nombre d'hommes d'un caractère élevé qui ont été dans la nécessité de s'y soumettre. Il n'y a que le bon sens du républicanisme américain qui ait su défendre à ses envoyés d'accepter des présents, en épargnant à ceux des

(*b*) La constitution de chaque État décide si le ministre peut accepter ces présents avant d'en avoir obtenu la permission de son gouvernement ou s'il doit d'abord les lui remettre, comme autrefois à Venise et en Hollande. *V* Kluit, *Hist. fœd.*, t. II, p. 570.

(*c*) Cet usage n'est pas général ; témoin l'ancienne diète d'Empire et celle de la Confédération actuelle.

puissances européennes accrédités auprès du gouvernement de l'Union l'humiliation de devoir en accepter à leur tour. » *V.* encore les observations sur le paragraphe 232.   Cн. V.]

§ 241.

III. *Du Départ sans Rappel.*

1° Dans les missions extraordinaires, et surtout de cérémonie, le ministre peut quelquefois, en vertu de son instruction, prendre congé sans attendre de lettres de rappel. 2° Mais dans toutes les missions il peut y avoir des cas où l'Etat oblige un ministre étranger de quitter sans attendre son rappel (a), soit à cause d'un mécontentement personnel contre le ministre, soit par rétorsion, ou par d'autres raisons d'État ; en faisant savoir au ministre qu'il pourra prendre congé, ou en lui fixant un terme pour quitter la résidence et le territoire ; ou enfin en le faisant escorter jusqu'aux frontières. 3° Il y a des cas où le ministre, sans attendre son rappel, quitte de son chef, sans prendre congé, pour cause d'une lésion du droit des gens dont il se plaint.

§ 242

IV. *De la Mort du Ministre.*

Si c'est la mort du ministre qui termine la mission, on peut demander pour lui une sépulture décente ; mais la pompe funèbre et l'inhumation dans le cimetière dépendant et des principes de la religion et des lois du pays, on n'est pas surtout en droit de les exiger. Cependant il est

(a) F -C. van Moser, *Von Ausschaffung der Gesandten*, dans ses *Kleine Schriften*, t. VIII, p. 81 ; t. IX, p. 1 ; C.-H. Breuning, *Specimen juris controversi, de jure expellendi legatum alterius gentis liberum*, Lipsiæ, 1764. in-4.

permis de le faire enterrer dans un lieu voisin, ou d'envoyer le cadavre embaumé dans les États du souverain du
ministre; dans ce cas il est d'usage de l'exempter des droits
d'étole, même sur le territoire des tierces puissances où il
passe.

§ 243. — De l'Apposition du Scellé.

Si, lors de la mort du ministre, il y a un second ministre ou un secrétaire de légation, c'est à ceux-ci qu'appartient le droit d'apposer le scellé sur les biens du défunt;
sinon (a) c'est quelquefois le ministre d'une cour amie qui
s'en charge, soit par convention, soit à la sollicitation particulière de la cour ou du ministre qui voit approcher sa
fin. L'État auprès duquel le ministre résidait est le dernier
qui puisse s'en attribuer le droit (b); et si, en cas de néces-

(a) A Rome, ce sont alors les cardinaux protecteurs qui se chargent
du scellé. Dans d'autres cours, il n'est pas sans exemple qu'on permette
à un autre ministre de la même cour qui se trouve dans le voisinage, ou
même à une autre personne au service de celle-ci, de se charger de l'apposition du scellé.

(b) C.-F. PAULI, *De obsignatione rerum legatis, ejusque comitatûs
diss.* Halæ, 1751, in-4. STIFLER, *An liceat obsignare in alieno territorio res hæreditarias,* 1752, in-4. Il y a eu de vives disputes à cet égard
à Vienne, surtout à l'égard des ministres, résidents et chargés d'affaires
des États d'Empire, particulièrement de ceux qui avaient à la fois à soigner les affaires de leur cour au conseil aulique. *V.* TREITSCHKE, *Versuch einer Bestimmung und Beantwortung der Frage : Ob die am kaiserlichen Hofe residirende reichsständische Gesandten der Gerichtbarkeit des Reichshofraths unterworfen sind,* Leipsick, 1777, in-8, G. L.
BOHMER, *De jure obsignandi rasa legatorum,* dans *Auserlesene Rechts
fälle,* t. I, part. II, p. 713 *V.* des exemples plus récents dans REUSS, *Teutsche
Staatscanzeley,* t. II, p. 224, t. XV, p. 408 et suiv. Depuis, la capitulation impériale de Léopold II, art. 25, § 7, avait mieux pourvu à l'immunité de juridiction et d'apposition de scellé de la part de la cour de
Vienne pour tous ces ministres, résidents et chargés d'affaires, avec les
gens de leur suite qui n'étaient pas particulièrement légitimés pour soigner les procès de leur cour au conseil aulique.

sité, il y a donné les mains, la cour du ministre conserve le droit de nommer un mandataire pour apposer ses sceaux à côté de ceux de cet État.

C'est avec raison que Pinheiro-Ferreira fait observer que toutes les fois qu'il ne se trouve pas sur les lieux quelqu'un à cet effet expressément ou tacitement autorisé par le gouvernement du ministre décédé, tel que le secrétaire de légation, quelque attaché, ou ce qui est rare, un autre ministre de la même cour, aucun étranger, pas même l'envoyé d'une puissance amie, ne devra se charger d'apposer tout seul les scellés de sa mission. Les autorités locales devront concourir avec ces ministres; et même il serait convenable qu'on réglât à l'avance les formalités de ce procès, qui doit être conduit avec la plus grande solennité, afin d'écarter tous les soupçons qui pourraient planer sur un acte auquel on ne peut donner trop de publicité.   Ch. V.]

§ 244. — Des Droits de la Famille du Ministre défunt.

Bien qu'à la rigueur la mort du ministre, en terminant la mission, fasse cesser pour elle toutes les prérogatives dont il jouissait, à l'exception de la libre sortie de ses biens en exemption de droit d'aubaine et de détraction (a), il est assez usité de conserver encore pour quelque temps à la douairière, à ses enfants, et aux domestiques qu'elle garde à son service, ces immunités dont elle jouissait du vivant de son époux (b). Cependant tout État est en droit de lui fixer un terme, passé lequel elle sera assujettie aux lois,

---

(a) Wildvogel, *De testamento legati*, lib. 1, cap. ii, § 10 et suiv. Peut-on exiger le payement des droits à l'égard des bien meubles (vins, par exemple) vendus par les héritiers du ministre? Il n'est pas contraire au droit des gens d'obliger les acheteurs à les acquitter ; ce qui aussi se pratique dans quelques cours.

(b) J J. Moser, *Wie lange eines Gesandten Witwe sich ihres verstorbenen Gemahls Gerechtsame zu erfreuen habe*, dans *Abhandlung über verschiedene Rechtsmaterien*, st. vi, p. 458.

aux tribunaux, et à tous les genres d'impôts. Ce n'est qu'à
défaut d'une telle mesure qu'il peut s'élever des doutes si
elle peut encore prétendre à ces immunités après l'espace
de plusieurs années (c).

Les biens-fonds étant toujours assujettis aux lois du pays
où ils se trouvent, la succession dans ceux que le ministre
possédait dans le lieu de sa résidence doit se régir d'après les
lois de ce pays. Mais, au reste, la succession d'un ministre
étranger doit être considérée comme ouverte dans le pays
qui l'a envoyé ; c'est donc d'après les lois de celui-ci que
doivent être jugés et le droit de succéder par intestat, et la
validité d'un testament (d) que le ministre aurait fait, quel
que soit l'endroit où il l'a déposé. C'est donc aussi cet État
qui seul a la juridiction sur ces biens, tant qu'il n'y a pas
volontairement renoncé.

Ces principes sont assez reconnus et suivis ; mais il est
plus douteux s'ils sont applicables à la succession d'un
ministre qui était le sujet né ou naturalisé de l'État auprès
duquel il résidait (e).

§ 245. — Des changements dans le grade de la Mission.

Quelquefois la mission ne se termine pas entièrement,

(c) REUSS, *Teutsche Staatscanzeley*, t I, p. 226. Les veuves des mi
nistres des Provinces-Unies des Pays-Bas n'étaient défrayées pour leur
voyage de retour qu'en tant qu'elles retournaient dans leur patrie dans
l'espace d'un an après la mort de leur époux. V. KLUIT, *Hist. fœd.*, t. II,
p. 572. Ceci semblait autoriser les États étrangers à borner leurs immunités au même espace de temps. Mais cet exemple particulier ne suffit pas
pour en inférer un usage général.

(d) WILDVOGEL, *De testamento legati*, Jenæ, 1711, in-4, J.-J. KAYSER,
De legato testatore, Giessæ, 1740, in-4

(e) Exemple mémorable en France, au sujet de la succession de
M. Desforges, en 1778, dans mes *Erzæhlungen merkwürdiger Fälle*,
t. II, p. 311

mais elle change de grade, soit que le ministre déploie un caractère plus relevé, par exemple, que l'envoyé présente des lettres de créance comme ambassadeur; soit qu'il quitte le caractère plus relevé dont il jouissait, par exemple, d'ambassadeur ou d'envoyé extraordinaire, etc., pour continuer son séjour en qualité de ministre du second ou du troisième ordre, etc. Dans ce cas, il présente dans une audience sa lettre de rappel (a) et ses nouvelles lettres de créance ; il cesse dès lors de jouir des distinctions qui n'étaient attachées qu'à la qualité dont il se dépouille (b). L'usage particulier de chaque cour décide si alors il obtient des présents (c).

(a) Mais les ministres par *interim* ou chargés d'affaires par *interim* n'ont pas besoin de lettres de rappel ; et d'ailleurs, s'ils redeviennent secrétaires d'ambassade ou de légation, il ne peut être question pour eux de nouvelles lettres de créance. V. *Lettres et Mémoires du chevalier* (Mlle) D'ÉON, en plusieurs endroits.

(b) MOSER, *Von der Excellenz der Gesandten vom zweyten Rang*, in-4.

(c) *Lettres et Mémoires du chevalier* D'ÉON, p. 96, édit. in-8.

CHAPITRE XI.

DES DROITS DES MINISTRES DANS LES ÉTATS AUPRÈS DESQUELS ILS NE SONT POINT ACCRÉDITÉS.

§ 246. — Principes du Droit des gens universel.

A la rigueur, tous les droits d'ambassade dont il a été parlé jusqu'ici n'ont lieu que dans la relation entre l'État qui envoie et celui qui reçoit un ministre. De tierces puissances sur le territoire desquelles ce ministre passe en allant ou en revenant, ou chez lesquelles il séjourne quelque temps sans leur présenter de lettres de créance, sont autorisées à le traiter comme simple particulier, sans le laisser jouir d'aucune prérogative de ministre, soit par rapport à sa personne, soit par rapport à sa suite ou à ses biens (a). La question de savoir si un ministre accrédité auprès d'une assemblée d'États peut demander à être traité comme tel par chacun de ses membres, doit être affirmée dans la généralité, sauf cependant les exceptions qui peuvent résulter des circonstances.

(a) LEYSER, *De legatis transeuntibus*, Medit. ad D., sp. 672, ACHENWALL, *De transitu et admissione legati ex pacto repetendis*, Gottingæ, 1748, in-4.

§ 247. — Principes du Droit des gens positif.

I. *Quant à la personne du Ministre.*

Quoique en temps de paix on accorde à un ministre destiné pour quelque autre État cette liberté de passage et de séjour (a) qu'on ne refuse pas même aux particuliers, et quoique, dans les occasions où il se présente à la cour, on lui fasse des distinctions et le laisse même jouir quelquefois de prérogatives que, dans la règle, on n'accorde qu'aux ministres accrédités, ceci n'empêche point qu'en cas de contestations on ne fasse valoir, dans la pratique comme dans la théorie, la distinction entre le ministre accrédité et le non accrédité (b), en ne considérant que comme affaire de politesse, et non de droit des gens, les attentions qu'on témoigne pour les ministres de ce dernier genre (c). On a même élevé en Allemagne des doutes, si des ministres accrédités auprès d'une assemblée d'États peuvent demander à être traités comme ministres de la part de chaque État qui en est membre, pour lequel ils n'ont point de lettres de créance particulières, surtout si c'est pour des affaires privées qu'ils se rendent chez lui (d).

(a) Elle était même prescrite en Allemagne en faveur des ministres allant ou revenant des assemblées de l'Empire, telles que la diète générale, les députations, les assemblées des cercles, etc. *V.* Capit. imp. de 1711, art. 8, § 31.

(b) Exemple de Goertz, qui, comme Gyllenborg, n'était accrédité qu'en Angleterre, et fut arrêté en Hollande *V.* Bynkershoeck, *Du juge compétent des ambassadeurs*, p. 100, d'autres écrits dans van Ompteda, *Litteratur des E. V. R.*, p 571.

(c) On est même autorisé à faire arrêter un tel ministre pour dettes. *V.* Jauer, *Ob ein Souverain berechtigt sey fremde Gesandten arrestiren zu lassen*, dans Schott, *Juristisches Wochenblatt*, t. I, p. 173, Puttmann, *Quæstionum illustrium de jure cambiali decas*, cap. III.

(d) Exemple mémorable du comte de Wartensleben, ministre des

En temps de guerre, on se croit obligé de laisser jouir
d'une inviolabilité entière les ministres des puissances avec
lesquelles on n'est point en guerre, et qu'on rencontre chez
l'ennemi (e) ; mais il n'est pas contraire au droit des gens
de faire arrêter des ministres qui passent sans permission
sur le territoire d'un État dont le chef est en guerre avec
leur gouvernement (f).

|Il ne faut pas confondre les rapports qui s'établissent entre l'a-
gent diplomatique et le gouvernement auprès duquel il est accrédité et ceux qui s'établissent entre cet agent diplomatique et
de tierces puissances. Pour ces dernières, il n'y a, malgré les
réserves faites par notre auteur, aucune obligation d'observer vis-
à-vis de lui d'autres procédés que les procédés ordinaires vis-à-vis
des étrangers en général, et notamment vis-à-vis des étrangers
appartenant à la puissance qu'il représente. Le respect mutuel
que se doivent les États suffit pour leur inspirer les procédés
dont ils doivent user dans ce cas, mais, ajoute HEFFTER, *le Droit
international public*, traduction de M. Bergson, § 207, « ils n'ont

états généraux des Provinces-Unies près des cercles du Haut et du Bas-
Rhin, arrêté à Cassel comme exécuteur testamentaire de feu la baronne
de Goertz, dans mes *Erzählungen merkwürd. Fälle*, t. I, p. 170.

(e) L'arrestation du marquis de Monti par les Russes, lors de la prise
de Dantzick, en 1733, ne portait point atteinte à la règle reconnue alors
par la Russie. *V.* les écrits sur cette affaire dans ROUSSET, *Recueil de
Mémoires*, t. IX, p. 464; FABER, *Europäische Staatscanzeley*, t. LXV,
p 591-616; d'autres, indiqués dans VAN OMPTEDA, *Litteratur*, t. II,
p. 572.

(f) MOSER, *Versuch*, t. IV, p 120. Sur l'arrestation du maréchal de
Bellisle, passant par Elbingerode en 1744, *V. J.-W.* VAN GOEBEL ou
SCHEID. S'il est permis de faire arrêter un ambassadeur qui passe sans
passeports par les États de ceux avec lesquels son maître est en guerre,
1745, in-4; *Neue Sammlung von Staatsschriften nach dem Ableben
Carls VII*, b. 1, p. 179. TREUER *Gründlicher Beweis dass es nicht wi-
der dass Wölkerrecht sey*, etc., dans *Neue Sammlung von Staatsschriften*, n. d. a., cap. VII, b. 1, p. 34, 912, 957; et mon *Erzählungen merkwürd. Fälle*, t. I, p 152.

jamais reconnu l'inviolabilité d'un ministre étranger qui se
trouve en dehors du territoire où il est envoyé. Ils ont au contraire, en toute occasion, maintenu le principe qu'ils n'étaient
pas tenus de respecter le caractère public d'un ministre, dès
qu'il se trouvait en conflit avec leurs propres droits. Un gouvernement a quelquefois fait arrêter, lors du passage sur son territoire, le ministre d'un souverain avec lequel il était en guerre.
D'autres fois, l'arrestation d'un ministre a été prononcée à cause
de dettes personnelles ou d'engagements civils. L'arrestation du
maréchal de Bellisle en 1744 et celle du comte de Wartensleben
en 1763 fournissent à cet égard des exemples mémorables. Il
n'existe non plus aucun doute qu'un ministre étranger ne puisse
être arrêté, poursuivi et puni à raison de crimes commis par lui
dans le territoire d'une tierce puissance. » V. dans WHEATON,
Eléments du droit international, le tableau des controverses soulevées au sujet des immunités des ministres en passage à travers
le territoire d'un Etat autre que celui auprès duquel il est accrédité et les autorités invoquées par ce publiciste.

Pinheiro-Ferreira ajoute cette observation : « M. de Martens
ne pose pas la question dans son véritable jour ; car la circonstance de ne pas avoir de permission suffit seule pour jeter sur l'envoyé un faux reflet qui embrouille la question dont on s'occupe,
sans conduire à la solution de celle qu'on avait véritablement en
vue de proposer.

« En effet, la question ne saurait être de savoir si l'envoyé de
l'une des deux puissances belligérantes peut traverser le territoire de son ennemi, mais si celui-ci est autorisé à lui refuser
cette permission.

» L'agent diplomatique est, dans la société politique des nations,
ce que le magistrat civil est vis-à-vis des citoyens dans chaque
gouvernement. Dès que son caractère fécial est constaté, on ne
saurait, dans l'intérêt général, lui refuser nulle part la liberté la
plus entière. C'est un ministre de paix, et l'état de guerre où
peut se trouver le souverain des pays qu'il traverse, soit avec son
gouvernement, soit avec celui auquel il est adressé, ne peut être
un motif pour qu'on l'arrête dans l'exercice de ses hautes fonctions : vous pouvez lui refuser le passage par vos Etats, si vous
avez quelque raison de supposer que sa mission est contraire à
vos intérêts ; vous pouvez prendre toutes les précautions que la

prudence vous suggérera pour qu'il ne puisse prendre chez vous
des informations qui vous deviendraient nuisibles ; mais vous ne
pourriez l'empêcher absolument de se rendre à sa destination, sans
nuire à ceux qui peut-être ont fondé de justes espérances sur le
résultat de sa mission ; vous attenteriez au droit d'un ou de plusieurs membres de la grande société dont vous faites partie ; par
là vous enfreindriez dans un de ses points les plus importants,
les efforts pour mettre un terme aux horreurs de la guerre, le
droit des nations, ce droit sacré sous la protection duquel le
ministre public se rendait à sa destination. •   Cʜ. V.]

§ 248.

II. *Quant aux biens du Ministre.*

Moins encore un tel ministre peut-il prétendre à l'immunité de droits pour les biens qu'il transporte ou fait passer
par des États tiers (a) ; et ce qui se pratique, soit en vertu
d'un usage particulier et réciproque de quelques Etats, soit
par des motifs de déférence que de faibles États aiment à
témoigner aux réquisitions des grandes puissances, ne suffit
pas pour établir sur ces exemples particuliers l'existence
d'un usage général.

Il est plus rare encore qu'il soit question de défrayer un
tel ministre à son passage, bien que la chose ne soit pas
sans exemple, au moins à l'égard des ministres extraordinaires des États barbaresques.

(a) Les biens meubles des ministres envoyés aux assemblées de l'Empire étaient exempts de droits par toute l'Allemagne. *V*. Capit. imp. de
1711, art. 8, § 11 Plaintes amères de l'électeur bavaro-palatin au sujet
des abus qui en résultaient pour les environs de Ratisbonne ; *V*. Moseʀ,
Kleine Schriften, t. IV, p. 43.

CHAPITRE XII.

DES MISSIONS SECRÈTES.

§ 249. — Des différents genres de Missions secrètes.

Quelquefois on envoie des personnes de confiance pour traiter d'affaires importantes et secrètes, sans leur attribuer un caractère formel de ministre, ou en ne leur permettant de le déployer que lorsque le but de leur mission l'exigera (a).

De même, il n'est pas sans exemple qu'on reçoive et tolère des personnes sans caractère public, de la part d'États dont, par des motifs quelconques (b), on ne voudrait pas recevoir actuellement des ministres légitimés en forme.

Dans l'un et l'autre de ces cas, l'État qui est informé de la véritable destination de ces personnes doit les laisser

(a) Mission du duc de Ripperda à Vienne, en 1725, dans MOSER, *Versuch*, t. IV, p. 572 Quelquefois aussi on désigne quelqu'un pour un temps déterminé, sans que jusqu'à cette époque il soit à traiter comme ministre.

(b) Sur des chargés d'affaires en cachette à Rome, *V.* BIELEFELD, *Institutions politiques*, t. II, p. 278, 284; plusieurs exemples, pendant la guerre d'Amérique, et surtout pendant les premières années de la République française.

jouir d'une inviolabilité entière, bien qu'elles n'aient aucun
cérémonial de légation à demander, et qu'aux yeux de
tierces personnes elles ne soient considérées que comme de
simples particuliers.

Mais aucun État n'est obligé de souffrir chez lui des émissaires secrets (c) qu'à son insu un État étranger envoie sur
son territoire, en les chargeant d'une commission politique :
il peut les traiter comme particuliers, et les punir s'ils sont
espions ou perturbateurs.

[C'est à tort, suivant nous, que HEFFTER, le *Droit international
public*, traduction de M. Bergson, § 222, refuse, contrairement à
l'opinion de notre auteur, toutes les immunités du ministre aux
personnes sans caractère public, mais dont la destination est
connue de l'État auquel elles sont adressées ; il faut au moins
leur reconnaître le privilége de l'inviolabilité. Les agents secrets
sont chargés ou de se procurer certains renseignements par des
voies régulières, quoique non déclarées, ou de faire et de recevoir
des communications extraordinaires. Ce double genre de mission
serait impossible si le caractère de celui qui en est chargé était
méconnu.

Il y a de plus dans ce paragraphe une contradiction signalée
par Pinheiro-Ferreira. « L'auteur, dit-il, commence par parler des
agents qu'on adresse à un gouvernement pour entamer avec lui
des négociations sur des intérêts communs, mais sans déployer
de caractère diplomatique aux yeux du public ; ensuite, oubliant
son sujet, il suppose que cet agent est destiné à des commissions
qui doivent rester secrètes pour le gouvernement même du pays
où il est envoyé.

» Ce sont deux cas absolument distincts, ou plutôt absolument

(c) Exemples fréquents sous Louis XIV. *V.* BIELEFELD, *Inst. pol.*, t. II,
p. 284; *Anecdoten von Französischen Hofe in Briefen der duchesse
d'Orléans.* Envoi de l'abbé MONTGON en Espagne; *V. ses Mémoires.* t I,
à divers endroits. Exemples fréquents d'émissaires de ce genre dans la
guerre depuis 1792

opposés. Dans le premier, il n'y a rien que de très-régulier, car il peut se faire que, pour l'intérêt même de la négociation, il soit convenable que le public ignore que l'envoyé est chargé d'une mission quelconque. Il se peut même qu'il doive entamer avec le gouvernement ou avec des personnes intermédiaires des pour-parlers pour lesquels il n'ait aucun besoin d'être accrédité même en secret.

» Mais ce qu'aucun homme d'honneur ne saurait accepter, c'est de se rendre dans un pays, et surtout dans un pays ennemi, sans être muni de pouvoirs bien en règle, adressés au gouver-nement du pays, et qui prouvent qu'il ne vient pas dans le but d'y traiter avec qui que ce soit, indépendamment du gouver-nement, et encore moins clandestinement, sur des affaires poli-tiques. »   Ch. V.]

CHAPITRE XIII.

DES COURRIERS.

§ 250. — Des Droits des Courriers en temps de paix.

On appelle *courriers* (a) les messagers que le gouvernement, des ministres, généraux, ou autres autorités constituées, envoient pour porter en diligence une nouvelle, un
ordre, etc., à un gouvernement, ministre, général, etc. On
les distingue aisément des estafettes, qui changent d'une
poste à l'autre, et des ministres, dont ils n'ont ni les fonctions ni le cérémonial.

Mais en temps de paix ils jouissent, d'après l'aveu de
toutes les nations policées, et en partie même en vertu de
traités, du plus haut degré d'inviolabilité par rapport à
leur personne et à leurs dépêches; de sorte que toute
violence commise contre eux est considérée comme une
atroce violation du droit des gens, qu'elle soit commise sur
le territoire de l'État pour lequel le courrier a une commis-

---

(a) F.-C. van MOSER, *der Courier nach seinen Pflichten*, dans ses
Kleine Schriften, t. IV, n. 2, J.-J. MOSER, *Versuch*, t. IV, p. 616; *Beytrage*, t IV, p. 542.

sion, ou sur celui d'un tierce puissance par où il passe (*b*). Cependant ceci suppose que l'étranger se soit annoncé comme courrier (*c*), en se légitimant soit par des marques attachées à ses vêtements (*schildcourire*), soit par des passeports dûment dressés par ceux qui en ont le droit.

Pour ne point retarder leur course, on leur accorde aussi une immunité de visite et de droits pour les effets qu'ils ont avec eux; mais le motif de ce privilége indique assez qu'on ne devrait pas en abuser, et qu'ils ne peuvent imputer qu'à eux-mêmes les suites de tels abus.

En temps de guerre on se croit autorisé à arrêter et à dépouiller le courrier de l'ennemi et de ses alliés, tant qu'on n'est pas convenu réciproquement de la sûreté des courriers; c'est pourquoi des arrangements sur ce point sont souvent un des premiers objets lorsqu'il s'agit d'assembler un congrès de paix, et il est dangereux de les omettre. Mais au moins devrait-on respecter la neutralité du territoire (*d*).

[*V.* ce que dit WHEATON, *Eléments du droit international*, t. I, p. 218, sur l'inviolabilité des messagers et des courriers envoyés avec des dépêches pour les légations et aux légations envoyées dans les différents pays et sur les arrangements nécessaires en

---

(*b*) Sur l'assassinat du courrier suédois major Sinclair à son passage par la Silésie, en 1739, *V.* Busching, *Magazin*, t. VIII, p. 309; Schlotzer, *Briefwechsel*, t. IV, p. 243.

(*c*) Sur l'arrestation d'un courrier anglais à Belgrade, en 1726, *V.* Montcon, *Mémoires*, t. I, p 458; et Suppl., n. VIII, IX. *V.* d'autres exemples récents dans Klüber, *Kryptographik*, p. 35 et suiv.

(*d*) Sur l'arrestation d'un courrier français dans le voisinage de Rastadt, au mois d'avril 1799, V. *Protocolle der Reichsfriedens-Deputation*, t. III, p. 893 et suiv.

temps de guerre pour assurer l'échange des dépêches, par terre et par mer, entre agents diplomatiques.

« M. de Martens, ajoute Pinheiro-Ferreira, a sans doute pensé qu'il suffisait de se borner à rapporter les usages adoptés par toutes ou par quelques-unes des nations, sans en témoigner son approbation, pour que le lecteur dût croire qu'il les blâmait.

» Il aurait peut-être raison s'il mettait une différence dans la manière de rapporter les bons et les mauvais usages ; mais, en racontant indifféremment les uns et les autres, les lecteurs, et surtout la jeunesse à laquelle son ouvrage est spécialement destiné, ne sauraient distinguer lesquels il approuve et lesquels il condamne.

» Nous croyons qu'il désapprouvait, comme un véritable attentat au droit des nations et des hommes, l'usage qu'il mentionne dans cet alinéa, de se saisir, en temps de guerre, des malles des courriers, à moins qu'il n'y ait entre les nations belligérantes une convention expresse et contraire. Nous entendons parler des courriers porteurs de la correspondance générale, car, pour celle du gouvernement, on ne saurait mettre en doute qu'en sa qualité de moyen de guerre l'ennemi est en droit de s'en saisir. »

CH. V.]

LIVRE VIII.

DE LA DÉFENSE ET DE LA POURSUITE DES DROITS ENTRE LES NATIONS PAR DES VOIES DE FAIT.

———

CHAPITRE PREMIER.

DE LA PREUVE PRÉALABLE.

§ 251. — De la preuve entre les États souverains.

Les États souverains eux-mêmes, lorsqu'ils se plaignent de la lésion de leurs droits primitifs ou acquis, *et qu'elle n'est pas manifeste*, ne peuvent se dispenser d'en apporter la preuve à la partie dont ils exigent une satisfaction, avant d'avoir recours à des voies de fait; c'est-à-dire, ils doivent mettre tellement en son jour le *fait* sur lequel ils se fondent, tant celui sur lequel repose leur droit, lorsqu'il s'agit d'un droit acquis, que celui qui renferme la lésion dont ils demandent la réparation, qu'il ne reste plus de motifs raisonnables d'en douter (*certitude morale*).

Le moyen de preuve le plus usité dans les affaires des nations, c'est celui des documents tirés des archives. Les témoins, le serment, ne sont guère employés que dans les cas où une affaire privée dans son origine devient une af-

faire de nations qui épousent les intérêts de leurs sujets (a).
On ne saurait non plus exclure les preuves artificielles.

Par une suite naturelle de l'égalité des droits des nations,
la foi des archives est la même pour tous les États; et si les
versions diffèrent, ou si le sens d'un article est ambigu, le
défaut d'un juge supérieur fait que chacune suit sa version
et son interprétation, consulte ses propres lumières sur la
suffisance ou l'insuffisance de sa preuve, et se conduit en
conséquence. Ce mal, quelque grand qu'il soit, est inséparable de l'état naturel qui subsiste chez les nations, tant
qu'elles ne sont pas convenues de soumettre leurs différends à la décision d'un juge.

§ 252. — De la Preuve devant un Juge compromissaire.

Mais, comme sans déroger à leur souveraineté deux
États peuvent convenir, dans un cas individuel, soit d'a-
bandonner la décision à des juges compromissaires choisis
de part et d'autre (a), soit de la remettre entre les mains
d'une tierce puissance; de même il serait très-compatible
avec la souveraineté d'États confédérés, tels que ceux qui
forment la Confédération germanique, de convenir d'un
tribunal permanent, à leur nomination, pour décider les
disputes élevées entre eux, ou celles pour lesquelles il
n'existe aucun autre juge devant lequel leurs sujets réciproques auraient pu porter leurs plaintes.

(a) *V.*, par exemple, les plaintes du gouvernement anglais contre le
gouvernement de Saint-Eustache, en 1776.

(a) Exemple mémorable du traité de paix de Paris, du 30 mai 1814,
art. 20, et les conventions séparées, en conformité, du 20 novembre 1815,
dans mon *Nouveau Recueil*, t. II, p. 107 et 117. *V.* d'autres exemples
modernes à la suite de l'acte du congrès de Vienne, dans mon *Nouveau
Recueil*, t. IV, p. 207, 225, 263

Et, dans la position où l'Allemagne se trouve, depuis que, d'un côté, les anciens tribunaux de l'Empire, devant lesquels ces causes pouvaient être portées, ont cessé avec la dissolution de l'Empire même (b), et que, d'un autre côté, les membres de la Confédération ont promis par le pacte fédéral (c) de ne pas se faire la guerre et de ne pas poursuivre leurs prétentions par des voies de fait, mais de les porter à la diète, la formation d'un tel tribunal semble être une suite naturelle de ce que la diète elle-même n'est point propre à faire les fonctions de juge.

Dans tous ces cas où il existe un juge entre deux ou plusieurs États, ce n'est plus à la partie adverse seule, c'est au juge que la preuve doit être apportée, et c'est à lui à décider si les moyens produits suffisent pour établir la *certitude juridique.*

(b) Sur les preuves apportées devant les tribunaux de l'Empire, *V.* les écrits cités dans PUTTER, *Litteratur des deutschen Staatsrechts*, t. III, p. 202 et suiv.

(c) Acte de la Confédération, art. 4. Dans presque toutes les confédérations permanentes entre des Etats souverains, on a senti la nécessité d'aviser aux moyens de terminer paisiblement les différends qui pouvaient s'élever entre les membres. Sur les anciennes Provinces-Unies des Pays-Bas, *V.* l'acte de l'union d'Utrecht de 1597, art. 16, dans SCHMAUSS, *Corp. jur. gent*, t. I, p. 391 ; sur la Suisse, dans son état actuel, le pacte fédéral du 7 août 1815, art. 5, dans mon *Nouveau Recueil*, t. IV, p. 173 ; sur les États-Unis de l'Amérique, la constitution de 1787, art. 3, sect. VI, dans mon *Recueil a*, t. III, p. 89 ; *b*, t. IV, p. 300.

CHAPITRE II.

DE LA RÉTORSION ET DES REPRÉSAILLES.

§ 253. — Des différents grades de voies de fait.

Dans la règle, lors même que le grief est manifeste ou prouvé, on doit s'efforcer d'en obtenir le redressement à l'amiable, soit par des représentations, soit en sollicitant les bons offices d'une tierce puissance; mais il n'y a point d'obligation naturelle pour une nation envers une autre de se relâcher de ses droits par transaction, ou, le cas de traités excepté, d'en abandonner la décision à un juge compromissaire : de sorte que, si les représentations ou les bons offices n'ont point le succès désiré, il ne reste entre les puissances souveraines que les voies de fait. Mais il y a plusieurs grades de voies de fait, et l'usage qu'on est autorisé à en faire dépend non-seulement de l'étendue du but qu'on se propose et des moyens nécessaires pour l'atteindre, mais aussi de la nature du fait dont on se plaint; et d'après que celui-ci blesse ou nos droits proprement dits, ou seulement les règles de l'équité, de l'humanité, de la politesse, etc., il peut être question pour nous de·*représailles* ou de simples *rétorsions*.

[Notre auteur se borne, en traitant dans le présent paragraphe des différents grades de voies de fait, à signaler les *représailles* et la *rétorsion*. Ce ne sont cependant pas les seules mesures autorisées par les usages internationaux en faveur des États qui, après avoir épuisé toutes les tentatives amiables pour arranger un conflit, rentrent dans l'exercice du droit de légitime défense. Il faut encore y ajouter l'embargo, ou le séquestre des navires et biens ou autres propriétés appartenant à la nation qui a commis l'offense, et trouvés sur le territoire de la nation offensée (*V.* ci-après le § 258), la prise de possession par la force de la chose qui fait l'objet du litige. Le séquestre, qui peut porter à la fois sur les sujets et les biens ennemis, ne confère aucun droit sur la vie des personnes ni sur les biens séquestrés. Cependant, si la satisfaction demandée n'était pas obtenue, ces derniers pourraient servir à la réparation des intérêts lésés. Les lettres de marque qu'obtient un armateur et dont il sera question au § 289, ont une certaine analogie avec les lettres de représailles; mais celles-ci ne sont délivrées que dans le cas où il y a déni de justice fait aux sujets d'une autre nation par un souverain, et à l'occasion de réclamations équitables. *V.* Wheaton, *Éléments du droit international*, t. I, p. 275.   Ch. V.]

§ 254. — De la Rétorsion.

Les devoirs de l'équité, de l'humanité, de la politesse, peuvent être blessés de bien des manières entre les nations, mais surtout, 1° par le refus d'un point de simple *droit coutumier*; 2° par l'introduction d'une distinction inique entre le traitement des propres sujets et celui des étrangers (*droit inique*).

Aucun de ces cas, considéré en lui-même, ne peut autoriser à des violences ou au refus de satisfaire à une obligation parfaite de notre part; mais il nous met en droit de nous servir de *rétorsion*, en nous refusant aux mêmes usages ou à d'autres semblables, et en introduisant contre

une telle nation un droit inique (a), soit sur le même objet,
soit sur un autre, dans le dessein de l'engager à changer de
conduite, ou de rétablir du moins l'égalité.

[Il ne faut pas confondre la rétorsion avec les représailles. Il
peut arriver qu'un gouvernement commette vis-à-vis d'un autre
gouvernement, ou vis-à-vis des sujets d'un autre gouvernement
des actes contraires à l'équité et aux usages internationaux. Cela
a lieu dans les cas d'inégalité de traitement de sujets étrangers,
dans l'extension d'avantages concédés aux nationaux, ou dans des
faveurs accordées aux nationaux au détriment des étrangers. Ce
n'est pas alors aux représailles qu'il faut avoir recours, mais à la
rétorsion. Par esprit d'égalité et pour obtenir le redressement de
ces mauvais traitements, le gouvernement lésé adopte, vis-à-vis
de la puissance coupable, des mesures analogues à celles qu'elle a
prises. C'est comme le fait observer HEFFTER, *le Droit international public*, traduction de M. Bergson, § 111, l'application de la
maxime : *Quod quisque in alterum statuerit ut ipse eodem jure
utatur.* « La rétorsion, ajoute le même auteur, *loc. cit.*, peut
avoir lieu non-seulement dans les cas où un gouvernement a déjà
fait l'application d'un principe préjudiciable à un autre dans
certaines espèces, mais aussi dès le moment où il l'a proclamé.
Néanmoins, une simple divergence de dispositions dans les lois de
deux pays, lorsqu'elles ont pour effet d'exclure les sujets étrangers
de certains avantages dont ils jouissent dans leur propre pays, ne
suffira jamais pour justifier des mesures de rétorsion. Il faudra
seulement que ces dispositions ne soient pas dirigées spéciale-

---

(a) Il s'en faut de beaucoup que toute inégalité dans la législation de
deux pays puisse se considérer comme une iniquité et puisse autoriser
les rétorsions. Ce n'est qu'en distinguant dans un État, entre le traitement des étrangers et celui des propres sujets au désavantage des premiers, ou entre le traitement des étrangers de diverses nations, sans
obligation parfaite envers l'une d'elles, qu'on donne lieu à la rétorsion de
droit inique. LUDEWIG, *Gelehrte Anzeigen*, t. I, p. 73 ; J.-G. BALER,
*Meditationes de vero fundamento quo inter civitates nititur retorsio
juris*, Lipsiæ, 1740, in-4, *Entwurf einer allgemeinen Gesetzgebung
für die preussischen Staaten*, Einleitung, § 33.

ment ou d'une manière expresse contre les sujets étrangers. Ainsi, il est évident que les dispositions d'un code qui établissent des modes ou des ordres de succession particuliers, différents de ceux sanctionnés dans d'autres codes, ne suffiront jamais pour motiver des mesures semblables.

» D'ailleurs, la rétorsion est une mesure essentiellement politique, dont les particuliers ne peuvent faire usage qu'en vertu d'une autorisation de leur gouvernement, rendue dans les formes légales, qui détermine en même temps le mode et les conditions de la rétorsion, ainsi que les personnes qui sont appelées à en profiter. Les règles particulières à cette matière sont du domaine du droit public interne.

» Si les circonstances ne permettent pas d'appliquer à un gouvernement étranger des mesures identiques sur les mêmes objets, la rétorsion s'effectuera par voie d'analogie et selon les circonstances données. Ainsi, par exemple, si le commerce d'un certain pays venait à être frappé dans un autre de droits exorbitants ou qu'il y éprouvât des difficultés sérieuses, le gouvernement lésé y répondrait en imposant les produits similaires de droits analogues... » On trouve des exemples de saisie ou de confiscation par rétorsion dans le décret de la Convention du 16 août 1793, relatif aux biens des sujets espagnols, en réplique aux confiscations exercées par le roi d'Espagne sur les biens des sujets français, dans le décret du 15 octobre 1806, dont l'article 4 confisque toutes les marchandises et propriétés anglaises, et dans celui du 17 décembre 1807. *V.*, à la suite du § 255, l'opinion de Pinheiro-Ferreira sur les caractères de la rétorsion et des représailles.

Cʜ. V.]

§ 255. — Des Représailles.

Mais lorsqu'une nation a manqué à ses obligations parfaites, en blessant nos droits primitifs, ou ceux que nous avons acquis, soit par occupation, soit par des conventions expresses ou tacites, le droit des gens nous autorise à la forcer de nous donner la satisfaction qui nous est due, et à cette fin nous permet de manquer de notre côté à des obli-

gations d'ailleurs parfaites, en usant de *représailles* (a), soit
par le refus de satisfaire à ce qui lui est dû de notre part
soit par des voies de fait positives.

[« Les représailles, dit Vattel, *le Droit des Gens*, édition Guillaumin, liv. II, ch. xviii, § 342, sont usitées de nation à nation,
pour se faire justice à soi-même, quand on ne peut l'obtenir
autrement. Si une nation s'est emparée de ce qui appartient à
une autre, si elle refuse de payer une dette, de réparer une injure
ou d'en donner une juste satisfaction, celle-ci peut se saisir de
quelque chose appartenant à la première, et l'appliquer à son
profit, jusqu'à concurrence de ce qui lui est dû, avec dommages-
intérêts, ou la tenir en gage, jusqu'à ce qu'on lui ait donné une
pleine satisfaction. »

La pratique des représailles est très-ancienne. On voit dans
l'ouvrage de M. DE MARTENS intitulé : *Essai sur les armateurs*,
ch. i, § 4, que longtemps il fut d'usage que les nationaux qui se
prétendaient lésés par un Etat étranger ou par quelqu'un de ses
sujets, pût sans permission exercer en mer des représailles.
L'abus de voies de fait abandonnées à de simples citoyens, d'une
part, les progrès de la civilisation, de l'autre, firent modifier cet
état de choses. Les souverains investirent d'abord les magistrats
et gouverneurs de provinces et les parlements du droit d'accorder
des lettres de représailles, droit que plus tard ils se réservèrent
exclusivement. On peut consulter sur ce point, dans *le Guidon
de la mer*, ch. x, art. 1er, un édit de 1485 rendu par Charles VIII
à la suite des représentations des états généraux tenus à Tours
en 1433, et le livre III, titre IV, de l'ordonnance de Louis XIV sur
la marine, de 1681.

Cet usage est-il fondé sur les principes du droit des gens naturel ? Evidemment non ; et il est à regretter que Grotius et à sa
suite beaucoup d'autres publicistes n'aient pas été frappés de ce

---

(a) LYNKER, *De jure represaliarum*, Jenæ, 1691, in-4; C. VAN BYN
KERSHŒCK, *Quœst. jur. publ.*, lib. I, cap. xxiv; KAHLE, *De justis represaliarum limitibus, cum a gentibus tum a statibus Imperii obser
vandis*, Gottingæ, 1746, in-4; et en général les écrits cités dans VAN
OMPTEDA, *Litteratur*, § 187, et VAN KAMPTZ, § 269.

qu'il y a d'inique à séquestrer ou à saisir par la voie des représailles les propriétés particulières, puisque les citoyens ne sont pas complices des torts qu'un gouvernement peut avoir eus envers un autre. La doctrine de Grotius, *Droit de la guerre et de la paix*, liv. V, chap. II, est victorieusement combattue par Massé, *le Droit commercial dans ses rapports avec le droit des gens*, 2ᵉ édition, t. I, n. 127. D'autres publicistes, sans se préoccuper du prétendu consentement tacite sur lequel s'appuie Grotius, ont donné pour fondement au droit de représailles sur les biens des particuliers une sorte de solidarité naturelle qui rendrait tous les citoyens responsables des dettes de l'Etat.

« Suivant eux, ajoute Massé, *loc. cit.*, une injustice faite au citoyen d'un État, étant censée commune à toute la société qui a le droit d'en demander satisfaction, il en résulte que, réciproquement, tous les citoyens d'un État sont solidairement responsables de l'injustice commises par leur chef ou par un de leurs concitoyens. Tel est le raisonnement indiqué d'une manière assez obscure par Barbeyrac dans ses annotations sur Grotius (sur le liv. III, chap. II, § 2, n. 1), et très-nettement formulé par Puffendorf (*Droit de nature*, liv. VIII, chap. VI, § 13) et M. de Rayneval (*Instit. du droit de la nature et des gens*, liv. II, chap. XII, § 4). Mais il est plus spécieux que solide. Si l'État est en droit de demander satisfaction de l'injure faite à l'un de ses membres, c'est parce que l'État représente la société, qu'il en exerce le pouvoir et qu'il a pour mission spéciale de protéger tous ceux qui le composent. Mais comme les citoyens ne se représentent pas les uns les autres, et que, pris individuellement, ils ne représentent pas l'Etat, il n'y a pas de raison pour les rendre personnellement et individuellement responsables de l'injure faite par un de leurs concitoyens ou par l'Etat. Il n'y a là aucune réciprocité possible entre les droits et les obligations de l'État et ceux des citoyens. La seule réciprocité qu'il soit juste d'admettre, c'est que, de même que l'Etat a droit de demander réparation de l'injure faite à un citoyen, de même aussi il est responsable de l'injure dont un citoyen se serait rendu coupable : il a action, on doit avoir action contre lui. Mais il serait souverainement injuste d'ouvrir à un Etat une action contre les citoyens d'un autre État, auxquels, en tant que citoyens, ne compète aucune action. Sans doute les citoyens d'un État sont soumis à une certaine responsabilité envers leur État, auquel ils doivent fournir par contribution le moyen d'acquitter la dette publique; mais là s'arrêtent leurs obligations, et jamais l'État ou le souverain étranger ne peut, comme par l'effet d'une subrogation, exercer contre eux les droits de l'État dont ils font partie. »

On peut encore consulter, dans le sens de l'opinion de Puffendorf et de M. de Rayneval, VATTEL, édit. précitée, *le Droit des gens*, liv. II, chap. xviii, § 344 et 345; BOUCHAUD, *Théorie des traités de commerce*, chap. xiii, sect. IV; AZUNI, *Droit maritime*, t. II, chap. v, art. 2, § 7; KLÜBER, édit. Guillaumin, *Droit des gens moderne*, § 232. V. aussi, sur la matière des représailles, DALLOZ, *Jurisprudence générale*, v° *Droit des gens*, n. 90 et suiv.

Depuis la fin du dix-septième siècle, on trouve peu d'exemples de lettres de représailles en temps de paix. V. ORTOLAN, *Règles internationales et diplomatie de la mer*, t. I, p. 398; et de CUSSY, *Phases et causes célebres du droit maritime des nations*, t. II, p. 56, qui citent un exemple curieux de représailles exercées par Cromvell vis-à-vis de la France et qui cependant ne troublèrent pas la bonne intelligence des deux Etats. V. encore, pour des faits presque contemporains, ORTOLAN, p. 399, et DE CUSSY, t. II, p. 486. Les dangers des lettres de représailles avaient déjà frappé l'attention de la diplomatie. Par l'article 9 du traité de Ryswick entre la France et l'Angleterre, et plus tard par l'article 16 du traité d'Utrecht, il fut convenu qu'à l'avenir aucune des deux puissances « ne délivrera aucune lettre de représailles contre les sujets de l'autre, *s'il n'apparaît auparavant d'un délai ou d'un déni de justice manifeste;* ce qui ne pourra être tenu pour constant, à moins que la requête de celui qui demandera des lettres de représailles n'ait été rapportée ou représentée au ministre ou ambassadeur qui sera dans le pays, de la part du prince contre les sujets duquel on poursuivra lesdites lettres; afin que, dans l'espace de quatre mois, il puisse s'éclaircir du contraire, ou faire en sorte que le défendeur satisfasse incessamment le demandeur. Et s'il ne se trouve sur les lieux aucun ambassadeur ou ministre du prince, on n'expédiera encore les lettres qu'après quatre mois expirés, à compter du jour que la requête aura été présentée au prince contre les sujets duquel on les demandera, ou à son conseil privé. »

La même pensée se retrouve dans les divers traités signés à la même époque et depuis entre les autres puissances. *V.* notamment l'article 3 du traité de commerce signé à Versailles, le 26 septembre 1786, entre la France et la Grande-Bretagne, et rapporté par d'Hauterive et de Cussy, *Recueil des traités de commerce et de navigation*, part. 1re, t. II, p. 89.

L'usage des lettres de marque ou de représailles spéciales accordées, en temps de paix, à des particuliers ayant éprouvé un dommage de la part d'un gouvernement étranger ou de la part des sujets de ce gouvernement, est presque complétement tombé en désuétude parmi les nations civilisées. Vattel, *le Droit des gens,* édit. Guillaumin, liv. II, ch. xviii, § 341 et suiv. et les notes de M. Pradier-Fodéré. Wheaton, *Éléments du droit international,* t. I, p. 276 ; Ortolan, *Règles internationales et diplomatie de la mer,* t. I, p. 400, et de Cussy, *Causes et phases célèbres du droit maritime des nations,* t. I, p. 125. Un gouvernement qui les autoriserait aujourd'hui commettrait un acte d'hostilité. Divers traités récemment conclus contiennent cependant des clauses relatives à l'emploi des représailles à la suite d'un déni de justice. *V.* à ce sujet de Cussy, *loc. cit.*

Pinheiro-Ferreira établit entre les représailles et la rétorsion la distinction suivante : « La saisie des objets destinés à nous servir comme de nantissement, dit-il, en attendant que notre adversaire se rende à nos justes réclamations, constitue ce qu'on appelle proprement des *représailles.* Sous le nom de *rétorsion,* on entend toutes sortes de lois ou ordonnances contenant des dispositions tendant à faire au gouvernement qui nous a porté préjudice un tort équivalent à celui que nous en avons éprouvé. « Nous dirons donc à cet égard que, si l'effet de la rétorsion ne porte atteinte qu'aux forces du gouvernement, elle ne peut que nous être permise, pourvu toutefois qu'on en use de façon à hâter et non pas à éloigner une conciliation, au lieu de la guerre, qui est le résultat le plus ordinaire de pareilles voies de fait.

» Mais si la rétorsion doit porter dommage aux intérêts du commerce, aux fortunes privées, elle serait contraire aux principes de toute guerre juste, et ne saurait être avouée par la justice universelle, ni par le droit des gens qui en est l'application aux intérêts réciproques des nations. »   Ch. V.]

§ 256. — Application de cette distinction aux différents genres d'États.

En établissant de cette manière les limites entre les rétorsions et les représailles, on voit que les simples rétorsions peuvent avoir lieu même entre les États qui reconnaissent encore un juge commun, vu que des griefs de ce
genre ne sont pas de nature à être décidés par un juge;
mais que les représailles proprement dites ne devraient
être exercées qu'entre des États qui n'ont aucun juge commun; que, par contre, elles ne devraient jamais avoir lieu
entre des États qui, ou reconnaissent encore un pouvoir
souverain au-dessus d'eux, tels qu'autrefois les États mi-
souverains de l'Empire (a), ou qui, quoiqu'ils soient souverains, sont convenus de soumettre la décision de leurs
différends soit à des juges compromissaires, soit à un
tribunal commun : du moins elles ne devraient avoir lieu
dans aucun des cas qui sont de nature à être décidés par
un juge, ou expressément attribués à sa compétence (b).
Ceci n'empêche pas cependant de tels États d'user de représailles envers de tierces puissances, s'appuyant sur ce
que, dans leurs rapports avec elles, ils n'ont point de
juge; au moins ils n'en peuvent être empêchés que médiatement, par égard pour la confédération dont ils sont
membres (c).

(a) Sur les représailles de la part des anciens États de l'Empire, on
peut voir WERNHER, *Observat. forenses*, p. III, obs. CXV ; KAHLE, *De
justis represaliarum limitibus*, § 255.
(b) Exemples des anciennes Provinces-Unies des Pays-Bas ; de la constitution des États-Unis d'Amérique, de la Confédération suisse ; de la
Confédération germanique.
(c) Les écrits cités dans le paragraphe précédent font voir que les no-

§ 257. — Des Représailles en faveur des sujets.

D'un côté, chaque État devant protéger ses sujets contre les lésions des étrangers, et, d'un autre côté, devant administrer aux étrangers une justice aussi prompte et aussi impartiale qu'à ses propres sujets, ce ne sont pas les lésions seules qui ont immédiatement et primitivement lieu de nation à nation, mais aussi celles qui ont été commises par les sujets de l'une contre les États ou les sujets de l'autre, qui peuvent autoriser à des représailles, lorsqu'il conste que la satisfaction *demandée à l'État a été ou refusée ou traînée en longueur d'une manière indue* (a).

[Il semble difficile de partager l'opinion de GROTIUS, *De jure belli ac pacis*, lib. III, cap. ii, § 5, n. 1, qui voit dans une sentence judiciaire inique rendue au préjudice d'un étranger, *in re minimè dubia*, le principe pour sa nation d'obtenir réparation par la voie des représailles. BYNKERSHOECK, *Quœstiones juris publici*, lib. I, cap. xxiv, assimile une sentence injuste à la violence ouverte et partage l'opinion de Grotius. VATTEL, *Droit des gens*, édit. Guillaumin, liv. II, chap. viii, § 350, partage cette opinion ; enfin WHEATON, *Eléments du droit international*, t. II, p. 48, n'hésite pas à affirmer que ces principes sont sanctionnés par l'autorité de nombreux traités entre les puissances de l'Europe, réglant le sujet des représailles, et déclarant qu'elles ne seront accordées qu'en cas de *déni de justice*. Une sentence injuste, ajoute cet auteur, doit certainement être considérée comme un

tions de rétorsion et de représailles ne sont pas uniformément établies par les auteurs qui en ont traité.

(a) Autrefois les représailles furent décernées à la légère ; mais, surtout depuis le quinzième siècle, les puissances de l'Europe ont établi de plus en plus, par traités, la règle qu'on n'en viendrait à des représailles que lorsque le déni ou la protraction de justice aura été dûment manifestée. V. mon *Essai concernant les armateurs*, chap. i, § 4.

déni de justice, à moins que le simple privilége d'être entendu
avant condamnation ne soit tout ce que renferme l'idée de justice.
L'opinion de Grotius et des publicistes qui l'ont soutenue après
lui n'est pas conforme aux idées qui environnent dans tous les
pays civilisés l'autorité de la chose jugée. Le déni de justice est
un fait apparent, incontestable ; la justice ou l'injustice d'une
sentence judiciaire émanée de tribunaux réguliers et ordinaires
est au contraire un fait très-susceptible de controverse et d'appré
ciation diverse, suivant la situation ou le point de vue de chacun, et notamment de celui dont elle lèse les intérêts. *V.* encore
ce qui est dit *suprà* à la suite du § 255.   Cн. V.]

§ 258. — Des objets de Représailles. — Du Talion.

Comme tout sujet ou citoyen répond de sa personne et de
ses biens pour les dettes et les torts de l'État dont il est
membre, ce n'est pas l'État seul, ou celui de ses sujets duquel on se plaint, c'est le particulier même innocent qui
peut servir d'objet de représailles. Cependant cette responsabilité a des bornes. Et s'il est permis de saisir les
biens et même de détenir la personne de tels particuliers,
en laissant à leur État le soin de les indemniser, il ne l'est
pas de les priver de la vie, ou à perpétuité de leur liberté,
à moins de supposer des cas extraordinaires que la guerre
seule peut faire naître, et dans lesquels notre propre conservation pourrait indispensablement exiger une telle
mesure. On ne saurait donc indistinctement justifier l'usage
du *talion*, en tant que celui-ci consiste à réprimer une
injustice par une injustice exactement du même genre.

* * *

[Les dettes dues à un ennemi avant le commencement des
hostilités peuvent-elles être confisquées ? A ce sujet, Wheaton,
Éléments du droit international, t. 1, p. 292, fait observer que
l'Angleterre suit une politique d'un caractère plus libéral, ou au

moins plus sage que pour les droits d'amirauté. Une puissance qui possède une immense supériorité navale peut avoir intérêt, ou supposer avoir intérêt à prendre le droit de confisquer la propriété d'un ennemi saisie avant une déclaration de guerre ; mais une nation qui, par l'étendue de ses capitaux, doit généralement être la créancière de tous les pays commerçants, ne peut, certes, avoir aucun intérêt à confisquer les dettes dues à un ennemi, puisque cet ennemi est en position dans presque tous les cas de lui rendre la pareille avec un effet bien plus préjudiciable. C'est pourquoi, bien que la prérogative de confisquer ces dettes existe en théorie, il est rare qu'on l'exerce dans la pratique. Le droit du créancier originaire de suivre le recouvrement de sa dette n'est pas éteint, il n'est que suspendu la guerre, et renaît en pleine vigueur au retour de la paix. Masse, *le Droit commercial dans ses rapports avec le droit des gens*, 2e édit., t. I, p. 139, en examinant l'opinion de Vattel, *le Droit des gens*, liv. III, chap. v, § 77, et de Bynkershoek, *Quæst. jur. publ.*, lib. I, cap. vii, établit des distinctions en faveur des droits du créancier.

On lit à ce sujet, dans une biographie du comte Mollien par M. Michel Chevalier, insérée dans la *Revue des Deux-Mondes*, année 1856, que pendant son séjour à Posen, l'empereur Napoléon Ier, supposant au cabinet de Londres l'intention de confisquer les fonds de la dette publique anglaise appartenant à des Français, ordonna à son ministre du trésor d'examiner si, dans le cas où il en agirait ainsi, il ne faudrait pas recourir à la même rigueur. « La matière est très-délicate, disait-il, je ne veux pas donner l'exemple ; mais si les Anglais le font, je dois user de représailles. » M. Mollien répondit qu'un pareil acte lui paraissait trop contraire à la politique anglaise pour qu'il pût y croire, qu'il souhaitait que le cabinet de Londres commît une telle faute, mais qu'on la lui rendrait plus funeste en ne l'imitant pas. A cette occasion, il envoya à l'empereur le mémoire de Hamilton, l'ami, le conseiller et le ministre de Washington, sur la question de savoir si la règle de la politique, plus encore que celle de la morale, n'interdisait pas à tout gouvernement, non-seulement de confisquer les capitaux qui lui avaient été prêtés par les sujets d'une puissance avec laquelle il serait en guerre, mais même de suspendre à leur égard le service des intérêts. Napoléon n'insista plus sur cet objet.

Pinheiro-Ferreira ajoute, avec raison, que la guerre n'étant, dans ses principes, que de gouvernement à gouvernement, et jamais de nation à nation, il ne saurait admettre de représailles ou rétorsions que sur ce qui appartient aux gouvernements belligérants, c'est-à-dire sur tout ce qui constitue les moyens de force à la disposition du gouvernement, et par conséquent destiné à nous porter dommage.   Cn. V.]

§ 259. — Des différents genres de Représailles.

Le genre le plus usité de représailles, c'est la *saisie* des personnes ou des biens qui se trouvent soit sur notre territoire (a), soit en pleine mer, soit sur le territoire de la puissance contre laquelle on use de ce moyen. Mais ce genre n'est pas le seul, et toute violation d'un droit parfait de l'autre, soit primitif ou acquis, soit affirmatif ou négatif, peut, d'après les circonstances, se changer en représailles.

[Les représailles sont ou négatives ou positives. Elles sont négatives dans le cas où l'Etat qui les exerce se refuse à remplir l'obligation qu'il a contractée, ou à laisser une autre nation jouir du droit qu'elle réclame ; elles sont positives dans le cas où l'Etat qui les exerce saisit les personnes et les biens d'une autre nation pour obtenir satisfaction.

Les représailles sont aussi générales ou spéciales. Elles sont générales dans le cas où l'Etat offensé ou qui se croit offensé, enjoint à ses sujets de s'emparer des personnes et des biens d'une autre nation dans tous les lieux où ils pourront les trouver. Un pareil ordre équivaut à une déclaration d'hostilités, ou plutôt à la guerre elle-même. Les représailles ne sont que spéciales, lorsque, en temps de paix, un gouvernement accorde des lettres de repré-

---

(a) Quelquefois les traités s'opposent à la saisie de ces biens qui, sous la foi du droit des gens, ont été reçus chez nous. *V.* mon *Essai concernant les armateurs,* § 4.

sailles à des personnes qui ont été.lésées par un gouvernement
étranger ou par des sujets de ce gouvernement. Elles ne s'accordent que dans le cas d'un déni de justice évident.   Ch. V.]

§ 260. — A qui appartient le Droit d'user de Représailles.

Comme, dans la relation réciproque entre les sujets de
deux États, l'état naturel continue à subsister, le droit rigoureux des nations n'empêcherait pas qu'ils ne pussent de
leur chef exercer des représailles légitimes contre l'individu qui leur manque, après avoir vainement tenté les
voies de la douceur et de la justice. A défaut de traités, le
droit public seul s'y oppose. Aussi, dans le moyen âge, où
cette dernière considération était souvent négligée, rien
n'était plus fréquent que ces représailles privées. Cependant l'expérience ayant fait voir jusqu'à quel point il est
dangereux pour le repos et le bien-être de chaque État, et
pour la conservation des traités avec les étrangers, d'abandonner l'usage de ce droit à l'arbitraire des particuliers,
on trouve déjà des lois et des traités du quatorzième siècle
qui bornent ces représailles à une permission particulière
que le sujet doit obtenir de son souverain, moyennant des
lettres de marque ou *de représailles* par lesquelles celui-ci
l'autorise à ces voies de fait (*a*). Et le nombre de ces lois
et de ces traités s'est tellement accru, qu'aujourd'hui, dans
la règle (*b*), toute représaille exercée sans permission est

(*a*) BOUCHAUD, *Théorie des traités de commerce*, p. 483 et suiv., DE
RÉAL, t. V, p 401 ; mon *Essai concernant les armateurs*, chap. 1, § 4.
Le droit de les accorder est un droit du gouvernement, et non des tri-
bunaux de justice.

(*b*) Cependant quelques voies de fait de peu de conséquence sont tolé-
rées quelquefois entre des voisins, pour se maintenir dans la possession
de leurs droits ; on en rencontre de fréquents exemples, surtout en Alle-

taxée de brigandage ou de piraterie, et punie comme tel.

Il est même rare aujourd'hui qu'un État accorde de telles lettres de représailles en temps de paix (c), parce que, d'un côté, les traités mêmes limitent les cas où l'on pourrait user de ce moyen, et que, de l'autre, si ces cas ont lieu, l'État préfère user lui-même de représailles en faveur de ses sujets (d).

§ 261. — S'il est permis d'user de Représailles en faveur ou au préjudice de tierces puissances.

C'est pour l'avantage de notre propre État et de ses membres qu'il est permis d'user de représailles, mais non en faveur de tierces puissances, ou de leurs sujets, qui les sollicitent (a) à l'égard de personnes ou de biens appartenant à la nation ou aux sujets de la nation contre laquelle ils forment des prétentions. Et s'il est des cas où, à leur instance, on peut décerner une saisie *sur des biens que leurs débiteurs privés* possèdent chez nous, cette saisie de

magne, où les lois et les usages les autorisent, bien qu'elles aient sou vent la nature des représailles.

(c) Exemples de telles lettres dans *Laws of the admiralty*, t. I, p. 220 , et de 1778, en France dans le *Code des prises*, t. II, p. 657, et de 1794, dans van Steck, *Essais*, p. 42.

(d) *V.* mon *Erzæhlungen merkwürdiger Fälle*, t. I, p. 31.

(a). Exemple de 1662, où l'Angleterre voulait user de représailles sur des vaisseaux hollandais à l'avantage de l'ordre de Malte. *V.* Vattel, p. II, liv. II, § 348 ; Grotius, lib. III, cap II; Barbeyrac, dans ses Notes sur Bynkershoeck, *Du juge compétent des ambassadeurs*. chap. XVII, § 5, n. 1, 3; Voet, *ad D.*, tit. *De judiciis* n. 31. Si les cantons suisses ont établi le principe d'user de représailles même en faveur d'un autre canton, c'est qu'ils forment un système commun d'États confédérés, et peuvent se considérer comme un tout vis à-vis des étrangers. Le principe n'a pas été expressément confirmé par le traité d'alliance du 8 septembre 1814 et du 7 août 1815, mais il semble pourtant en découler.

droit, qui est un acte de juridiction, n'a point lieu au sujet de différends élevés immédiatement entre de tierces nations, à l'égard desquelles nous ne sommes pas en droit de nous ériger en juges; d'ailleurs elle est essentiellement à distinguer de la saisie de fait que renferment les représailles, et dont la foi du droit des gens, sous laquelle ces biens ont été reçus chez nous, doit nous empêcher d'user.

D'un autre côté, ce n'est que contre la nation dont on se plaint qu'on peut être autorisé à des représailles, et les moyens choisis à cette fin devraient ne jamais porter atteinte aux droits d'une tierce puissance amie (b).

———

[Les puissances tierces ne sont pas tenues, en principe, de donner suite aux réclamations qui leur seraient adressées par les parties intéressées. Elles ne peuvent même faire usage d'actes de représailles, suivant la juste remarque de HEFFTER, *le Droit international public de l'Europe*, traduction de M. Bergson, § 110 *in fine*, dans l'intérêt de l'une des parties qu'autant que les traités leur imposent un devoir d'intervention. Ce devoir se manifeste surtout avec une certaine force dans le sein des Etats fédératifs, et l'art. 37 de l'acte final de Vienne l'a formellement consacré au profit de la diète germanique. Pour la Suisse, il a été également reconnu qu'un canton pouvait exercer des représailles dans l'intérêt d'un autre canton. *V.* cependant en sens contraire BYNKERSHOECK, *De for. legat.*, cap. XXII.

CH. V.]

(b) C'est cependant ce que malheureusement on ne voit que trop souvent arriver en temps de guerre touchant la navigation des puissances neutres; et la guerre de la révolution n'est pas la seule dans laquelle on a vu des puissances belligérantes violer les droits les plus manifestes et les plus clairement fondés dans leurs traités avec des puissances neutres, sous le prétexte d'user de représailles contre l'ennemi; mais jamais ces excès n'ont été portés plus loin que dans ces guerres de la France, surtout depuis 1806. *V.* plus bas, § 326 b

§ 262. — Des Représailles générales.

Les représailles sont des voies de fait d'un genre déterminé ; elles ont un objet spécial quelconque : il est donc
possible d'user de représailles, et cependant de rester en
paix avec la nation contre laquelle on les emploie. Leur
but est, ou d'engager celle-ci à nous donner la satisfaction
que nous réclamons, ou de nous la procurer nous-mêmes.
Si l'objet d'abord choisi à cette fin devient insuffisant, on
passe d'un genre de représailles à un autre, on en multiplie
successivement les objets individuels (a). Mais lorsqu'on
décerne des *représailles générales* et qu'on les exécute,
c'est passer de l'état de paix à celui de guerre (b).

(a) Exemple des représailles successivement exercées par le roi de
Prusse contre la ville de Dantzick, en 1783. *V.* Dohm, *Denkwürdigkeiten
meiner Zeit*, t, II, p. 81 et suiv., 382 et suiv.
(b) Vattel, t. II, liv. II, p. 345.

CHAPITRE III.

DU COMMENCEMENT DE LA GUERRE.

§ 263. — Définition de la Guerre.

La guerre est un état permanent de violences indéterminées entre les hommes. Elle est, ou *privée*, c'est-à-dire
entre des individus, telle qu'elle peut avoir lieu dans l'état
naturel, ou *publique*. La dernière est, ou *civile*, entre les
membres d'un même État, ou *publique*, en sens particulier, de nation à nation. La guerre civile ne peut être
légitime dans les États *simples* que dans les cas où le dépositaire du pouvoir public en vient à ces violences indéterminées pour ramener à l'obéissance ou pour punir des
sujets rebelles, ou bien dans les cas rares et extrêmes où,
de la part des sujets, le lien de soumission peut se considérer comme dissous; entre les membres d'un État composé, elle n'est légitime qu'en tant qu'il est question d'une
guerre d'exécution, ou lorsque la constitution vicieuse
offre des cas dans lesquels elle l'autorise, ou dans lesquels
le défaut de juge fait rentrer les membres dans la jouissance de leurs droits naturels.

[La définition de la guerre donnée par notre auteur, qu'il considère comme un état permanent de violences indéterminées entre les hommes, ne nous semble ni vraie ni complète. Sans doute, on ne peut considérer la guerre, avec le comte de Maistre, comme *une grande loi du monde spirituel*, ou avec Spinosa comme l'état normal de la nature; mais si l'on envisage l'état actuel des sociétés dans leurs rapports réciproques, on est obligé d'admettre que la guerre est le seul moyen de contraindre une personne collective et souveraine à remplir ses engagements et à respecter les usages internationaux, et que, loin d'être un état de violences indéterminées, elle doit être réglée avant, pendant et après, dans son mode d'action, par des principes admis et respectés par tous les peuples civilisés et sauvegardés par la sanction de l'opinion publique. Seulement, on doit remarquer avec SCHUTZEMBERGER, *les Lois de l'ordre social*, t. I, p. 506, que si le droit de la guerre est un droit de souveraineté attribué par la force des choses à l'Etat, dans l'intérêt de sa défense et du maintien de la justice internationale, aucune personne privée ne peut prétendre à l'exercice de ce droit. Les nécessités qui légitiment la guerre n'existent point dans l'ordre social privé. La société périrait par l'anarchie, si les citoyens étaient réduits à la nécessité de défendre leurs droits par la force.

La guerre publique peut être juste : cela est évident; mais un grand nombre de publicistes, tout en reconnaissant que dans l'état actuel des rapports internationaux elle est, pour les Etats, le seul moyen qui leur reste de défendre leurs droits, la trouvent toujours injuste en soi, en ce sens que la force décide du droit, ou, pour parler plus exactement, qu'il n'y a pas d'autre droit que la force. Aussi ces mêmes publicistes croient, à l'exemple de Kant, qu'on doit travailler à substituer à l'état actuel un état juridique réglant et garantissant les droits de chaque peuple, de même qu'au sein de chaque peuple il y a une autorité publique réglant et garantissant les droits de chaque individu; et même dans l'état de guerre, il faut ne pas perdre de vue qu'il est du devoir des peuples de travailler à sortir de cet état de nature pour leurs relations internationales, comme ils en sont déjà sortis pour leurs relations particulières. *V.* KANT, *Eléments de la métaphysique du droit*, traduits de l'allemand par Jules Barni, p. 106.

Que la paix doive être un jour l'état régulier et permanent de
l'homme et des peuples, c'est ce qu'il est doux d'espérer ; mais,
en attendant, le sentiment du droit et de la justice, l'instinct de la
conservation de soi-même, le devoir de la légitime défense expliquent et justifient souvent les guerres qui remplissent les annales
du passé, et l'on peut dire avec M. PORTALIS, dans un *Mémoire
sur la guerre considérée dans ses rapports avec les destinées du
genre humain* (Séances et Travaux de l'Académie des sciences
morales et politiques, t. XXXVIII, p. 45' : « Résultat inévitable du
jeu des passions humaines dans les rapports des nations entre
elles, la guerre, dans les desseins de la Providence, est un agent
puissant dont elle use, tantôt comme d'un instrument de dommage, tantôt comme d'un moyen réparateur. La guerre fonde successivement et renverse, détruit et reconstruit les Etats. Tour à
tour féconde en calamités et en améliorations, retardant, inter-
rompant ou accélérant les progrès ou le déclin, elle imprime à la
civilisation qui naît, s'éclipse et renaît pour s'éclipser encore, ce
mouvement fatidique qui met alternativement en action toutes
les puissances et les facultés de la nature humaine, par lequel se
succèdent et se mesurent la durée des empires et la prospérité
des nations.... »

« Ce qui exige ici quelque attention de notre part, dit Pinheiro-
Ferreira, c'est la définition que M. de Martens nous donne de
l'état de guerre : *La guerre*, dit-il, *est un état permanent de violences indéterminées.*

» Les définitions étant destinées à servir de bases et de principes aux raisonnements, nous ne saurions dire quel usage M. de
Martens comptait faire de celle-ci.

» Certes, pendant la guerre il se commet entre les nations une
immensité de violences, et personne n'est en état de prédire quel
en sera le terme. Mais est-ce là ce qui constitue la guerre ? est-ce
d'un telle définition qu'on peut déduire les droits et les devoirs
des nations en temps de guerre ?

» La définition vulgaire, d'après laquelle on définit l'art de la
guerre l'art de détruire les forces de l'ennemi, si elle n'est pas
exacte, a du moins les caractères d'une définition ; car, en l'ana-
lysant, on peut parvenir à développer, sous un certain point de
vue, tant les règles de l'art de la guerre, qu'une partie des droits
et des devoirs des gouvernements belligérants.

» Nous préférons la définir l'*art de paralyser les forces de l'ennemi.*

» La raison en est que, pour détruire les forces de son ennemi, il faut en perdre soi-même ; et plus vous vous proposez d'en détruire, plus il faudra vous préparer à en perdre des vôtres. Et l'on ne doit pas oublier qu'on ne peut anéantir les moyens de l'ennemi sans qu'il en résulte une plus grande rareté de moyens de même nature, soit vivres, soit objets de guerre, et que celle-ci continuant, nous serons dans la nécessité de subir, aussi bien que notre ennemi, la loi du marché. Rien de cela n'arrivera si, au lieu de viser à détruire ses forces, nous ne songeons qu'à les paralyser.

» Nous reviendrons, dans les notes suivantes, à cette définition ; car ce n'est que de l'idée qu'on se fera de ce que c'est que la guerre qu'on pourra parvenir à décider comment il faut la conduire. » *V.* sur la définition de la guerre une note développée de M. Pradier-Fodéré, sur le § 1, liv. III, ch. I, de VATTEL, *le Droit des gens,* édit. Guillaumin.   CH. V.]

§ 264. — A qui appartient le droit de la Guerre.

Le droit de la guerre étant un des droits les plus essentiels et les plus dangereux du souverain, c'est au droit public de chaque État à déterminer entre les mains de qui l'exercice en sera remis. Le dépositaire de ce droit peut seul autoriser des sujets à commettre des hostilités (a), et ceux-là seuls qui sont munis de ses ordres ou de sa permission peuvent prétendre au traitement d'ennemis légitimes. Cependant les nations étrangères ne peuvent refuser de traiter d'ennemis légitimes ceux qui sont autorisés par

---

(a) Soit en déléguant un droit de guerre en subordination à l'État, comme cela a lieu pour quelques compagnies des Indes ; *V.* PAULI, *De jure belli societatum mercatoriarum majorum,* Halæ, 1751, in-4 ; soit en autorisant des individus à des genres déterminés d'hostilités, comme cela se pratique par les *lettres de marque* et de *représailles* qu'on accorde aux particuliers pour les armements en course.

leur gouvernement actuel, *quel qu'il soit* (§ 4, note *a*); ce n'est pas reconnaître sa légitimité.

[Il y a, entre l'ordre social public et l'ordre social privé, cette différence que, dans le premier, le droit de guerre est un droit de souveraineté qui résulte de la force des choses au profit de l'État, pour la propre défense et la conservation des rapports internationaux, tandis que dans le second, les mêmes nécessités n'existant plus, il y aurait danger d'anarchie et péril pour la société, si la défense des droits des citoyens était remise aux hasards de la force.

Heffter, *le Droit international public*, traduction de M. Bergson, § 114, après avoir établi qu'un état de guerre ne peut exister régulièrement qu'entre parties ayant le droit de recourir, dans leurs différends, aux voies par lesquelles se manifeste la légitime défense, assimile, bien à tort suivant nous, aux États souverains, les flibustiers et les pirates. C'est de sa part une erreur évidente. D'un autre côté, Heffter, *loc. cit.*, se trompe également en niant que des sociétés formées de la réunion d'un certain nombre de particuliers, des compagnies commerciales, par exemple, soient en droit de faire la guerre. Notre auteur, dans la note sur le présent paragraphe, et Wheaton, *Éléments du droit international*, t. I, p. 278, reconnaissent que l'exercice du droit de faire la guerre appartient non-seulement au pouvoir suprême de l'État dans les conditions déterminées par les lois fondamentales ou par sa constitution politique, mais que ce droit peut encore être délégué à des autorités inférieures dans les possessions éloignées, et même à une compagnie commerciale, comme la compagnie anglaise des Indes orientales.

« Quoique cet ouvrage soit exclusivement consacré au droit public externe ou droit des gens, dit Pinheiro-Ferreira, l'auteur a cru devoir citer quelquefois des principes du droit public interne ou droit constitutionnel. Lorsque ces principes, par lui invoqués, nous ont paru conformes aux vérités fondamentales de la science, nous n'avons eu rien à ajouter ; mais lorsque nous les avons crus contraires aux droits invariables de l'homme ou du citoyen, nous n'avons pas pu nous empêcher de le faire remarquer à nos lecteurs.

» Ici M. de Martens n'avance, à la vérité, rien qui soit décidément contraire aux principes du droit public ; mais, en disant que *c'est au droit public de chaque État à déterminer entre les mains de qui le droit de déclarer la guerre doit être remis*, l'auteur semble indiquer qu'il existe plusieurs autorités parmi lesquelles il est loisible au législateur de choisir celle à qui il faut confier l'exercice de ce droit.

» C'est pour empêcher que le lecteur n'en déduise une aussi fausse conséquence, que nous saisissons cette occasion pour faire remarquer que les publicistes ont commis une grave faute en confondant la *déclaration* de guerre avec la *décision par laquelle la guerre est résolue ;* deux fonctions absolument distinctes : car la *décision de faire la guerre,* par cela seul qu'elle crée une foule de devoirs à la charge des citoyens, ne peut avoir lieu qu'au moyen d'une loi, et par conséquent, dans une monarchie représentative, ne saurait qu'être le fait des trois branches du pouvoir législatif.

» Mais, la guerre une fois résolue, il est évident qu'une partie de l'exécution de cette loi est la *déclaration* de la guerre, et par conséquent elle ne saurait appartenir qu'au chef suprême du pouvoir exécutif.

» Il n'y a donc rien de variable à cet égard, et, quelle que soit la forme du gouvernement, la résolution de la guerre appartiendra au pouvoir législatif, et la déclaration au chef suprême du pouvoir exécutif. Le gouvernement est-il absolu ? les deux pouvoirs se trouvant réunis dans la personne du monarque, c'est à lui à décider que la guerre doit avoir lieu, et à la déclarer de la manière qu'il le croira conforme aux intérêts de la nation.

» Mais si le gouvernement est représentatif, les pouvoirs étant séparés, ce serait une erreur que de confondre ces deux attributions, ainsi qu'on est dans l'usage de le faire dans les diverses monarchies représentatives, telles que la Grande-Bretagne et la France. »   Ch. V.]

§ 205. — Des raisons justificatives de la Guerre.

Aucune violation d'un simple devoir de morale, de politesse ou de bienséance ne peut, considérée en elle-même, être une raison justificative (*a*) pour faire la guerre. Mais tout acte portant atteinte à l'indépendance d'une autre nation, ou à la libre jouissance de ses droits acquis, soit par occupation, soit par traités (*b*), que cet acte soit *passé*, *présent*, ou probablement à craindre pour l'*avenir*, peut être une raison justificative de la guerre entre les nations, lorsque, après avoir vainement tenté des voies plus douces, on en vient successivement à cette extrémité, et qu'on n'y a point renoncé (*c*).

Et tandis que chaque nation est autorisée à suivre à cet égard ses propres lumières, et qu'aucune ne peut s'ériger en juge de l'autre, chacune, à la vérité, conserve le droit de se conduire en conséquence de sa persuasion, et de repousser la force par la force; mais, pour peu que la question soit susceptible de doute, les guerres de nation à nation doivent se considérer comme légitimes des deux côtés (*d*),

(*a*) Sur les raisons justificatives de la guerre, *V.* les écrits cités dans van Ompteda, *Litteratur*, t. II, p. 626; Kamptz, § 274.

(*b*) Nul doute que les démarches, soit ouvertes, soit cachées, qu'une nation se permet chez nous pour exciter les sujets à la révolte, ne puissent autoriser à lui faire la guerre. Mais lors même qu'elle se bornerait encore à établir chez elle des principes incompatibles avec la conservation et le bien-être des nations étrangères, on n'est pas obligé d'attendre le moment où le danger qui en résulte pour d'autres nations se soit réalisé. Cependant la guerre qui aurait pour objet de la forcer à ne plus agir d'après ces principes incompatibles avec notre propre conservation, ne serait pas une *guerre punitive*. *V.* sur les guerres de ce genre, van Ompteda, *Litteratur*, t. II, p. 632.

(*c*) Quelquefois, surtout dans les traités avec la Porte et les États africains, on stipule que la violation d'un seul article ne donnera point lieu à la guerre. Cependant ceci suppose qu'on accorde la satisfaction réclamée pour une infraction de ce genre; et si l'on y manque, la clause perd ordinairement sa force.

(*d*) A la suite de ce principe on traite même d'ennemis légitimes les États barbaresques, quoique le plus souvent le motif de leurs guerres ne

en tant qu'il est question du traitement des ennemis, des capitulations, ou autres arrangements militaires, et de la paix à conclure (§ 50).

Au reste, on sait combien souvent, dans la pratique, on doit distinguer les *raisons justificatives* et les *motifs* de la guerre.

———

[Il y a lieu, suivant nous, d'insister sur la distinction, indiquée par notre auteur à la fin du présent paragraphe, entre les raisons justificatives de la guerre et les causes ou les motifs de la guerre. Les raisons justificatives de la guerre sont empruntées à l'ordre moral ; les causes ou les motifs de la guerre sont des faits.

S'il est vrai, comme cela nous semble incontestable, que le droit de la guerre ne soit plus, comme dans l'origine des sociétés, un moyen d'acquérir et d'assouvir la haine et la vengeance, mais qu'il dérive de l'indépendance des nations et du droit naturel de sa propre conservation et de celle d'autrui, du sentiment du droit dont l'inviolabilité est pour les peuples un intérêt de premier ordre, il faut en même temps reconnaître qu'on trouve des raisons justificatives de la guerre, par exemple, dans la défense de grands intérêts d'État, de l'indépendance du pays menacé, de ses droits essentiels méconnus, dans le sentiment de l'insulte et dans le refus de la réparation.

Les causes de guerre sont diverses et nombreuses ; elles varient avec les temps, le degré de civilisation et le caractère des peuples ; mais tout en reconnaissant l'éventualité de complications qui peuvent faire prendre le change sur leur origine, on distingue facilement les causes principales de guerre, des causes occasionnelles ou secondaires. Les causes principales de guerre sont :

———

soit que le désir honteux de piller. Dans les guerres civiles, on croit pouvoir refuser le traitement d'ennemis légitimes à des sujets rebelles que l'on combat ; on se permet de les punir. Mais les horreurs des représailles qui en résultent engagent souvent, dans le cours d'une guerre civile, à promettre de se faire bonne guerre : ce n'est pas reconnaître l'indépendance du parti révolté. *V.* les écrits entre la France et l'Angleterre, 1778, dans HENNINGS, *Sammlung,* t 1, p. 5.

l'interprétation contraire et l'inexécution des traités, les cessions
de territoire obtenues par la violence et que les cédants s'efforcent
de récupérer, la violation du territoire et des règles consacrées
par le droit international, les atteintes portées aux droits de souveraineté de chaque peuple, l'ambition des princes qui rêvent de
nouvelles conquêtes, l'aspiration vers des contrées meilleures de
la part de populations établies sur une terre peu fertile et sous un
ciel rigoureux, la jalousie du développement d'un État voisin ou
la crainte qu'inspirent ses préparatifs d'agression, enfin, à de
certaines époques, les opinions religieuses et l'esprit de prosély-
tisme, les opinions politiques et les idées de propagande, comme
dans les guerres de la révolution qu'ont vues nos pères et que Pitt
appelait des *opinions armées. V.* encore sur les différentes causes
de guerre le mémoire précité de M. le comte PORTALIS, intitulé :
*De la guerre considérée dans ses rapports avec les destinées du
genre humain;* Séances et Travaux de l'Académie des sciences
morales et politiques, t. XXXVIII, p. 37 ; *l'Abbé de Saint-Pierre,*
par M. G. MOLINARI, p. 76, et KANT, *Eléments métaphysiques du
droit,* traduits de l'allemand par Jules Barni, p. cviii.

« En général, toute guerre est légitime, suivant Pinheiro-
Ferreira, lorsqu'elle a pour but de repousser la force par la force,
ou de contraindre l'autre État à l'accomplissement de ses devoirs
envers nous, quand il se refuse à les accomplir de bon gré.

» Mais, pour en venir à ces moyens extrêmes, dans la seconde
de ces deux suppositions il faut que les inconvénients résultant
du refus qui doit servir de motif à la guerre l'emportent sur les
maux probables qui seront la suite d'une rupture. Nous n'entendons pas parler seulement des suites matérielles, mais encore de
ce qu'on appelle l'effet moral, tant de la déclaration que de la non-
déclaration de la guerre.

» Or, personne ne pouvant prévoir la gravité de ces suites,
avant que le cas d'infraction de tel ou tel article des conventions
subsistant entre deux nations ne se présente, il est absurde de
renoncer d'avance à employer des moyens de force, lorsque l'infraction ne concernera que quelques articles, le cas pouvant se
présenter où l'honneur ou des intérêts vitaux de la nation forcent
le gouvernement à manquer à un aussi imprudent engagement. »

CH. V.]

§ 266. — De la division des Guerres en offensives et défensives.

On divise les guerres en *offensives* et *défensives* (a), mais sans toujours trop s'accorder sur le sens et l'application de ces termes.

Sans doute que, dans la règle, la guerre est *offensive* de la part de celui qui met le premier les armes à la main, qui entre le premier sur le territoire d'une autre nation pour l'y attaquer, qui le premier se permet contre elle des violences indéterminées en pleine mer; elle est donc *défensive* du côté opposé. Cependant, 1° il est des cas où celui qui, pour prévenir l'agression dont il est menacé, ou pour se maintenir dans la possession de droits qui lui appartiennent hors des limites de son territoire, mettrait le premier les armes à la main, ne s'écarterait pas des bornes de la simple défensive; 2° il peut quelquefois s'élever des doutes si une déclaration faite, ou le refus d'une déclaration satisfaisante, peuvent équivaloir à une déclaration de guerre; ou si tels genres de violences commises renferment déjà une rupture.

Il est donc peu surprenant que presque dans chaque guerre il s'élève des disputes (b) sur la question de savoir

(a) D.-S WOLF, *De ratione belli offensivi et defensivi*, Halæ, 1677; *Abhandlungen von dem Unterschiede des offensiv und defensiv Kriege*, dans *Teutsche Kriegscanzeley*, t. I, p. 773, VATTEL, liv. III, chap. I, § 5 *V.* aussi GALLIANI, *Recht der Neutralität*, liv. I, chap V, p. 164.

(b) Exemples dans MOSER, *Beyträge zu dem Volkerrecht in Kriegszeiten*, t. I, p. 3 et suiv.; surtout les actes publics de la guerre de 1756, de celle de 1778, et suiv., de 1792, 1805. Le motif de ces disputes est, 1° de persuader au public qu'on a été forcé à la défense; 2° de pouvoir surtout demander le secours de nos alliés défensifs, et de détourner les alliés de l'ennemi du secours qu'ils croiraient devoir lui prêter; 3° de

de quel côté la guerre a été défensive (c). Mais il semble
au moins que cette question étant insoluble entre des
nations indépendantes, on ne devrait point la faire servir
de prétexte pour exiger, lors de la paix, une satisfaction
particulière de la part de celui qu'on accuse d'avoir été
l'agresseur ; cependant le plus souvent c'est encore à cet
égard que la supériorité des forces l'emporte sur les
théories.

———

[Les anciens auteurs ont beaucoup insisté sur la division des
guerres en guerres offensives et en guerres défensives. Mais, ainsi
que le fait remarquer notre auteur, il est presque toujours mal-
aisé de déterminer le caractère et la priorité de l'agression. Cette
division est donc difficile à appliquer et sans utilité véritable.
Il y a plus : les guerres offensives sont légitimes quand la cause
pour laquelle elles sont entreprises est fondée sur le droit et sur
la justice. WHEATON, *Éléments du droit international*, t. I, p. 278,
signale d'autres divisions. Il y a les guerres publiques ou solennelles et les guerres privées. Il y a encore les guerres parfaites
et les guerres imparfaites. La guerre *parfaite* est, suivant lui,
celle où toute la nation est en guerre avec une autre nation et
dans laquelle tous les membres de chacune d'elles sont autorisés
à commettre réciproquement les hostilités permises par les lois
générales de la guerre. La guerre *imparfaite* est limitée aux lieux,
aux personnes et aux choses. Les hostilités autorisées par les

demander un jour une satisfaction particulière de la part de celui qu'on
taxe d'agresseur.

(c) On pourrait ajouter encore, dans la théorie, un troisième genre, la
guerre *décisoire* (*bellum decisorium*), lorsqu'on semble compromettre
sur le sort des armes en les prenant en même temps ; mais, dans la
pratique, tout revient à la distinction entre offensif et défensif. Le
compromis sur le sort du combat entre quelques individus n'avait lieu
que chez les anciens peuples, et ne peut qu'improprement se désigner
sous le nom de guerre. Il a cependant cela de commun avec la guerre,
qu'il abandonne le sort des nations à un jeu de hasard, dont les résultats ne sauraient se prévoir.

États-Unis contre la France en 1798 sont un exemple d'hostilités limitées.

C'est en conformité des observations qui précèdent que Pinheiro-Ferreira ajoute : « Il nous semble que c'est vouloir multiplier à plaisir les questions, que d'en faire une de la différence entre les guerres offensives et les défensives, se fondant sur ce que, lorsqu'une guerre a lieu entre deux nations, on ne sait pas toujours décider laquelle des deux a été l'agresseur.

» Il n'est donc pas question de savoir ce que c'est que d'être agresseur : au contraire il faut bien qu'on le sache, puisqu'il ne s'agit que de savoir lequel des deux l'a été. On n'appelle agresseur que celui qui le premier a exercé des hostilités matérielles, qui le premier a employé des moyens de force : celui qui n'a fait que manquer à son devoir, sans employer la force, n'est pas un *agresseur*, c'est un *provocateur*. Sans doute, ces deux expressions étant des synonymes, on peut les employer la plupart du temps sans inconvénient l'une à la place de l'autre; mais lorsqu'il s'agira de préciser lequel des deux adversaires a été l'agresseur, et lequel le provocateur, on n'appliquera ces expressions que d'après la distinction que nous venons de signaler. »   Ch. V.]

§ 267. — De la Déclaration de Guerre.

On n'a pas besoin de déclarer la guerre pour se défendre les armes à la main contre l'agresseur; mais celui même qui le premier entre en guerre n'a point d'obligation générale et naturelle d'annoncer la guerre à l'ennemi avant d'en venir à des hostilités (a). Cependant, chez les anciens peuples, la déclaration de guerre faite à l'ennemi fut considérée comme essentielle pour rendre la guerre légitime (b) : aussi a-t-on conservé en Europe, jusqu'au dix-

---

(a) H. COCCEJUS, *De clarigatione*, Heidelb., 1624, in-4; C. VAN BYNKERSHOECK, *Ut bellum legitimum sit, indictionem belli non videri necessariam*, dans ses *Quæstiones juris publici*, lib. I, cap XII; VATTEL, liv. III, chap. IV, etc. *V.* VAN OMPTEDA, *Litteratur*, t. II, p. 629.

(b) On crut même autrefois qu'avant de commencer la guerre il fallait formellement dénoncer les traités, ⊢ LEIBNITZ, Préface de son *Codex*

septième siècle, l'usage des déclarations de guerre
solennelles à l'ennemi par des hérauts d'armes (c). Cet
usage a disparu depuis, et l'on se contente de déclarer
chez soi la guerre, en publiant des manifestes et des exposés des motifs, communiqués aux diverses cours étrangères (d). Ce genre de déclaration de guerre est encore
aujourd'hui considéré comme tellement nécessaire (e), qu'on
a cru quelquefois pouvoir réclamer, lors des négociations
de paix, ce qui a été enlevé antérieurement à cette époque
par celui qui a exercé le premier des hostilités (f). Mais,
sur ce point même, la question de savoir si celui-ci a été le

juris gentium, et p. 41 et 115. Aujourd'hui ce n'est que par des motifs
particuliers qu'on dénonce ou suspend formellement les traités, quelquefois longtemps avant d'en venir à des violences. Exemples de l'Angleterre, du 17 avril 1760, dans mon Recueil a, t. II, p. 76; b t. III,
p. 173; de la Russie, du 8 février 1793, dans mon Recueil, t. VII,
p. 116; des États-Unis d'Amérique, du 7 juillet 1798, dans mon Recueil,
t. VII, p. 278.

(c) Les derniers exemples de ce genre sont pour la France contre
l'Espagne, en 1635; V. LE VASSON Histoire de Louis XIII, t. VIII,
p. 396. Pour le Danemark contre la Suède, en 1657, V. HOLBERG,
Dänische Reichshistorie, t. III, p. 241. Sur les cérémonies dans un autre
cas, de 1563, V. OLOF CELSIUS, Geschichte Königs Erichs XIV, p. 170,
en général, GONNE, Entdeckung der Ursachen, warum die Kriegsankün-
digung unter freyen Wölkern für nöthig gehalten worden; dans SIEBEN-
KEES, Juristisches Magazin, t. I, n 3.

(d) EMÉRIGON, Traité des assurances, t. I, chap. xii, sect XXXV, p 539,
et suiv.

(e) Cette publication se fait encore ordinairement avec solennité en
Angleterre. V. ADELUNG, Staatsgeschichte, t VIII, p. 57; AYRER, De
jure solemni circa declarandum bellum inter gentes morutiores ac-
cepto, Gottingæ, 1757, in-4. Par des motifs particuliers, elle n'eut pas
lieu en 1778. V. ARCHENHOLZ, Briefe uber England, t I, p. 453 Exemple
de la prise de trois frégates espagnoles par les Anglais, sans déclaration
de guerre, en 1804, justifiée par GENZ, Authentische Darstellung der
Verhältnisse zwischen England und Spanien, 1806, p. 199 et suiv.

(f) Exemple des négociations entre la France et l'Angleterre, de 1701

premier agresseur, et si la guerre n'a pas été tacitement
déclarée, offre de nouvelles difficultés, surtout lorsqu'on
n'est pas convenu d'un événement fixe duquel on datera
l'époque de la rupture (g).

[Il est difficile d'admettre, avec notre auteur et M. HAUTE-
FEUILLE, *Des droits et des devoirs des nations neutres*, t. I, p. 287
que celui qui le premier entre en guerre n'ait point d'obligation
générale et naturelle d'annoncer la guerre à l'ennemi avant de se
livrer à des hostilités. Ce serait ravaler l'homme à l'égal de la
brute qui guette sa proie pour se précipiter sur elle. Même chez
les peuples de l'antiquité, cet usage était pratiqué sous des formes différentes et avec des cérémonies religieuses. Aucune guerre
n'était *légitime, régulière*, sans avoir été déclarée. On regardait
comme des actes de brigandage et de piraterie toutes les hostilités
antérieures à la déclaration de guerre. Au moyen âge, l'esprit
de chevalerie perpétua cette pratique pour les guerres publiques
comme pour les duels privés. Le dernier exemple de déclaration
de guerre suivant les formes usitées au moyen âge, fut la déclaration de guerre de la France contre l'Espagne, qui eut lui à
Bruxelles, en 1635, par hérauts d'armes. Aujourd'hui les gouvernements ennemis se bornent en général à interrompre leurs relations diplomatiques et à faire connaître leurs griefs par des manifestes ou par toute autre voie de publicité. Le but de ces manifestes
est à la fois de faire appel à l'opinion publique et d'instruire et de
diriger les sujets de l'Etat belligérant dans ses rapports avec
l'ennemi relativement à certains effets qui, d'après les usages
internationaux, résultent de la guerre régulièrement faite. Toutefois, suivant HAUTEFEUILLE, t. I, p. 270, les mémoires justificatifs
ne peuvent remplacer la déclaration de guerre ni à l'égard des
parties, ni surtout à l'égard des nations étrangères : en ce qui concerne la nation avec laquelle le souverain était en dissentiment, ce
mémoire indique les griefs, les prétentions et les preuves à l'appui, mais il omet la notification du commencement des hostilités
vis-à-vis des nations étrangères au débat ; l'insuffisance de ces

(g) Traité entre la France et l'Angleterre, de 1786, art. 2.

mémoires lui paraît encore plus frappante, puisqu'ils ne font pas connaître officiellement le moment précis où la guerre commence. Mais on peut dire dans l'état actuel des relations diplomatiques qu'il est impossible qu'une nation reste dans l'ignorance des intentions, des projets et des préparatifs d'une autre nation.

L'histoire moderne présente de nombreux exemples d'hostilités commises avant que la guerre ne fût déclarée. *V.* ces exemples notamment dans DE CUSSY, *Phases et causes célèbres du droit maritime des nations,* t. 1, p. 182 et 362.

Du reste, c'est avec raison que M. de Martens fait observer que d'après la nature des choses, il n'est pas indispensable qu'une guerre défensive soit précédée d'une déclaration de guerre. Dans ce cas, les faits parlent suffisamment d'eux-mêmes. Mais dans aucune hypothèse, les particuliers pour leurs personnes et leurs propriétés privées et les gouvernements neutres ne doivent être frustrés des délais qui leur sont nécessaires pour se garantir de pertes imprévues.

Nous avons dit plus haut que l'intention d'un État de déclarer la guerre à une autre nation se manifeste par les lettres de rappel adressées à ses ambassadeurs ou autres agents diplomatiques, accrédités auprès de cette nation ; mais il arrive aussi de rappeler les sujets qui ont accepté du service soit civil, soit militaire chez cette nation ou qui y ont formé des établissements ; il arrive encore, mais plus rarement, qu'un souverain rappelle indistinctement tous ceux de ses sujets établis chez le peuple avec lequel il va être en guerre en leur enjoignant sous des peines sévères de rentrer dans leur patrie. *V.* sur les différentes questions qui se rattachent à ce sujet : HAUTEFEUILLE, *loc. cit.,* DALLOZ, *Jurisprudence générale,* v° *Droit naturel et des gens,* n° 111 et suiv.; WHEATON, *Éléments du droit international,* t. I, p. 279; HEFFTER, *le Droit international public,* traduction de M. Bergson, § 120.

« Certes, s'il s'agit d'une guerre injuste, dit Pinheiro-Ferreira, il faut, pour qu'elle ne devienne pas déloyale, que l'assaillant avertisse celui qu'il attaque, afin que du moins il ait le temps de se mettre en garde. Mais lorsqu'il s'agit d'une guerre légitime, on ne saurait prétendre que notre ennemi, qui, par un refus d'accomplir ses engagements, nous force à la guerre, ait droit à ce que nous le mettions, par notre déclaration, à même de pouvoir mieux soutenir l'injustice par la force.

» Pour ce qui regarde les autres nations, tout ce qu'elles peuvent prétendre de nous, c'est qu'en faisant la guerre à notre ennemi, nous ne portions aucune atteinte à leurs intérêts.

» Il se peut que la dignité ou les intérêts de la nation qui se voit forcée à déclarer la guerre fassent un devoir à son gouvernement de faire connaître aux autres puissances la justice de sa conduite au moment de prendre ce parti extrême; mais on voit qu'en pareil cas ce sont ses propres intérêts qu'on a à consulter, et qu'il ne s'agit pas de remplir un devoir envers les autres nations.

» Les manifestes sont quelquefois nécessaires pour que la nation dont le souverain a décidé de faire la guerre en soit avertie, chaque particulier étant intéressé à savoir comment il doit régler ses affaires et se préparer pour les charges de diverse nature qu'il sera indispensable de faire peser sur le peuple pour satisfaire aux exigences extraordinaires de la guerre.

» Mais cela ne peut avoir lieu que dans les monarchies absolues, où les affaires de cette nature ne se discutent que dans les conseils secrets du monarque. Il n'en est pas de même dans les gouvernements représentat.fs, où les délibérations qui doivent avoir précédé dans les chambres législatives, selon ce que nous avons dit à cet égard, dans la note au § 264, sur la déclaration de la guerre, auront assez averti les nationaux et les étrangers, mieux que des manifestes ne pourraient le faire, de se tenir en garde et de veiller à leurs intérêts à tout événement. »   Cn. V.]

§ 268. — De l'Embargo.

La personne et les biens des sujets pouvant, même en temps de paix, servir d'objets de représailles, l'ennemi serait aussi autorisé, à la rigueur, à saisir ces biens au moment de la rupture, non-seulement sur le territoire ennemi, et en pleine mer, mais même sur son propre territoire et dans ses ports. Cependant, vu que de tels biens sont introduits dans ses États sous la foi de la sauvegarde du droit des gens, et qu'il serait infiniment dur, et réciproquement désavantageux, que le particulier qui ignore ce qui se passe dans les cabinets fût ainsi privé de sa propriété sans espoir d'indemnité, il a été stipulé, dans la plupart des traités de commerce modernes, 1º que les navires et les biens de l'ennemi qui se trouvent dans nos États à l'époque de la rupture ; 2º que ceux mêmes qui entrent ensuite dans nos ports, en tant que la rupture n'a pas été connue dans le port qu'ils ont quitté en dernier lieu, ne seront pas assujettis à l'*embargo,* mais qu'on leur accordera un espace de temps déterminé pour pouvoir vendre leurs biens ou les exporter en liberté, munis de lettres de sauvegarde (*a*) : c'est ce que portent même les lois de quelques pays (*b*). Cependant, là où il n'y a point de lois ou de traités sur ce point, la conduite des puissances de l'Europe n'est rien moins qu'uniforme. D'ailleurs on se permet quelquefois, nonobstant les traités et les lois, de saisir provisoirement les biens de l'ennemi jusqu'à ce qu'on se soit assuré qu'il relâchera ceux de nos sujets (*c*), ou de les confisquer même, sous le prétexte de représailles; sans parler des cas où, au mépris du droit des gens, on ne suit que les impulsions de l'animosité.

Un petit nombre de traités portent même que les sujets réciproques pourront continuer leur séjour chez l'ennemi

(*a*) *V.* mon *Cours diplomatique,* t. III, Tableau, dans les relations particulières, paragraphes *De la neutralité* et *De la rupture.*

(*b*) EMÉRIGON, *Traité des assurances,* t. I, p 563 et suiv. Déjà la grande charte en Angleterre, de 1215 et 1225, porte, art. 41, qu'en cas de guerre les étrangers ne seront détenus que jusqu'à ce qu'on ait appris comment l'ennemi se conduit à l'égard des Anglais.

(*c*) Exemple de la guerre de Sept ans, dans MOSER, *Versuch,* t. IX, part. i, p. 52, 54, 59. Exemple de 1781, entre l'Angleterre et les Provinces-Unies des Pays-Bas, *N. Nederl. Jaerboeken,* 1781, p. 397; mon *Erzählungen,* t. II, p. 59 et suiv.

tant que leur conduite ne sera pas suspecte (*d*); mais on
oblige toujours le ministre de l'État avec lequel on est en
guerre de se retirer avec sa suite (*e*), en le laissant partir
en sûreté, à l'exception de ce qui a été observé plus
haut (§ 214) touchant la Porte ottomane.

[L'acte connu sous le nom d'*embargo*, de l'espagnol *embargar*,
arrêter, consiste à faire arrêter provisoirement les navires qui se
trouvent dans les ports ou dans les mers intérieures d'un État
pour en empêcher la sortie. Bien qu'appliqué en général avant le
commencement d'un état de guerre, l'embargo ne prend un caractère définitif et ne produit ses effets qu'après la déclaration de
guerre.

L'embargo n'est quelquefois qu'un acte de sûreté intérieure
ordonné par un gouvernement, pour empêcher, par exemple, que
des nouvelles sur l'état du pays ne soient divulguées à l'étranger,
ou pour faciliter des recherches de police. C'est ce qu'on a appelé
l'arrêt du prince.

Dans toutes les hypothèses, l'usage de saisir dans les ports, au
moment d'une déclaration de guerre, les bâtiments de la nation
qui devient ennemie est un usage déplorable qui devrait disparaître du droit public de tous les États. Il serait à désirer que le
principe consacré par un grand nombre de traités et qui accorde
un délai de six mois ou d'un an aux négociants de la nation ennemie pour se retirer dans leur patrie et emmener avec eux
leurs biens et leurs bâtiments soit généralisé. *V.* notamment
l'article 2 du traité du 26 septembre 1786 entre la France et
l'Angleterre, et l'article 45 du traité du 11 janvier 1787 entre la
France et la Russie.

Il arrive quelquefois que l'embargo n'est qu'une simple interdiction de commerce par voie de coercition, ainsi que cela eut
lieu à l'époque de la séparation de la Belgique et de la Hollande.

(*d*) Moser, *Versuch*, t. IX, part 1, p. 46. Traité entre la France et la
Grande Bretagne, de 1786, art. 2, non renouvelé en 1801. Exemples depuis 1803, de la France contre l'Angleterre, *V* plus bas, § 277.

(*e*) Moser, *Versuch*, t. IX, part 1. p 55.

V. le traité du 22 août 1832 entre la France et laGrande-Bretagne.

L'embargo diffère de l'*angarie* qui consiste simplement dans le fait de la part d'un Etat belligérant de mettre en réquisition les bâtiments neutres se trouvant dans les ports ou rades de sa domination et de les obliger à transporter moyennant un juste salaire, des armes, des troupes ou des munitions. *V.* MASSE, *le Droit commercial dans ses rapports avec le droit des gens,* 2° édit., t. I, n. 321, et HAUTEFEUILLE, *des Droits et des devoirs des nations neutres,* t. IV, p. 433. *V.* encore le *Dictionnaire général de la Politique,* v° *Embargo.*

Pinheiro-Ferreira présente sur ce paragraphe les observations suivantes : « Ce paragraphe étant celui où l'auteur commence proprement à traiter des suites de la rupture entre deux gouvernements, il faut qu'avant d'aller plus loin nous fixions les principes qui nous semblent les seuls véritables sur la conduite à tenir par tous les deux, dans le but avoué par chacune des puissances belligérantes de parvenir à forcer son adversaire à lui rendre la justice qu'elle n'a pas pu obtenir par la voie des négociations.

» Paralyser les forces de l'ennemi, dans le double but de l'empêcher de nous nuire et de le forcer à nous faire la réparation qui nous est due, est tout ce que doit se proposer celui qui est obligé de recourir aux armes pour soutenir ses droits.

» La résolution de ce problème se réduit donc à mettre le personnel de l'armée ennemie hors de combat, à lui rendre inutiles ses munitions et bagages, et à lui ôter les moyens de toucher les contributions dont il doit alimenter la guerre.

» De là il suit que tous les individus que le gouvernement ennemi n'emploie pas effectivement pour nous faire la guerre ne sont point compris dans le premier de ces trois chefs, dans le cercle desquels doit se renfermer notre réaction.

» Rien de ce qui n'est ni munitions, ni bagages, ni, en un mot, moyens appartenant au gouvernement ennemi, et exclusivement destiné par lui à nous nuire, ne saurait non plus être par nous saisi, d'après les principes d'une bonne guerre

» Les habitants ne pouvant être en aucune façon responsables d'un mal qu'il ne leur est pas donné de connaître, et encore moins d'empêcher, ne sauraient être punis des méfaits de leur gouvernement.

» Rien, par conséquent, de plus inique que les soi-disant droits

de la guerre spécifiés par M. de Martens dans ce paragraphe, et
qu'il semble approuver toutes les fois qu'on se borne à donner
aux sujets de notre adversaire qui se trouvent chez nous au moment de la rupture le temps de vendre, tant bien que mal, leurs
propriétés. Il est vrai qu'il cite avec son impartialité, ou plutôt
son indifférence ordinaire, la convention qu'on a faite quelquefois, de permettre que les sujets de l'ennemi continuent à résider
dans le pays après la rupture, aussi longtemps que leur conduite
ne sera pas suspecte. Au reste, M. de Martens avait raison s'il ne
donnait pas une grande importance à cette concession, dès que
chacun sait ce que c'est que la *loi des suspects* partout où on la
rencontre.

» En laissant donc de côté ce qu'il a plu aux gouvernements de
faire en pareil cas, nous ajouterons que toute hostilité pratiquée
contre les personnes et les biens des habitants du pays dont le
gouvernement se trouve en guerre avec nous, est non-seulement
un acte d'injustice, ainsi que nous venons de le démontrer, mais
une grave erreur d'économie publique et même de politique,
ainsi que nous allons le prouver.

» En effet, au point où en sont venues aujourd'hui les relations
commerciales de toutes les nations de l'univers, on peut affirmer
avec la plus exacte vérité que chacune des places de commerce
est essentiellement intéressée à la prospérité de toutes les autres,
et par conséquent tous les dommages que nous ferons au commerce de notre ennemi s'étendront à notre propre commerce. Il
existait sans doute, avant que la guerre n'éclatât, un commerce
entre les deux nations. Par le système actuel de faire la guerre,
non-seulement au gouvernement, mais à la nation, les relations
commerciales en sont entièrement rompues ou continuent d'une
manière interlope. Si elles cessent tout à fait, on se prive, au
moment où l'on a plus de besoins, d'une de ses principales
ressources, en paralysant avec cette branche de commerce
toutes les branches d'industrie auxquelles elle ouvrait des débouchés.

» Mais le fait est que le commerce continue entre les deux nations soit par interlope, soit par entremise des nations neutres ;
de sorte qu'en fermant, par une fausse politique, vos ports aux
vaisseaux marchands de la nation belligérante, vous surchargez la
vôtre de tout le surplus des frais d'un commerce frauduleux, ou

bien des frets et commissions qui enrichissent les nations neutres aux dépens de votre propre nation.

» Mais ce n'est pas seulement une erreur d'économie publique, c'est une grave faute politique; car, plus vous lierez d'intérêts les deux nations, plus vous attirerez dans les intérêts de votre cause, que je suppose être celle de la justice, le commerce, et, par conséquent, toute la masse de la nation, dont le gouvernement seul est votre ennemi. Ce sera donc sa propre nation qui le forcera à vous rendre la réparation qui vous est due; tandis que si, en lui faisant la guerre, vous la faites en même temps à sa nation, vous vous privez vous-même d'un puissant auxiliaire. En ne faisant la guerre qu'aux gouvernements, et en laissant subsister les relations commerciales entre les nations, les guerres étrangères deviendraient en quelque sorte des guerres civiles; et les guerres civiles qui, sous quelques rapports, sont plus funestes que les guerres étrangères, ont sur elles l'avantage de ne pas pouvoir être si fréquentes, et de n'être point susceptibles d'une aussi longue durée. En effet, pourquoi les guerres civiles sont-elles si rares? pourquoi sont-elles toujours d'une courte durée? Parce que les chefs des partis ne pouvant anéantir les intérêts qui rapprochent les masses, celles-ci finissent par s'unir et les écraser. Or, voilà précisément ce qui arriverait, si le gouvernement offensé, en déclarant la guerre à celui de qui il ne peut pas obtenir autrement la réparation qui lui est due, laissait subsister les rapports de commerce entre les deux nations; car il n'est pas facile aux gouvernements d'être injustes lorsque les nations sont unies. L'intérêt du commerce, aussi bien que l'enthousiasme de la religion et l'amour de la liberté, ne connaît d'autre patrie que le monde, ni d'autres concitoyens que les hommes de tous les pays. »   Ch. V.]

§ 269. — Des Lettres avocatoires, déhortatoires et inhibitoires.

En entrant en guerre tout État est en droit, 1° de rappeler par des *lettres avocatoires* (a) tous ceux de ses sujets qui séjournent chez l'ennemi : il pourrait même rappeler ceux

(a) Van Steck, *Von der Abberufung der in auswärtigen Kriegsdiensten stehenden Reichsglieder und Vasallen;* et le même, *Vertheidigung*

qui se trouvent dans d'autres États, s'il a besoin de leur bras pour la défense de la patrie, quoique aujourd'hui on se borne ordinairement à rappeler ceux qui sont au service de l'ennemi, ou qui sont vassaux ou au service militaire de leur patrie; 2° de défendre, sous peine de confiscation des biens, et même sous des peines infamantes, de rester ou d'entrer au service, soit militaire ou autre de l'ennemi (b); 3° de joindre à ces lettres avocatoires et déhortatoires des lettres *inhibitoires* pour défendre à tous les sujets en général le commerce et la correspondance avec l'ennemi, l'importation des marchandises du cru ou des manufactures de l'État avec lequel on est en guerre, et l'assurance pour le compte de l'ennemi.

Cependant, comme il se peut que l'interdiction de toute communication tourne au désavantage des deux parties, il y a des cas où, 1° on laisse subsister le cours des postes, soit en général, soit sur des routes déterminées; 2° où l'on permet expressément ou tacitement le commerce, soit de quelques marchandises déterminées (c), soit de toutes celles qui ne servent point spécialement pour la guerre, ou généralement ou dans des ports déterminés (d); mais dans

---

der *Grundsatze welche in der Abhandlung von Avocatorien aufgestellt worden*, dans ses *Abhandlungen aus dem teutschen Staats-und Lehnrecht*, Halle, 1758, in-8.

(b) MOSER, *Versuch*, t. IX, p. 1, p. 43 et suiv. J. les lettres avocatoires et inhibitoires de l'empereur romain, des 19 décembre 1792 et mai 1793.

(c) MOSER, *Versuch*, t. IX, p. 1, p. 46, 60

(d) BOUCHALD, *Théorie des traités de commerce*, p. 250; MOSER, *Versuch*, t. IX, p. 1, p. 72. Sur l'intérêt qu'a l'Allemagne, en général, à ne pas défendre tout commerce aux villes maritimes pendant ses guerres, F. BUSCH, *Abhandlung uber die durch den jetzigen Krieg veranlasste Zerruttung des Seehandels*, Hambourg, 1793, in-8, et *Nachtrag*, Ham

aucun pays on ne tolère aujourd'hui les assurances pour compte de l'ennemi (e).

[Au sujet du rappel des citoyens qui pourraient se trouver au service du gouvernement auquel nous sommes forcés de déclarer la guerre, Pinheiro-Ferreira présente les observations suivantes : « Ce rappel, s'il comprend les personnes autrement employées chez notre ennemi qu'au service militaire de terre ou de mer, serait une violation du droit que chacun a de résider partout où il voudra, aussi longtemps qu'il ne nuit aux droits de personne, ni par conséquent ne manque à aucun de ses engagements.

» On ne saurait donc forcer de rentrer que les personnes obligées par les lois du pays à prendre service dans les rangs de l'armée de terre ou de mer, ou d'occuper d'autres charges dans lesquelles il ne leur est pas permis de se faire remplacer ou de racheter leur engagement pour de l'argent. Dans tous ces cas, le citoyen rappelé doit se rendre à son poste ou se regarder comme dénaturalisé. Mais doit-il pour cela encourir une peine, telle que la confiscation, l'infamie, etc. ? Il ne saurait y avoir droit à punir que là où il y a eu atteinte à des droits incontestables. Le législateur, en décidant la guerre, et le gouvernement, en la déclarant par suite de cette décision, doivent être obéis par les citoyens ; mais ceux-ci ont encore l'alternative de cesser de l'être, et dès lors ils n'auront aucun devoir d'obéir à l'appel d'un gouvernement qui a cessé d'être le leur. Si, de leur retraite, il résultait à l'État quelque autre préjudice que le simple défaut de comparution du citoyen à son poste, il devra le satisfaire de ses biens ; mais, sinon, aucun motif légitime ne peut justifier la saisie de ce qui lui appartient ; car pour la confiscation, elle commence à disparaître de tous les codes, même pour les crimes les plus incontestables.

bourg, 1794, in-8. Convention (non imprimée) du 4 juin 1802, entre la France et la Russie, sur la neutralité à accorder aux huit villes impériales, dans toutes les guerres futures où l'Empire pourrait intervenir.

(e) Van Steck, *Von Versicherung feindlicher Schiffe und Guter*, dans ses *Ausfuhrungen*, 1776, n. 9 ; Magens, *Von Assecuranzen*, dans la Préface.

Quant à l'*infamie*, on ne peut rien en dire, en général, puisqu'il règne une extrême variété d'opinions sur la nature et les effets de cette sorte de punition. Ce qu'on peut en dire, relativement au citoyen qui, en se dénaturalisant, refuse de répondre à l'appel de son gouvernement et reste dans le pays avec lequel la guerre a éclaté, c'est que son action sera appréciée d'après les circonstances dont elle se trouvera revêtue ; car s'il n'y avait pas d'engagement spécial, la simple qualité de citoyen ne le constitue pas dans l'obligation de prendre part à la guerre que son gouvernement vient de décider. Il peut la croire injuste, et dès lors il lui est loisible de ne pas y prendre part, pourvu que, pour pouvoir s'exempter d'obéir à la loi, il se sépare de la communauté à laquelle le gouvernement a droit de commander. »   Ch. V.]

CHAPITRE IV.

DES DROITS RÉCIPROQUES DES PUISSANCES BELLIGÉRANTES TOUCHANT LA MANIÈRE DE FAIRE LA GUERRE.

§ 270. — Des Lois de la Guerre, et de la raison de Guerre.

Le but légitime de la guerre n'étant jamais d'exterminer l'ennemi, mais de l'obliger à une paix qui nous assure la satisfaction que nous réclamons, la loi naturelle défend d'user de moyens qui rendraient tout rapprochement impossible (a). A cette limitation près, la loi naturelle ne défend, dans la généralité, aucun moyen qui, d'après les circonstances, peut tendre à nous procurer une paix satisfaisante : c'est là ce qu'on a en vue en disant que le droit de la guerre est illimité (*jus belli infinitum*). Mais les puissances civilisées de l'Europe ne se bornent point à proscrire les *guerres à mort* (b), qui ne conviennent qu'aux barbares : c'est surtout depuis l'introduction des troupes réglées qu'elles ont tâché de diminuer dans quelques points le fléau

(a) KANT, *Naturrecht*, t. II, abs. II, § 7.
(b) C.-G. HEYNE, Progr. *De bellis internecinis eorumque causis et erentis*, Gottingæ, 1794, in-fol

de la guerre ; et, convaincues par une longue expérience,
que même entre les moyens que la loi naturelle ne rejet-
terait pas déjà comme étrangers au but de la guerre, il y
en a quelques-uns qui en augmentent sans nécessité les
maux, ou dont le mal auquel ils exposent les deux parties
surpasse les avantages qu'on pourrait en espérer, elles
sont convenues, soit expressément, soit tacitement, de
proscrire quelques mesures comme totalement inadmissi-
bles, le seul cas de représailles excepté ; d'autres comme
illicites dans la règle, mais excusables seulement par les
circonstances extraordinaires dans lesquelles la *raison
de guerre (kriegsraison)* l'emporte sur quelques-unes de
ces modifications. Ce sont ces règles qu'on désigne, dans
la généralité, sous le nom de *lois de la guerre (kriegsmanier)* (c).

On retrouve ces lois de la guerre au milieu même des
reproches que, presque dans chaque guerre, l'ennemi fait
à l'ennemi de les avoir violées : elles n'ont pas même été
entièrement bannies des guerres que la France a faites
à l'Europe depuis 1793 jusqu'en 1814. Mais le but de ces
guerres, et les moyens pour y parvenir, ont tellement
influé sur la manière de les faire et sur l'augmentation de
ces maux que même les guerres précédentes entraînaient
pour les sujets des ennemis et des neutres, qu'il est
fort à désirer qu'elles ne servent jamais de modèle à
celles dont, dans la suite des temps, l'Europe pourrait être
menacée.

(c) *Gründliche Nachricht von Kriegsceremoniel und Kriegsmanier.*
1745, in-8. STRUBEN, *De la raison de guerre,* dans le supplément à son
Ébauche des lois naturelles.

[La guerre a ses lois comme la paix. Les nations civilisées l'admettent comme un mal inévitable, comme un état de choses forcé ; mais dans son action la guerre ne se propose pas la destruction de l'espèce humaine, et elle ne doit pas être faite de manière à rendre une réconciliation impossible ; aussi la lutte entre des forces militaires doit être loyale, et l'emploi de moyens lâches et perfides comme l'assassinat, le poison et autres semblables amènerait de cruelles représailles et rendrait impossible le rétablissement pacifique des relations internationales.

Dans les sociétés modernes, la guerre s'engage seulement d'Etat à Etat : elle ne s'étend pas aux sujets des gouvernements engagés dans la lutte ; et les conséquences ne peuvent aller vis-à-vis du peuple vaincu jusqu'à le priver de la liberté civile, à le réduire à l'esclavage ou à faire de l'Etat une colonie. Ce résultat a été obtenu par la double influence du christianisme et de la chevalerie ; aussi était-ce avec raison que Portalis disait dans son discours d'inauguration du conseil des prises, du 14 floréal an VIII : « Le droit de la guerre est fondé sur ce qu'un peuple, pour l'intérêt de sa conservation ou pour le soin de sa défense, veut, peut ou doit faire violence à un autre peuple. C'est le rapport des choses, et non des personnes, qui constitue la guerre : elle est une relation d'Etat à Etat, et non d'individu à individu. Entre deux ou plusieurs nations belligérantes, les particuliers dont ces nations se composent ne sont ennemis que par accident. Ils ne le sont point comme hommes, ils ne le sont même pas comme citoyens; ils le sont uniquement comme soldats. Aussi, tant que les sujets de plusieurs Etats en guerre ne prennent pas part personnellement aux hostilités, leurs droits et leurs biens personnels ne sont pas atteints par les opérations de la guerre, dont les effets sont limités aux droits et aux propriétés publiques des nations belligérantes. »

Ce n'est pas, ainsi que l'ont soutenu plusieurs auteurs (V. notamment HAUTEFEUILLE, *Des droits et des devoirs des nations neutres*, 2ᵉ édit., t. I, p. 318 et suiv.; ORTOLAN, *Règles internationales et diplomatie de la mer*, t. II, p. 35 et suiv., et WHEATON, *Éléments de droit international*, t. II, p. 17), par dérogation au droit des gens naturel que les lois de la guerre ont ainsi perdu ce qu'elles présentaient d'arbitraire et de désordonné ; ce n'est pas pour prévenir la résistance désespérée des vaincus qu'elles se sont adoucies ; cela est dû aux progrès de la justice et de la raison, à une intelligence plus vraie, à une application plus juste des règles du droit naturel. C'est au nom du même progrès qu'il faut repousser l'assassinat, l'empoisonnement, la violation d'une capitulation, l'excitation à la désertion, même les embuscades et les fausses nouvelles, et en général tous les moyens de défense et d'attaque qui rendraient indigne du titre de citoyen celui qui les mettrait en œuvre et qui ferait rayer du rang des nations celle qui les ordonnerait. V. HEFFTER, *le Droit international public*, traduction de M. Bergson, § 119.

§ 271. — De ceux qui ont part aux hostilités.

Tandis qu'entre des peuples barbares c'est la nation qui se jette sur la nation ennemie, et que l'individu, confondant la cause publique avec la sienne, court sus à l'ennemi, en s'abandonnant au meurtre et au pillage, les puissances de l'Europe ont reconnu dès longtemps le principe que, même après la déclaration de guerre, il n'est pas indistinctement permis aux sujets de prendre part aux hostilités, quoique l'on conserve encore dans les déclarations de guerre l'ancienne formule (a) qui semble les y autoriser, et que, sur le continent, la guerre ne doit se faire que par les troupes que l'État a appelées à son service, ou par des compagnies franches, etc., dont il a autorisé le rassemblement; et sur mer, par les vaisseaux de guerre de l'État ou par des armateurs munis de ses lettres de marque; que tous les autres sujets, au contraire, qui, de leur autorité privée, agiraient *offensivement*, soit sur le continent, soit sur mer, peuvent être traités comme ennemis illégitimes, et punis comme brigands ou pirates (b).

(a) VATTEL, liv. III, chap. xv, § 227.

(b) VATTEL, *loc. cit.*, § 223; JACOBSEN, *Handbuch des practischen Seerechts*, t. I, a. II, p. 101-117.

A peine voulait-on convenir, dans les guerres qui ont précédé celle de la révolution française, que la *milice* (c), surtout lorsqu'elle était employée à l'offensive, peut prétendre à un traitement égal à celui des troupes réglées; et dans les cas rares ou le gouvernement sommait tous les sujets de prendre les armes pour la *défense* de la patrie (d) en danger, ou bien lorsque les habitants d'un endroit s'avisaient, de leur chef, de s'armer pour sa défense, on crut être autorisé à les traiter avec plus de dureté et à leur refuser le traitement de prisonniers de guerre. C'est ainsi qu'en limitant le nombre des combattants on avait réussi à rendre les guerres moins destructives pour l'agriculture, le commerce, les arts et la population.

Mais, dans la guerre de la révolution française, la levée en masse décrétée en France le 16 août 1793 (e), bien qu'elle n'ait pas eu lieu en forme, est devenue la base de ces conscriptions et réquisitions forcées, qui, en augmentant immensément le nombre de combattants arrachés à l'industrie nationale, pour agir offensivement contre les ennemis, ont enfin forcé ceux-ci d'imiter en quelque sorte un exemple nouveau, et dont les suites seraient incalculables pour le repos et la prospérité des nations, s'il devait servir de règle pour les guerres à venir.

————————

[« Le principe que M. de Martens cherche à établir ici est tout à fait dénué de fondement, dit Pinheiro-Ferreira, car il n'y a que deux cas possibles : ou il est question des troupes de l'envahisseur,

(c) MOSER, *Versuch*, t. IX, p. I, p. 268.
(d) Exemple de la Sardaigne, en 1742, dans MOSER, *Versuch*, t. IX, p. I, p. 206.
(e) *V.* mon *Recueil*, t. VI, p. 749.

ou de celles du pays envahi. Celles de l'envahisseur, aussi longtemps qu'elles font bonne guerre, personne n'a le droit, parce que
personne n'a les moyens, de les mettre en jugement pour les
convaincre du crime de non-autorisation de la part de leur gouvernement.

» Quant aux troupes qui repoussent l'invasion, non-seulement
elles se trouvent la plupart du temps dans le même cas vis-à-vis
du conquérant ; mais elles ont encore le droit de partager l'avis
de leur gouvernement et de coopérer avec lui, sans même être
appelées aux armes pour repousser l'ennemi commun. Dans tous
les deux cas, les prisonniers faits sur ces corps de partisans doivent être traités comme ceux de l'armée de ligne. Nous entendons
parler des cas où ces troupes de partisans font bonne et loyale
guerre ; car si l'armée envahissante, fût-elle la plus régulière et la
plus incontestablement autorisée par son gouvernement, était la
première à manquer à son devoir en maltraitant, soit les prisonniers, soit l'habitant paisible, elle se sera mise hors de la loi des
nations, elle ne saurait prétendre à être traitée comme une armée
de soldats, et doit plutôt s'attendre à être accueillie comme une
bande de brigands.

» En effet, lorsqu'un gouvernement, dans sa folle démence,
ordonne à ses soldats d'aller faire la guerre à toute une nation,
qu'il leur enjoint d'égorger tout individu qui ne consentira pas à
se laisser ravir sa propriété ; lorsque, fidèles à un tel mandat, les
soldats se dépouillent, à l'exemple de leurs chefs, de tout sentiment d'honneur et d'humanité, pillent, ravagent, forcent et violent, alors la guerre n'est plus entre soldats et soldats, mais entre
des citoyens et des bandits ; et il sied bien à des bandits d'invoquer
le droit des gens en leur faveur ! »

Et plus loin : « L'auteur confond, dans les doctrines de cet
alinéa, des idées absolument hétérogènes entre elles. Il n'est pas
ici question de savoir si, en se bornant à ne se faire la guerre
qu'avec des troupes de ligne, les guerres seraient moins désas-
treuses : la question est uniquement de savoir si les seuls prisonniers faits sur les troupes de ligne méritent d'être traités comme
des hommes qui, en prenant les armes contre l'ennemi, ont cédé
à un devoir, et par conséquent ne sauraient être passibles d'aucune punition.

» En laissant donc de côté la première de ces deux questions, qui ne concernent en rien le droit des gens, nous remarquerons, quant à la seconde, que le citoyen cède également à un devoir, lorsque, appelé par son gouvernement à prendre les armes contre l'ennemi commun, il y court, soit par persuasion, soit sans autre motif que celui de la simple obéissance; ou lorsque, sans être appelé, par la simple conviction du bon droit de la patrie, il en épouse spontanément la querelle. Son zèle ne saurait le priver des égards qu'on aurait pour les soldats d'une tierce puissance qui, sans provocation de notre part, formerait contre nous une alliance avec notre adversaire. Or, ce qui est vrai à l'égard des corps francs ou des partisans, l'est encore bien davantage par rapport aux milices, qui n'agissent incontestablement que d'après les ordres des autorités auxquelles elles sont tenues d'obéir. »

V. du reste ce qui a été dit au paragraphe précédent, et WHEATON, *Éléments du droit international,* t. II, p. 18; HEFFTER, *le Droit international public,* traduction de M. Bergson, § 114.

Cʜ. V.]

§ 272. — Du Droit sur la vie de l'ennemi.

La guerre autorise à considérer comme ennemis tous les sujets de l'État contre lequel elle a été déclarée, en tant qu'il s'agit de poursuivre contre eux la satisfaction que nous réclamons. Mais comme dans les guerres des nations, aucune n'est autorisée à punir son ennemi légitime, le droit de le blesser et de le tuer ne repose que sur celui de vaincre la résistance qu'il nous oppose, ou de repousser son attaque.

C'est pourquoi déjà la loi naturelle défend, d'un côté, de blesser ou de tuer ceux qui de leur personne ne prennent point une part active aux hostilités : on doit donc épargner, 1° les enfants, les femmes, les vieillards, et en général tous ceux qui n'ont point pris les armes ou commis des hostilités; 2° ceux qui sont à la suite de l'armée, mais sans être destinés à prendre part aux violences, tels que les aumôniers, les médecins, les chirurgiens, les vivandiers, auxquels l'usage ajoute même les quartiers-maîtres, les tambours et les fifres.

D'un autre côté, on est en droit de blesser et de tuer les officiers et les soldats qui sont en devoir de nous combattre, tant qu'il ne conste pas qu'ils ont déposé la volonté ou perdu les moyens de continuer les hostilités : dès qu'au contraire ils sont ou tellement blessés, ou tellement entourés de l'ennemi, qu'ils ne sont plus en état de résister, ou qu'ils mettent bas les armes en demandant quartier, l'ennemi est, dans la règle, en devoir de leur laisser la vie.

Cette règle ne souffre d'exceptions que, 1° dans les cas extraordinaires où la raison de guerre empêche de les épargner (a) ; 2° s'il est nécessaire d'user du talion ou de représailles (b); 3° si le vaincu s'est personnellement rendu coupable d'un crime capital, par exemple, de désertion, ou s'il a violé les lois de la guerre.

Dans tous les autres cas on doit recevoir prisonniers de guerre les militaires qui tombent entre nos mains ; et dans les guerres de nation à nation, c'est violer à la fois et la loi de la nature et les mœurs des nations civilisées, que de faire mourir tous les prisonniers de guerre (c).

(a) VATTEL, liv. III, chap. VIII, § 151.

(b) Exemple de la guerre de l'Amérique, dans mon *Erzählungen merkwürdiger Fälle*, t. 1, p. 304.

(c) Les horribles décrets surpris à la Convention nationale de France, le 26 mai 1794 (7 prairial an II) et le 11 août 1794 (24 thermidor an II), n'ont du moins pas été exécutés; ils furent rapportés par décret du 30 décembre 1794 (10 nivôse an III). *V.* mon *Recueil des traités*, t. VI, p 750, 751. *V.* aussi la déclaration opposée au premier décret par le duc d'York, dans GIRTANNER, *Politische Annalen*, 1794

Dans les guerres civiles, au commencement desquelles ordinairement l'un des deux partis traite l'autre d'ennemi illégitime, on s'est permis quelquefois de punir de mort les prisonniers ennemis; mais même dans ces guerres un sentiment d'humanité, et toutes les horreurs des représailles auxquelles ce traitement donne lieu, ont souvent engagé à bientôt se promettre réciproquement de faire bonne guerre (d).

[Le vainqueur n'a plus, dans les conditions de la civilisation moderne, d'autre droit vis-à-vis d'un ennemi mis hors de combat que celui de le faire prisonnier de guerre, à moins, comme le déclare notre auteur, qu'il ne s'agisse d'un transfuge ; dans ce cas, il peut être puni de la peine capitale. Mais la captivité de guerre ne ressemble en rien à l'esclavage qui, dans l'antiquité, attendait le combattant vaincu, sa femme et ses enfants. Celui-là seul qui a porté les armes ou qui a pris aux hostilités une part active et directe peut être fait prisonnier de guerre. Les sujets ennemis non militaires ne peuvent être privés de leur liberté, et ce n'est qu'à titre de représailles que cette règle a pu être enfreinte. (V. le décret impérial de 1806, art. 3.) Du moment où l'ennemi tombe au pouvoir de son adversaire, soit par la reddition volontaire et sur parole, soit par l'impuissance de prolonger la résistance, la captivité, qui consiste dans une entrave apportée à la liberté du prisonnier, pour prévenir son retour dans son pays et sa participation nouvelle à la guerre, commence. La vie du prisonnier est dès lors inviolable.

« La guerre, dit Pinheiro-Ferreira, n'autorise pas à considérer comme ennemis *tous* les sujets de l'État contre lequel elle a été déclarée ; l'assertion de M. de Martens est d'une révoltante fausseté. Heureusement qu'il prend tout de suite le soin de se réfuter

---

(d) Exemple de l'Espagne dans sa longue guerre contre les Provinces-Unies des Pays-Bas, depuis 1566 ; de la Grande-Bretagne dans la guerre de l'Amérique, depuis 1774. Mais dans la guerre de la révolution française les républicains français n'ont pas suivi ces exemples dans le traitement qu'ils se sont permis à l'égard des émigrés.

lui-même, en énumérant une foule d'exceptions dont il se serait épargné la peine de faire le dénombrement, s'il avait commencé par dire, au contraire, que le droit des gens n'autorise à considérer comme ennemis que les personnes qui prennent une part active et immédiate à la guerre que nous fait notre ennemi. »

« Les distinctions mentionnées par l'auteur dans cet alinéa, ajoute Pinheiro-Ferreira, et qui tendent à ne comprendre parmi les ennemis que les officiers et les soldats, non-seulement n'ont aucun fondement, mais reposent sur l'inexactitude avec laquelle M. de Martens a posé la question qui fait le sujet de ce paragraphe.

» En effet, il ne s'agit pas de savoir qui l'on veut tuer ou blesser, car ce n'est qu'en combattant qu'on doit tuer ou blesser ; et alors, ou l'on tire au hasard, et il n'est pas question de choix, ou l'on frappe qui vous fait résistance, et alors il n'y a que les seuls combattants qui puissent être tués ou blessés.

» La question, s'il y en a une, ne peut donc être que sur ce qu'il y a à faire après le combat, ou, pour mieux dire, lorsque l'armée ennemie, en quelque manière que ce soit, est forcée de se rendre. Faut-il retenir prisonniers les seuls officiers et soldats, ou ceux aussi dont les fonctions à l'armée ne sont nullement militaires ?

» Nous ne concevrions pas qu'on pût en faire une question, si les publicistes avaient pris pour base de leurs doctrines une bonne définition de l'état de guerre ; mais du moment où ils sont partis d'une idée tout à fait inexacte de ce qui faisait le principal objet de leurs recherches, il n'est pas surprenant que les difficultés se soient multipliées sous leurs pas.

» Quant à nous, qui définissons la guerre l'art de paralyser les forces de l'ennemi, nous trouvons tout simple de retenir comme prisonniers de guerre toutes les personnes qui, d'une manière quelconque, aidaient notre ennemi à nous faire la guerre, et qui, relâchées, continueraient vraisemblablement à y coopérer de même. Les forces qu'il nous importe de paralyser ne sont pas seulement celles des combattants, mais aussi tout ce qui est indispensable pour qu'elles puissent être mises en action.

» Quelque rare que soit le cas indiqué sous le numéro 1, il peut avoir lieu, et l'auteur aurait mieux fait de l'expliquer que de se contenter de renvoyer le lecteur à l'ouvrage de Vattel. Ce cas a donc lieu toutes les fois que nous avons la certitude que les prisonniers faits sur l'ennemi vont conspirer notre perte si nous leur conservons la vie, aucun autre moyen de les en empêcher n'étant en notre pouvoir.

» Le cas mentionné sous le numéro 2, de la nécessité du talion ou de représailles lorsqu'il s'agit de cruautés ordonnées par les chefs de l'armée, ne peut jamais avoir lieu. Les cruautés et la barbarie de notre adversaire ne sauraient jamais nous autoriser à imiter son abominable conduite. Nous n'entendons cependant pas parler des cruautés spontanément pratiquées par le soldat ennemi ; car du moment qu'il agit de son propre mouvement, il devient responsable de son fait ; et dès qu'il cesse de donner quartier à ses prisonniers, il cesse d'être soldat, il n'est plus qu'un assassin. » Dans une note sur le § 137, liv. III, ch. VIII de VATTEL, *le Droit des gens*, édit. Guillaumin, M. Pradier-Fodéré montre très-bien qu'il est plus aisé de limiter en théorie l'étendue des droits de la guerre que de la préciser dans l'application. Les principes d'humanité et de modération doivent prévaloir aujourd'hui ainsi que cela a eu lieu dans les guerres de Crimée et d'Italie.   CH. V.]

§ 273. — Des moyens de nuire à l'ennemi.

Quoique la loi naturelle ne rejette pas, dans la généralité, l'emploi même de moyens cachés, servant à l'affaiblissement de l'ennemi, il semble cependant qu'elle suffit pour rejeter le poison et l'assassinat, dont l'usage général rendrait tout rapprochement impossible, et mènerait à une guerre à mort ; sans parler du propre intérêt de toute nation, qui lui défend d'user d'un moyen dont les suites horribles retomberaient sur elle-même. Aussi les puissances civilisées de l'Europe reconnaissent-elles comme absolument contraire aux lois de la guerre de faire un usage quelconque du poison (a) et de l'assassi-

(a) Non seulement l'empoisonnement des magasins, des fontaines, des puits, etc., ou l'empoisonnement secret d'un chef ennemi, mais même

nat (b), ou même de mettre à prix la tête d'un ennemi
légitime, le seul cas de représailles excepté (c). L'usage et
plusieurs traités condamnent même quelques genres d'*armes* et de *violences ouvertes* (d) qui augmenteraient sans
nécessité le nombre des souffrants.

[Nous avons dit plus haut, au § 270, que la pratique du droit
des gens moderne repoussait certains moyens de nuire à l'ennemi,
tels, par exemple, que l'assassinat, le poison, la violation des capitulations. WHEATON, *Eléments du droit international*, t. II, p. 6,
examine la question de savoir jusqu'à quel point le ravage du
territoire ennemi est loyal. Suivant cet auteur, la règle générale
qui détermine jusqu'à quel point il est légal de détruire la personne des ennemis, doit servir de guide pour déterminer jusqu'à

----

l'empoisonnement des armes est proscrit en Europe. THIVKNUSIUS, *De
illicito venenatorum armorum usu*, Jenæ, 1667. Exemple d'un traité
de 1675, sur ce point, dans VAN BEUST, *Kriegsanmerkungen*, t. V, p. 236.
V. aussi H. COCCEII, *De armis illicitis*, Francof.-ad-Viadr., 1698,
in-4. Le même motif défend de porter la contagion dans le camp ennemi.

(b) Si les guerres du dix-huitième siècle offrent encore des exemples
de reproches faits à cet égard à l'ennemi, ils ont été rarement prouvés et
toujours rejetés avec indignation. MOSER, *Versuch*, t. IX, p. I, p. 131.

(c) Exemple de la guerre de l'Amérique, dans MOSER, *Versuch*, t. IX,
p. II, p. 257. Il semble de même contraire à nos mœurs, et dangereux,
de payer au soldat la tête de tout ennemi qu'il aura tranchée.

(d) On permet de se servir de cartouches, et, en cas de besoin, de
balles mal arrondies (mitraille, en sens vague) ; mais on regarde comme
contraire aux lois de la guerre de tirer avec de la mitraille proprement
dite, en chargeant le canon, etc., de morceaux de fer, de verre, de
clous, etc ; on condamne de même l'usage des balles figurées, et on défend de charger le fusil avec deux balles. Pour les combats navals, on a
quelquefois même excepté, par convention, les boulets à bras, les boulets
à chaines, les cercles poissés. on a même élevé la question s'il est permis
de se servir de boulets rougis : mais ce n'est que de vaisseau à vaisseau
qu'on peut élever à cet égard des doutes. La *machine infernale*, sur la
légitimité de laquelle on disputa à la fin du sept-septième siècle, semble
avoir été abandonnée pour n'avoir jamais obtenu son but. *V.* le *Dictionnaire* de Trévoux, au mot *Machine*.

quel point il est légal de ravager ou de laisser dévaster leur pays. Si ce moyen est nécessaire pour arriver au juste but de la guerre, il peut être employé légalement, mais non pour un autre objet. Ainsi si nous ne pouvons arrêter les progrès d'un ennemi, ni secourir nos frontières, ou si l'on ne peut approcher d'une ville qu'on veut attaquer sans dévaster le territoire intermédiaire, le cas extrême peut justifier le recours à des mesures que l'objet ordinaire de la guerre n'autorise pas. D'après HEFFTER, *Le droit international public*, traduction de M. Bergson, § 125, les usages de la guerre condamnent, excepté dans le cas de représailles ou de précautions, de manière à prévenir des désastres irréparables, les ravages du territoire ennemi et les destructions des récoltes et des habitations. Il est dans tous les cas à regretter que les belligérants aient souvent recours à ces moyens dans le seul but de faciliter leurs opérations stratégiques.

Il faut encore comprendre dans les pratiques proscrites par les lois de la guerre et comme contraires à l'humanité, l'empoisonnement des sources et des eaux du territoire ennemi, l'emploi des moyens mécaniques qui frappent des masses entières de troupes, l'usage de certaines armes qui aggravent les douleurs des combattants et rendent leur guérison plus difficile. *V.* sur ces divers points VATTEL, *le Droit des gens*, édit. Guillaumin, liv. III, ch. x, § 155-157, 166 et 167 et les notes de M. Pradier-Fodéré ; KLUBER, *Droit des gens moderne*, édit. Guillaumin, § 244, 262, 263, et HEFFTER, *loc. cit.*   CH. V.]

§ 274. — Des Stratagèmes; des Espions.

Ni la loi naturelle ni l'usage ne défendent, dans la généralité, l'emploi de stratagèmes pour tromper l'ennemi, en tant que ces ruses servent au but de la guerre, et que l'on n'a pas promis expressément ou tacitement de le traiter de bonne foi. Cependant l'usage proscrit en outre quelques genres de stratagèmes, soit dans les guerres continentales, soit dans les guerres maritimes (*a*).

(*a*) BOUCHAUD, *Théorie des traités de commerce*, p. 377.

De même on ne peut condamner en temps de guerre, comme moyen illégitime, la corruption employée pour séduire les officiers ou autres sujets ennemis, et les engager, soit à révéler un secret, soit à rendre une place, soit même à la révolte (*b*) : c'est à chaque État à s'en garantir par le choix de ses employés, et par la sévérité des peines dont il punit de tels crimes. Mais c'est sans doute franchir de beaucoup les bornes du droit de la guerre, et se déclarer l'ennemi du genre humain, que de tenter d'exciter tous les peuples à la révolte en leur promettant secours (*c*).

D'après les mêmes principes, il n'est pas contraire aux lois de la guerre de se servir d'espions ; mais c'est à chaque puissance belligérante à s'en garantir par les peines sévères et ignominieuses qu'elle attache à l'espionnage de l'ennemi. Toutefois on ne peut traiter d'espion que celui qui, sous les dehors d'ami ou de neutre, tâche de prendre des renseignements ou de favoriser une correspondance nuisible à l'intérêt de l'armée, de la place, etc., et non pas l'officier ennemi qui paraît dans son uniforme (*d*). Et, bien que la célérité ordinaire de la procédure ne permette guère que d'examiner le *fait*, sans scruter l'*intention*, si les circonstances amènent une plus ample information, il serait contraire à tous les principes de ne pas avoir égard à la question intentionnelle.

(*b*) Moser, *Versuch*, t. IX, p. 1, p. 317.

(*c*) Horrible décret de la Convention nationale, du 19 novembre 1792, dans mon *Recueil*, t. VI, p. 741.

(*d*) Bruckner, *De explorationibus et exploratoribus*, Jenæ, 1700, in-4 ; *Hannov. gel. Anzeigen*, 1751, p. 383 et suiv. Sur le fait mémorable touchant le major André, dans la guerre d'Amérique, *V.* mon *Erzählungen merkwürdiger Fälle*, t. I, p. 303 ; *V.* aussi Kamptz, *Beyträge zum Staats-und Völkerrecht*, t. I, n. 3.

[D'après les principes de la morale, il est incontestable que le droit de la guerre condamne les stratagèmes qui consistent dans la violation de la foi jurée, dans l'assassinat et dans la provocation à l'assassinat, dans l'excitation à la révolte des sujets ennemis contre leur souverain, dans la corruption et l'excitation à la trahison, bien que ces deux derniers moyens trouvent encore des défenseurs.

Les belligérants n'ont pas encore renoncé à l'usage de recevoir des transfuges et des déserteurs et de recourir à l'espionnage pour découvrir l'état des affaires de l'ennemi et profiter de l'avertissement donné. Il y a des espions de guerre et des espions politiques. Ces derniers sont plus rares aujourd'hui : la publicité, qui s'étend même aux affaires politiques, suffit souvent à renseigner les gouvernements sur les points qui les intéressent. L'espionnage civil et politique n'a aucune suite au point de vue pénal, tant qu'il n'entraîne pas celui qui le pratique à des mesures contraires à l'ordre public de l'État dans lequel il réside, à la corruption de fonctionnaires, par exemple. Quant aux espions de guerre, ce sont ceux qui, en dehors de l'exercice de fonctions régulières et avouées, s'efforcent de prendre des renseignements sur la position d'une armée ou d'une place ennemie, soit sur le territoire de l'un des belligérants, soit sur le territoire occupé par l'un d'eux. Il appartient aux nations intéressées de prendre les mesures les plus énergiques pour prévenir ou réprimer de pareilles entreprises. Longtemps l'espion pris sur le fait fut puni de la corde ; il est à présent puni suivant les lois martiales propres à chaque pays.

Rien n'autorise à confondre avec des espions et à traiter comme tels les officiers qui, revêtus de leur uniforme, poussant une reconnaissance, pénètrent jusque dans un poste ennemi, et interrogent des prisonniers, ou les personnes qui, dans un but privé et non militaire, cherchent à se procurer ou à obtenir des renseignements.

« Il y a à relever ici, dit Pinheiro-Ferreira, la singulière doctrine avancée par l'auteur, *qu'à moins d'avoir promis expressément ou tacitement qu'on fera la guerre de bonne foi, on peut employer la ruse.*

» Si la ruse est licite, on ne saurait s'engager à ne jamais l'employer ; si elle ne l'est pas, il n'est pas nécessaire de l'avoir promis pour qu'on doive s'en abstenir.

» Mais, demandera-t-on peut-être, à quel caractère peut-on distinguer la ruse ou le stratagème licite, de ceux qui ne le sont pas?

» Lorsque le moyen que nous employons pour donner le change à notre ennemi n'est pas une violation de nos devoirs, il ne peut qu'être licite. Mais si, au contraire, il ne se méprend sur nos intentions que parce qu'il nous suppose fidèles à nos devoirs, tandis que, pour le tromper, nous y contrevenons sciemment, ce n'est plus un stratagème, mais une insigne lâcheté.

» On ne saurait expliquer sur quel fondement M. de Martens a pu établir la différence qu'il admet ici entre l'indignité de corrompre les sujets de notre ennemi pour trahir ses secrets, et celle de les inviter à la révolte.

» Nul doute que les maux de soulever des peuples entiers sont beaucoup plus graves que ceux de la corruption de quelques individus ; mais l'immoralité des moyens est indépendante de leurs suites immédiates, et quoique moins grave sous ce rapport, la corruption est encore plus abominable que la provocation à la révolte.

» Comment des généraux qui se disent des hommes d'honneur peuvent-ils donner à leurs soldats l'exemple d'inviter ceux de l'ennemi à déserter leurs drapeaux ? Le fort devrait rougir de se ravaler à une telle bassesse ; le faible devrait sentir qu'une telle conduite, loin de le rendre plus fort, ne peut que le rendre méprisable.

» Indépendamment de ce que l'emploi des espions a d'immoral, on a de la peine à concevoir comment on peut mettre de la confiance dans des rapports faits par tout ce qu'il y a de plus vil et ordinairement de plus ignare parmi les hommes.

» Un fait généralement connu, c'est que si les généraux voulaient se fier aux rapports des espions qu'ils emploient, ils seraient la plupart du temps cruellement punis de leur crédulité ; aussi sont-ils obligés de recourir à d'autres moyens de vérification qui finissent par démentir les rapports des espions, ou par les rendre absolument inutiles. » V. encore une note de M. Pradier-Fodéré sur le § 179, liv. III, ch. x, de VATTEL, le Droit des gens, édit Guillaumin.   Ch. V.]

§ 275. — Des Prisonniers de guerre.

Aussi peu que la loi naturelle permet de tuer l'ennemi légitime lorsqu'il a été vaincu, aussi peu elle autorise à le réduire à l'*esclavage* (a); mais on est en droit de lui faire mettre bas les armes et de le détenir comme prisonnier de guerre jusqu'au rétablissement de la paix, à moins qu'on ne soit convenu de lui accorder une libre retraite, soit sur-le-champ, soit à une époque déterminée.

Cependant, souvent les puissances belligérantes conviennent, par *cartel*, de l'échange ou de la rançon des prisonniers de guerre (b), ou même on relâche les officiers sur

(a) J.-J. Rousseau, *Contrat social*, liv. I, chap. iv. Il n'est plus question aujourd'hui d'esclavage dans les guerres entre les puissances chrétiennes de l'Europe ; mais comme les États barbaresques n'ont pas encore généralement renoncé à ce traitement féroce, c'est contre eux qu'on se sert encore à bon droit de représailles. Bynkershœck, *Quæst. jur. publ.*, lib. I, cap. iii; *Nouv. extr.*, 1787, n. 2, Suppl. 32. Les traités les plus récents tendent à les faire renoncer à cet usage barbare; *V.*, par exemple, le traité entre la Grande-Bretagne, le roi des Pays-Bas et le dey d'Alger, du 28 aout 1816, dans mon *Nouveau Recueil*, t. III, p. 88, 90, entre la Grande-Bretagne et Tunis, du 17 avril 1816 ; entre le grand-duc de Toscane et Tunis, du 26 avril 1816, *ibid.*, p. 21, 22. Quant à d'autres peuples de l'Afrique qui étaient en usage de vendre aux nations chrétiennes leurs prisonniers et autres, réduits par eux à l'esclavage, il est à espérer que dans peu il ne leur restera plus guère d'occasions d'exercer ce détestable trafic, quand les efforts réunis des puissances à colonies auront réussi à proscrire entièrement la traite des nègres. *V.* plus haut, § 150 *b*.

(b) Jusqu'aux temps plus récents, il était reçu de convenir à la fois, dans les cartels, et de l'échange et de la rançon pécuniaire d'après la diversité du grade pour solder le compte en cas de l'inégalité de nombre ou de grade des prisonniers; *V.*, par exemple, le cartel entre la France et l'Angleterre, du 12 mars 1780, dans mon *Recueil a*, t. IV, p. 276; *b*, t. III, p. 300. La France a rejeté, dans la guerre de la révolution, toute rançon, en décrétant le 25 mai 1793 de n'admettre que l'échange d'homme pour homme, de grade pour grade, etc. *V.* décret du 25 mai 1793, dans

leur parole d'honneur de ne point servir jusqu'à ce qu'ils aient été échangés, ou pendant un temps déterminé, ou jusqu'à la paix, et de se rendre dans la place indiquée lorsqu'ils en seraient sommés.

Celui qui manquerait alors volontairement à sa parole d'honneur donnée à l'ennemi, pendant que celui-ci garde la sienne, peut être déclaré infâme, et puni de mort s'il retombe entre ses mains.

[Dans l'antiquité, le traitement des prisonniers faits à la guerre se ressentait de la barbarie des mœurs. Le vainqueur était maître de la vie du vaincu ; il se montrait donc clément en la lui conservant et en se bornant à le réduire à l'esclavage et à lui infliger de mauvais traitements. On voit dans HEFFTER, le Droit international public, traduction de M. Bergson, § 127, que l'influence de l'Eglise, si puissante au moyen âge, ne suffisait pas pour arrêter les belligérants et pour prévenir la violence et la cruauté des procédés auxquels ils se livraient. Soit par le désir d'obtenir une importante rançon, soit par l'influence de l'esprit de chevalerie, des adoucissements furent apportés au traitement des prisonniers de guerre. Chez les nations chrétiennes, l'Eglise fit supprimer l'esclavage et la vente des prisonniers. V. une décrétale rendue en 1179 sous le pape Alexandre III, par le troisième concile de Latran.

Aujourd'hui les lois de la guerre défendent d'ôter la vie aux prisonniers, à moins qu'ils ne se soient rendus coupables dans la lutte d'actes contraires à ces mêmes lois ; mais elles autorisent toutes les mesures de précaution propres à s'assurer de leur personne et à prévenir toute tentative de fuite, ne s'opposant même pas à l'emploi des moyens les plus violents, si la garde des prisonniers présente des dangers, et notamment si, après avoir déposé les armes, ceux-ci menacent de les reprendre. On peut alors les tuer.

mon Recueil, t. VI, p. 744. Elle a maintenu en partie ce principe dans les cartels conclus depuis, par exemple, avec l'Angleterre, le 13 septembre 1798, dans mon Recueil, t. VII, p. 288. Il n'en a pas été conclu entre ces puissances dans la guerre depuis 1803.

Les prisonniers de guerre sont privés de leur liberté, en ce sens qu'ils ne peuvent pas retourner dans leur patrie, et qu'ils sont mis hors d'état de reprendre les armes dans la guerre engagée, mais sans encourir de violences et sans mauvais traitements tant qu'ils ne troublent pas la paix de l'État. Il est d'usage de laisser aux officiers une plus grande liberté qu'aux sous-officiers et aux soldats. Ils sont en général libres sur l'honneur dans une ville déterminée, et on pourvoit aux frais de leur entretien. Les sous-officiers et les soldats sont placés sous une surveillance plus directe, et leur travail doit atténuer la dépense dont ils sont l'occasion; mais il n'est pas permis de les contraindre à s'engager dans l'armée de l'Etat qui les a faits prisonniers.

Les effets de la captivité courent pour les prisonniers de guerre du moment de la reddition volontaire, simple ou conditionnelle, et du moment où cette reddition a été acceptée par la promesse de la vie sauve.

La captivité cesse par la paix, par la soumission volontaire, agréée par le gouvernement qui a fait le prisonnier, par le renvoi avec ou sans condition, par le rachat ou la rançon.

Les prisonniers rendus à la liberté sous promesse de payer une rançon ou avec l'engagement de ne plus servir contre le gouvernement qui les rend à la liberté et qui viennent à manquer à leur promesse, s'exposent à un traitement beaucoup plus rigoureux.

« Il serait difficile, dit Pinheiro-Ferreira, de découvrir une raison valable de la dernière assertion avec laquelle M. de Martens conclut cet alinéa. Certes, le prisonnier qui, ayant donné sa parole d'honneur de ne pas servir contre nous pendant un certain temps, afin d'être mis en liberté, enfreindrait cette promesse, est un être méprisable; et si on le faisait derechef prisonnier, on devrait lui infliger une punition, mais non la peine de mort ! Ce parjure aurait pu ajouter à sa déshonorante conduite mille autres délits : quelle peine l'auteur lui réserverait-il en pareil cas ? » V. encore une note de M. Pradier-Fodéré sur le § 151, liv. III, ch. viii, de VATTEL, *le Droit des gens*, édit Guillaumin. Ch. V.]

§ 276. — Des autres personnes qu'on fait prisonnières.

On ne reçoit et ne traite point comme prisonniers de guerre, 1° ceux qui sont simplement attachés au service de l'armée et ne sont pas du nombre des combattants (a) : il est au contraire d'usage de les renvoyer à l'ennemi ; 2° les soldats qui, sans ordre de leur chef, ont commis des violences, les individus qui, sans ordre de l'État, se sont armés contre l'ennemi (*parti bleu*), les déserteurs et transfuges : il est permis de punir ceux-ci, même de mort, d'après les circonstances.

———

[Il n'a été question dans le précédent paragraphe que des militaires qui tombent au pouvoir de l'ennemi par suite des événements de la guerre. Il y a encore d'autres personnes qui, quoique ne faisant pas partie des combattants, se trouvent exposées au même sort : tels sont les chirurgiens, aumôniers, vivandières ou cantiniers, officiers d'administration. Il est d'usage de les assimiler dans leur traitement aux prisonniers ordinaires, à moins qu'un traitement différent ne leur soit assuré par des traités ou par des capitulations.

D'autres personnes peuvent encore être prises par des armées ennemies, soit, comme le fait observer Heffter, *le Droit international public*, traduction de M. Bergson, § 126, qu'il s'agisse de personnes n'appartenant pas à l'armée, mais chargées à un titre civil du maintien de l'ordre et de la sûreté, soit qu'il s'agisse de sujets ennemis, se trouvant, à l'ouverture des hostilités, sur le territoire de l'une des puissances belligérantes ou y ayant pénétré pendant la guerre. Au premier cas, on peut prendre contre les personnes dont nous venons de parler, des mesures de sûreté en les arrêtant et en les désarmant ; au second cas, on leur donne un délai convenable pour quitter le territoire ennemi, et on ne les retient que dans le cas où il y aurait lieu de craindre qu'elles ne portassent à leur gouvernement des nouvelles ou des armes. Elles ne peuvent jamais être l'objet d'un traitement violent tant qu'elles n'ont pas commis d'actes d'hostilités.   Ch. V.]

(a) Décret de la Convention nationale de France, du 25 mai 1793, dans mon *Recueil*, t. VI, p 714.

§ 277. — Des sujets ennemis non armés.

Quant aux sujets innocents de l'ennemi, qui n'ont point pris part aux hostilités, il est contraire aux usages des peuples civilisés de leur ôter leur liberté (a) et de les *transplanter* (b) contre leur gré ; mais il ne l'est pas de se faire donner des otages ou d'en enlever de force, pour servir de garants d'un engagement ou d'une obligation quelconque.

[Nous venons d'indiquer au paragraphe précédent dans quelles limites les sujets ennemis sont à l'abri d'actes d'hostilités. WHEATON, *Éléments du droit international*, t. II, p. 4, expose cette singulière doctrine que tous les membres de l'État ennemi peuvent *légalement* être traités comme ennemis dans une guerre publique. Il nous est difficile de comprendre ce qu'il entend par *légalement*, cette expression ne nous paraissant avoir aucun sens dans le langage du droit des gens. S'il veut dire par là que le droit des gens naturel autorise toute espèce de violences sur toute espèce de personnes, nous n'aurons qu'à protester contre une pareille interprétation des principes du droit des gens ; il finit cependant par admettre que la coutume des nations civilisées a mis à l'abri de l'atteinte directe des opérations militaires, la personne du souverain et sa famille, les membres du gouvernement civil, les femmes, les enfants, les cultivateurs, les artisans, les laboureurs, les marchands, les hommes de lettres, et en général toutes les personnes publiques ou privées qui appartiennent aux travaux civils ordinaires, à moins qu'on ne les prenne les armes à la main, ou qu'elles ne se soient rendues coupables de quelque infraction aux usages de la guerre. On peut dire à titre de conclusion et en général que les personnes faisant partie d'une armée active directement ou accessoirement, peuvent être traitées comme prisonniers

(a) *V.* un exemple du contraire de la part de la France, en 1803, d'après un arrêté consulaire du 22 mai 1803 ; autre exemple de 1806, *V.* plus bas, § 326 *b*.

(b) MOSER, *Versuch*, t. IX, p. 1, p. 299.

de guerre, tandis que ce n'est qu'exceptionnellement que les
sujets ennemis peuvent être traités comme tels.   Ch. V.]

§ 278. — De la Personne et de la Famille du Monarque ennemi.

La loi naturelle n'exempte point le monarque ennemi et
sa famille des hostilités auxquelles la guerre autorise en général ; de sorte qu'on est en droit de blesser et de tuer ceux
d'entre eux qu'on rencontre les armes à la main, et de se
saisir des autres. Cependant, entre les puissances civilisées
de l'Europe il était d'usage depuis longtemps, 1° de considérer comme contraire aux lois de la guerre de viser à la
tête d'un monarque ennemi ou d'un prince du sang (a);
2° on traitait avec distinction la famille du souverain ennemi, en l'exemptant de détention (b); 3° on tâchait d'adoucir pour la personne du monarque ennemi et pour sa famille les maux de la guerre dans tous les points qui n'in-
fluaient pas sur le sort des opérations militaires ; même, en

(a) Conduite de la ville de Thorn à l'égard de Charles XII, dans Moser, *Versuch*, t. IX, p. i, p. 130, opposée à celle d'Elliot, lors du siége de
Gibraltar, à l'égard du comte d'Artois.

(b) Moser, *Versuch*, t. IX, p. i, p. 146 et suiv.; Adelung, *Staatshistorie*, t. VIII, p. 274. Si les circonstances extraordinaires de la guerre
de 1813, dont le but principal était de faire descendre Napoléon du trône
de France, permirent de le confiner dans un endroit que lui-même avait
choisi et promis de garder, il peut être encore moins douteux qu'après
avoir rompu en 1815 sa promesse, et s'être remis à la tête des ennemis
du roi légitime de France, surpris les armes à la main, il ait pu légitimement être déclaré prisonnier de guerre, et confiné pour toujours dans
l'île de Sainte-Hélène. V. sur ce qui eut lieu en 1814, la convention du
11 avril 1814, dans mon *Nouveau Recueil*, t. I, p. 695; sur ce qui eut
lieu à la suite de son évasion de 1815, la déclaration des puissances signataires du traité de Paris du 13 mars 1815, dans mon *Nouveau Recueil*,
t. II, p. 110; l'extrait du procès-verbal de Vienne, du 12 mai, *ibid.*,
p. 263; la convention entre les alliés, du 2 août 1815, *ibid.*, p. 605
et les actes du parlement britannique, du mois d'avril 1816, *ibid.*, t III,
p. i.

suivant le principe que la guerre, n'étant qu'une affaire de nation à nation, n'influe pas sur les sentiments personnels des monarques, on aimait à leur faire toutes sortes de politesses, on laissait librement passer ce qui était destiné pour la table du monarque ennemi, on se faisait des présents, etc.

Si, dans les premières années de la guerre de la révolution française, on a vu substituer à ces usages une conduite féroce et indécente envers les monarques quelconques, en annonçant même vouloir faire la guerre aux palais et porter la paix aux hameaux! au moins sur ces points on s'était déjà un peu rapproché de l'ancienne diplomatie, surtout depuis 1804.

———

[Les souverains et les princes des familles souveraines sont, dans nos usages modernes, l'objet d'un traitement particulier. Ils ne sont pas soumis aux règles ordinaires, bien qu'ayant pris part à la guerre. On évite de faire tirer sur eux, ainsi que le fait observer M. de Martens, mais on peut les faire prisonniers comme toute autre personne ayant fait partie d'une armée active.

Ch. V.]

§ 279. — De la conduite à l'égard des biens de l'ennemi.

En vertu du droit que la guerre accorde généralement, de se procurer sur l'ennemi la satisfaction qu'on réclame, on peut, d'après la loi naturelle :

1º Enlever à l'ennemi tous ces droits qu'il a obtenus de nous par des traités, non-seulement en suspendant l'effet de ces traités pendant la guerre, mais en le déclarant déchu pour toujours des droits reposant même sur des conventions qui ne pourraient être considérées comme rompues, *ipso facto*, par la guerre survenue (§ 58).

2° On peut enlever autant de biens à l'ennemi, soit chez nous, soit en pleine mer, soit sur son territoire, qu'il nous en faut pour obtenir notre satisfaction, l'indemnité pour les frais de la guerre, et notre sûreté future, et pour disposer l'ennemi, en l'affaiblissant, à donner les mains à la paix. On appelle *conquête* l'occupation des biens immeubles de l'en‑nemi, *butin* les biens meubles qu'on lui enlève.

3° La puissance belligérante pourrait confisquer les som‑mes qu'elle doit à l'ennemi ou aux sujets de celui-ci. Ce‑pendant ce moyen étant ruineux pour le crédit de l'État, on n'y a guère recours que dans des circonstances extraordi‑naires, en ne touchant pas, toutefois, aux capitaux, et en ne suspendant pas même toujours le paiement des intérêts.

D'ailleurs le droit de conquête et de butin a été assujetti à des lois de la gerre qui, malgré les fréquents reproches de violations que, même dans les guerres précédentes, l'en‑nemi (a) a faits à l'ennemi, et malgré les fréquentes infrac‑tions qui y ont été faites dans les guerres de 1793 à 1814, sont reconnues jusqu'à ce jour.

[Les trois propositions énoncées par notre auteur sont entière‑ment distinctes, et demandent à être examinées séparément.

Quant à la première, c'est-à-dire à celle qui consiste à savoir jusqu'à quel point le droit de la guerre anéantit les traités conclus avec l'ennemi, antérieurement à la guerre, nous renvoyons à ce que nous avons dit précédemment aux § 7 et 53, et en ajoutant d'après HEFFTER, *le Droit international public*, traduction de l'allemand par M. Bergson, § 122, que les conventions stipulées

---

(a) EMÉRIGON, *Traité des assurances*, t. I, p. 567 ; et *Merc. hist. et politique*, 1747, p. I, p. 536; p. II, p. 52 *V.* MOSER, *Versuch*, t. IX, p. I, p. 301, 351.

en prévision des hostilités, continuent à subsister tant que l'une des parties ne les a pas violées. On peut citer, comme exemple, la stipulation du délai de six mois arrêtée par les belligérants en faveur de leurs sujets respectifs pour mettre en sûreté leurs personnes et leurs biens. Ajoutons que les rapports légaux qui découlent de traités antérieurs et que l'on peut considérer comme des faits accomplis, continuent à produire leurs effets tant qu'une nouvelle stipulation ne les a pas modifiés ou supprimés. Aussi serait-il plus exact de dire d'une manière générale que toutes les conventions contractées avant la guerre ne cessent de produire leurs effets qu'autant qu'elles supposent un état de paix.

La seconde proposition est vague par son étendue même : elle doit être limitée par ce qui sera dit aux paragraphes suivants. Le droit de la guerre n'a pas des effets aussi étendus que semble l'admettre M. de Martens. La guerre, qui donne au vainqueur le droit d'imposer aux vaincus des fournitures et des contributions, ne lui donne pas celui de piller les biens des particuliers : autrement, elle serait du brigandage et un moyen d'extermination. Il y aurait encore à distinguer entre l'invasion et la conquête définitive et à ne pas faire découler de l'une des conséquences qui n'appartiennent qu'à l'autre. La conquête elle-même n'entraîne pas directement et immédiatement la substitution du gouvernement vainqueur au gouvernement vaincu.

Enfin, quant à la troisième proposition, nous regrettons que notre auteur n'ait d'autre argument à opposer à la confiscation par la puissance belligérante des sommes dues par elle à l'ennemi ou à ses sujets que l'intérêt du crédit de l'Etat. Aujourd'hui du moins, et des exemples pressants en sont le témoignage éclatant, la guerre n'affranchit plus l'Etat débiteur de l'obligation de tenir ses engagements. La confiscation, combattue par BODIN, *Rép.*, lib. V, par MONTESQUIEU, *Esprit des lois*, liv. V, ch. xv, et par BECCARIA, *Des délits et des peines*, p. 112, qui a disparu des lois modernes et qui portait la peine au delà du crime en frappant les familles à raison du crime de l'un de leurs membres, n'est pas restée dans le droit des gens. L'Angleterre, qui paraît avoir eu en 1807 l'intention de confisquer les fonds de la dette publique anglaise, appartenant à des Français, y a renoncé. *V.* encore, sur ce point, le mémoire déjà cité, de Hamilton, ministre de Washington, sur la question de savoir si la règle de la politique, plus encore que

celle de la morale, n'interdisait pas à tout gouvernement, non-
seulement de confisquer les capitaux qui lui avaient été prêtés par
les sujets d'une puissance avec laquelle il serait en guerre, mais
même de suspendre à leur égard le service des intérêts. V. Pradier-Fodéré sur le § 164, liv. III, ch. ix, de VATTEL, *le Droit des
gens*, édit. Guillaumin.

« Toutes les doctrines contenues dans le présent paragraphe, dit
Pinheiro-Ferreira, sont conformes aux principes du droit universel, pourvu qu'on en excepte les biens des particuliers, tant sur
terre que sur mer ; car, d'après ce que nous avons dit plus haut,
l'armée conquérante, en pénétrant dans le territoire de son ennemi, atteint déjà le but de la guerre relativement à la partie qu'il
en occupe, car il le prive par là de toutes les ressources qu'il en
pouvait attendre.

» Le conquérant ne fait, par conséquent, que remplacer le
gouvernement, et il doit, dans ses propres intérêts, administrer le
pays d'après les principes de modération et de sagesse qu'il aurait
suivis s'il devait le garder à jamais : d'abord parce que l'habitant
ne saurait être responsable des torts de son gouvernement ;
ensuite, parce qu'en faisant des hostilités à la nation dans les personnes des habitants, le conquérant doit s'attendre à des insur-
rections en masse ; et chacun sait que c'est là une chance à laquelle
les armées les plus aguerries ne doivent jamais s'exposer, car tôt
ou tard elles finissent par en être les victimes.

» Ainsi le conquérant ne doit jamais exercer des extorsions
en poussant les réquisitions au delà de ce que, d'après une juste
proportion, le pays occupé peut contribuer pour les besoins de
l'armée. Loin de mettre des obstacles à l'industrie, il est de son
devoir, autant que de son intérêt, de l'encourager ; car, d'un
côté, il acquiert par là la bienveillance des peuples, et de l'autre,
il s'assure les moyens de continuer la guerre aux dépens de son
ennemi, aussi longtemps que celui-ci ne voudra point se prêter
à une paix honorable : et celle-ci sera d'autant plus facile, que
notre adversaire sait qu'il va rentrer dans la possession d'un pays
non dévasté ; tandis que plus on lui aura causé de dommages, plus
il sera difficile d'en venir à un arrangement définitif. Or, il faut
faire la guerre de manière à hâter et non à éloigner la paix. »

CH. V.]

§ 280.

I. Dans les guerres continentales.

L'ennemi, en se rendant maître d'une province ennemie (*a*), acquiert les droits suivants :

I. Il est autorisé à se mettre en possession des domaines,
des *revenus* de l'État (*b*), des forteresses, des vaisseaux de
guerre, et de tout ce qui sert à la guerre.

II. Il peut aussi changer la constitution actuelle de l'État,
se faire prêter hommage par les habitants, exercer sur eux
différents droits de souveraineté, en donnant des lois, per-
cevant des impôts, frappant des monnaies, levant des recrues, etc., et en punissant comme rebelles ceux qui voudraient user de force pour se soustraire à son obéissance ;
ceci dépend du motif qui engage à cette occupation. Dans
les guerres antérieures à celle de la révolution française on
ne touchait pas à la constitution d'un pays qu'on n'avait pas
le dessein de garder à la paix future. D'ailleurs souvent la
propre déclaration du vainqueur, ou les capitulations accordées, peuvent mettre des bornes à l'exercice de ces droits
rigoureux.

Le projet des révolutionnaires français, de bouleverser
toutes les constitutions qui ne ressemblaient pas à celles
dont ils accablèrent la France dans les premières années de
la révolution, et, depuis, la soif démesurée de conquêtes et
d'agrandissements sans bornes, au delà de tout ce qui peut

(*a*) BYNKERSHŒCK, *Quousque extendatur immobilium possessio bello
quæsita* dans *Quæst. jur. publ.*, lib. I, cap. VI; MOSER, *Versuch*, t. IX,
p. 1, p. 296.
(*b*) Sur les capitaux, *V.* KAMPTZ, *Beytrāge*, t. I, n. 9.

être le but légitime de la guerre, expliquent pourquoi, dans le cours de cette longue lutte, tant de constitutions ont été renversées même dans des pays qu'on annonçait ouvertement ne pas vouloir réunir sous le sceptre de la France.

III. Il pourrait même à la rigueur s'attribuer autant de biens privés, soit du monarque ennemi, soit de ses sujets, que sa satisfaction l'exigerait (c). Cependant, depuis long-temps on avait reconnu comme loi de la guerre sur le continent, non-seulement de conserver aux sujets ennemis la propriété de leurs biens-fonds, mais aussi d'épargner tant les biens privés du monarque (d) que les biens-meubles des sujets, et particulièrement les monuments de l'art et de l'industrie, en se contentant de faire le butin sur l'ennemi armé, et en n'admettant que des cas extraordinaires dans lesquels un endroit pourrait être livré au pillage, soit pour avoir violé les lois de la guerre, soit pour avoir été pris d'assaut, soit en général par représailles.

IV. Et, tandis que le droit naturel fixe assez imparfaitement les limites du droit de détruire les biens ennemis, les lois de la guerre des nations civilisées bornaient l'usage de ce droit affreux aux cas où il s'agissait, 1° de biens dont la

(c) GROTIUS, *De jure belli et pacis*, lib. III, cap. vi, § 1.

(d) Si, même dans les guerres précédentes, la conduite par rapport aux biens privés du souverain ennemi n'a pas toujours été à l'abri des reproches, *V.* MOSER, *Versuch*, t. IX, p. i, p. 159, aucune guerre n'a fait naître des plaintes plus fréquentes et mieux fondées que la guerre de la révolution française, sur la violation, non-seulement des usages des nations civilisées, mais sur des actes contraires aux principes du droit des gens naturel, surtout en Italie et en Allemagne. Sur l'enlèvement des monuments de l'art, soit a la suite de stipulations dans les traités (dont celui avec Parme, de 1796, offre le premier exemple), depuis 1796, soit sans traités, et sur la restitution qui en fut opérée en 1815, *V.* les actes dans mon *Nouveau Recueil*, t II, p. 632-651.

possession est nécessaire au but de la guerre, et qu'on ne pourrait enlever à l'ennemi que par destruction ; 2° de biens dont, d'après les circonstances, on ne peut maintenir la possession ni l'abandonner à l'ennemi sans le renforcer (e) ; 3° de biens qu'on ne peut épargner sans nuire aux opérations militaires (f) ; 4° de cas extraordinaires, où la raison de guerre autorisait à dévaster un pays, soit pour y faire manquer l'ennemi de subsistances à son passage, soit pour l'obliger à sortir de sa retraite pour couvrir le pays (g); 5° de représailles.

A ces exceptions près, les nations civilisées ont substitué au pillage et à la dévastation l'usage d'exiger des contributions de guerre, soit en argent, soit en nature, sous peine d'exécution militaire. Le paiement de ces contributions doit assurer la conservation des propriétés de tout genre; de

(e) C'est pourquoi il est permis de raser ou de faire sauter les fortifications, de couler à fond des vaisseaux, des canons, d'enclouer les canons, de bruler les magasins, etc.

(f) C'est ainsi que, dans la règle, on doit épargner les jardins, les vignobles, les maisons de plaisance, les forêts, mais qu'on est en droit de les détruire s'il le faut pour se fortifier, etc.

(g) Dans la guerre de l'Amérique la Grande-Bretagne déclara les principes suivants comme lois reconnues de la guerre : 1° une armée qui occupera le pays de l'ennemi peut y demander des provisions, y lever des contributions, et, pour forcer les habitants à satisfaire à ses demandes, peut mettre l'exécution militaire en usage, ravager et détruire ; 2° lorsque l'ennemi, étant dans son propre pays, trouve de l'avantage à traîner la guerre en longueur, à éviter d'en venir à une action, il est permis de ravager le pays en sa présence, pour l'engager à s'exposer en tâchant de couvrir le pays; 3° lorsqu'en guerre, on ne peut nuire à la partie adverse ou l'amener à la raison qu'en réduisant son pays à la détresse, il est permis de porter la détresse dans son pays ; 4° lorsque les habitants sont eux-mêmes des parties principales de la guerre, ce qui arrive dans les cas de révolte ou de rébellion, ils sont eux-mêmes les objets principaux des hostilités que l'on est dans la nécessité de diriger contre eux pour atteindre le but de cette guerre.

sorte que l'ennemi doit alors acheter et payer ce qu'il se fait
livrer dans la suite (*h*), excepté les services qu'il peut exiger
des sujets en qualité de sujets temporaires.

[L'étendue des droits du vainqueur sur les biens de l'ennemi,
dans les guerres continentales, dépend beaucoup de l'importance
et de la solidité de la conquête. Ce n'est qu'après une défaite complète de l'ennemi, constatée, par exemple, par l'occupation de la
capitale, comme cela a eu lieu dans plusieurs des guerres du dix-
neuvième siècle, et quand tout retour de fortune est impossible,
ou du moins très-improbable, que le vainqueur peut se substituer
au gouvernement vaincu et exercer jusqu'au règlement ultérieur
de la paix, le pouvoir souverain qui comprend les différentes
attributions dont parle notre auteur; mais il est difficile de voir
dans la simple occupation matérielle du territoire une subrogation de la puissance victorieuse dans tous les droits de la puissance vaincue. L'occupation n'est pas une prise de possession. On
les a souvent confondues et de là sont provenues de nombreuses
erreurs.

L'action du vainqueur s'exerce directement sur les biens composant le domaine de l'Etat et indirectement sur les biens des
particuliers. Le vainqueur s'empare de toutes les ressources du
gouvernement vaincu, de ses domaines et de leur revenu; il per-
çoit les contributions publiques. Quant aux biens des particuliers,
la propriété immobilière n'éprouve aucun changement dans ses
conditions légales. Elles ne sont pas modifiées, mais comme toute
guerre, et surtout toute défaite, entraîne des charges pour l'État,
et l'État n'ayant en général d'autres ressources financières que
celles qui lui viennent des particuliers, leurs biens sont frappés
d'impôts extraordinaires. Ils peuvent même être tenus de presta-
tion personnelle, et, en cas de refus, être contraints violemment
à satisfaire aux ordres du vainqueur. Les rigueurs de la guerre

---

(*h*) On ne s'est point entièrement écarté de ces principes dans la
guerre de la révolution; mais les *réquisitions* faites et imitées ont été
poussées à un degré oppressif, dont les guerres précédentes n'offrent
point d'exemple.

tendent du reste à s'adoucir, et quant aux biens ennemis, on ne
leur fait souffrir que ce qui est impérieusement prescrit par les
nécessités de la lutte.

Ce qui a été dit de la propriété des particuliers, s'applique aux
souverains pour leurs biens privés. Le vainqueur ne peut en
disposer tant que sa prise de possession n'est pas régularisée. Il
doit se borner à percevoir les fruits et les revenus.

« M. de Martens, dit à ce sujet Pinheiro-Ferreira, toujours d'accord avec les principes de l'école positive, semble ne donner de
la valeur aux usages que d'après les époques auxquelles ils ont eu
lieu, et les puissances qui les ont pratiqués ou les pratiquent.
Aussi admet-il ici que, dans des cas extraordinaires, on peut
livrer des villes au pillage, *pour avoir violé les lois de guerre, ou
pour avoir été prises d'assaut, ou, en général, par représailles.*

» Comment peut-on concevoir qu'une ville habitée pour la
plupart par des personnes inoffensives, vieillards, femmes, enfants, et une foule d'autres individus paisibles et industrieux,
puisse être accusée en masse d'avoir violé les lois de la guerre,
et mise par forme de punition, au pillage ! Est-ce là une accu-
sation? est-ce une punition que des jurisconsultes osent approuver?

» Parce que la garnison, fidèle à son devoir, s'est défendue
vaillamment et a tenu jusqu'à la dernière extrémité, faut-il en
punir ceux qui, n'ayant pas succombé dans la mêlée, ont déposé
les armes ? Y a-t-il rien de plus cruellement absurde que de rendre
les habitants responsables de la conduite de la garnison?

» L'idée des représailles, digne des siècles de barbarie, ne
devrait plus être reproduite de nos jours, et surtout pour justifier
des horreurs qui font frémir l'humanité.

» L'auteur compte parmi les droits du conquérant celui de
lever des recrues dans le pays conquis : c'est une doctrine aussi
fausse qu'impolitique; les armes ne doivent être confiées qu'aux
mains de ceux qui ne les emploient que pour défendre leurs droits.
Ainsi ces recrues, ne fussent-elles destinées qu'à agir contre une
tierce puissance inoffensive à leur pays, ne seraient que des soldats forcés ou mercenaires, et par conséquent levés en dépit du
droit naturel de liberté individuelle, ou contrairement au droit des
nations, qui ne consent qu'on regarde comme ennemis légitimes
que ceux qui peuvent se croire blessés par nous dans leurs inté-

rêts légitimes. Mais si l'on se proposait d'employer ces recrues contre leurs propres concitoyens, on commettrait un acte de la plus lâche félonie....

» Les contributions dont il est permis de frapper le pays conquis n'ont pas pour but d'*assurer la conservation des propriétés de tout genre ;* car celle du public exceptée, il n'y en a pas qui ne se trouve garantie par les principes sacrés du droit des gens, que nous avons déduits précédemment. Il est donc contradictoire de vouloir assurer la conservation de la propriété publique en frappant de contributions forcées la fortune des particuliers. »

Ch. V.]

§ 281.

II. *Dans les Guerres maritimes.*

Par opposition aux principes qu'on suit aujourd'hui dans les guerres continentales, on a conservé encore dans les guerres maritimes, dans lesquelles on ne peut point frapper de contributions de guerre les particuliers, comme on le peut dans les guerres sur le continent, le droit rigoureux de saisir et d'amener les navires marchands et leur cargaison, appartenant aux sujets paisibles de l'ennemi, de les condamner comme de bonne prise, et de les adjuger aux vaisseaux de guerre ou aux armateurs qui les ont capturés (a); de sorte que, d'après les lois de la plupart des États, il n'est

(a) *V.* mon *Essai concernant les armateurs, les prises et les reprises,* chap. i, § 6, p. 37. Le seul traité de commerce conclu en 1785, entre la Prusse et les États Unis d'Amérique, établit, art. 23, le principe que « tous les vaisseaux marchands et commerçants employés à l'échange des productions des différents endroits, et par conséquent destinés à faciliter et à répandre les nécessités, les commodités et les douceurs de la vie, passeront librement sans être molestés ; et que les puissances contractantes s'engagent à n'accorder aucune commission à des vaisseaux armés en course, qui les autorise à prendre ou à détruire ces sortes de vaisseaux marchands ou à interrompre le commerce. » Ce sage exemple n'a pas été imité depuis ; et cet article a été supprimé dans leur traité de 1799. *V.* mon *Recueil,* Suppl., t. II, p. 226.

pas même permis aux capteurs de les relâcher moyennant
rançon; ce que du moins on ne tolère que dans quelques
cas particuliers (b).

[Il y a peu de chose a ajouter aux principes exposés par notre
auteur dans le présent paragraphe. Il suffit de renvoyer à ce qui
sera dit ci-après, au § 289, sur les armements en course et en
s'occupant de la neutralité maritime aux § 316 et suiv. Faisons
seulement observer que les progrès du droit des gens que l'on est
heureux de constater pour les guerres continentales ne s'étendent
que bien difficilement aux guerres maritimes. Dans ces guerres,
le respect de la propriété privée disparaît. Tous les biens rencontrés sur mer, navires et cargaisons, qu'ils appartiennent au
gouvernement ou aux particuliers, semblent également de bonne
prise dès que l'ennemi parvient à s'en emparer; et cet effet est
produit dès l'ouverture des hostilités pour les navires en mer;
sans même que les officiers qui les commandent en aient été
informés. Ce n'est que dans des cas très-rares, notamment dans
les dernières guerres d'Orient, que les belligérants accordent aux
bâtiments de la puissance ennemie un délai pour quitter leurs
ports. Les puissances occidentales ont donné en 1854 aux navires
russes un délai de six semaines. V. aussi ce qui sera dit ci-après
au § 322, *Des prises maritimes.*   Ch. V.]

§ 282. — De la Propriété sur les biens de l'ennemi.

La guerre suspendant entre les puissances belligérantes
les égards que d'ailleurs elles doivent avoir pour leurs propriétés réciproques, la puissance belligérante est autorisée,
de son côté, à s'emparer des biens de l'ennemi et à en disposer comme s'ils étaient sans propriétaire; mais l'effet de
cette disposition n'est pas le même (a). L'occupation militaire seule ne suffit pas pour éteindre le droit de propriété

(b) De Steck, *Essais*, 1794, p. 50; mon *Essai concernant les armateurs*, chap. II, § 23.

(a) V. cependant van Kamptz, *Beyträge*, t. I, n. 9.

de l'ancien possesseur, tant qu'il n'y a pas renoncé expressément ou tacitement, ou qu'il n'a pas perdu tout espoir raisonnable d'en recouvrer la possession ; et comme la guerre ne suspend point les effets de la propriété dans le rapport d'une puissance belligérante envers d'autres États, ou d'autres particuliers, ceux-ci ne peuvent pas, avant cette époque, considérer l'ancien possesseur comme déchu de sa propriété.

En conséquence, celui-ci peut non-seulement les reprendre sur l'ennemi (ce qu'il pourrait même en supposant que celui-ci en fût devenu propriétaire *plénier*), mais aussi les réclamer et les revendiquer des mains d'un tiers quelconque auquel l'ennemi les aura cédés (b).

§ 282 a. — Application du principe aux biens immeubles.

Ce principe a été reconnu depuis des siècles, quant aux conquêtes de provinces ; de sorte que si une puissance belligérante se permettait d'aliéner une province conquise avant d'en avoir obtenu la cession par un traité de paix, l'acquéreur était jusqu'à cette époque exposé à la revendication ; et plus d'une fois même il s'est vu entraîné par là dans une guerre (a).

Ce même principe est applicable à l'aliénation de domaines ou autres biens-fonds individuels (b), tant que celui qui

(b) GROTIUS, lib. II, cap. vii, § 2 ; PUFFENDORFF, lib. IV, cap. vi, § 12, 14 ; VATTEL, liv. III, chap. ix, xiii, xxiv ; mon *Essai concernant les armateurs*, chap. iii, § 42-45.

(a) MEERMANN, *Von dem Recht der Eroberung nach dem Staats- und Völkerrecht*, Erfurt, 1774, in-8. Exemples de l'achat de Dunkerque par la France, avant la cession faite par l'Espagne ; V. *Mémoires du comte d'Estrades*, t. I, p. 346 ; de l'acquisition de Stettin par la Prusse, en 1713 ; de Bremen et Verden par le Hanovre, en 1715, sanctionnée par le traité définitif de 1719, dans SCHMAUSS, p. 17-94.

(b) Il est de la dernière importance pour toutes les guerres à venir de

les aliène par le seul droit de la guerre n'a pas été reconnu pour souverain légitime (c) par celui auquel il les a enlevés, supposé même qu'il ait été reconnu en cette qualité par d'autres puissances. L'ancien propriétaire rentré dans sa possession avant cette époque, ou avant d'avoir perdu tout espoir de la recouvrer, peut revendiquer ces domaines des mains de tout possesseur, sans même être obligé à la rigueur, à des indemnités autres que celles qui pourraient être dues pour des améliorations.

Les capitaux fondés sur hypothèque ont la nature des biens-fonds; leur aliénation ou leur remboursement prématuré doivent être jugés d'après les mêmes principes (d).

[On admet généralement, dans les usages modernes, que l'invasion ou l'occupation militaire n'ont aucun effet sur la propriété

maintenir ce principe, pour empêcher l'ennemi de dévorer jusqu'a la substance du pays qu'il occupe. C'est aux traités, à la politique, quelquefois même à l'humanité, à en adoucir la rigueur dans des cas particuliers. Exemples d'aliénations de ce genre en Espagne, en France, en Italie, en Suisse, et dans les États et provinces d'Allemagne qui composaient passagèrement le royaume de Westphalie, dans une foule d'écrits cités par KLÜBER, § 258.

(c) S'il a été reconnu pour tel, et que par le changement de circonstances l'ancien possesseur rentre dans la possession du pays, la question si celui-ci est tenu de maintenir les aliénations de domaines de ce genre dépend d'une autre, savoir : si, d'après la *constitution*, et d'après les lois subsistant à l'époque de l'aliénation, celle-ci est valide.

(d) La question, si le souverain, rentré dans la possession de ses États est tenu de considérer comme valides des quittances fournies par le possesseur non reconnu par lui, à des débiteurs de l'État, ou de la personne du souverain pour des remboursements de capitaux hypothéqués faits à l'ennemi, semble dépendre des questions suivantes : 1° si celui-ci avait les obligations en main, et les a délivrées au débiteur, faute de quoi une simple déclaration d'amortissement est sans effet ; 2° si le terme du paiement était déjà écoulé lors du remboursement, ou si le débiteur a été *forcé* à l'anticipation ; 3° ce qui a été effectivement payé. La question,

des biens immeubles qui demeurent invariablement aux anciens détenteurs : l'occupation militaire est insuffisante pour déplacer la propriété et toutes les dispositions du vainqueur relatives au territoire envahi par lui n'ont, sous ce rapport, que l'autorité du fait ; et il est de jurisprudence en France que la conquête et l'occupation d'un État par un souverain étranger n'autorisent pas ce souverain à disposer par donation ou autrement du domaine conquis ou occupé. Quant au souverain dépossédé, il y a, relativement à ses biens, une distinction à faire : s'il s'agit de ses biens privés, le prihcipe qui protége la propriété des sujets le protége également. Mais pour ceux qui font partie du domaine de l'Etat, si le vainqueur en a pris possession même temporaire, il peut en disposer. Quant aux biens des princes, le droit de conquête n'a d'effet à leur préjudice que sur les biens qu'ils possèdent en qualité de princes, et non sur les biens qu'ils possèdent comme simples propriétés.   Ch. V.]

§ 282 b. — Application aux biens meubles.

A la rigueur, ces mêmes principes devraient être appliqués à tous les biens meubles. Cependant, comme, d'un côté, il est moins probable, dans la généralité, que l'ennemi auquel on les a enlevés fasse de puissants efforts pour rentrer dans leur possession, et que l'espoir de les recouvrer se perd plus facilement ; que, d'un autre côté, il résulterait des difficultés et des disputes sans nombre, si l'on voulait suivre à cet égard la seule théorie, le droit des gens positif en a autrement disposé pour les guerres tant continentales que maritimes.

Dans les guerres sur le continent, on est convenu assez généralement que si ces biens ont été vingt-quatre heures entre les mains de l'ennemi, un tiers peut en faire vali-

si un rabais par transaction peut obliger le créancier légitime, est pour le moins douteuse. V., sur cette matière, van Kamptz, Beyträge, t. I, n. 9.

dement l'acquisition, et que toute réclamation cesse (*a*).

Dans les guerres maritimes, l'ancien principe du droit romain (*b*) et du *consulat de la mer* (*c*), que l'ennemi devient propriétaire plénier lorsque sa prise légitime a été conduite en lieu de sûreté (dans un port ou au milieu d'une flotte), est encore conservé par quelques puissances ; mais la plupart des puissances de l'Europe ont aujourd'hui adopté le principe, que les droits de propriété passent de l'ancien possesseur au capteur, lorsque celui-ci est resté vingt-quatre heures en possession de sa prise (*d*).

[Il y a, quant aux biens meubles, une distinction à faire, et cette distinction n'a pas échappé à HEFFTER, *le Droit international public*, traduction de M. Bergson, § 134, 135 et 136, et il en démontre l'importance. Les meubles sont incorporels, comme les créances, ou corporels. Quant aux choses incorporelles, Heffter demande si elles peuvent être occupées ou saisies valablement. En général, les auteurs se sont prononcés pour l'affirmative, et par suite ils ont décidé que le débiteur une fois libéré par le payement fait au vainqueur, le créancier originaire ne pourrait plus se prévaloir des conséquences du droit de postliminie. Les conclusions qui précèdent ne sont pas acceptées par Heffter. Quant aux choses mobilières et corporelles enlevées à l'armée ennemie, à des personnes qui en font partie, et même à des personnes étrangères à l'armée dans le pillage d'une ville ou d'une forteresse, et qu'on comprend sous l'expression générale de *butin*, elles sont acquises régulièrement dans les guerres sur terre sous réserve de la distinction suivante. Les choses composant le matériel d'une armée et affectées aux opérations de campagne : telles que l'artillerie, les munitions, les provisions, appartiennent au

(*a*) VATTEL, liv. III, § 196 ; DE STECK ; *Essais*, 1794, p. 73.

(*b*) Inst., § 17, *De rerum divis.*; L. I, § 8, D., *Ad l. Falcid.*; L. CV, D., *De solutionibus* ; L. V, § 1, D., *De captiv. et postlim.*

(*c*) *Consolato del mare*, cap. CCLXXXVII.

(*d*) *V.* mon *Essai concernant les armateurs*, chap. III, sect. II.

souverain ou à l'Etat, à la charge d'une indemnité suivant les règlements militaires en faveur des troupes qui s'en sont emparées.

Les choses d'un usage direct et personnel aux gens de guerre, telles que l'argent et les effets précieux, appartiennent aux militaires ou aux corps qui les ont appréhendées.

S'il y a eu pillage en vertu d'ordres donnés par l'armée ennemie, les particuliers dépouillés auront droit, mais ce droit est d'un exercice bien difficile, à une indemnité de la part de leur gouvernement.

Aucune loi générale ne détermine le moment où la propriété est acquise à l'occupant. En France, l'art. 2279 du C. Nap. décide, pour les cas ordinaires, qu'en fait de meubles ordinaires la possession vaut titre, mais, dans l'hypothèse qui nous occupe, il est d'usage dans les guerres sur terre et dans les guerres sur mer, d'admettre la nécessité d'une occupation de vingt-quatre heures. Ce n'était pas la doctrine du droit romain observé chez la plupart des nations. L'appropriation par faits de guerre ne datait que du moment où la possession ne pouvait être troublée soit par l'ancien propriétaire, soit par d'autres soldats. Ainsi, jusqu'à la fin du combat, les choses prises pouvaient échapper aux mains qui les détenaient, et le butin ne pouvait être considéré comme acquis que par la fin de la lutte.

« L'observation que nous venons de faire sur les doctrines du paragraphe précédent, dit Pinheiro-Ferreira, réfute assez les fondements sur lesquels l'auteur, dans le paragraphe suivant, prétend baser le droit des prises faites sur la marine marchande, et autres propriétés appartenant à des sujets du gouvernement avec qui on se trouve en état de guerre. Mais alors même que les contributions de guerre se borneraient à ce qu'elles doivent être, d'après les principes de modération, de justice, et même de sagesse, que nous avons exposés ci-dessus, quel rapport peut-il y avoir entre les contributions de cette espèce et les déprédations et brigandages sans frein commis par les vaisseaux de guerre et les corsaires, sur tout ce qu'ils peuvent rencontrer appartenant à des sujets du gouvernement ennemi sur la vaste étendue des mers?

» Il ne faut pas se le dissimuler, la raison pour laquelle les puissances se permettent d'attaquer sur mer la propriété de ces mêmes habitants, qu'elles auraient recommandé à leurs armées de respecter dans leurs pays, c'est qu'il n'y a pas à appréhender de la part des bâtiments isolés et désarmés ces réactions dont la crainte peut seule réprimer l'insatiable voracité de ces hommes qui ne connaissent d'autre frein que la peur, et pour lesquels il n'y a d'autre morale que le vil intérêt du gain.

» Tout ce qui suit dans ce paragraphe et le suivant est parfaitement conforme aux principes du droit des gens rationnel ; mais il n'en est pas de même quant à la doctrine du § 282 b, ni quant au principe invoqué par l'auteur comme base principale du droit de propriété qu'on voudrait appuyer sur le fait de la conquête.

» Ce n'est pas l'espoir, par sa nature toujours plus ou moins problématique, qui peut servir de base vis-à-vis d'un tiers au droit de propriété acquis au conquérant par le fait de la conquête. Aussi longtemps que la guerre dure, personne ne peut regarder comme décidée la question du droit de posséder entre les parties dissidentes, et par conséquent personne ne peut contracter sur les objets qu'elle sait avoir été capturés ou conquis comme étant devenus une propriété incontestable du capteur ou conquérant. Ainsi le terme convenu des vingt-quatre heures dont M. de Martens fait mention, après lesquelles le détenteur est censé avoir acquis le droit de pleine propriété sur l'objet capturé, est tout aussi absurde pour les biens meubles qu'il le serait pour les immeubles. Il faut en dire autant de l'autre condition indiquée aussi par l'auteur, que du moment où la prise a été mise par le capteur à l'abri de toute atteinte des forces de son ennemi, il est censé en être devenu le propriétaire ; car la nature des objets, pas plus que le temps ou le lieu de la détention, n'influent en rien sur la perte de la propriété d'un côté, et l'acquisition de l'autre. Si le tiers qui, par exemple, a acheté un de ces objets capturés, ne peut pas être convaincu de l'avoir su, personne n'a le droit de le dépouiller de sa propriété acquise de bonne foi. Mais si on peut lui prouver qu'il était instruit, ou qu'il avait raison d'en soupçonner l'origine, il ne peut être vis-à-vis de nous que le complice de notre ennemi dans l'acte de spoliation que nous avons éprouvé de notre propriété ; il savait, en la lui achetant, qu'elle nous avait appartenu, et il ne saurait soutenir qu'elle lui appartient sans se décider, par des faits qui nous sont nuisibles, en faveur de notre ennemi. Or, celui qui coopère sciemment avec notre ennemi pour nous porter dommage, cesse d'être neutre, et devient aussi notre ennemi ; car il ne suffit pas, pour être neutre, qu'il soit disposé à en faire autant en nous achetant les prises par nous faites. La neutralité consiste à ne faire, pendant la guerre, que ce qu'il serait permis de faire pendant la paix. »   CH. V.]

§ 283. — Droit de Postliminie.

Ce qui précède sert d'introduction à la solution de nombre de questions qui se présentent au sujet du droit de *postliminie*.

Supposé qu'une puissance reprenne sur l'ennemi les biens dont celui-ci avait fait la conquête ou la prise, il semblerait que, sans distinction entre les biens meubles et les biens immeubles, cette reprise devrait à la rigueur toujours être restituée au propriétaire, et qu'on n'a pas besoin de recourir à la fiction d'un droit de *postliminie* dès qu'on se persuade que la seule perte de possession n'éteint pas la propriété.

Ce principe est aussi reconnu quant aux biens immeubles ; de sorte que, sans égard à l'époque où la reconquête a lieu, l'ancien souverain du pays reconquis non-seulement rentre dans ses droits précédents, mais il doit rétablir l'ancienne constitution et les anciens priviléges, à moins de supposer que les sujets en aient encouru la perte par une conduite criminelle (a) ; par conséquent aussi les domaines reprennent leur ancienne qualité, et les biens-fonds des

(a) Prétexte de l'Espagne pour priver, en 1714, les Catalans de leurs plus beaux priviléges. Mais les pays de généralité pouvaient-ils aspirer, en 1648, aux mêmes priviléges dont les provinces entières de Flandre, de Brabant, de Gueldre, avaient autrefois joui ? PESTEL, *Comment. de rep. Batard*, § 407 ; VAN OITZEMA, *Herstelde Leew.*, p. 314, 335 ; BYNKERSHŒCK, p. 118.

particuliers, si l'ennemi s'en était emparé, doivent être restitués à l'ancien propriétaire innocent (b).

Quant aux biens meubles du citoyen ou sujet repris sur l'ennemi, ils ne sont restitués dans les guerres du continent qu'en tant que la reprise a lieu dans l'espace de vingt-quatre heures (c) ; dans les guerres maritimes on les restitue s'ils sont recous avant d'avoir été conduits en lieu de sûreté, ou, d'après le système qu'on adopte, avant d'avoir été vingt-quatre heures entre les mains de l'ennemi légitime, moyennant une quote-part que retient le recapteur pour les frais de la recousse. Après cette époque, on distingue entre les reprises faites par les vaisseaux de guerre de l'État et celles qui ont été faites par l'armateur, en n'accordant que dans le premier cas la restitution, moyennant un droit de rescousse différemment fixé (d). Mais si la reprise avait été faite par un ennemi illégitime, ou contre les lois de la guerre, toutes les nations, l'Espagne seule exceptée, sont d'accord que dans ce cas la reprise doit être en tout temps restituée moyennant une quote-part pour les frais du sauvement.

C'est d'après les mêmes principes qu'on doit juger des reprises-recousses.

On touchera plus bas, chapitre vii, la question de savoir jusqu'à quel point les puissances alliées ou neutres peuvent demander d'être traitées à l'égal des propres sujets sur le point des reprises.

(b) Sur cette matière, V. KLÜBER, *Droit des gens moderne de l'Europe*, § 258, 259.

(c) Exemple de 1595, dans DE THOU, *Hist. sui temporis*, h. a, lib. XIII.

(d) On trouve les lois des diverses puissances sur ces points dans mon *Essai concernant les armateurs*, chap. iii, sect. II. V. aussi JACOBSEN, *Handbuch des Seerechts*, t. II, art. 17, p. 522.

[« Le principe de postliminie n'est pas une fiction, dit Pinheiro-Ferreira, ainsi que M. de Martens, accoutumé aux fictions du romanisme, se l'est figuré.

» Ce principe repose sur un fait réel, et qui est identique dans tous les cas où l'on invoque la jurisprudence qu'on a désignée sous le nom de postliminie.

» Une autre erreur de M. de Martens consiste à borner au petit nombre de faits matériels qu'il mentionne ici, le cas de postliminie, tandis qu'il embrasse tous les droits acquis et tous les devoirs encourus pendant l'occupation de l'ennemi, par suite de cette occupation, et sous les lois qui, durant cet intervalle, ont régi les intérêts du pays.

» D'après cette manière générale de poser la question, ce n'est pas par des solutions spéciales, et encore moins avec le secours de cas d'exception, qu'il faut satisfaire à la question, en établissant le principe fondamental de la jurisprudence de postliminie.

» Toutes les fois que les actes ou contrats passés, soit entre particuliers les uns avec les autres, soit entre des particuliers et le gouvernement de l'occupation, auront été passés de bonne foi, d'après les lois en vigueur, ils ne peuvent qu'être valables, même après le retour de l'ancien ordre de choses.

» Nous entendons ici par des *actes et contrats de bonne foi*, non-seulement ceux qui auront été faits d'après les lois en vigueur, mais aussi sans intention de porter préjudice, soit à l'Etat, soit aux particuliers.

» Pour les actes librement passés entre les particuliers, et pour autant que cela les concerne, il ne saurait y avoir le moindre doute. Il faut en dire autant des engagements contractés avec le gouvernement d'occupation, sans que le particulier avec qui il a contracté ait eu en vue de tirer parti de l'occupation pour nuire à autrui, soit parce qu'il n'a pu connaître que telle en serait la conséquence, soit parce que, s'il l'a connu, il a été forcé de contracter.

» Le gouvernement de fait qui existait à l'époque où ces contrats ont eu lieu, avait toute la capacité nécessaire pour leur imprimer le caractère de légalité civile qui, de l'aveu de tous les publicistes, ne dépend nullement de la légitimité politique du gouvernement. »

V. encore VATTEL, *le Droit des gens*, édit. Guillaumin, liv. III. ch. xiv, § 204 et la note de M Pradier-Fodéré; HEFFTER, *le Droit international public*, traduction de M. Bergson, § 187 à 194, qui, s'appuyant sur les dispositions des lois romaines et sur les usages modernes, détermine avec toute leur étendue et leurs variétés les effets du droit de postliminie tant au profit des nations et de leurs souverains que relativement aux particuliers et aux droits privés, et précise les diverses applications de ce droit en matière civile.

Ch. V.]

§ 284. — Des Opérations militaires.

Le but principal des opérations militaires étant ou de résister à l'ennemi qui nous attaque, ou de l'attaquer et de le poursuivre dans son pays, en tâchant d'occuper des places, des provinces, des îles ennemies, ou enfin, en général, de l'affaiblir pour l'obliger à donner les mains à une paix satisfaisante, on peut diviser ces opérations sous différents points de vue : on distingue surtout les grandes expéditions qui, dans les guerres du continent, s'opèrent par des armées ou corps de troupes considérables, et, dans les guerres maritimes, sont effectuées par des flottes ou escadres de l'État, de ces petites expéditions qui, dans les guerres continentales, tendent à harceler l'ennemi, et, dans les guerres maritimes, s'exécutent par des vaisseaux de guerre détachés, et surtout par des armateurs particuliers, tendant à troubler même le paisible navigateur

§ 285. — Des Batailles

Les batailles, ainsi que les chocs, les affaires et autres actions considérables, donnent lieu à l'observation des lois de la guerre, tant par rapport à l'usage des armes (§ 273) que par rapport aux blessés et prisonniers. Il est contraire aux lois de la guerre de permettre le pillage des blessés restés

sur le champ de bataille, et de priver les morts de la sépulture. C'est à celui qui est maître du champ de bataille à
prendre soin des blessés et des morts ; quand la question de
savoir à qui appartient le champ de bataille est indécise (a),
on en vient quelquefois à des armistices d'un ou deux jours,
pendant lesquels chacun peut retirer les siens.

§ 286. — Des Siéges.

On peut se rendre maître d'une forteresse ou place
forte, ou par *surprise,* ou après un *blocus* ou un *siége* formel, et dans ce dernier cas, soit par *capitulation,* soit par
assaut.

Vu l'importance de l'occupation et de la défense des
forteresses, la raison de guerre justifie, d'après les circonstances, l'emploi de tous ces moyens d'attaque ou de
défense que les lois de la guerre n'ont pas généralement
proscrits sans exception. Il est donc des cas où, de part et
d'autre, il est permis de brûler les faubourgs, de jeter des
bombes dans la ville pour incendier des magasins, de faire
sauter des mines (a), et de sommer le commandant de se
rendre, sous la menace de refuser toute capitulation.

Néanmoins il est reconnu que, dans la règle, on ne doit
diriger les bouches a feu que contre les ouvrages de fortifications, et que ce ne sont qu'eux aussi qu'il est permis de
raser ou de faire sauter lorsqu'on s'est emparé de la ville.

(a) Exemple de la bataille de Zorndorff, en 1758, dans MOSER, *Versuch,* t. IX, p II, p. 81

(a) On peut de même défendre de donner des signaux du haut des
tours ou d'autres édifices élevés, sous la menace de diriger contre eux les
bouches à feu C'est peut-être ce qu'a eu en vue M. MOSER, *Grundlehren
des wolkerrechts,* p. 24, et *Versuch,* t. IX, p. II, p. 109, en parlant d'un
usage qui, tel qu'il l'énonce, ne serait d'aucune utilité.

De même, il est absolument contraire aux lois de la guerre d'ajouter à la sommation d'une forteresse la menace de passer au fil de l'épée le commandant ou la garnison (b).

––––––––––

[« Il n'y a rien à relever dans ce paragraphe, dit Pinheiro-Ferreira, à l'exception de ce passage où l'auteur affirme qu'il est permis de jeter des bombes dans les villes pour faire sauter les magasins. Cette·doctrine est tellement barbare, que l'auteur a senti lui-même la nécessité de se rétracter immédiatement, lorsqu'il ajoute dans l'alinéa suivant, qu'*il est reconnu que, dans la regle, on ne doit diriger les bombes à feu que sur les ouvrages de fortification.*

» Ce n'est pas parce qu'il est reconnu, mais parce qu'il est le seul principe avoué par la raison, que nous regardons comme un usage barbare la pratique contraire. Mais telle est la suite des fausses définitions, de conduire à des conséquences absurdes. On dit généralement que la guerre est l'art de détruire les forces de l'ennemi. On a identifié sous ce nom le gouvernement et la nation. Il a donc bien fallu conclure de tels principes, que plus on ferait de mal au gouvernement et à la nation, plus on atteindrait le but de la guerre. Nous avons déjà combattu ces doctrines et nous croyons inutile d'y revenir. »   CH. V.]

§ 287. — De la Prise par capitulation ou par assaut.

Il est conforme aux lois de la guerre de sommer au moins une fois la forteresse ou la place forte assiégée avant de commencer le bombardement (a) ; souvent ces sommations se répètent, ou la forteresse donne un signal qu'elle désire capituler. Alors on envoie, d'une part, des plénipoten-

––––––––––

(b) VATTEL, liv. III, § 143. *V.* cependant le décret de la Convention nationale de France, du 4 juillet 1794, dans mon *Recueil*, t. VI, p. 750.

(a) Plaintes amères du roi de Prusse à l'égard du bombardement de Custrin par les Russes, en 1758, dans MOSER, *Versuch*, t. IX, p. II, p. 137.

tiaires pour parlementer, et quelquefois, de l'autre, des
otages de sûreté. Mais si la capitulation n'a point lieu, que
la place non débloquée soit prise d'assaut, la garnison doit
se rendre à discrétion; alors on ne peut rien demander pour
elle que la vie, et il n'est pas contraire aux lois de la guerre
d'abandonner la place au pillage.

[« Il y a dans ce paragraphe, dit Pinheiro-Ferreira, deux assertions qu'on ne doit pas laisser passer sans observation : l'une,
parce qu'elle est irrationnelle; l'autre, parce qu'elle est exécrable.

» L'usage autrefois très-usité de donner des otages est souverainement absurde, car quel usage peut en tirer celui qui les a
reçus ? Les maltraiter pour un acte de déloyauté dont ils ne sont
nullement coupables serait le comble de l'atrocité ; même les retenir malgré eux, ce serait les punir, et on ne doit punir que les
coupables. Mais, dit-on, ils se sont engagés à rester prisonniers
aussi longtemps que la convention ne sera pas accomplie. C'est
ce qu'ils n'avaient pas le droit de faire au détriment des tiers intéressés à leur retour, tels que leurs familles, leurs clients, leurs
créanciers, qui n'ont pas le pouvoir de forcer le gouvernement à
satisfaire à ses engagements; enfin personne n'a le droit de se désister de sa liberté pour un temps indéterminé.

» Quant à la doctrine atroce qu'*il n'est pas contraire aux lois
de la guerre d'abandonner la place au pillage,* il nous suffira d'a-
jouter à ce que nous avons dit précédemment que puisqu'il ne
saurait y avoir de droit contre le droit, ce qui est contraire aux
lois de la raison, basées sur les droits de l'humanité, ne peut
qu'être contraire aux lois de la guerre. »

Relativement aux autorités ayant pouvoir pour consentir les
capitulations relatives à la reddition des troupes, des forteresses et
des provinces d'un pays, il faut, avec WHEATON, *Éléments du droit
international,* t. II, p. 63, faire une distinction à raison même
de la nature des stipulations. Ces stipulations rentrent dans les
pouvoirs généraux des commandants de terre et de mer commandant les forces assiégeantes, si elles ont rapport à la reddition de
la place : la sanction de leurs souverains respectifs n'est pas né-

cessaire. On range parmi ces stipulations, tout ce qui a rapport à la sûreté de la religion, aux priviléges des habitants, à la condition que la garnison ne portera plus les armes contre le vainqueur, etc. Mais si le commandant d'une place prenait des engagements en dehors de ses fonctions et de son autorité comme la cession à perpétuité de la place confiée à son honneur, ces engagements ne produiraient aucun effet. *V.* encore ci-après § 291.

Сн. V.]

§ 288. — De la petite Guerre.

Quant aux petites expéditions, qu'on désigne sous le nom de *petite guerre* (a), et qui, dans les guerres continentales, ont lieu par de petits pelotons de troupes, soit détachés de régiments réglés, soit surtout formés de compagnies franches, l'ordre de leur chef suffit pour les rendre légitimes, et la loi naturelle ne peut rien fixer touchant le nombre dont ils devraient être composés. Cependant quelquefois les puissances belligérantes sont convenues du moindre nombre dont ces *partis* (b) de cavalerie ou d'infanterie devront se former; alors l'ennemi est autorisé à traiter à l'égal d'un *parti bleu* ou de *maraudeurs* ceux qu'il rencontre en moindre nombre, à moins qu'ils ne puissent prouver sur-le-champ que les seuls hasards de la guerre les y ont réduits.

§ 289. — Des armements en course.

Outre les vaisseaux de guerre ou frégates que le gouvernement détache quelquefois en croisière, les États maritimes sont encore dans l'usage d'engager des particuliers à des

(a) LACROIX, *De la petite guerre*, 1752; EWALD, *Von dem kleinen Krieg*, Cassel, 1785, in-8.

(b) J.-J. MOSER, *Von den Parthiegängern*, dans le Supplément à ses *Grundsätze des Völkerrechts in Kriegszeiten*, 1750, in-8.

armements en course (*a*), excités par l'appât du butin et des récompenses. Ceux qui forment de telles entreprises doivent se munir de *lettres de marque* (*b*), fournir une caution différemment fixée par les lois (*c*) et par les traités, et promettre de ne point s'écarter des instructions qu'on leur donne. Alors l'ennemi doit les traiter en ennemis légitimes.

Avant de disposer de la prise qu'ils auraient faite, ils doivent la conduire dans un port de leur souverain, ou, dans l'impossibilité causée par l'éloignement, dans un port neutre, et en attendre la condamnation, après quoi l'État leur en abandonne la propriété entière, ou s'en réserve une part pour lui ou pour l'amiral. On accorde encore aujourd'hui des récompenses pour la prise de vaisseaux armés, graduées d'après le nombre et le calibre du canon, etc.

Les abus presque inséparables de ces armements en course ont fait penser quelquefois à leur abolition; mais aucun essai de ce genre (*d*) n'a encore réussi.

(*a*) Willenberg, *De eo quod justum est circa excursiones maritimas*, Gedani, 1711, 1726, in-8. *V.* mon *Essai concernant les armateurs, les prises et les reprises*, Gottingue, 1794, in-8; traduit en allemand, 1794, in-8; traduit en anglais par Th. H Horne, Londres, 1801, in-8, avec un discours ajouté par le traducteur. *On the right and duties of Neutrality.*

(*b*) *V.* des modèles de ces lettres de marque dans mon *Recueil*, t. VI, p. 754. Plan pour une société d'armateurs, dans *N. Nederl. Jaerboeken*, 1781, p. 113, 241, et dans mon *Erzählungen*, t. II, p. 313 et suiv.

(*c*) On trouve déjà l'exemple de tels cautionnements exigés dans le recès de la Hanse teutonique de 1364. Willebrand, *Chron. Urkunden*, p. 39. *V.*, en général, Jacobsen, *Handbuch*, t. I, abschn. III, p. 118-185.

(*d*) La Suède et les Provinces-Unies des Pays-Bas se promirent, par traité de 1675, art. 14, d'abolir ces armements, dans Dumont, t. VII, p. 1, p. 316. Mais l'article séparé de leur traité de 1679, *ibid.*, p. 433,

Toutefois, celui qui, sans lettres de marque, commettrait des hostilités sur mer, peut être puni comme pirate, tant par l'ennemi que par son souverain, et n'acquiert point la propriété de sa prise (e).

[La course, depuis longtemps condamnée par la conscience des peuples civilisés et par les publicistes les plus compétents comme immorale en principe, et au point de vue pratique comme inutile au but final de la guerre, soit comme moyen de défense, soit comme moyen d'agression, a été abolie par les puissances signataires du congrès de Paris, en 1856.

Longtemps la guerre ne se fit pas seulement entre les Etats, elle s'étendait aussi à leurs sujets. Les nations et chaque citoyen en particulier étaient ennemis; la liberté, la vie, les biens des vaincus appartenaient aux vainqueurs. Aujourd'hui les Etats seuls sont ennemis; aujourd'hui, par le progrès de la raison et de la justice, par une intelligence plus vraie du droit naturel, par un sentiment plus élevé des droits de l'humanité, tant que les particuliers n'interviennent pas personnellement dans les hostilités, leurs biens et leurs droits ne sont pas atteints par la guerre. Mais ces principes, acceptés et appliqués pour la guerre sur terre, ne le sont pas encore dans les guerres maritimes. Sur mer la guerre est restée dans des conditions de barbarie. Ni les réclamations des publicistes et des philosophes, ni

---

prouve que cet essai demeura sans succès. La Russie s'abstint, en 1767 et années suivantes, d'armements en course, et s'en prévalut en 1770; *V.* mon *Recueil a*, t IV, p. 64; *b*, t. II, p. 32; mais elle donna des *lettres de marque* dans la guerre suivante. La Prusse et les États-Unis d'Amérique se sont promis, en 1785, de ne point donner de lettres de marque lorsque *ces deux États se feraient la guerre;* mais cet article a été supprimé dans leur traité de 1799. Dans l'Assemblée constituante de France on a parlé de l'abolition de l'armement en course; *V.* Busch, *Erörterung der Frage; Was hat Deutschland in Ansehung seines Land-und-Seehandels von den so naken Friedenshandlungen zu erwarten,* 1795, p. 10; mais *V.* le décret de la Convention nationale du 31 janvier 1793, dans mon *Recueil*, t. VI, p. 752.

(e) Jacobsen, *Handbuch,* t I, abschn. II, p. 101 et suiv.

l'exemple du traité de 1785, ni l'adoption officielle, au commencement du siècle, par le gouvernement du premier empire des vrais principes du droit des gens moderne, n'avaient pu modifier l'ancien droit maritime dans son mépris du droit des propriétés privées et des particuliers étrangers à la guerre. L'institution des corsaires avait été maintenue.

Les puissances signataires de la paix de Paris ont arrêté les quatre principes suivants : 1° L'abolition de la course; 2° le pavillon neutre couvre la marchandise ennemie, excepté la contrebande de guerre; 3° la marchandise neutre, excepté la contrebande de guerre, n'est pas saisissable, même sous pavillon ennemi; 4° les blocus ne sont obligatoires qu'autant qu'ils sont effectifs.

Quel est, quant à la course, l'avenir du principe posé par la déclaration du congrès de Paris? Restera-t-il une convention spéciale aux puissances qui ont proclamé son abolition, ou par l'assentiment unanime de tous les États entrera-t-il dans le code maritime des nations? Déjà les États-Unis de l'Amérique du Nord ont proposé de souscrire aux quatre principes arrêtés par le congrès, mais en ajoutant à l'article 1er de la déclaration du 16 avril la disposition suivante : « Et la propriété privée des sujets de chacune des puissances belligérantes ne pourra être saisie par les navires de l'autre puissance, à moins qu'elle ne consiste en contrebande de guerre. » Mais les plénipotentiaires ayant décidé qu'il était de l'intérêt commun de maintenir l'indivisibilité des quatre principes, il n'a pu être donné de suite, sous aucun rapport et pour aucune .partie, aux ouvertures du cabinet de Washington. Quelle est la valeur de sa proposition? Supprimer purement et simplement le droit d'armer en course, c'est, a-t-on dit au nom des Etats-Unis d'Amérique, restreindre la part qu'il est permis à des citoyens de prendre dans une guerre où leur pays est engagé; c'est priver des ressources qu'en cas de guerre ils trouvent dans le patriotisme de leurs sujets les gouvernements qui n'ont pas à leur disposition de grandes armées navales; enfin, la renonciation demandée aurait pour effet d'abandonner l'empire des mers à deux ou trois grandes puissances, ou plus probablement à une seule. Ce serait de plus préparer l'abaissement inévitable des États qui se refusent à entretenir pendant la paix de grandes flottes. Au fond, les Etats-Unis ne paraissent pas disposés à renoncer à une arme qui leur semble précieuse pour l'attaque et pour la défense dans une grande guerre maritime.

Pour le cabinet de Washington, au contraire, le seul moyen de pallier les inconvénients possibles de l'abolition de la course, c'est d'aller plus loin dans la voie des innovations proclamées par le congrès de Paris et d'appliquer à la guerre maritime des principes en vigueur pour les hostilités sur terre, en garantissant la propriété privée des sujets des puissances belligérantes contre la saisie par les navires de l'autre puissance, si ce n'est dans le cas de contrebande de guerre, en interdisant aux bâtiments de guerre de poursuivre les bâtiments de commerce, même lorsqu'ils seraient sous pavillon ennemi. Dans les usages de la guerre sur terre, les soldats des puissances belligérantes n'ont aucun droit, ne peuvent exercer aucune voie de fait sur les propriétés particulières des sujets de la puissance ennemie. Pourquoi les mêmes principes ne seraient-ils pas applicables à la guerre maritime ? La proposition additionnelle du cabinet de Washington est évidemment logique. Vainement a-t-on soutenu (Journal des Débats du 22 octobre 1856) que la prétention des États-Unis d'assimiler la guerre maritime à la guerre sur terre n'était ni admissible, ni juste, ni bonne même, les calamités de la guerre présentant cet avantage, qu'en agissant sur les populations elles rendaient la guerre plus courte et moins fréquente. Il semble dans tous les cas difficile de soutenir que le pillage des propriétés privées par des corsaires est juste, rationnel et légitime. On ne peut admettre que des propriétés privées, qui sont libres sur les terres mêmes de l'ennemi, sur le sol envahi par une armée victorieuse et investie du droit de conquête, puissent être justement prises et pillées sur mer, sur cet élément libre par sa nature et qui n'est ni ami ni ennemi. Espérons que l'initiative si glorieuse prise par le congrès de Paris sera féconde dans l'avenir, et que la diplomatie arrivera un jour à rendre le commerce libre pour les belligérants comme pour les neutres, que les biens privés et les citoyens étrangers à la profession des armes seront affranchis des désastres de la guerre, et que la propriété privée restera en dehors de la lutte, exclusivement concentrée aux armées agissant au nom et sous la direction de la puissance publique. V. Vattel, le Droit des gens, édit. Guillaumin, liv. III, ch. v, § 78 et la note de M. Pradier-Fodéré; V. encore une autre note de M. Pradier-Fodéré sur le § 229, même liv., ch. xv.   Ch. V.]

CHAPITRE V. •

§ 290. — Des Conventions générales.

Parmi plusieurs conventions auxquelles la guerre peut
donner lieu entre les puissances belligérantes, il y en a qui
concernent, en général, la manière dont on se conduira réciproquement pendant la guerre. Ces *cartels* renferment
quelquefois des stipulations sur l'usage de certaines armes (*a*), sur le commerce et la pêche (*b*), sur le cours des
postes (*c*), sur les sauvegardes, trompettes, etc. (*d*), et le plus

(*a*) Convention de 1692, dans DUMONT, *Corps diplomat.*, t. VII, p. II,
p. 310.

(*b*) Quelquefois on est convenu d'exempter au moins d'hostilités les
bateaux de pêcheurs ; *V.* des exemples dans MOSER, *Versuch*, t. IX,
p I, p. 46 ; même dans la guerre de la révolution française la France
et la Grande-Bretagne en convinrent en 1800 ; *V.* mon *Recueil*, t. VII,
p. 295 ; mais *V.* aussi le résultat dans les Suppléments, t. II, p. 287-
296.

(*c*) Convention de 1744, entre la France et l'Angleterre, dans MOSER,
Versuch, *loc. cit.*

(*d*) Quelquefois on a même réglé d'avance quelque chose au sujet des
contributions. *V.* VATTEL, liv. III, § 165.

souvent des conventions touchant l'échange ou la rançon des officiers et soldats (§ 275).

Elles se font quelquefois pour toute la durée de la guerre, quelquefois pour un nombre d'années (e); mais, dans ce dernier cas même, la paix les fait expirer.

§ 291. — Des Conventions particulières; des Capitulations.

D'autres conventions sont particulières, et les circonstances individuelles où se trouve l'ennemi les font naître. De ce genre sont les *capitulations* (a) par lesquelles une forteresse, une province, un corps de troupes (b), se rendent conditionnellement à l'ennemi. Elles ont pour objet tant le sort des troupes qui se rendent, quant à leur personne, leurs armes, munitions de guerre, etc., que le sort de la place ou province, quant à son gouvernement, ses domaines, les propriétés, la religion, etc.

Ces capitulations diffèrent des traités solennels, tant par la forme (c), qu'en ce qu'elles sont obligatoires sans une ratification expresse des souverains (d), à moins qu'on ne l'ait expressément réservée, ou que celui qui les a signées n'ait outre-passé les bornes du pouvoir qui lui était confié (e).

(e) Cartel entre la Prusse et l'Autriche, en 1741, pour six ans. Il expira avec le traité de Breslau, de 1742, et ne pouvait plus être considéré comme obligatoire dans la nouvelle guerre survenue en 1744.

(a) Comes DE ARCO, *De capitulationibus*; J.-C. MEIS, *De civitatis deditione*, Lipsiæ, 1689, in-4; LUDOVICI, *De capitulationibus bellicis*, Halæ, 1707, in-4; VAN OMPTEDA, *Litteratur*, t. II, p. 648; VAN KAMPTZ, p. 341.

(b) MOSER, *Versuch*, t. IX, p. 1, p. 157, 176.

(c) *V.*, par exemple, mon *Recueil*, t. IV, p. 466.

(d) Exemple de la convention de Suhlingen, du 3 juin 1803, dans mon *Recueil*, Suppl., t. III, p. 518.

(e) WATTEVILLE, *Histoire de la Confédération helvétique*, p. II, p. 185.

§ 292. — Des Contributions, Sauvegardes, etc.

Quoique l'ennemi dicte les contributions, ce point même peut donner lieu à des conventions touchant les sommes, les termes de paiement, etc., et à des otages offerts ou en-levés.

Souvent l'ennemi accorde de son chef, ou à la sollicita-tion des habitants, des sauvegardes à un district, à un vil-lage ou à une possession détachée, ce qui encore peut donner lieu à des conventions. On distingue deux sortes de sauve-gardes : 1° l'une en nature, lorsqu'un ou plusieurs soldats sont accordés pour mettre l'endroit à couvert d'hostilités tant de la part de l'ennemi légitime que de celle des marau-deurs et du parti bleu : ces sauvegardes sont payées, nour-ries et récompensées; elles sont inviolables, et l'ennemi, lors même qu'il chasse l'ennemi de ces contrées, doit les lui renvoyer en sûreté; 2° l'autre sauvegarde, qui s'accorde par *écrit*, n'est qu'une défense du chef d'un corps de troupes de ne point commettre d'hostilités dans l'endroit en faveur duquel on a donné ces lettres patentes, ou érigé des po-teaux de sauvegarde ou de neutralité.

Quelquefois même les puissances conviennent de la neu-tralité de telle de leurs provinces (*a*), en continuant à faire la guerre à l'égard des autres.

_____

[L'énumération donnée par notre auteur dans le présent para-graphe et dans le paragraphe précédent n'est pas complète. Il y

_____

(*a*) Neutralité des Pays-Bas autrichiens, convenue le 14 novembre 1733, entre la France et les Provinces Unies des Pays-Bas, dans mon *Recueil*, Suppl., t. I, p. 216; neutralité du nord de l'Allemagne à la suite du traité de Bâle de 1795.

a encore d'autres conventions auxquelles la guerre peut servir d'occasion entre les puissances belligérantes, telles que les licences délivrées au profit des navires et de leurs cargaisons. *V.* WHEATON, *Éléments du droit international,* t. II, p. 65; les conventions relatives à la rançon ou au rachat d'un navire capturé et qui ont pour objet l'élargissement de ce dernier à l'aide d'un billet de rançon que souscrit le capitaine ou la remise d'un ou de plusieurs otages. *V.* HEFFTER, *le Droit international public,* traduction de M. Bergson, § 142; les conventions relatives à l'échange des prisonniers et dans lesquelles on distingue plusieurs catégories de troupes pour régler ces échanges avec soulte d'argent pour compenser les différences. *V.* encore HEFFTER, *loc. cit.*   CH. V.].

§ 293. — Des Armistices.

Outre les cessations ou *suspensions d'armes* convenues pour un court espace de temps entre des corps de troupes individuels ou avec les assiégés, on convient quelquefois d'une *trève*, soit générale, soit particulière, conclue pour un temps déterminé ou indéterminé.

Tous ces *armistices* obligent les parties contractantes à s'abstenir réciproquement de toutes sortes d'hostilités, et même de toutes ces entreprises militaires auxquelles l'ennemi aurait pu s'opposer, si la trève n'eût pas été conclue. On doit prévenir l'ennemi avant de recommencer les hosti·lités; et d'ordinaire la trève même fixe combien de jours à l'avance on doit la dénoncer (*a*).

Bien que tout chef d'un corps de troupes puisse validement convenir d'une simple cessation d'armes pour peu d'heures ou de jours, les trèves particulières conclues pour un temps plus considérable supposent le plein pouvoir ou le

(*a*) Exemples, dans mon *Recueil,* t. VII, p. 172, 174, 177, 396, 401. Armistice entre les puissances belligérantes conclu a Poischwitz, le 5 juin 1813, dans mon *Nouveau Recueil,* t. I, p. 582

consentement du général èn chef (*b*), et les trèves générales,
quelquefois le consentement particulier des gouvernements:
c'est pourquoi on en voit quelques-unes assujetties à des
ratifications (*c*), bien que d'ailleurs les arrangements militaires n'en aient pas besoin.

Lorsqu'une trève générale est conclue pour nombre d'années (*d*), elle ne diffère presque plus d'un traité de paix, si
ce n'est que, dans la théorie, les traités de paix terminent
définitivement et pour toujours les différends pour lesquels
on est venu à la guerre, tandis que, la trève échue, on est
en droit de recommencer encore pour le même motif.

[L'armistice a pour effet principal de maintenir les parties belligérantes dans leurs positions respectives. Néanmoins on admet
la faculté pour chacune d'elles d'exécuter dans les lieux qu'elle
occupe pendant l'armistice tous les travaux de nature à fortifier
sa position. On accorde même aux sujets des belligérants la faculté de faire dans le même temps le commerce, et cela tant que

(*b*) Capitulation du 18 octobre 1790, dans mon *Recueil*, t. VII, p. 363.
(*c*) Armistice entre la Porte et l'Autriche, du 19 septembre 1790, dans
mon *Recueil*, t. IV, p. 571.
(*d*) Dans le moyen âge, ces trèves conclues pour plusieurs années
étaient fort usitées. Elles étaient encore fréquentes dans le Nord au dix-
septième siècle, quand elles devenaient déjà plus rares pour d'autres
puissances, quoique la trève de 1609 pour douze ans, et celle de 1684,
conclue pour vingt ans, en aient encore rappelé le souvenir, et que même
depuis on en ait projeté plus d'une. La Porte croit, d'après ses principes religieux, ne devoir conclure que des trèves avec les puissances chrétiennes; mais dans les temps plus récents elle a dû donner les mains à
plusieurs traités de paix perpétuels, tels que avec la Russie, en 1739,
1774, 1783, 1792, 1812; avec l'Autriche, la trève de 1739, perpétuée en
1747, la paix de 1791, avec la France, en 1802; avec la Grande-Bretagne, en 1809 *V.*, en général sur ce point, VAN STECK, *Von den Frie-
densschlüssen der Osmannischen Pforte*, dans ses *Versuche*, 1772, n. 9;
et les traités postérieurs à 1772, dans mon *Recueil* des traités.

les opérations de commerce ne contrarient pas les opérations de la guerre.

Le pouvoir de conclure un armistice général excède les attributions ordinaires d'un commandant en chef de forces militaires ou navales. Pour qu'une pareille convention produise effet, il faut de la part de l'Etat une autorisation antérieure ou ultérieure ou une ratification. Quant à l'armistice partiel, il peut être conclu sans une autorisation spéciale dans tous les cas où la nature et l'étendue et surtout les nécessités du commandement impliqueront l'existence de ce pouvoir.

On voit d'après WHEATON, *Éléments du droit international*, t. II, p. 60, qu'il y a une distinction importante à établir relativement aux effets de l'armistice. Il lie les parties contractantes et les personnes placées sous, leur direction immédiate du moment même où il est conclu. Mais il est nécessaire qu'il soit promulgué régulièrement pour être obligatoire vis-à-vis des autres sujets des Etats belligérants. Aussi, s'il arrive que des actes d'hostilité soient commis avant cette promulgation, les parties contractantes n'en sont pas responsables, sauf le cas de faute ou de négligence pour arriver à connaître cette promulgation. *V.* encore VATTEL, *le Droit des gens*, édit. Guillaumin, liv. III, ch. XVI, § 233 et suiv., et les notes de M. Pradier-Fodéré; WHEATON, *loc. cit.*, pour la connaissance des règles relatives à l'interprétation des trèves en armistices.   CH. V.]

§ 294. — De la Manière de traiter avec l'ennemi.

Comme, dans la règle, toute correspondance entre les puissances belligérantes est interrompue, il est nécessaire de réserver des moyens pour pouvoir se rapprocher et négocier en sûreté. A cette fin,

1° On a introduit l'usage de certains signaux reconnus pour équivaloir à une déclaration expresse qu'on désire parlementer, et qu'on offre et demande la cessation des hostilités : c'est ainsi qu'une forteresse assiégée, en arborant un drapeau blanc, déclare qu'elle désire capituler, et que l'ennemi, en répondant du tambour à ce signal, accorde une cessation d'hostilités momentanée; c'est ainsi que, dans un combat naval, un vaisseau qui ôte son pavillon en arborant un pavillon blanc déclare par ce signal de paix qu'il offre de se rendre, etc.

2° On reconnaît l'inviolabilité des trompettes, aujourd'hui substitués aux anciens hérauts d'armes, et reconnus comme messagers de paix lorsqu'ils s'annoncent et se conduisent comme tels; on reconnaît de même comme exempts de toutes hostilités, dans les guerres maritimes, les vaisseaux parlementaires ou vaisseaux de cartel.

3° On accorde des passeports et saufs-conduits à ceux qu'on consent à recevoir chez soi pour entamer une négociation quelconque.

4° On a recours à l'intervention de puissances neutres pour faire parvenir à l'ennemi des propositions, etc.

§ 295. — Que les Conventions conclues avec l'ennemi sont obligatoires.

Ces conventions militaires, validement conclues, doivent, s'il se peut, être encore plus sacrées que celles qui ont été conclues dans le sein de la paix (a). La faculté que la guerre accorde de priver l'ennemi de ses droits acquis ne peut s'étendre à ceux qui découlent d'une convention de ce genre (b) : on y a renoncé tacitement; et porter atteinte à ce principe, ce serait rendre tout rapprochement impossible. Aussi ce point est-il universellement reconnu pour les

(a) *Abhandlung von der Unverletzlichkeit der Waffenverträge*, dans *T. Kriegscanzeley*, t. XII, p. 882.

(b) Le même raisonnement est applicable aux articles d'un traité conclu en temps de paix, mais qui ont pour objet le cas d'une rupture.

guerres entre les puissances souveraines (*c*), quoiqu'on ne manque pas de prétextes pour s'écarter de telle convention individuelle (*d*), surtout en accusant l'ennemi d'y avoir manqué le premier.

[Les conventions militaires exigent dans leur exécution une rigueur aussi grande que les traités conclus pendant la paix. Si l'une des parties vient à enfreindre une ou plusieurs des dispositions de ces conventions, l'autre partie peut la résilier immédiatement sans dénonciation préalable. *V.* sur la bonne foi envers les ennemis, les discussions qui se sont élevées entre les anciens publicistes et qui sont rapportées par WHEATON, *Éléments du droit international*, t. II, p. 59.   CH. V.].

§ 296. — Des otages, etc.

Pour mieux s'assurer de l'observation de ces conventions, ou de l'accomplissement d'autres points prescrits par les lois de la guerre, on se fait souvent donner des *otages* (*a*), ou on les enlève de force (*b*). Quoique le choix de ces otages

(*c*) Même dans les guerres contre des sujets révoltés, on doit ou le reconnaître ou ne point passer de conventions avec eux. *V.* cependant un exemple dans MOSER, *Versuch*, t. IX, p. I, p. 321; surtout p. 355 et suiv.

(*d*) Sur la convention de Closter-Zeven, *V.* les écrits allégués au § 48, note *a*, p. 137, t. I, sur les armistices entre la France et l'empereur, en 1797, *V.* les protocoles de la députation de Rastadt.

(*a*) J. SCHILTER, *De jure et statu obsidum*, Rudolstadt, 1664, in-8, Jenæ, 1673, in-4 ; C.-L. CRELL, *De jure obsidum invitorum*, Witeb., 1734, et dans *Diss. Crellian.*, fascic. IV ; VAN STECK, *Obs. subsecivæ*, cap. I, II, XX, XXII ; VAN OMPTEDA, *Litteratur*, § 313; VAN KAMPTZ, § 250.

(*b*) Quoique l'on ne puisse former la liste des cas où il est permis de prendre des otages, on peut observer cependant que cela a lieu surtout pour garantir, 1° la sûreté de ceux qu'on envoie pour traiter de capitulation ; 2° l'observation des capitulations et autres conventions militaires ; 3° le paiement des contributions dictées ; 4° le traitement humain de ceux que sur le départ on laisse chez l'ennemi ; 5° le renvoi des otages

dépende du vainqueur, les mœurs des nations civilisées respectaient depuis longtemps le sexe (c), et même ordinairement l'infirmité de l'âge.

Il est permis de reprendre de force sur l'ennemi les otages qu'il avait enlevés de force; il est plus douteux si l'on a le même droit à l'égard de ceux qu'on a consenti à lui remettre. Il n'est pas contraire au droit des gens qu'un otage forcé prenne la fuite (d); mais il s'expose à être puni comme transfuge, s'il est rattrapé.

Lorsque le but pour lequel on a pris des otages est accompli, on doit les renvoyer munis de passeports, à moins qu'on ne soit autorisé à les retenir par un nouveau motif (e). Si l'ennemi manque aux obligations pour lesquelles les otages ont été donnés ou enlevés, il est permis de les traiter avec dureté; mais le droit des gens positif ne permet pas de les faire mourir (f), excepté les cas de crimes ou de représailles.

La guerre de la révolution française offre même des exemples de forteresses remises entre les mains de l'ennemi pour servir de gage d'intentions pacifiques (g).

———

pris de force par l'ennemi; 6° comme aussi enfin pour user de représailles.

(c) VAN STECK, De fœmina obside, Observ. subsec., n. 1.

(d) C.-H. BREUNING, De fuga obsidum, Lipsiæ, 1766, in-4

(e) GROTIUS, lib. III, cap. xx, n. 55.

(f) GROTIUS, lib. II, cap. xv, n. 7; cap. xxi, n. 55; DE STECK, Obs. subsecivæ, n. 22.

(g) Convention du 20 septembre 1800, dans mon Recueil, t. VII, p. 410; conventions du 25 décembre 1800 et du 16 janvier 1801, dans mon Recueil, t. VII, p. 528, 532. On peut encore ranger dans cette catégorie plusieurs articles des conventions pour l'évacuation de l'Italie par les Français, en 1814, dans mon Nouveau Recueil, t. I, p. 715 et suiv.

[Il a été longtemps d'usage d'assurer l'exécution d'un traité par des otages donnés par une partie à l'autre partie. On cite comme l'exemple le plus récent et le plus remarquable de cette coutume ce qui s'est passé en 1784 à la paix d'Aix-la-Chapelle. Plusieurs pairs d'Angleterre furent envoyés à Paris comme otages pour assurer la restitution à la France par la Grande-Bretagne du cap Breton dans l'Amérique du Nord.

L'usage de donner des otages est combattu avec raison par Pinheiro-Ferreira. Il est irrationnel en lui-même. « On ne saurait, dit-il, en tirer parti qu'en devenant injuste et barbare ; et même on n'en serait pas plus avancé : car, qu'aurait-on gagné à sévir contre les otages, ainsi que M. de Martens, suivant les errements de l'école positive, nous affirme qu'il est permis de le faire, tandis qu'il ne saurait mettre en doute que les otages sont tout à fait innocents de la déloyauté de leur gouvernement, et même de toute leur nation. Or, s'il aurait été injuste et barbare de les maltraiter par ce motif, il serait atroce de les tuer, à titre de représailles, c'est-à-dire de se venger sur l'innocent du crime qu'aurait commis un scélérat contre lequel nous ne pouvons ou nous ne voulons pas sévir. Comment des écrivains de sens et d'honneur peuvent-ils se ravaler au point de transmettre d'aussi abominables doctrines à la jeunesse ! Heureusement la civilisation a fait assez de progrès pour que nous osions nous flatter qu'à la honte de notre âge elles ne seront lues qu'avec horreur par la génération nouvelle. »   Cʙ. V.]

CHAPITRE VI.

DES ALLIÉS ET DES AUXILIAIRES.

§ 297 — Du Droit de prendre part à la guerre.

Lors de la rupture entre deux puissances, il se peut qu'une tierce nation se voie engagée à y prendre part en faveur de l'une d'entre elles, soit en vertu de traités d'alliance égale ou inégale ou de confédération, qui l'y obligent, soit par de simples motifs de politique. Dans aucun de ces cas elle ne blesse par là le droit des gens, pourvu que la cause qu'elle épouse ne soit pas injuste. De cette participation résulte un double rapport dont il s'agit d'examiner les droits et les obligations; savoir : 1° envers la puissance avec laquelle elle s'allie; 2° envers la puissance contre laquelle elle emploie ses forces.

§ 298. — Des différents genres d'Alliances.

Les alliances tendent, 1° ou à faire en commun la guerre contre de tierces puissances; 2° ou à prêter secours comme auxiliaire à l'une des puissances belligérantes principales. L'une et l'autre de ces alliances peuvent être ou *générales* ou *particulières*, c'est-à-dire restreintes à un cas déterminé, ou dirigées contre une puissance individuelle ; elles peuvent être conclues avant ou après la rupture, être défensives ou même offensives (a), conclues pour un temps déterminé ou indéterminé, ou à perpétuité (b). De ces alliances on doit distinguer encore ces simples traités de *subside* par lesquels un État loue un corps de ses troupes à une autre puissance en le faisant passer à la solde de celle-ci.

§ 299. — Du *Casus fœderis.*

C'est d'après la diversité des stipulations que renferment ces traités d'alliance qu'on doit juger de la question si le *casus fœderis* existe, et quelles sont les obligations qui en résultent ; mais encore faut-il avoir égard aux conditions tacites ou expresses qui peuvent en limiter les obligations, surtout si des traités antérieurs avec d'autres nations s'opposent à l'accomplissement ; si le propre besoin qu'on a de ses troupes dispense de les envoyer au secours, etc. Et, tandis que chaque puissance suit à cet égard sa propre conviction, il est peu surprenant si, malgré le nombre des alliances qui existent, on voit tant de fois les alliés ou refuser, ou différer, ou ne fournir qu'en partie les secours dont on a fait la réquisition (a).

(a) La plupart des alliances ont les dehors d'une alliance défensive et générale. La *plupart* des alliances offensives sont particulières et temporaires ; mais les traités entre la France et l'Espagne, de 1761 et de 1796, offrent des exemples du contraire. Au reste, les mêmes observations faites à l'égard de la division des guerres en offensives et défensives s'appliquent aussi aux alliances *V.* GALLIANI, *Dei doveri dei principi guerregianti*, lib. I, cap. v.

(b) La plupart même des alliances défensives sont temporaires, surtout celles qu'on signe pendant la guerre ; cependant il y a des exemples du contraire.

(a) MOSER, *Versuch*, t. IX, p. i, p. 43

[Les secours fournis sont rarement l'effet d'une intervention spontanée, comme le fait observer HEFFTER, *le Droit international public*, traduction de M. Bergson, § 115; ils ont été prévus par des stipulations antérieures en vue d'une guerre offensive ou défensive, et avec ou sans réciprocité. La foi due aux traités en général doit aussi présider à l'exécution des traités d'alliance; mais soit à raison de circonstances particulières, soit à raison d'engagements antérieurs, soit par une appréciation facultative et intéressée des causes de la guerre, l'exécution des traités de ce genre est l'occasion de beaucoup de défections d'une part et de mécomptes de l'autre.

Si les clauses du traité d'alliance ont prévu le mode de son exécution, rien de plus juste et de plus simple que de s'y référer. Si au contraire le traité d'alliance est muet ou incomplet sur les obligations réciproques des alliés, on observe, suivant HEFFTER, § 116, les règles suivantes : Dans tout traité d'alliance présentant un caractère général, on suit la règle du contrat de société, d'après laquelle les bénéfices et les pertes sont à la charge de chaque associé dans la proportion de sa mise dans le fonds de la société et du but qu'ils se sont proposé d'atteindre en commun. Il peut arriver qu'on ne puisse se mettre d'accord ni sur l'entreprise commune, ni sur la part de sacrifices que chacune d'elles doit faire; dans ce cas aucun des alliés ne peut entreprendre une guerre, conclure un traité de paix ou d'amnistie ou faire un acte quelconque de nature à préjudicier à l'autre partie tant qu'elle se renferme dans ses refus. Il y a cependant, d'après le même auteur, des exceptions pour les mesures que nécessite le but de l'alliance, lorsqu'il ne peut être obtenu autrement; ou bien encore lorsque le maintien de l'alliance n'est plus possible et que ses clauses ont été violées par les parties elles-mêmes, comme l'histoire en présente de fréquents exemples.

Les notions les plus simples de justice s'opposent à ce qu'un allié puisse s'enrichir aux dépens de l'autre; aussi chacun d'eux est-il tenu de restituer à l'autre tout ce qui, après avoir été pris par l'ennemi, est rentré dans ses mains. Les résultats avantageux produits par la guerre sont partagés dans la proportion des moyens d'action fournis par chacune des parties. Quant aux pertes que les événements de la guerre entraînent, elles sont en principe à la charge de la puissance qui en a été frappée, excepté dans le cas où elles proviendraient directement du fait de l'autre puissance.

Lorsque les secours convenus entre les alliés sont d'une nature spéciale, il est d'usage que la puissance la plus considérable en ait la disposition exclusive. S'il s'agit de troupes à fournir, la puissance qui les tient à la disposition de l'autre les équipe, et doit remplacer celles que frappent les maladies et les événements de la guerre; mais la nourriture et l'entretien de ces troupes sont à la charge de l'autre partie. Dans leur emploi il y aurait déloyauté, si l'on était inspiré par la pensée d'épargner ses propres troupes. Les alliés ne doivent pas conclure la paix l'un sans l'autre, et leur intérêt commun doit en inspirer les dispositions, quels que soient ceux qui en poursuivent la conclusion. *V.* encore sur les traités d'alliance en général, sur leurs différentes espèces, et sur les précédents historiques de la matière, WHEATON, *Eléments du droit international*, t. I, p. 259 et suiv.   CH. V.]

§ 300. — De la Guerre commune.

Lorsque deux ou plusieurs puissances se sont coalisées pour faire en commun la guerre, elles doivent être considérées comme une seule puissance dans ce qui concerne les opérations de guerre et les négociations pour la paix (*a*) : de sorte que, premièrement elles doivent concerter en commun les plans d'opérations (*b*), soit qu'elles s'accordent sur le choix d'un général en chef commun, soit que chacune ait un chef particulier ; secondement le butin et les conquêtes faites par les armes communes doivent se partager entre elles, et lors de la paix les conquêtes de l'une doivent contribuer aux compensations pour les pertes de l'autre (*c*) ; troisièmement le droit de postliminie a lieu

(*a*) Exemples des traités de 1813.

(*b*) MOSER, *Versuch*, t. IX, p. 1, p. 71.

(*c*) Pacte de famille entre la France et l'Espagne, de 1761, art. 18, dans mon *Recueil*, t. I, p. 7. Mais dans aucun traité d'alliance on n'a stipulé jusqu'à présent que l'allié serait tenu de céder une partie de son propre territoire pour indemniser l'autre des pertes qu'il aurait essuyées.

entre elles dans les cas où il est adopté pour les propres sujets (*d*); quatrièmement aucun des alliés ne doit, dans la règle, se déclarer unilatéralement neutre, ou donner les mains à une trève ou à une paix particulière; principe naturel, et d'ailleurs expressément établi dans presque toutes les alliances de ce genre. On excepte cependant (*e*), 1° les cas de nécessité; 2° ceux où l'allié aurait le premier manqué à son allié; 3° ceux où le but de l'alliance ne pourrait plus s'accomplir; 4° ceux où l'allié refuserait une paix convenable qui lui serait offerte; et on sent que ces exceptions, dans la bouche de puissances souveraines, emportent presque la règle. Il doit paraître encore moins conforme aux principes de la loi naturelle de quitter le parti de l'allié pour se joindre à son ennemi contre lui; mais la politique ne manque jamais de prétextes ou de raisons justificatives, puisées surtout dans les violations imputées au premier allié (*f*).

§ 301. — Des Auxiliaires.

Dans les simples alliances auxiliaires, telles que sont la plupart des alliances défensives, on fixe ordinairement (*a*),

(*d*) V. mon *Essai concernant les armateurs*, § 49, 50.

(*e*) Comparez plus haut, § 52, note *a*.

(*f*) Traité de paix de 1762, entre la Russie et la Prusse, article séparé; traité d'alliance entre la France et l'Espagne, de 1796, art. 18; entre la France et la République batave de 1796, art. 14; accession de la République batave à l'alliance entre la France et l'Espagne, de 1797; alliance entre la France et le roi de Sardaigne, du 5 septembre 1797; accessions de divers États alliés de la France à la grande alliance de 1813 contre Napoléon.

(*a*) Il y a des alliances dans lesquelles le secours n'est que vaguement promis; celles-ci sont ordinairement peu efficaces : on peut ranger dans cette catégorie les simples garanties de possessions ou de droits, si fréquentes et si peu utiles.

1° le *premier secours* qu'en cas de besoin on fournira en hommes, en vaisseaux, ou, par équivalent, en argent (*b*), au choix de l'une ou de l'autre des deux parties, et au prix convenu; 2° on promet d'augmenter ce secours, s'il est insuffisant, et même, en cas de nécessité, de s'assister de toutes ses forces.

Premièrement, ce corps auxiliaire est ordinairement recruté et entretenu aux frais de la puissance qui le fournit; secondement, quoique assujetti à son propre chef quant à la police, il dépend, quant aux opérations de guerre, du chef de l'Etat auquel ce secours est envoyé; troisièmement, il a part au butin fait par le concours de ses armes, mais le souverain qui le fournit n'en a point aux conquêtes qu'il a faites au nom de l'allié; quatrièmement, celui-ci peut seul conclure la paix, pourvu qu'il y comprenne son auxiliaire, quoique d'un autre côté la puissance auxiliaire ne soit pas autorisée, dans la règle, à retirer ses troupes et à faire seule la paix ou conclure un traité de neutralité, s'il y a lieu (*c*).

Au reste, tandis que tout dépend du libre arbitre des puissances qui contractent de telles alliances, il n'est pas étonnant de trouver des traités qui s'écartent en plusieurs points de ces règles, soit surtout, 1° en stipulant pour la puissance auxiliaire un subside en argent pour les frais de

---

(*b*) J.-J. Moser, *Von der unter den europäischen Souverainen üblichen Proportion an Mannschaft, Schiffen oder Geld,* dans ses *Vermischte Abhandlungen,* 1750, t. I, p. 84. Exemple d'une proportion peu usitée entre la cavalerie et l'infanterie, dans le traité de 1788 entre la Prusse et les Provinces-Unies, dans mon *Recueil,* t. III, p. 133.

(*c*) Neutralité adoptée par le Danemark, en 1789, du consentement de la Russie, son alliée. *V.* mon *Recueil a,* t. IV, p. 529; *b,* t IV, p. 435.

l'équipement ou de l'entretien de son secours; 2° en limitant l'usage qu'en pourra faire la puissance à laquelle on l'envoie (d); 3° en se réservant le droit de le rappeler (e); 4° en stipulant qu'on ne fera la paix que d'un accord commun, et qu'on tâchera de faire recouvrer à la puissance auxiliaire des provinces jadis cédées. Ce dernier point est sans doute peu compatible avec la notion d'une alliance auxiliaire, dont en vain on conserve alors le nom (f).

§ 302. — Des simples Traités de subside.

Quand même, dans un traité d'alliance, soit commune, soit auxiliaire, on aurait promis des subsides, on doit distinguer entre de tels traités les simples traités de subside en vertu desquels (à l'exemple des contrats (a) autrefois passés avec les *condottieri*) un prince fait passer un corps de troupes au service et à la solde d'une puissance étrangère pour un temps déterminé, moyennant un subside annuel, et moyennant des sommes qu'on stipule ordinairement pour le premier équipement, pour les recrues, pour la perte de ceux qui périssent, et pour les frais de retour.

Ces troupes sont entièrement à la disposition de la puissance à laquelle on les loue, si l'on n'a rien réservé à cet égard (b), et l'État qui les fournit n'a point part aux con-

---

(d) *Allgem. Geschichte der vereinigten Niederlande*, t. VIII, p. 300.

(e) Traités de 1798 et 1799, entre la Russie et la Grande-Bretagne dans mon *Recueil*, t. VII, p. 318, 323.

(f) Alliance entre la Russie et l'Autriche, de 1746, article séparé 4, dans mon *Recueil*, Suppl., t. I, p. 272.

(a) GALLIANI, lib. I, cap. v, p. 145.

(b) Traité de subside entre les Provinces-Unies des Pays-Bas et l'é-

quêtes ou aux négociations de paix (c); content que tout au plus on le comprenne dans la paix, s'il y a lieu.

Parmi ces traités de subside on doit encore distinguer, à plusieurs égards, les *capitulations* qu'ont eues depuis longtemps plusieurs puissances de l'Europe avec les *Suisses*, au sujet d'un nombre de troupes qui s'engageaient volontairement à leur service, et pour lesquelles on ne payait tout au plus qu'un modique subside sous le nom de *pension* (d).

Elles ont cessé depuis que la Suisse fut asservie par la France en 1799; mais depuis 1815 elles ont été en partie renouvelées avec quelques cantons.

Il y a de même des traités de subside où le subside n'est payé que pour rester neutre, pour mieux se mettre en état de défense, pour tenir prêt un corps de troupes, etc.

§ 303. — Des Secours dus à l'Allié.

La puissance qui fournit le secours, soit en vertu d'une alliance auxiliaire, soit même en vertu d'un traité de subside, est autorisée à demander le secours de son allié, si c'est en haine de ce traité qu'elle est menacée d'une attaque de l'ennemi; aussi a-t-on soin d'insérer cette condition dans la plupart de ces traités. Mais il ne s'ensuit pas de là

lecteur de Cologne, renouvelé en 1784, dans mon *Recueil*, t. II, p. 540; traité mémorable de subside entre les puissances maritimes et la Prusse, du 19 avril 1794, dans mon *Recueil*, t. V, p. 283.

(c) MOSER, *Versuch*, t. X, p. 1, p. 139, 147.

(d) Sur les anciennes capitulations, *V*. M. MAY DE ROMAINMOTIER, *Histoire militaire des Suisses*, Berne, 1772, 2 vol. in-8; *Chronologische Darstellungen der eidgenossischen Truppenüberlassung an auswarrige Mächte*, par C. MULLER, de Friedberg, Saint-Gallen, 1793, in-8.

qu'elle ait tous les droits qui appartiennent aux alliés qui
font une guerre commune (a).

Au reste, il n'est pas douteux que tout allié ne doive se
conduire en ami sur le territoire de son allié, et, en s'abs-
tenant de violences contre les sujets, les laisser au moins
jouir de ces droits que des sujets neutres mêmes sont en
droit de réclamer.

§ 304. — Des Droits par rapport aux alliés de l'ennemi.

A la rigueur, une puissance belligérante pourrait traiter
hostilement celle qui, en vertu d'un traité quelconque, ou
de son chef, fournit des secours militaires à l'ennemi, pour
la forcer par là de rappeler ses troupes, etc. (a). Cependant, comme il y a déjà une distinction naturelle à faire en
faveur de ceux qui, en ne fournissant que le secours déterminé promis par des traités d'alliance défensive et générale, ou de subside, conclus antérieurement à la rupture,
n'annoncent point par là l'intention de nuire à l'ennemi
actuel, mais seulement la volonté de satisfaire à leurs engagements, la politique a surtout donné lieu à l'introduction d'un principe auquel la plupart des puissances pro-
voquent aujourd'hui comme à un principe reconnu du
droit des gens positif, savoir : 1° que non-seulement un
Etat qui ne fournit qu'un corps de troupes en vertu d'un
simple traité de subside ne devient point par là l'ennemi
de l'Etat contre lequel ces troupes sont employées, et que
ces troupes seules peuvent être traitées hostilement ;
2° mais aussi qu'une puissance auxiliaire qui se borne à

(a) V. mon *Essai concernant les armateurs*, § 50.
(a) GALLIANI, lib. I, cap. v, p. 144, édit. allem.

fournir pour la défense de son allié le nombre de troupes
stipulé par un traité général défensif, et conclu avant la
guerre, sans au reste prendre une part directe à celle-ci,
n'est pas à traiter comme l'ennemie de la puissance contre
laquelle ce secours est fourni (b), et que les traités conclus
avec celle-ci ne sont point par là rompus (c).

Il y a même eu des cas où l'on a vu provoquer encore à
ce principe des puissances qui prêtaient des secours en
vertu de traités postérieurs à la rupture, qui les prêtaient
au delà des termes du traité, ou même de presque toutes
leurs forces, et dont, de plus, le secours était la cause
principale de la continuation de la guerre ; mais on sent
qu'alors aucune puissance ne peut se croire obligée de les
traiter comme neutres, et que les circonstances seules
pourraient l'engager à dissimuler (d).

(b) G.-F. DE BEULWITZ, *De auxiliis hosti præstitis more gentium
hodierno hostem non efficientibus*, Halæ, 1747, in-4.

(c) Suffrage du ministère de Dresde au sujet de l'accession de l'électeur à l'art. 4 séparé de l'alliance de 1746, dans MOSER, *Versuch*, t. VIII,
p. 180. Mais dans la guerre de la révolution ces principes n'ont pas été
reconnus par le dominateur de la France, qui poussait encore bien plus
loin les devoirs imposés aux États qui voudraient jouir de la neutralité.
V. plus bas, § 326 b.

(d) Exemples de différents genres, dans MOSER, *Versuch*, t. X, p. 1,
p. 145, et dans *la Liberté de la navigation et du commerce*, Introduction, § 18. Exemple mémorable d'une contestation sur cet objet, entre la
Suède et le Danemark, en 1788 ; V. les actes dans mon *Erzahlungen
merkwürdiger Fälle*, t. I, p. 308-315 ; comparez mon *Recueil a*, t. III,
p. 151 ; *a*, t. IV, p. 529 ; *b*, t. IV, p. 429-435. Une autre question peut
s'élever sur le traitement d'une puissance qui, bien qu'alliée en forme de
notre ennemi, n'a jusqu'ici pas encore agi hostilement. V., sur la question, si les Hollandais, après leur alliance du 17 mai 1795, étaient les
ennemis de l'Empire, *Schreiben des K. K. Feldmarschalls G. V. Cler-
fait an den Magistrat der Reichsstadt, Hamburg, vom 4 august 1795 ;
Antwort des Magistrats, vom 22 october ; Schreiben des Feldmarschalls
vom 12 nov 1795.*

Enfin, s'il s'agit de deux alliés qui font la guerre en commun contre une tierce puissance, nul doute que chacun d'eux ne puisse et ne doive être également traité comme ennemi direct ; aussi dans ces cas on ne manque ordinairement pas de se déclarer réciproquement la guerre.

———— —

[« Les principes de libéralité outrée, dit Pinheiro-Ferreira, contenus dans ce paragraphe, contrastent singulièrement avec les doctrines le plus souvent illibérales du soi-disant droit des gens positif, contre lesquelles nous avons dû réclamer dans les notes précédentes, et dont les pages suivantes de ce Précis ne manqueront pas de nous offrir des exemples.

» Nous n'hésitons pas à l'affirmer, la distinction entre l'alliance faite avant la rupture et celle faite après la rupture ne repose sur aucune bonne raison. Ce serait, en effet, un singulier système de guerre, que d'épargner celui qui nous fait des hostilités, parce qu'il ne nous en fait peut-être pas autant qu'il pourrait nous en faire, mais autant qu'il a cru de son intérêt de nous en faire, d'accord avec notre ennemi.

» Mais, dit-on, l'alliance ayant été faite avant la rupture, l'allié de notre ennemi n'a pas pu avoir l'*intention de nous nuire*. Aussi n'avons-nous pas l'*intention de l'en punir*. Nous ne faisons que paralyser autant que nous pouvons toutes ses forces, afin qu'il ne lui en reste pas pour aider notre ennemi. Il est sans doute très-juste qu'il accomplisse ses engagements ; mais il n'est pas moins juste que nous lui en ôtions les moyens. »　　　Ch. V.]

CHAPITRE VII.

DE LA NEUTRALITÉ.

§ 305. — Du Droit de rester neutre.

A moins qu'un État ne soit tenu de prendre part à la guerre survenue entre deux puissances, en vertu du lien particulier qui l'unit à l'une d'entre elles, soit en qualité de membre d'un système d'États confédérés ou d'un État composé (a) qui entre en guerre, soit pour avoir contracté avec elle une alliance égale ou inégale, il est parfaitement en droit de *continuer* ses relations amicales envers chacune des deux puissances belligérantes, c'est-à-dire de rester neutre (b).

(a) *Reichsgesetzmassige Erorterung der Frage : Ob und in welchen Fällen die Neutralität der Stande und Kreise des heiligen Rom Reichs Statt habe,* dans *Teutsche Kriegscanzeley,* 1762, t. II, n. 58; *Ueber die Neutralität der teutschen Reichsstande in Reichskriegen,* 1793, in-8.

(b) Sur cette matière importante, on peut voir HUBNER, *De la saisie des bâtiments neutres,* 1757, 2 vol. in-8; *Abhandlung von der Neutralität in Kriegszeiten,* 1758, in-4; GALLIANI, *Dei doveri dei principi guerregianti verso i neutrali,* etc., 1782, in-8; traduit en allemand par M. CÆSAR, sous ce titre : *Das Recht der Neutralität,* Leipsick, 1790, 2 vol. in-8; A. HENNINGS, *Abhandlung uber die Neutralität und deren*

La guerre étant l'affaire des nations, non celle de la personne des monarques, ni le simple lien de parenté (soit d'époux (c), de père, de frère, etc.) avec le chef de l'une des deux nations en guerre, ni le simple lien personnel entre deux États souverains ou mi-souverains obéissant à un même chef, ne peuvent autoriser la nation qui fait la guerre à l'un de ces deux États à agir hostilement contre l'autre, tant que celui-ci ne blesse pas les devoirs de la neutralité; mais l'union réelle de deux États, soit égale, soit inégale, autorise à les traiter tous deux comme ennemis (d), et à refuser d'avoir égard à la neutralité que l'un d'eux offrirait d'embrasser.

———

[Le droit de rester neutre découle de la liberté et de l'indépendance qui, d'après les principes du droit des gens primitif appartiennent à chaque nation vis-à-vis des autres quel que soit le degré de puissance de ces dernières. En vertu de cette liberté et de cette indépendance, chaque peuple doit pouvoir, à son gré et suivant ses intérêts, rester dans l'état de paix ou courir les hasards de la guerre. Les prescriptions de la morale, qui enjoignent de défendre un ami injustement attaqué ou de voler au secours

Rechte besonders bey einem Seekriege, dans *Sammlung der Staatsschriften die während des Seekrieges*, 1775-1783, öffentlich bekannt gemacht worden, t. I, LAMPREDI, *Del commercio dei popoli neutrali in tempo di guerra*, Pise, 1788, 2 vol. in-8; traduit en allemand par M. CÄSAR, Leipsick, 1790, in-8, en français par PEUCHET, Paris, 1802, in-8, STALPF, *Juristische Abhandlung uber einige Verbindlichkeiten neutraler Nazionen in Zeiten des Kriegs*, Wirzburg, 1791, in-8, R. HOLST, *Versuch einer kritischen Uebersicht der Völkerseerechte*, t. I, 1802, in-8, JACOBSEN, *Handbuch der Völkerrechte*, Hamb., 1803, 2 vol. in-8.

(c) *V.* cependant GALLIANI, *loc. cit.*, lib. I, cap. v.

(d) *V.* cependant GALLIANI, lib. I, cap. III; HAGEMEISTER, *De eo quod, interveniente bello Suecico, interest Pomeraniam Suecicam esse partem Imp. Romano-Germanici*, Berolini, 1788, in-8.

de l'innocence opprimée, ne s'appliquent pas aux nations, et les devoirs que l'homme peut avoir à remplir vis-à-vis de ses semblables n'ont rien de commun avec les rapports des sociétés entre elles. C'est ce que démontrent GALLIANI, *De' doveri de' principi neutrali,* part. I, cap. III, et HAUTEFEUILLE, *Droits et devoirs des nations neutres,* 2ᵉ édit. t. I, p. 202. C'est donc avec raison que notre auteur maintient au profit de chaque peuple le droit de rester neutre, même dans le cas de parenté du monarque qui le régit avec le chef de l'une des nations en guerre; ce droit est positif et absolu, et c'est bien à tort que l'on a cru pouvoir alors conclure à la nécessité, pour le souverain qui malgré sa parenté veut rester neutre, d'un traité spécial de neutralité ou tout au moins de la déclaration du consentement de l'autre nation à reconnaître cette neutralité. Chaque peuple a toujours le droit de rester neutre. *V.* encore HAUTEFEUILLE, *loc. cit.,* sur les cas dans lesquels les peuples alliés de l'un des belligérants peuvent réclamer la neutralité, et sur la condition des peuples auxiliaires et des peuples tributaires en matière de neutralité.

Toutefois, si les États ont le droit de garder la neutralité, il est bien rare en fait qu'ils maintiennent ce droit. L'existence de pactes de famille entraîne la nation qui s'y trouve engagée à suivre l'autre nation dans une guerre offensive, ou à la soutenir dans une guerre défensive; de même des peuples faisant partie d'une confédération politique ayant le droit de déclarer la guerre ou liés par une union réelle. Il n'en serait pas de la sorte dans le cas de l'union personnelle de deux territoires distincts sous un même souverain; chaque nation constituée sur ces deux territoires maintiendrait facilement sa neutralité, bien que l'autre nation fût engagée dans une guerre. *V.* une note de M. Pradier-Fodéré sur le § 103, liv. III, ch VII, de VATTEL, *le Droit des gens,* édit. Guillaumin; HEFFTER, *le Droit international public,* traduction de M. Bergson, § 145.   CH. V.]

§ 305 *a.* — De l'Obligation de la puissance belligérante.

Tant qu'un État neutre remplit parfaitement les obligations de la neutralité, il est en droit d'exiger que la puissance belligérante le traite comme tel. Mais il ne résulte pas

encore de la que celle-ci ne puisse se servir des droits que
la guerre lui accorde, lors même que l'usage de ceux-ci
pourrait tourner au préjudice de l'État neutre (a). C'est de
cette collision de droits que résultent la plupart des disputes entre les belligérants et les neutres, et la nécessité
d'en venir à des traités par lesquels chacune des deux
parties se relâche sur quelques points de son droit rigoureux.

[« Tout ce paragraphe, dit Pinheiro-Ferreira, se réduit à nous
apprendre qu'on doit respecter les droits des nations neutres, et
que celles-ci ont le droit de repousser par la force toute atteinte
portée à leur neutralité; mais que tout le mal qui pourrait leur
résulter de la guerre entre les nations belligérantes n'est pas une
atteinte à leur neutralité.

» Les lecteurs jugeront si ces vérités valaient la peine d'être
dites. L'auteur aurait mieux fait de commencer par définir ce
que c'est que la neutralité, afin de pouvoir déduire de cette définition les droits et les devoirs des nations neutres. Nous verrons,
dans les notes suivantes, combien d'erreurs M. de Martens aurait
évitées, s'il avait débuté par établir le véritable état de la question. Tâchons de suppléer à cet oubli de l'auteur.

» Toute la théorie de la neutralité des nations se réduit à deux

(a) Sans doute que les droits sont corrélatifs des obligations ; mais on
ne doit pas se méprendre dans l'application de ce principe. Une nation
neutre qui ne sort pas des bornes de la neutralité est en droit d'exiger de
la puissance belligérante qu'elle continue à la traiter comme neutre, et
ne se venge pas sur elle de ce que de son côté elle était autorisée à faire
sans passer les bornes de ses devoirs. La puissance belligérante qui se
sert du droit que la guerre lui accorde contre l'ennemi, quand même
une nation neutre en souffre, est en droit d'exiger que celle-ci ne la
traite point par ce motif comme ennemie; mais il ne résulte pas de la
que la nation neutre ne soit pas autorisée à opposer la force à la force
pour se maintenir dans la jouissance de ses droits Ici souvent les intentions et les faits se trouvent en opposition ; et c'est alors ordinairement
la force qui décide à laquelle de ces deux considérations on aura le plus
d'égards.

principes, dont le premier renferme tous leurs droits, de même
que dans le second se comprennent tous leurs devoirs.

» D'après le premier de ces deux principes, il faut que les nations belligérantes, en se faisant mutuellement la guerre, ne
portent aucune atteinte aux intérêts des nations neutres, soit que
ces intérêts dérivent des rapports que ces nations ont entre elles,
soit qu'ils dérivent des rapports qu'elles avaient ou qu'elles pouvaient avoir avant la guerre, tant avec l'une qu'avec l'autre des
deux nations belligérantes.

» L'autre principe, c'est que les nations neutres doivent s'abstenir d'introduire pendant la guerre, dans leurs rapports avec
l'une des nations belligérantes, des innovations qui, favorables
à celle-là, tourneraient au détriment de l'autre. »   Ch. V.]

§ 306. — De la Neutralité parfaite et limitée.

La neutralité, pour être *parfaite*, exige, 1° qu'on s'abstienne de toute participation aux opérations militaires;
2° que, dans ce qui peut être utile ou nécessaire aux puissances belligérantes, en vue de la guerre, on se conduise
impartialement, soit en accordant ou en refusant à l'une ce
qu'on accorde ou refuse à l'autre, soit en continuant au
moins la même conduite qu'on avait tenue en temps de
paix. Tant qu'une puissance satisfait à ces devoirs, elle est
en droit de demander d'être traitée comme amie par chacune des puissances belligérantes, et de jouir de cette indépendance que la loi naturelle lui assure, et qu'elle n'est
pas obligée de sacrifier aux intérêts des puissances en
guerre.

Dès que, au contraire, une puissance neutre s'écarte en
un point de ces devoirs, même en observant encore les
autres, sa neutralité n'est qu'*imparfaite*, et dès lors elle n'a
tout au plus à réclamer que le traitement qui répond à une
neutralité *limitée*.

[La division adoptée par notre auteur en neutralité parfaite et en neutralité imparfaite ne semble pas conforme à la vérité des faits; car il est difficile d'admettre qu'une nation puisse être neutre pour une partie et ennemie pour une autre. Il en est de même de la division proposée par HEFFTER, *le Droit international public*, traduction de M. Bergson, § 144, en neutralité complète ou stricte et en neutralité incomplète. La neutralité complète existe, suivant cet auteur, quand un peuple s'abstient d'une manière absolue de favoriser les belligérants; elle est incomplète, par exemple, lorsqu'avant le commencement des hostilités une puissance a promis à l'un des belligérants des secours purement défensifs et que l'autre partie ne s'y oppose pas; ou bien encore lorsqu'une puissance accorde les mêmes avantages soit à tous les belligérants, soit à l'un d'eux seulement, en vertu de conventions antérieures, avec l'assentiment de l'autre partie, ou momentanément et de bonne foi. La division proposée par HAUTEFEUILLE, 2e édit., *Des droits et des devoirs des nations neutres*, t. I, p. 200, en neutralité naturelle et en neutralité conventionnelle, découle de l'origine même du droit : « La loi des gens primitive, avec les règles fixes et invariables, régit la première; la seconde, née du droit des gens secondaire, est sujette à des modifications sans nombre, comme ce droit lui-même. » C'est là aussi la conclusion de WHEATON, *Eléments du droit international*, t. II, p. 73, qui, comme Hautefeuille, admet deux espèces de neutralité, la neutralité naturelle ou parfaite et la neutralité imparfaite, déterminée ou conventionnelle : la première, qui est celle que tout Etat souverain a le droit, indépendamment d'un pacte positif, d'observer pour ce qui regarde les guerres où d'autres Etats peuvent être engagés; la seconde, qui est modifiée par un pacte spécial.

CH. V.]

§ 307. — De la Neutralité conventionnelle

Mais les droits et les devoirs naturels de la neutralité étant susceptibles de modifications, on peut étendre ou restreindre, par convention, les devoirs à remplir en cas de guerre, soit de la part de la puissance neutre envers la puissance belligérante, soit de celle-ci envers la puissance neutre, d'où résulte une neutralité *conventionnelle* : comme aussi une puissance neutre peut volontairement prescrire à ses sujets la conduite qu'ils auront à tenir (*a*), et même limiter leurs droits au delà de ce à quoi elle se croit obligée.

Parmi ces déterminations, qui fixent l'étendue des droits et des devoirs de la neutralité, on doit distinguer encore celles par lesquelles une puissance s'engage, en général, à rester neutre (*b*), ou par lesquelles les puissances belligérantes conviennent de la neutralité de telle de leurs provinces (*c*).

[De ce qui a été dit aux paragraphes précédents il résulte que, si la neutralité est un droit naturel appartenant à chaque nation en vertu de sa liberté et de son indépendance, elle peut aussi être réglée librement par des traités pour un temps ou d'une manière permanente. C'est ainsi que la neutralité perpétuelle des cantons confédérés de la Suisse et de la ville libre de Cracovie a été proclamée par les traités de Vienne. *V.* pour la neutralité de la Confédération helvétique, la déclaration des puissances alliées du 20 mars 1815, suivie de l'acceptation du conseil fédéral en date du 27 mai de la même année, et, pour celle de Cracovie, la convention du 3 mai 1815. En 1830, la dissolution violente du royaume des Pays-Bas et la nécessité politique de maintenir une barrière entre la France d'un côté, et l'Allemagne et la Hollande de l'autre, ont décidé les cinq grandes puissances européennes à proclamer la neutralité perpétuelle de la Belgique et à la maintenir comme condition de son indépendance. *V.* le traité du 15 novembre 1831, art. 1. La neutralité de la Suisse et de la Belgique n'a reçu aucune atteinte depuis la conclusion des traités dont il vient d'être question, il n'en est pas de même de celle de la ville de Cracovie,

(*a*) *V.* mon *Recueil a*, t. IV, p. 204 et suiv.; *b*, t. III, p. 24 et suiv.; t V, p. 235, 278.

(*b*) GALLIANI, lib. I, cap. IV, § 4.

(*c*) Exemple des Pays-Bas autrichiens, en 1733.

placée en même temps sous le protectorat de la Prusse, de l'Autriche et de la Russie, et qui en fait est aujourd'hui occupée par
les forces militaires de l'Autriche.   Ch. V.]

§ 308. — Objets de la neutralité.

Il y a trois objets principaux à l'égard desquels il s'agit
d'examiner les droits et les devoirs des puissances neutres,
soit fondés dans la loi naturelle, soit introduits par le droit
des gens positif, savoir :

I. Les secours qu'il serait question de fournir aux puissances belligérantes ;

II. La conduite à tenir par rapport au territoire de la
puissance neutre, tant de son côté que de celui des belligérants ;

III. Le commerce.

§ 309.

I. *Secours.*

La neutralité parfaite exigeant qu'on s'abstienne de toute
participation aux opérations militaires, on doit, pour l'observer, 1° n'envoyer ni troupes ni vaisseaux au secours des
puissances belligérantes : et, bien que dans la pratique on
ne traite pas toujours comme ennemie directe la puissance
qui envoie un tel secours, soit en nature, soit son équivalent en subsides (*a*), celle-ci ne peut plus aspirer à la jouissance plénière de ces droits qui supposent de sa part une
neutralité irréprochable ; 2° ne pas permettre à ses propres
sujets de prendre part aux hostilités, soit en acceptant
eux-mêmes des lettres de marque d'une des puissances

_____

(*a*) Grotius, lib. III, cap. CLV ; Vattel, liv. III, chap. VI , Galliani,
lib. I, cap. V ; lib. IX, cap. IX.

belligérantes pour armer en course, soit en prenant une part quelconque aux armements des sujets de celle-ci : aussi les puissances neutres ne manquent-elles guère de défendre ouvertement à leurs sujets toute entreprise de ce genre (b).

[La neutralité imposant à la nation qui en profite le devoir d'une impartialité complète dans ses relations avec les belligérants, elle doit s'abstenir d'actes ayant un rapport direct aux hostilités et de nature à augmenter les forces d'attaque ou de défense de l'une des parties en lutte; et cela alors même qu'elle offrirait à l'un des belligérants les secours fournis à l'autre. Plusieurs publicistes ont eu vainement recours à cette apparente impartialité qui fait sortir le neutre des devoirs de sa situation.

Des règles posées par notre auteur dans ce paragraphe, résulte cette double conséquence, que l'Etat neutre ne doit aider l'un des belligérants ni directement par lui-même, ni indirectement en laissant à ses sujets une liberté d'action qui les entraînerait à prendre part aux hostilités. L'Etat neutre ne doit envoyer ni troupes, ni vaisseaux, ni armes, ni munitions de guerre, ni vivres, ni argent; il ne doit pas céder à l'une des parties une place fortifiée ou un port de guerre, ni lui fournir tout autre secours de nature à augmenter les forces de l'un au détriment de l'autre. L'Etat neutre ne doit pas permettre sur son territoire des enrôlements de soldats, et il était difficile de concilier avec la condition de puissance neutre dont profite la Confédération helvétique l'existence des capitulations qui assuraient jusqu'à une époque assez rapprochée le secours de ses soldats à plusieurs Etats de l'Italie. Ch. V.]

(b) Exemple de règlements sur le commerce neutre de 1778-1780 dans mon *Recueil a*, t. IV; *b*, t. III, p. 24 et suiv.; de 1793-1795, *ibid.*, t. V, p 235 et suiv., t. VI, p. 458; de 1803 et 1804, dans mes Suppléments, t. III, p. 528 et suiv. Si, dans les années subséquentes, on ne trouve plus d'ordonnances du même genre, c'est que l'Europe presque entière était en combustion, et la neutralité ou avait disparu ou était foulée aux pieds.

§ 310.

II. Conduite de la puissance neutre quant à son territoire;
A d'après le droit des gens universel.

Tandis que, en cas de rupture entre deux nations, un
État neutre conserve la pleine jouissance de ses droits territoriaux, il peut, à défaut de traités (a), défendre pendant
la guerre comme en temps de paix tout passage ou séjour
de troupes étrangères, et à plus forte raison leur défendre
l'occupation de ses forteresses, la levée de recrues, les
rassemblements et les exercices militaires, et il peut user
de la force contre ceux qui tenteraient de violer sa défense.

Mais ce n'est pas non plus violer la neutralité, que d'accorder aux deux partis, ou à celui qui l'en sollicite, la permission de faire passer par ses États un corps de troupes,
soit armé, soit sans armes, et de le laisser jouir de ces
droits qu'exige essentiellement ce passage (b), ou dont il est
convenu avec lui à cette fin. Moins encore la neutralité
qu'il professe peut-elle lui imposer l'obligation de s'opposer de force à un tel passage. De plus, l'inégalité même
qu'il observerait à cet égard, en accordant le passage à
l'une des puissances belligérantes et en le refusant à l'autre,
n'emporterait pas *toujours* la violation de la neutralité, si
cette inégalité de conduite s'observait déjà en temps de
paix, ou si elle était fondée sur des traités généraux, conclus antérieurement à la rupture.

(a) Exceptions : par exemple, traités de la France avec Bade et Wir-
temberg, de 1796.

(b) GALLIANI, lib. I, cap. VIII, § 4, 5, 6. Mais les membres de la confédération du Rhin furent expressément forcés de renoncer à ce droit en
faveur de la France.

Celui-là au contraire blesse les devoirs de la neutralité, qui, sans engagements antérieurs, permet à l'une des puissances belligérantes le passage ou la levée de recrues en les défendant à l'autre, ou bien qui tolère sur son territoire les préparatifs militaires de l'une des puissances belligérantes, en lui permettant d'occuper telle forteresse, en souffrant des rassemblements militaires (c), des armements en course, etc.; et c'est en vain qu'il se parerait du prétexte d'être prêt à en faire autant en faveur de la partie adverse.

[« Le premier principe du § 306, dit Pinheiro dans ses observations critiques sur les § 306 à 310, qui interdit aux nations neutres *toute participation aux opérations militaires*, est conçu d'une manière trop générale pour pouvoir être vrai, car celui qui loue ses vaisseaux pour transporter des munitions de guerre participe aux opérations militaires, et cependant il ne blesse pas les devoirs de la neutralité.

» Le second principe est aussi faux, et par le même motif, quoique en sens contraire; car chacune des puissances belligérantes est autorisée à empêcher que son ennemi ne reçoive des puissances neutres les moyens, quels qu'ils puissent être, de poursuivre la guerre; ce qui nuit au commerce des neutres, sans qu'ils aient cependant droit de s'en plaindre.

» Le second principe du § 309, qui fait un devoir aux puissances de défendre à leurs sujets de prendre le parti d'aucune des nations belligérantes, ne saurait être admis que dans le code des nations où les hommes ne sont que des serfs attachés à la glèbe. Mais partout ailleurs où l'on saura que la liberté individuelle est un des droits de l'homme dont aucune loi positive ne peut le dépouiller, chacun pourra prendre le parti de telle nation actuellement en guerre qu'il croira à propos, sans que celle dont il fait partie, et

(c) Exemples des princes de l'Empire sur la rive gauche du Rhin, en 1791, 1792.

qui reste neutre entre les deux belligérantes, ait droit de l'en
empêcher, et par conséquent sans qu'elle en demeure responsable
envers l'autre nation belligérante.

» Les doctrines comprises dans le § 310 sont toutes ou fausses
ou mal énoncées.

» Ce n'est pas parce que la nation neutre permet le passage
aux deux nations belligérantes, qu'elle peut le faire sans manquer
aux devoirs de la neutralité : certes il y aurait de l'hostilité à refuser le passage à l'une, tandis qu'on l'accorde à l'autre ; mais de ce
qu'en l'accordant à toutes les deux on ne commet point cette hostilité, il ne s'ensuit pas qu'en l'accordant à l'une, lorsque l'autre
ne pouvant pas en profiter ne pourrait qu'en souffrir, ce ne soit
pas une coopération hostile. Si elle ne l'est pas, c'est parce que,
menacée d'être contrainte par la force à ouvrir passage à celle des
deux puissances belligérantes qui serait intéressée à traverser son
territoire, rien ne fait à la nation neutre un devoir de s'engager
dans une guerre pour l'en empêcher.

» Quant à la distinction que l'auteur veut établir entre le cas
où il y aurait traité antérieur, et celui où il n'y en aurait pas, elle
est tout aussi admissible que la distinction entre les alliances antérieures à la rupture et celles qui y sont postérieures. »   CH. V.]

§ 311. — Conduite de la puissance belligérante à l'égard du territoire neutre, d'après le droit des gens universel.

Tant qu'un État neutre ne blesse pas les devoirs de la
neutralité, aucune des puissances belligérantes n'est autorisée, dans la règle, à entrer à main armée sur son territoire, ou à entrer dans l'enceinte de sa juridiction maritime, pour y entreprendre ou poursuivre des hostilités
contre les sujets ou les biens de son ennemi qu'elle y
rencontre ; *elle ne peut donc point enlever des biens ennemis d'un territoire neutre* sans manquer à l'État sous la
protection duquel ces objets se trouvent, et qu'elle doit
exempter de violences.

Ce n'est que dans le cas où les devoirs de la neutralité

auraient été enfreints par un tel État, que la puissance belligérante pourrait acquérir le droit d'y entrer à main
armée contre le gré de celui-ci, afin d'aller à la rencontre
de l'ennemi pour l'en repousser, et même, s'il y a lieu, afin
de se procurer une satisfaction convenable.

S'il y a, en outre, des cas où l'entrée forcée sur un territoire qui a gardé la neutralité peut s'excuser par l'urgence
des circonstances, c'est moins par la disposition d'une loi
naturelle qui en accorde le droit, que par le défaut d'une
loi prohibitive qui peut en empêcher.

[Quant au droit de passage des armées d'un des belligérants
sur le territoire neutre, il a été soutenu à tort par d'anciens auteurs
que chaque belligérant avait le droit absolu de l'exiger suivant
ses besoins et qu'il y avait injustice de la part du souverain neutre à le refuser. « Non-seulement, dit HEFFTER, *le Droit international public,* traduction de M. Bergson, § 147, le passage de
troupes armées sur le territoire neutre n'est pas un droit, mais
encore la concession du passage est, de la part du neutre, une
violation de ses devoirs qui donne à l'autre partie un juste motif
de lui déclarer la guerre et de le traiter en ennemi, et s'il arrivait
que le neutre fût trop faible pour résister au belligérant, si la
concession du passage n'était faite que sous la pression de forces
supérieures, du moins le neutre devrait-il protester pour ne pas
paraître approuver des violations ultérieures. » Dans tous les cas
il ne faudrait pas confondre le passage de troupes armées avec le
refuge accordé à une armée poursuivie par l'ennemi et qui se
replie sur le territoire d'un État neutre : cette armée doit être
reçue et traitée avec humanité; mais, comme en même temps elle
est présumée renoncer à faire partie de la force armée de sa nation,
les troupes qui la composent sont habituellement désarmées et
internées loin du théâtre de la guerre, de manière à concilier les
devoirs de la neutralité avec la commisération due à des hommes
malheureux.

Relativement aux biens ennemis sur un territoire neutre, il est du devoir de la nation qui défend sa neutralité de s'opposer aux tentatives qui seraient faites de la part d'un des belligérants sur son propre territoire contre les personnes ou les biens de l'autre belligérant.

S'il s'agit des navires des puissances belligérantes se présentant devant un port neutre, HEFFTER, § 149, constate qu'ils doivent y être admis, qu'on doit leur permettre d'acheter les vivres qui leur sont nécessaires, de faire les réparations dont ils ont besoin, et de reprendre la mer dans le but de poursuivre les opérations de la guerre : c'est là, suivant cet auteur, une conséquence du principe que les navires sont considérés comme une portion du territoire de la nation à laquelle ils appartiennent. Mais les lois de la neutralité seraient violées, s'ils se livraient à des actes d'hostilité dans les eaux du neutre. *V.* dans le même sens une note de M. Pradier-Fodéré sur le § 130, liv. III, ch. VII, de VATTEL, *le Droit des gens*, édit. Guillaumin.   CH. V.]

§ 112.—*B.* Principes du droit des gens positif, relativement au territoire neutre.

Le droit des gens positif n'a point altéré, dans la généralité, ces principes ; mais, outre qu'ils se trouvent quelquefois modifiés par des conventions particulières, ils ne sont que trop souvent enfreints par ce qu'on appelle le droit de convenance.

On reconnaît d'abord le principe que toute puissance belligérante doit s'abstenir de violences dans un territoire neutre, et n'en pas enlever des biens ennemis (*a*); souvent même on se promet par traité de ne pas commettre de telles violences d'un côté, et de ne les pas tolérer de

(*a*) D'ABREU, *Traité des prises maritimes*, p. I, chap. V, § 121 ; BOUCHAUD, *Théorie des traités de commerce*, § 223 ; BYNKERSHOECK, *Quæst. jur. publ.*, lib. I, cap. VIII ; JACOBSEN, *Handbuch*, t. I, absch. I, p. 37-100.

l'autre (*b*); les puissances neutres ont même coutume de publier des ordonnances tendant à empêcher que de semblables violations ne puissent avoir lieu (*c*) ; et si cependant presque toutes les guerres offrent des exemples de reproches réciproquement faits à cet égard (*d*), ce n'est pas le principe, mais son application que l'on conteste. D'un autre côté, le butin fait par l'ennemi légitime ne cesse pas de lui appartenir pour avoir été conduit dans un État neutre; et c'est s'écarter des devoirs de la neutralité que de le restituer à la partie adverse (*e*); cependant on peut se décider à son gré, si l'on veut permettre qu'il y reste et y soit vendu (*f*). Souvent les puissances se promettent de ne point tolérer un long séjour et la vente des prises faites par l'ennemi de la puissance contractante, et publient des édits en conséquence (*g*).

(*b*) HUBNER, t. II, p. II, p. 160; D'ABREU, *Traité des prises*, p. I, chap. V, § 10.

(*c*) C'est pourquoi, entre autres, ces ordonnances fixent un terme après lequel seulement, de deux vaisseaux ennemis qui se trouvent dans le port, l'un pourra suivre l'autre qui a mis à la voile. *V.* mon *Recueil a*, t. IV, p. 204, 216, 233, 240, 244, 255; *b*, t. III, p. 24 et suiv.; t. V, p. 235, 278. Exemple mémorable dans *N. Nederl. Jaerboeken*, 1780, p. 515. Cette disposition se trouve aussi dans nombre de traités avec les États barbaresques ; mais le terme, qui d'ordinaire en Europe est fixé à vingt quatre heures, y est souvent prolongé à trente-six ou quarante-huit heures.

(*d*) DE RÉAL, t. V, p. 529, 530.

(*e*) ENTICK, *History of the late war*, t. II, p. 19. Exemple du navire prussien *le Triton*, conduit à Cuxhaven, en 1800; *V.* les actes dans mon *Recueil*, Suppl., t. II, p. 321 et suiv.

(*f*) BYNKERSHOECK, *Quæst. jur. publ.*, lib. I, cap. XV, *Moniteur universel*, 1793, n. 265.

(*g*) Exemple des disputes entre l'Angleterre et les Pays-Bas, au sujet des prises amenées par Paul Jones ; *V.* les actes dans mes *Erzahlungen*, t. II, p. 90.

On reconnaît aussi que l'entrée ou le passage forcé d'un corps de troupes dans les États d'une puissance amie est aussi peu permis en temps de guerre qu'en temps de paix, mais souvent la nécessité, qui ne connaît point de loi, sert de prétexte pour colorer une telle démarche (h). D'autre part, toute inégalité de conduite envers les puissances belligérantes sur ces points est interprétée comme une rupture de la neutralité, indépendamment des motifs qui la font naître; souvent même l'égalité de conduite en vertu de laquelle on accorde ou refuse à l'un ce qu'on accorde ou refuse à l'autre, n'est taxée que d'apparente, et l'inégalité réelle dont on l'accuse sert de prétexte pour violer les droits de la neutralité; de sorte que souvent toute la sagesse d'un faible État neutre ne suffit pas pour le garantir du malheur de devenir un objet de vengeance, ou même le théâtre de la guerre.

———

[C'est en effet une question controversée que celle de savoir jusqu'à quel point le butin conquis par un des belligérants et conduit en port neutre continue à lui appartenir et est susceptible d'aliénation de sa part, lorsque la prise de possession est devenue inattaquable. Il existe des traités qui contiennent des stipulations à ce sujet; mais, en l'absence de pareilles stipulations, le neutre ne saurait être tenu de respecter la propriété du belligérant. V. cependant HEFFTER, *le Droit international public*, traduction de M. Bergson, § 147 *in fine* et 149.

S'il s'agit de prises maritimes conduites par un des belligérants dans un port neutre et reçues par la puissance neutre, le droit d'asile accordé au capteur et à sa prise aura-t il pour effet de permettre qu'il soit procédé sur le lieu même au jugement sur la validité de la prise. V. ci-après aux § 317 et 322.

(h) MOSER, *Versuch*, t. X, p. 218.

Notre auteur reconnaît avec raison que l'égalité de concessions de la part d'un Etat neutre vis-à-vis de tous les belligérants ne suffit pas pour sauvegarder la neutralité ; l'égalité dans les concessions n'assure pas l'égalité des résultats, et il sera toujours d'une sage politique, de la part d'un Etat soucieux de conserver sa neutralité, de s'abstenir de tous les actes n'ayant pas un caractère d'entière innocuité.

« Quoique, dans les doctrines qui font l'objet du présent paragraphe, dit Pinheiro-Ferreira, il n'y ait rien qui ne soit conforme aux principes que nous professons, l'auteur y ajoute à la fin une antithèse oratoire qui, sans toucher au fond du paragraphe, lui donne un caractère d'absurdité que nous ne saurions passer sous silence.

» *S'il y a, en outre, dit M. de Martens, des cas où l'entrée forcée dans un territoire qui a gardé la neutralité, peut s'exercer par l'urgence des circonstances, c'est moins par la disposition d'une loi naturelle qui en accorde le droit, que par le défaut d'une loi prohibitive qui peut en empêcher ;* c'est-à-dire qu'on n'en a pas le droit, mais qu'on peut le faire parce que cela n'est pas défendu.

» Certes, dans la loi civile, tout ce qui n'est pas défendu par elle est par cela seul permis, quoiqu'il n'y ait d'ailleurs aucune loi positive qui nous en accorde le droit. Mais pourquoi ? Parce qu'on suppose qu'il est question d'un acte conforme au droit naturel, au droit de la raison ; car s'il y était contraire, le défaut d'une loi positive qui le défende ne le rendrait pas licite.

» Ainsi, du moment où il s'agit du droit des gens, on ne peut consulter que les lois de la nature pour savoir ce qui est permis : là tout ce qui n'est pas de droit est contre le droit. Si l'urgence des circonstances vous force d'entrer dans le territoire neutre, aucune loi ne vous le défend, parce que l'urgence vous en donne le droit. Il est donc faux de dire qu'aucune loi ne vous le défend, et qu'aucune ne vous en donne le droit.

» Dans le § 312, il y a deux assertions, l'une fausse et l'autre inexacte, que nous sommes obligé de relever. Il est fort inexact de dire que la puissance neutre chez qui le capteur amène le butin qu'il a fait sur son ennemi ne peut pas le lui enlever *pour le restituer à la partie adverse, parce que ce capteur étant un ennemi légitime, le butin ne cesse pas de lui appartenir pour l'avoir conduit dans un Etat neutre*

» Ce n'est ni parce que l'Etat neutre doit le reconnaître comme
ennemi légitime, ni parce qu'il doit reconnaître que le butin lui
appartient, qu'il ne doit pas le lui enlever; au contraire, c'est
parce qu'il ne saurait se décider en faveur de l'une des nations
belligérantes, en la déclarant *ennemie légitime de l'autre*, et en
déclarant *bonne prise* la capture qu'elle vient de faire, sans cesser
par ce seul fait d'être neutre entre les deux parties dissidentes,
qu'il ne lui est pas permis de dépouiller l'une de la prise qu'elle
a faite sur l'autre, pour la restituer à celle-ci.

» Il est donc faux que la puissance neutre *puisse se décider à son
gré*, ainsi que le dit l'auteur, *si elle veut permettre que le butin
conduit chez elle par le capteur y reste et y soit vendu*. Ce serait
reconnaître que ce butin est de bonne prise, et en tout cas, ce
serait coopérer avec l'une et contre l'autre des deux puissances
belligérantes. »   Ch. V.]

§ 313.—Des biens neutres dans le territoire des Puissances belligérantes.

La possession d'un bien immeuble rendant sujet de l'Etat
dans lequel ce bien est situé, dans tout ce qui concerne
cette possession, le sujet neutre possessionné dans l'Etat
d'une des puissances belligérantes n'a pas le droit de se
plaindre si la partie adverse le traite à cet égard comme
sujet de l'ennemi (a); mais les biens meubles ne changeant
pas de nature pour être transportés dans un autre pays,
ceux qu'on rencontre dans un pays ennemi, reconnus
comme propriété neutre, doivent être considérés et traités
en conséquence. Aussi ce principe est-il reconnu et suivi
dans les guerres continentales, autant que les troubles de
la guerre permettent d'y avoir égard (b).

Il est plus douteux si la loi naturelle autorise, au mo-

(a) Wolf, *Jus gent.*, cap vii, § 842; Vattel, *Droit des gens*, liv IV,
chap v, § 73; Lampredi, *Del commercio dei popoli neutrali*, t. I,
p. 168; Galliani, lib. I, cap viii, édit. allem , p. 330
  b) V. cependant Galliani, *loc. cit.*

ment d'une rupture, a saisir chez soi les navires neutres dans le dessein de les faire servir pendant quelque temps à l'usage de la flotte, moyennant une rétribution proportionnée (c). L'usage avait introduit cette sorte d'*embargo* (d), mais aujourd'hui la plupart des traités de commerce l'ont aboli (e).

———————

[L'opinion de notre auteur au début du présent paragraphe est complétement erronée; dans les principes du droit international moderne, la possession, ou, pour parler le langage juridique, la propriété d'un bien immeuble ne rend pas sujet de l'Etat dans lequel ce bien est situé le sujet neutre *possessionné* dans l'Etat d'une des puissances belligérantes, et, loin de ne pouvoir se plaindre, il est admis que l'Etat neutre ou ses sujets continuent la plénitude de leur jouissance des biens immeubles qu'ils possèdent sur le territoire de leurs belligérants, alors même que ces biens seraient situés sur le théâtre des hostilités, sauf bien entendu la part proportionnelle qu'ils doivent supporter dans les charges de la guerre. Les biens meubles des neutres jouissent des mêmes immunités, excepté dans le cas où ils seraient appropriés aux nécessités des opérations militaires et participeraient du caractère de la contrebande de guerre.

Les biens meubles des neutres qui se trouvent sur le territoire d'un des belligérants sont encore saisis par lui, en vertu du droit d'angarie, *jus angariæ*, mais seulement dans les cas de nécessité urgente; il convient même d'ajouter que dans un grand nombre de traités modernes le droit d'angarie a été supprimé ou subordonné dans son exercice au paiement d'une complète indemnité.

———————

(c) DE RÉAL, *Science du gouvernement*, t. V, chap. II, p. 536; DE STECK, *Essais*, 1794, chap. II; GALLIANI, lib. I, cap. X.

(d) C.-F. RHETII, *Diss. de jurisdictione ac vectigalibus portuum, et de jure ab iis quos volunt arcendi et angariarum navibus imperandi*, Francof.-ad Viadr., 1671, in-4, dans ses *Dissertations*, p. 487; J. SCHULTZE, *Dissert. de jure angariarum*, tom *Beschlag der Schiffe*. Dantzick, 1686, in-4, DE STECK, *Essais*, 1794, chap. I, II, III

(e) MABLY, *Droit public*, p. 301, dans ses Œuvres, t. V

V., sur l'origine et sur l'illégitimité du droit d'angarie, HAUTE-
FEUILLE, *Des droits et des devoirs des nations neutres*, 2ᵉ édit.,
t. III, p. 422 et suiv.

« Nous pourrions très-bien accorder à M. de Martens, dit Pinheiro-Ferreira, que le conquérant doit traiter les biens-fonds
appartenant à un étranger, sujet d'une puissance neutre, situés
dans le pays conquis, comme il lui est permis d'agir envers ceux
des autres habitants, puisque nous avons précédemment établi
que ceux-ci ne doivent être en aucune façon molestés par le conquérant.

» Mais, en supposant, ce que nous ne saurions accorder, qu'il
fût permis de saisir la propriété privée dans le pays conquis, ce
droit ne peut jamais s'étendre à celle des étrangers, qui, par cela
même qu'ils ne sont ni sujets ni complices des torts du gouvernement, ne peuvent sous aucun prétexte être assimilés, par les
publicistes dont nous repoussons la barbare théorie, aux sujets
de la puissance belligérante. Aucune des raisons qu'ils voudraient alléguer pour rendre ces derniers passibles de saisie ne
saurait être applicable aux premiers ; et, d'un autre côté, tout ce
qu'on allègue en faveur des biens meubles est applicable aux
immeubles ; car, encore une fois, c'est du droit de la possession,
et non de la nature de l'objet possédé, qu'on peut faire dériver le
droit d'en déposséder le propriétaire.

» M. de Martens a coutume d'appeler douteux tout ce qui n'a
pas été décidé par les grandes puissances. Ainsi, comme celles-ci
se permettent de mettre embargo sur les vaisseaux neutres toutes
les fois qu'elles en ont besoin, il en conclut que ce doit être considéré comme un point douteux, même en droit des gens philosophique, et pour l'universalité des nations, s'il y a ou non bon
droit pour agir ainsi.

» Heureusement nos principes nous conduisent à des conclusions tout à fait opposées. Loin de chercher des principes dans
la conduite toujours anormale des gouvernements, tantôt inspirés
par l'arrogance, compagne de la force, tantôt conseillés par la
peur, inséparable de la faiblesse, c'est dans la source invariable
de tout droit, la raison et la nature de l'homme et des sociétés,
que nous puisons les principes de la jurisprudence tant civile
qu'internationale. L'embargo mis forcément sur les vaisseaux
neutres ne peut être justifié que par la seule raison d'urgence,

pour les empêcher de sortir et d'ébruiter une nouvelle dont la publication prématurée peut compromettre d'une manière grave nos intérêts, ou pour les employer à notre propre service, sous peine d'essuyer de graves pertes si nous voulons nous en abstenir.

» Hormis ces cas d'urgence grave, toute violence exercée contre les vaisseaux neutres ne serait qu'un intolérable abus de pouvoir.

» Nous devons ajouter, puisque M. de Martens a oublié de le remarquer, qu'en mettant l'embargo sur les vaisseaux neutres, quel que puisse être, des deux motifs allégués, celui qui nous y a forcés, nous sommes tenus de les dédommager des suites du retard que nous leur aurons causé, dans nos intérêts. Tout le monde est, à la vérité, d'accord qu'il faut payer un fret à ceux des vaisseaux retenus pour notre service; mais on prétend fixer ces frets d'après le taux auquel on ferait servir les vaisseaux appartenant aux sujets de la puissance même qui met l'embargo, sans tenir compte des pertes que le neutre en éprouve, et auxquelles il n'est nullement tenu de se soumettre.

» D'un autre côté, par une inconséquence inconcevable, tout en accordant une récompense à ceux qu'on a retenus pour les employer, on oublie de dédommager ceux qu'on n'a empêchés de sortir que pour prévenir les suites des nouvelles qu'ils pourraient donner, et dont il est dans nos intérêts de retarder la publication; comme si la nature des intérêts ou des motifs qui nous ont décidés à faire du tort à autrui pouvait influer sur le devoir de l'en dédommager. »						Ch. V.]

§ 314.

III. *Du commerce neutre.*
1° D'après le droit des gens universel; *A* en général.

Quant au point important du *commerce en temps de guerre* (a), une puissance belligérante peut 1° défendre à

(a) Sur cette belle matière on peut consulter, outre les ouvrages déjà cités de Hubner, Galliani, Lampredi, Holst et Jacobsen; surtout Heineccius. *De navibus ob vecturam vetitarum mercium commissis,* Halæ, 1721; Pattyn, *le Commerce maritime fondé sur le droit de la nature et des gens,* Malines, 1727, in-12; Bynkershœck, *Quæst. jur. publ.,*

ses propres sujets tout commerce quelconque avec l'ennemi, si elle juge que cette rigueur soit conforme à ses intérêts; 2° défendre ce commerce dans des provinces ennemies dont elle s'est emparée; 3° défendre tout commerce
avec une place, forteresse, port ou camp ennemi qu'elle
tient tellement bloqué ou assiégé, qu'elle se voie en état
d'en empêcher l'entrée (*b*); et dans tous ces cas elle peut

lib, I, cap. VIII, et sqq.; *Observation du droit de la nature et des gens
touchant la capture et la détention des vaisseaux et effets neutres en
temps de guerre, tirée du Nouveau Droit controversé* latin de J.-E. Beh-
mer, Hamb , 1771, in-4; Totze, *la Liberté de la navigation et du
commerce des nations neutres pendant la guerre, considérée selon le
droit des gens universel, celui de l'Europe, et les traités*, Londr. et
Amst., 1780; et *Essai sur un Code maritime général européen*, Leipsick, 1782, tous deux traduits en allemand; Leipsick, 1780, 1782, in-8;
A.-W.-B. van Uchtritz, *von Durchsuchung der Schiffe neutraler Völ-
kerschaften*, Rotenbourg, 1781, in-8; Pestel, *Selecta capita juris gentium maritimi*, Lugd.-Bat., 1785, Sam. Colliander, *De jure principum
belligerantium merces et navigia neutralium vel pacatarum gentium
intercipiendi*, 2 vol. in-8°; de Steck, *Essais sur divers sujets relatifs
à la navigation et au commerce pendant la guerre*, Berlin, 1794, in-8;
Azuni, *Systema universale dei principj del Diritto maritimo dell'
Europa*, Firenze, 1795, 1796, 2 vol in-8; traduit en français, Paris,
1798, 2 vol. in-8, 2° édit., 1804, la seconde partie traite du Droit de la
guerre maritime; J. Mumsen, *Diss. de navibus populorum belli tempore mediorum non capiendis*, Lipsiæ, 1799; J.-G. Busch, *Völker-
Seerecht*, 1801, in-8; M.-A. Bornemann, *Ueber die gebräuchliche Visitation neutraler Schiffe*, etc., *aus dem Dänischen übersetzet*, Copenhagen u Leipsick, 1801, in-8; J.-N. Tetens, *Betrachtungen über die
gegenseitigen Befugnisse der Kriegführenden Machte und der Neutralen
auf der See.* Kiel, 1802, in-8; traduit en français, Copenhague, 1805,
in-8; *Merkwürdige Entscheidungen der Londoner und Pariser Prisen-
gerichte.* Altona, 1802, in-8; Labarthe, *Annales maritimes et coloniales*, Paris; J. Stephen, *War in Disguise or the Frauds of the neutral
flags*, London, 1805, 1806, in 8. *V.* aussi nombre de cas de disputes,
dans mes *Erzählungen*, t. I, p. 236, 284, 295, 299, 315; t. II, p. 1, 8,
59, 166, 209, 221, 229, 234.

(*b*) C'est à quoi la loi naturelle semble borner le droit d'une nation
belligérante sur le fait du blocus; une simple déclaration, ou un ordre

procéder à la confiscation des biens, des navires, contre ceux qui s'aviseraient de faire le commerce avec l'ennemi en violation de ces défenses, et même leur infliger des peines afflictives et de mort.

Mais la loi naturelle n'autorise point les puissances belligérantes à défendre en général aux neutres le commerce avec l'ennemi, et à prononcer la confiscation de biens ou de navires destinés pour l'ennemi, en tant que ce commerce ne renferme pas une violation des devoirs de la neutralité, ou qu'il n'existe pas de cas d'urgence si extraordinaires, que le soin de propre conservation devienne la première de toutes les lois.

§ 315.

B. Du Commerce de munitions de guerre.

En temps de paix, il est de liberté naturelle pour les sujets de chaque nation de porter toutes sortes de marchandises à telle nation qui est disposée à faire ce commerce avec eux. Ce droit ne se perd point, pour une puissance neutre, par une rupture survenue entre deux nations; de sorte qu'en continuant les liens d'amitié avec chacune d'entre elles, elle peut continuer aussi de permettre ce commerce sans distinction même entre les genres de marchandises qui en faisaient l'objet; et, de plus, si la guerre ouvre de nouvelles spéculations pour son commerce et sa navigation, ce n'est point toujours s'écarter des *sentiments de neutralité* que d'en profiter, puisque c'est l'appât seul

qu'elle fait émaner ne peut pas plus suffire pour imposer la loi aux nations neutres, qu'une simple déclaration ne peut suffire pour occuper. *V.* § 37.

du gain qui guide le marchand vers les lieux où il trouve
des acheteurs.

La nation neutre blesse les devoirs naturels de la neutralité, dont le caractère essentiel est l'impartialité, 1° si
elle permet à ses sujets le transport de munitions de
guerre vers l'une des puissances belligérantes en le leur
défendant vers l'autre; 2° si elle viole des engagements
pris envers l'une des puissances belligérantes de ne point
permettre le transport de munitions de guerre, etc.,
vers les ports de l'ennemi de celle-ci; 3° si, sans se borner
à permettre le commerce à ses sujets, elle même envoie des
munitions de guerre à l'une des puissances belligérantes
propres à la renforcer, et marque ainsi une partialité dont
souvent elle s'efforcerait vainement de cacher les dehors en
offrant ces mêmes renforts à l'autre puissance belligérante.

Dans ces cas de violation de neutralité, la puissance belligérante qui en souffre pourrait non-seulement
confisquer de telles marchandises et de tels navires de
puissances neutres ou de leurs sujets, mais elle pourrait
même en venir successivement jusqu'à déclarer la guerre
à un tel allié public ou caché de ses ennemis.

Cependant si, ces cas exceptés, la puissance bellig é-
rante n'est pas autorisée, d'après la loi naturelle, à confisquer les navires et leurs cargaisons destinées pour des
ports ouverts de son ennemi, et avec lesquels le commerce
doit demeurer libre à toutes les nations, sans juger des
motifs qui guident les sujets d'une puissance neutre dans
leur commerce avec l'ennemi, elle ne peut voir avec indifférence que celui-ci se renforce par des marchandises
qui servent directement et indubitablement a faire la

guerre; et elle ne blesse pas le droit des gens, si elle empêche que ces marchandises ne parviennent à l'ennemi en les détenant, soit pour en payer la valeur au propriétaire, soit pour les restituer quand le danger sera passé. On peut même imaginer des cas où les circonstances extraordinaires justifieraient une telle détention à l'égard des marchandises qui ne servent pas exclusivement à l'usage de la guerre, et sur lesquelles elle ne peut, *dans la règle*, s'arroger aucune disposition.

[S'il n'appartient pas aux belligérants d'interdire tout commerce aux neutres avec leur adversaire, comme le soutenait la ligue anséatique au moyen âge, du moins ce commerce ne doit-il pas être de nature à impliquer un acte d'immixtion dans les hostilités. Les branches de commerce interdites aux neutres constituent ce qu'on appelle, depuis un temps immémorial, la contrebande de guerre. Il est sans intérêt pratique de rechercher avec HEFFTER, *le Droit international public de l'Europe*, traduit de l'allemand par M. Bergson, § 158, à quelle époque rèmonte la théorie suivant laquelle les neutres commettent, par le transport des objets de contrebande, une infraction envers la partie belligérante et de nature à amener une saisie, et sous quelle influence cette théorie s'est établie. En suivant l'histoire des Etats maritimes pendant les trois derniers siècles, on trouve un grand nombre de traités et même de lois particulières (*V.* pour la France l'ordonnance de la marine de 1681 et celle de 1778 rendue sous Louis XVI) qui consacrent la règle d'après laquelle les belligérants ont le droit de restreindre la liberté du commerce neutre, en ce qui touche la contrebande de guerre, et de réprimer les infractions commises à cet égard. HAUTEFEUILLE, *Des droits et des devoirs des nations neutres*, 2e édit. t. II, p. 71, conteste, il est vrai, aux belligérants le droit de restreindre le commerce des neutres avec leur ennemi, en ce qui concerne les armes, munitions, etc., et ne voit qu'un devoir pour les neutres de s'abstenir du commerce de la contrebande de guerre. Mais on ne peut

nier que le fait de fournir à l'une des parties les objets qui lui
sont nécessaires pour la guerre ne soit répréhensible vis-à-vis de
l'autre : aussi, dans la pratique, le droit pour les belligérants de
s'y opposer ne leur a jamais été contesté sérieusement; et il est
considéré comme une loi commune internationale.

On a essayé sans succès de donner une définition de la contrebande de guerre, soit de la contrebande naturelle, soit de
la contrebande de guerre reconnue suivant les principes du
droit international. *V.* cependant une note de M. Pradier-Fodéré
sur le § 112, liv. III, ch. vii, de VATTEL, *le Droit des gens*, édit.
Guillaumin; WHEATON, *Éléments du droit international*, t. II,
p. 141; HAUTEFEUILLE, *Droits et devoirs des nations neutres*, 2ᵉ
édit. précitée, t. II, p. 83 et suiv.; et ORTOLAN, *Regles internationales et diplomatie de la mer*, t. II, p. 165.

HEFFTER, § 160, fait observer avec raison, en s'occupant du
dernier état des choses, qu'aucune des classifications propo-
sées n'a obtenu l'assentiment général. En effet, s'il est facile
d'établir en principe que pour rester neutre un peuple doit s'abstenir de fournir à l'un des belligérants, et même à tous, des objets directement utiles à la guerre et de nature à nuire à l'ennemi, si certains objets rentrent évidemment et directement dans
cette prohibition, comme les armes, les munitions de guerre, et
l'artillerie, il s'en rencontre d'autres, comme les chevaux, qui
servent indistinctement pour la guerre et pour la paix; à quel
moment et dans quel cas, les matières premières utiles ou nécessaires pour fabriquer des armes et des munitions de guerre,
pour construire et armer des vaisseaux, perdent-elles leur caractère d'innocuité? L'or, l'argent et le cuivre, soit en monnaie,
soit en lingots, sont-ils ou ne sont-ils pas objets de contrebande?
On voit par là combien la notion de la contrebande est complexe
et de nature à se modifier selon les temps et les circonstances.

Quel sera donc le guide dans cette matière? Il faut, suivant
HEFFTER, *loc. cit.*, consulter, en premier lieu, les traités conclus
par les nations européennes entre elles ou avec les peuples du
nouveau monde; à défaut de traités recourir aux usages internationaux. Dans ce dernier cas on ne considère comme contrebande de guerre que les objets dont les nations civilisées ont de
tout temps proscrit le commerce, tels que les armes, ustensiles
et munitions de guerre, c'est-à-dire les objets fabriqués dans le ·

but exclusif de la guerre, et non les matières premières aptes à
la fabrication de ces objets. Telle est la base des traités conclus
dans le cours du dix-huitième siècle entre les diverses puissances
et un des points reconnus par la France dans le traité d'Utrecht,
art. 19 et 20, comme faisant partie de son droit maritime. Mais
il est une autre classe d'objets que les traités et les lois intérieures
de plusieurs nations assimilent aux objets de contrebande et qui,
sans être directement et exclusivement utiles à la guerre, prennent nécessairement ce caractère par le transport ou la mise à la
portée d'un des belligérants. Il en est ainsi des chevaux, et surtout des chevaux de cavalerie, des matières premières servant à
la fabrication des armes et des munitions de guerre, comme le
fer, le salpêtre, le soufre, des munitions navales, comme les bois,
le chanvre, etc.; des vivres et denrées alimentaires; de l'or, de
l'argent, du cuivre monnoyés ou en barre, des machines à va-
peur et de la houille. Dans le cours de la dernière guerre d'O-
rient les puissances alliées n'ont considéré comme contrebande
de guerre que les armes, les munitions et les objets destinés
uniquement à la guerre.

De ce que le fait de fournir à l'un des belligérants des objets
de contrebande de guerre est un acte illicite vis-à-vis de l'autre
belligérant, résultent la possibilité de la confiscation de ces objets, et de la punition des coupables, et même, comme le dit
notre auteur, l'éventualité d'une déclaration de guerre. Cн. V.]

§ 316.

C. Si le navire couvre ou confisque la cargaison.

Il n'est pas douteux qu'une puissance belligérante ne
puisse confisquer des navires ennemis et leur cargaison ennemie. Mais, tandis que la guerre n'autorise pas à exercer
des hostilités dans un lieu neutre, il semble que la loi naturelle défende déjà d'enlever des marchandises ennemies,
innocentes quant à leur qualité, qu'on rencontre sur un
navire neutre, à plus forte raison de confisquer le navire;
et que, comme la guerre ne nous autorise pas à nous attri-

buer les biens des sujets d'un État avec lequel nous vivons
en paix, quoique rencontrés dans un lieu ennemi, il est
également défendu de confisquer la cargaison neutre d'un
vaisseau ennemi; de sorte que la loi naturelle suffirait
pour établir le principe que *le navire couvre la cargaison
(frey Schiff, frey Gut)*, mais qu'*il ne la confisque pas (verfallenes Schiff macht nicht verfallenes Gut)*.

On doit convenir toutefois que l'opinion contraire (*a*) au
premier de ces principes (*b*), savoir, que, d'après la loi
naturelle, il faut avoir égard à la propriété de la cargaison
plutôt qu'à celle du navire, ne manque pas d'arguments
spécieux, et qu'une simple théorie ne suffira jamais pour
mettre les nations d'accord sur un point à l'égard duquel
les intérêts ne sont pas les mêmes.

––––––––––

[Rien de moins explicite que les considérations présentées par
notre auteur sur les questions soulevées dans le présent paragraphe. C'est à peine s'il les indique avec une timidité et une réserve
extrêmes. Le pavillon couvre-t-il ou confisque-t-il la marchan-

––––––––––

(*a*) Le principe opposé, savoir, que c'est à la propriété de la cargaison
et non à celle du navire qu'on doit avoir égard, a été défendu entre autres par GROTIUS, lib. III, cap. VI, § 26, n. 3 ; par JENKINSON, *Discourse
on the conduct of the government of Great-Britain in respect to neutral
nations*, à la tête de la *Collection of treaties*, 1785, 3 vol. in-8; LAM-
PREDI, *Del commercio dei popoli neutrali*, t. I, § 10, 11. Le pour et le
contre se trouvent développés dans la dispute entre la Prusse et la Grande-
Bretagne, élevée en 1752; *V.* les deux déductions opposées, dans mon
Erzählungen merwürdiger Fälle, t. I, p. 236-284.

(*b*) Le principe que le navire confisque la cargaison semble assurément
peu fondé dans la loi naturelle : il n'a été introduit qu'à la suite, ou en
opposition du principe que le navire couvre la cargaison ; et l'Angleterre,
en refusant de reconnaître ce dernier principe pour règle générale, ne
fait point difficulté de restituer des biens neutres, quoique rencontrés sur
un navire ennemi.

dise? Tel est le problème important du droit des gens maritime
qui, suivant les époques et les peuples, a reçu des solutions différentes. On peut sur ce point distinguer deux périodes différentes. Le principe que le pavillon neutre ne couvre pas la marchandise remonte au moyen âge; on en attribue l'origine au consulat
de la mer. *V.* PARDESSUS, *Collection des lois maritimes*, t. II,
p. 303. Consacré par plusieurs traités anciens et modernes (*V.*
l'énumération de ces traités dans HEFFTER, *Droit international
public*, traduction de M. Bergson, § 163), professé par plusieurs
publicistes célèbres, il a été lontemps et généralement adopté. La
raison, suivant HAUTEFEUILLE, *Des droits et des devoirs des nations neutres*, 2e édit., t. II, p. 307, de l'adoption d'une maxime
aussi contraire à toutes les notions du juste et de l'injuste, se
trouve dans l'extension exorbitante accordée dans les temps du
moyen âge aux droits de la guerre, extension qui s'était continuée
ou plutôt qui s'accroissait encore aux quinzième et seizième siècles.
Les abus commis par les belligérants, à l'égard des peuples pacifiques, les développements du commerce maritime, notamment
sur les bords de l'océan et de la part des grandes nations restées
longtemps en dehors du mouvement commercial rappelèrent les
esprits au respect des vrais principes de la liberté des mers et de
l'indépendance des nations. Aussi voit-on, dès le commencement
du dix-septième siècle, le principe méconnu jusque-là : Le pavillon neutre assure la liberté de la cargaison, quel que soit le propriétaire des objets qui la composent, consacré dans un traité
conclu, en 1604, entre Henri IV, roi de France, et Achmet, empereur des Turcs. Un siècle plus tard, la paix d'Utrecht proclama à
nouveau le principe : *Navire libre, marchandises libres.* Mais en
même temps que la France, par ses déclarations officielles, comme
par ses décrets, soutenait, à de rares exceptions près, cette
maxime, d'après laquelle le navire libre rend libres les marchandises qu'il porte, quel qu'en soit le propriétaire, une autre nation,
dont la puissance maritime prenait un rapide accroissement, s'ef-
forçait dans toutes les circonstances, au mépris d'engagements
souscrits, notamment en 1713, dans les traités d'Utrecht, et
implicitement dans celui d'Aix-la-Chapelle, de ramener le droit
maritime à ses anciens errements et de faire disparaître la liberté
de la navigation neutre, ou, suivant une expression des publicistes anglais, le *privilége* de la navigation.

V. ce qui sera dit au § 324, et WHEATON, *Éléments du droit international*, t. II, p. 101.   CH. V.]

§ 317.

D. De la Visite des navires rencontrés.

Le simple pavillon neutre aboré par un navire marchand rencontré, n'étant pas une preuve suffisante qu'il n'est pas ennemi, la loi naturelle ne peut refuser aux puissances belligérantes le droit de visiter les navires marchands que leurs vaisseaux de guerre ou leurs armateurs rencontrent dans un lieu où il serait permis de saisir le navire ennemi, et par conséquent d'amener de tels vaisseaux, si la preuve qu'ils ne sont pas sujets à confiscation est insuffisante. Mais, d'après le droit des gens universel, la décision du litige survenu entre les deux nations sur la légitimité de cette prise n'appartiendrait à aucune d'elles exclusivement, et à défaut d'un accommodement à l'amiable, il faudrait établir un tribunal mixte (a) pour la juger.

[« La capture d'un vaisseau dont le capitaine soutient qu'il appartient à une nation neutre, dit Pinheiro-Ferreira, n'est légitime que lorsqu'on peut le convaincre du contraire en lui prouvant qu'il appartient à la puissance ennemie. '

» C'est donc un procès intenté par le capitaine de la prise contre le capteur, un procès intenté par un étranger contre un national. Or, jamais publiciste n'a prétendu qu'il fallût avoir recours à un tribunal mixte pour juger les différends entre les nationaux et les étrangers.

» Il est vrai qu'en Angleterre et aux Etats-Unis on a coutume

---

(a) HUBNER, *De la saisie des bâtiments neutres*, t. II, p. 1, chap. II, § 2. *V.* cependant LAMPREDI, *loc. cit.*, t. I, § 14, p. 202.

de former un jury mixte toutes les fois que, dans une cause criminelle le défendeur est étranger ; mais c'est une conséquence outrée d'un principe mal entendu, savoir, *que chacun doit être jugé par ses pairs.*

» Ce principe n'a qu'un sens vrai, savoir, *que chacun doit être jugé par des personnes de sa confiance ;* toutes les autres interprétations qu'on a voulu lui donner mènent à des conséquences absurdes. Cela étant, il ne s'ensuit nullement que des jurés étrangers, soit qu'ils appartiennent à la même nation que le défendeur, soit qu'ils appartiennent à une autre, aient pour cela, et en règle générale, comme la loi britannique le suppose, plus de droit à la confiance de l'étranger que si c'étaient des nationaux.

» Nous croyons avoir démontré ailleurs [1] que la justice ne peut être administrée que par des jurys, tant au civil qu'au criminel, et qu'il doit être loisible aux parties de choisir les jurés parmi les personnes qui, ayant d'ailleurs les qualités requises par la loi, jouiraient de leur confiance, à moins qu'elles ne préfèrent se confier au sort.

» Cela une fois admis, rien de plus simple ni de plus conforme à la justice, que de porter le procès concernant la légitimité de la prise par-devant le jury agréé, conformément aux lois, par le capteur et le capitaine de la prise, sans aucune différence de ce qu'on aurait pratiqué dans tout autre procès intenté par un étranger contre un employé public qu'il se croirait autorisé à accuser d'avoir porté atteinte à ses droits. »

V. encore les observations qui suivent le § 321.   Cn. V.]

§ 318.

2° Principes du Droit des gens positif, antérieurs au premier système de la neutralité armée.

A. Marchandises de contrebande.

Le droit des gens positif a modifié quelques-uns de principes ci-dessus énoncés, en laissant subsister les autres. C'est ainsi que, sans défendre généralement aux puissances neutres de vendre chez elles toutes sortes de marchandises, et même des munitions de guerre, à l'acheteur

---

[1] Cours de droit public, p 1, art. 4, *Du pouvoir judiciaire.*

particulier qui se présente (*a*), il est considéré, de l'aveu
de toutes les nations de l'Europe, comme contraire à la
neutralité, de permettre à nos sujets de transporter vers les
ports de l'une ou des deux puissances belligérantes de
certaines marchandises qu'on désigne sous le nom de *contrebande de guerre* (*b*). Quant à la question, quelles sont
les marchandises de ce genre, les traités auxquels on doit
avoir égard en premier lieu, n'y répondent pas uniformément; mais la plupart d'entre eux bornent la contrebande
aux objets qui servent directement à la guerre, et dont
l'usage n'est pas douteux, tels que les armes (*c*), les boulets, bombes, etc., la poudre à canon, les soldats, les chevaux, tout ce qui sert à leur équipage, et les vaisseaux
de guerre, souvent aussi le *salpêtre* et le *soufre*, en
déclarant libres les autres marchandises, et quelquefois
nommément les vivres, les bois de construction, les
câbles, le goudron, la poix, le chanvre, les voiles, et au-

(*a*) LAMPREDI, t. I, § 5, p. 53. *V.* cependant GALLIANI, cap. IX, § 4,
p. 338, et § 8

(*b*) Déjà les Romains défendirent, comme de raison, à leurs propres
sujets de transporter des armes vers l'ennemi, L. I; L. II, D., *Quæ res
exportari non debeant; L.* un. C., *De littoris et itinerum custodia.* De
même, les papes défendirent, sous la peine du ban, de porter des armes
aux infidèles, tels qu'Alexandre III, c. VI, XII, XVII, *De Judæis et Sar-
racenis,* Innocent III, Clément V, Nicolas V, Calixte III. V. *die Frey
heit der Schiffahrt,* etc., § 66; GALLIANI, t. II, p. 42, note *. On trouve
de même de telles défenses dans les anciens Codes maritimes du *Consolato del mare,* de lois d'Oléron, de Wysby, de la Hanse, etc. Cette défense (*bannum*) fut étendue par la suite aux sujets neutres par les traités, par les lois de leurs propres souverains, et par les déclarations des
puissances belligérantes.

(*c*) Il est à remarquer qu'il existe deux traités, savoir, celui de 1408,
entre l'Angleterre et le duc de Bretagne, et celui de 1661, entre le Portugal et les Provinces-Unies, dans lesquels il est déclaré permis de porter des armes à l'ennemi.

trcs matériaux servant à la marine, l'argent monnoyé (d).

A défaut de traités, les puissances, *lorsqu'elles étaient neutres* (e), ont soutenu, longtemps avant 1780, que les marchandises du premier genre pouvaient seules être considérées et traitées comme contrebande par les puissances belligérantes.

Et comme celles-ci commencèrent, déjà à la fin du seizième siècle (f), à publier des ordonnances ou avertissements pour étendre unilatéralement la liste des marchandises dont elles se permettraient la confiscation ou la détention, cela fit naître des réclamations réitérées, tant de la part des puissances qui avaient des traités à alléguer en leur faveur, que même de la part des autres États neutres.

Et si de moyens et de petits États se sont quelquefois conformés à ces ordonnances, en défendant à leurs sujets de porter à l'ennemi les marchandises comprises dans ces listes, cela ne prouve point qu'ils s'y croyaient obligés.

[*V*. les observations qui suivent le § 324.]

(d) De Steck, *Essais*, 1794, p. 127; et mon *Cours diplomatique*, Tableau, § *De la neutralité* et *De la rupture*.

(e) En comparant attentivement les principes que plusieurs de ces puissances qui ont accédé les premières au système de la neutralité armée ont mis alors en avant, avec ceux qu'elles ont mis en avant à des époques où elles étaient puissantes par mer et en guerre, on ne peut se dissimuler que les principes ont souvent été modifiés d'après les intérêts.

(f) Exemples de l'Angleterre, de 1569; de Louis XIV, de 1681; Hennings, *Abhandlung über die Neutralität*, p. 30.

§ 319. — Peine du Commerce de Contrebande.

Quant aux marchandises qui, d'après la règle, sont à
considérer comme contrebande, la puissance belligérante
qui s'en saisit se croit autorisée à les confisquer; autrefois
on confisquait même souvent le navire qui en était chargé,
en tout ou en partie (a). Aujourd'hui presque tous les
traités de commerce portent que, dans la règle, on ne con-
fisquera que les marchandises de contrebande (b), en permettant au vaisseau de continuer son voyage avec le reste
de la cargaison, et que le navire neutre ne sera jamais
confisqué, ou ne le sera que dans quelques cas particuliers (c). Cependant, à l'égard des nations avec lesquelles
ce point n'a pas été réglé par traité, la conduite des puissances belligérantes n'est pas toujours uniforme, surtout
si la majeure partie de la cargaison ou la cargaison entière
consistait en contrebande (d).

Quant aux marchandises que la puissance belligérante
ne reconnaît pas pour être proprement ou indubitablement
de contrebande, elle se borne quelquefois à les détenir, en
offrant d'en payer au propriétaire neutre la valeur et le
fret.

(a) BOUCHAUD, *Théorie des traités de commerce*, chap. XII, p 334,
343.

(b) Le seul traité de 1785, entre la Prusse et l'Amérique, portait, article 13, que même la contrebande ne sera pas confisquée, mais seulement
détenue. *V.* mon *Recueil*, t II, p 566.

(c) Exemples du traité entre la France et les Provinces-Unies des Pays-
Bas, de 1646; entre la France et la Grande-Bretagne, de 1655 *V* aussi
LAMPREDI, t. I, p. 104, note *b*.

(d) BOUCHAUD, *Théorie des traités de commerce*, p. 352.

[« M. de Martens, dit Pinheiro-Ferreira, tout en se proposant de donner dans cet ouvrage un Précis du droit des gens positif, affirme qu'il n'y a pas de droit des gens positif; et, en effet, chaque chapitre offre une foule de preuves de cette assertion : mais peut-être aucun n'en offre autant que celui des droits et des devoirs des nations neutres. On n'a qu'à lire l'exposition que M. de Martens en fait dans ces deux § 318 et 319 pour rester convaincu que la seule force a dicté dans chaque rencontre aux puissances belligérantes ce qu'elles ont prétendu faire admettre comme des principes du droit des gens, relativement à ce qu'il leur a plu d'appeler de la contrebande de guerre.

» Si on se demande donc : Qu'est-ce que les nations sont convenues de regarder comme légitime à cet égard ? on doit répondre : rien; puisqu'il n'y a pas un seul article concernant ces objets sur lequel toutes les nations aient jamais été d'accord.

» S'il n'existe donc pas sur ces objets un ensemble de doctrines qu'on puisse regarder comme un corps de droit conventionnel accordé entre les nations, d'après quels principes les gouvernements et les particuliers ont-ils à régler leur conduite ? Adresser cette demande aux publicistes, c'est leur demander d'après quels principes les gouvernements devraient s'accccorder sur les règles à suivre relativement à ce qu'on appelle de la contrebande de guerre.

» En général, on ne saurait qualifier du nom de contrebande de guerre que les objets exclusivement employés dans l'art de la guerre.

» Mais il est loisible à toute puissance belligérante de déclarer tels tous ceux dont, 1° il est sûr que la privation amènera l'ennemi à faire la paix; 2° ceux dont il a les moyens de lui couper l'approvisionnement.

» Du moment qu'une de ces deux conditions manque, il serait absurde de prétendre que telle ou telle nation neutre s'abstînt d'en faire le commerce avec l'ennemi.

» Mais, d'un autre côté, toutes les fois que les deux conditions que nous venons d'exprimer auront lieu, personne ne saurait contester à celle des puissances belligérantes qui pourrait les invoquer en sa faveur, le droit, non-seulement d'empêcher, mais encore de prétendre qu'on ne puisse approvisionner son ennemi d'articles si positivement hostiles à ses intérêts, que nous supposons toujours être fondés en justice; car, si elle était dans le tort, il est inutile d'ajouter qu'elle ne saurait avoir droit à prétendre que les autres nations se prêtassent à souffrir dans leurs intérêts. Son indépendance consiste à ne prendre conseil que de sa sagesse pour déclarer ou pour provoquer la guerre; mais les autres puissances, aussi indépendantes, ont le droit d'examiner s'il y a justice de sa part à exiger qu'elles en subissent les conséquences dans la gêne qui doit en résulter pour leur commerce.

» Mais, comme il ne saurait y avoir de guerre dans laquelle aucune des deux parties n'ait tort, les nations neutres ne sauraient, à leur tour, voir entraver leur commerce au gré de l'agresseur ou du provocateur injuste; et dès lors il faudra en conclure, ou qu'il ne peut pas y avoir de neutres dès que la guerre éclate entre deux puissances quelconques, ce qui serait absurde, ou que, sans prétendre faire la loi aux autres nations, les forces de chacune des puissances belligérantes doivent se borner à ne point permettre que qui que ce soit fournisse à l'ennemi, par les voies qu'il est en leur pouvoir d'obstruer, les objets qui réuniront les deux conditions dont nous avons fait mention ci-dessus.

» Il y a cependant cette différence entre empêcher et défendre, que pour empêcher, là où l'on peut empêcher, il suffit de croire qu'on en a le droit; tandis que pour pouvoir défendre, il faudrait que celui à qui on défend eût le devoir d'obtempérer. Or, nous venons de voir que, sous peine de devoir adopter le principe absurde que toutes les nations sont tenues de prendre parti pour l'une ou pour l'autre des deux puissances belligérantes, aucune des deux ne saurait prétendre au droit d'être obéie, s'il lui plaît d'exiger de toute autre nation qu'on ne fournisse pas à son ennemi tels ou tels articles qu'elle regarderait comme de la contrebande de guerre.

» Ainsi, si les objets rencontrés par les forces de l'une des puissances belligérantes appartiennent a l'autre puissance, et sont, en outre, de nature à fournir à celle-ci des moyens d'alimenter la guerre, il est évident que la première puissance peut et doit s'en saisir.

» Mais si ces objets, destinés même à l'usage de l'ennemi, appartiennent, soit à des nations neutres, soit à des particuliers membres de l'autre nation belligérante, on peut les empêcher d'arriver à leur destination; mais ils ne sauraient être saisis, car ce serait appliquer une punition là où il n'y a pas de délit ; et, à coup sûr, il n'y a pas de délit dès qu'il n'existe ni pour les nations neutres, ainsi que nous venons de le démontrer, ni, par conséquent, pour les membres de l'autre nation belligérante, le devoir d'obtempérer à celle qui voudrait le défendre. »   Ch. V.]

§ 320.

B. Commerce avec les places bloquées.

Le droit des gens positif, ainsi que la loi naturelle, autorise la puissance belligérante à défendre tout commerce avec une place qu'elle tient bloquée, et à punir de la confiscation du navire et de la cargaison, et même de peines corporelles, ceux qui s'aviseraient de contrevenir de propos délibéré à cette défense. Mais déjà avant 1780 on a disputé sur la notion de place bloquée, souvent arbitrairement étendue par telle puissance belligérante (a).

[« Tout le monde, dit Pinheiro-Ferreira, aurait pensé que c'est dans un ouvrage tel que ce Précis, et nommément sous ce chapitre, destiné à traiter des blocus, qu'on devrait trouver les principes à suivre sur cet important sujet. Loin de là, M. de Martens se borne à nous dire que le droit des gens, tant positif que philosophique, *autorise la puissance belligérante à défendre tout commerce avec une place qu'elle tient bloquée et à punir de la confiscation du navire et de la cargaison, et même de peines corporelles, ceux qui s'aviseraient de contrevenir de propos délibéré à cette défense.* Et non-seulement il ne se met pas en peine de rendre raison d'une pareille doctrine, mais il ajoute encore que, *déjà avant 1780, on a disputé sur la notion de place bloquée,* sans dire à ses lecteurs quelles ont été les opinions qu'on a voulu faire valoir à cet égard, et encore moins qu'est-ce que, dans son sens, on doit

(a) Pestel, *Selecta capita jur. gent. maritimi,* § 11. Exemple de la guerre depuis 1792, dans mon *Erzahlungen merkwürdiger Fälle,* t. I, p. 295 ; sur ce qui a eu lieu depuis 1803, *V.* plus bas, § 326 *b.*

entendre par l'expression de *place bloquée*. Aussi doit-on considérer cet ouvrage, ainsi que la généralité des traités de droit de l'école positive, comme des répertoires où les questions ne sont qu'indiquées, et ou, au lieu des raisons qu'on aurait dû alléguer, soit pour confirmer, soit pour réfuter les doctrines qu'on n'a fait que mettre en avant, on renvoie le lecteur à une foule d'autres ouvrages, qui, pour la plupart, en font autant à leur tour.

» Laissant donc de côté cette stérile érudition, occupons-nous du fond des questions indiquées dans ce paragraphe.

» Quant à la première des diverses assertions que nous y rencontrons, savoir que toute puissance belligérante est autorisée à défendre tout commerce avec la place bloquée, nous remarquerons que si l'auteur prend le mot *défendre* dans le sens que ce mot a quelquefois, *d'empêcher* par le fait, son assertion ne saurait être contredite; mais s'il la prend dans le sens qui lui est propre, de *prohiber* de droit, elle est absolument fausse, et contradictoire avec le principe de l'indépendance des nations, ainsi que nous croyons l'avoir démontré dans la note précédente.

» Je vous empêche de communiquer avec la place que je bloque, peut nous dire l'assiégeant, parce que je crois en avoir le droit, et j'ai la force nécessaire pour le maintenir. Il dépend de nous de ne pas respecter cette injonction, si nous la croyons arbitraire ou injuste, et de repousser la force par la force, parce que la croyance même de bonne foi de l'assiégeant ne saurait être pour nous une loi qui doive nous faire un devoir d'y obtempérer. En nous défendant l'entrée du port, il agit d'après son droit, car, par supposition, il croit faire une bonne guerre; mais, de notre côté, nous aussi nous avons le droit de n'avoir aucun égard à son injonction, parce que nous le croyons dans le tort, ou parce que, quelque juste que soit la guerre qu'il fait, nous croyons qu'il n'y a pas lieu aux deux conditions dont il a été parlé dans la note précédente, et sans lesquelles, avons-nous dit, la prétention de gêner le commerce des neutres ne peut être considérée que comme une flagrante violation de leurs droits.

» La prudence peut dicter au commandant du vaisseau, soit de guerre, soit marchand, auquel l'assiégeant défend l'entrée, de ne pas entreprendre d'y opposer la force; mais il peut arriver qu'il se décide à essayer d'entrer dans le port au risque d'éprouver des avaries que l'assiégeant, en tirant sur lui pour l'en empêcher,

pourrait lui occasionner ; ou bien que, profitant, soit de l'obscu-
rité de la nuit, soit d'un brouillard, soit la négligence ou de
l'absence momentanée de l'assiégeant, soit enfin en employant
quelque stratagème, il parvienne à entrer. Il n'y a dans aucune
de ces diverses suppositions aucun délit de sa part, car il n'y a
pas violation de devoir.

» A quel titre M. de Martens peut-il accorder à l'assiégeant le
droit de *punir* ceux qui contreviendraient à sa défense ?

» Comment le vaisseau et la cargaison, propriété de l'armateur
et des fréteurs, peuvent-ils être passibles de confiscation pour
les méfaits, fussent-ils aussi réels qu'ils sont imaginaires, du
commandant du vaisseau ?

» L'escadre assiégeante ayant toujours en son pouvoir de laisser
entrer les navires sans leur faire de véritable opposition, afin de
s'en emparer après, sous prétexte qu'ils ont forcé le blocus, ce
serait ouvrir la porte à une foule incalculable d'abus, que d'admettre les doctrines enseignées par M. de Martens dans ce paragraphe ; car, si elles étaient vraies, rien ne pourrait empêcher que
les commandants du blocus ne pussent, sans aucune crainte d'être
convaincus de dol et de malice, supposer que les vaisseaux neutres
ont forcé le blocus, et leur faire en conséquence infliger une punition d'autant plus certaine qu'elle doit être prononcée par les
tribunaux du pays de l'assiégeant lui-même.

[» Ajoutons, pour répondre à la question que M. de Martens a
laissée indécise, que le principe une fois admis, que toute puissance faisant bonne guerre a le droit d'empêcher qu'on ne communique avec son ennemi toutes les fois que les deux conditions
mentionnées dans la note précédente ont lieu, mais que les autres
puissances n'ont aucun devoir d'obtempérer à l'injonction de
cette puissance, si elles la croient dans le tort, il suit que, lorsqu'une puissance belligérante déclare une partie quelconque de
la côte ennemie en état de blocus vis-à-vis des autres nations
dont elle est cependant dans l'intention de reconnaître la neutralité, sa déclaration se borne à avertir les vaisseaux de ces nations
que ce ne sera qu'à leurs périls et dangers qu'ils pourront hasar-
der de forcer le blocus, sans que cette déclaration entraîne ni le
devoir d'y obtempérer, ni par conséquent le droit de punir ceux
qui n'en auraient point tenu compte. »   Cu. V.]

§ 321.

C. Visite sur mer.

Pour veiller au maintien du droit des puissances belligérantes d'empêcher le commerce illicite des neutres, ou
celui de l'ennemi qui se fait sous leur pavillon, il a été jusqu'ici universellement reconnu et sanctionné dans presque
tous les traités de commerce, que lorsqu'un vaisseau de
guerre ou un armateur rencontre un navire marchand,
celui-ci, après avoir été sommé par un *semonce* d'amener,
doit, sous peine d'être confisqué, subir la *visite* (*a*), c'est-
à-dire qu'il doit montrer ses lettres de mer à celui ou à
ceux qui lui sont envoyés à cette fin ; que si ces lettres de
mer prouvent que le navire et la cargaison sont exempts
de confiscation, ou si le navire offre de céder la partie con-
fiscable de la cargaison, on doit lui permettre de continuer
sa route ; mais que si cette preuve est insuffisante, ou si le
navire refuse de céder la partie suspecte, ou que le vaisseau
qui l'accoste ne puisse s'en charger, celui-ci est en droit de
l'amener dans un port pour faire juger de la légitimité de
la prise.

Mais, dans des temps plus récents, on a élevé la question de savoir si cette visite peut avoir lieu, 1° à l'égard
d'un vaisseau qui arbore un pavillon militaire d'une nation amie ; 2° à l'égard de navires marchands, naviguant
sous le convoi d'une puissance amie ; ou si, dans ces cas, le
vaisseau de guerre ou l'armateur doit s'en rapporter au
seul pavillon ou à la seule déclaration du vaisseau de

(*a*) *V.* mon *Essai concernant les armateurs*, chap. II, § 18 et suiv.

guerre qui sert de convoi, que ces vaisseaux ou navires sont neutres, et ne sont pas chargés de contrebande (b).

[Il est en effet indispensable, pour maintenir le commerce neutre dans ses limites naturelles ou conventionnelles, de recourir à des moyens directs et efficaces. Le plus usuel est le droit de visite, c'est-à-dire le droit d'arrêt au profit des belligérants par des bâtiments de l'État des navires rencontrés sur la mer, à l'effet de constater s'ils appartiennent bien à la nation dont ils ont arboré le pavillon, et s'ils ne portent pas des marchandises réputées contrebande de guerre. Quel que soit le principe du droit de visite, légitime en lui-même ou seulement consacré par une longue pratique et l'assentiment tacite ou exprès des nations maritimes V. sur ce point HUBNER, KLUBER, § 293 a, et JOUFFROY, p. 213 et suiv.), on peut dire qu'il ne rencontre plus d'objection,

---

(b) On trouve l'exemple d'une contestation sur ce point entre l'Angleterre et les Provinces-Unies, survenue en 1762, dans Recueil von Placaten, t. IX, p. 207 et suiv.; un autre entre la Suède et l'Angleterre, de 1782, dans N. Nederl. Jaerboeken, 1782, p. 26. Depuis, ce principe a été inséré dans plusieurs traités de commerce, surtout de la Russie ; V. mon Essai concernant les armateurs, chap. II, § 20. Il est cependant à observer que les Hollandais ne refusaient pas, en 1762, que leur officier commandant le convoi montrât les lettres de mer, et qu'ils se bornaient à refuser la visite des navires en particulier, tandis que divers traités conclus depuis 1782 veulent qu'on s'en rapporte à la simple déclaration de l'officier. La question, si un vaisseau arborant pavillon militaire est effectivement vaisseau de guerre, peut être quelquefois douteuse; V. les disputes survenues à cet égard, en 1782, entre l'Espagne et le Danemark, au sujet de la corvette le Saint-Jean, dans N. Nederl. Jaerboeken, 1782, p. 805, et dans mes Erzählungen, t. II, p. 1.

Sur les disputes survenues à cet égard en 1799, entre le Danemark et la Grande-Bretagne, V. mes Erzählungen, t. I, p. 299; sur celle entre le Danemark et la Grande-Bretagne, au sujet de la Freya, V. ibid., t. II, p. 8-59; J.-W. SCHLEGEL, Sur la visitation des vaisseaux neutres sous convoi, Copenhague, 1800, in-8 ; U. VAN EGGERS, Actenstücke über das Missverhältniss zwischen Dänemark und England, Copenhague, 1801, in-8 ; et, d'autre part, Remarks on M. Schlegel's Work upon the Visitation of neutral vessels, by A. CROKE, 1801, in-8.

il s'agit seulement d'en déterminer les conditions et les limites.

Dans la visite, les croiseurs belligérants se proposent de constater la propriété du bâtiment visité et de sa cargaison, de rechercher s'il n'y a pas d'ennemi à son bord, s'il ne porte pas à l'adversaire des munitions de guerre, enfin, de s'opposer à ce qu'il communique avec les lieux bloqués.

Les lieux sur lesquels le belligérant peut exercer la visite sont : 1° Son propre territoire; 2° le territoire de l'ennemi, c'est-à-dire ses rades, ports et mers; 3° enfin, la haute mer. La visite ne pourrait avoir lieu (V. HEFFTER, *le Droit international public*, traduction de M. Bergson, § 168), ni dans les eaux neutres, ni dans celles des puissances alliées ou amies, sans leur consentement exprès ou tacite; les prises faites dans ces 'conditions devraient être restituées.

La visite ne porte, en général, que sur les bâtiments de commerce, et non sur les bâtiments de guerre, lorsqu'il n'y a pas de doute sur leur nationalité; le pavillon, on le comprend, ne fait pas évidemment foi de cette nationalité.

L'opération de la visite des bâtiments neutres n'appartient qu'aux personnes revêtues de commissions délivrées par l'un des belligérants, comme les officiers ou commandants des bâtiments de guerre. Plusieurs traités, et notamment le traité des Pyrénées, réglementent les formalités suivant lesquelles doit s'exercer le droit de visite. Les principaux papiers qui peuvent être consultés par les croiseurs sont, suivant HEFFTER, *loc. cit.*, le passeport et les autres certificats d'origine du navire et de la cargaison, le connaissement et la charte-partie, les rôles d'équipage et le journal du voyage; mais cette énumération n'est pas limitative, et, si les traités ne sont pas précis, on doit admettre toutes les pièces propres à établir la nationalité du navire et l'innocuité du chargement, sans descendre à des recherches minutieuses et vexatoires.

V. encore ORTOLAN, *Règles internationales et diplomatie de la mer*, t. II, p. 214; de CUSSY, *Phases et Causes célebres du Droit maritime*, t. I, p. 222 et suiv.; WHEATON, *Eléments du droit international*, t. II, p. 185; MASSÉ, 2e édit., *le Droit commercial dans ses rapports avec le droit des gens*, t. I, n. 301, et surtout HAUTEFEUILLE, 2e édit., *Des droits et des devoirs des nations neutres*, 2e édit., t. III, p. 1 et suiv.   CH. V.]

§ 322.

D Jugement des Prises.

Enfin, quoiqu'il soit reconnu en Europe que le capteur n'a pas le droit de disposer de sa prise, quelle qu'elle soit, avant qu'elle lui ait été adjugée, l'usage et les traités attribuent la juridiction dans les disputes qui s'élèvent à cet égard entre le capteur et les réclamants, au seul souverain du capteur (*a*), lors même que celui-ci se serait vu forcé de conduire sa prise dans le port d'une tierce puissance (*b*). Et, bien que les tribunaux d'amirauté reconnaissent que c'est d'après les traités, et, à leur défaut, d'après le droit des gens général ou universel, et non d'après les lois particulières du pays, qu'ils doivent juger (*c*), l'interprétation unilatérale des traités, et la diversité des principes qu'à leur défaut on adopte comme loi des nations, offrent un vaste champ de plaintes des puissances neutres contre les procédures et les décisions de ces tribunaux, soit pour le fond de la cause, soit touchant l'admission des preuves ultérieures (*d*), soit touchant la condamnation aux frais, souvent énormes, du procès, etc. (*e*).

(*a*) De Steck, *Essais*, 1794, p. 82. Exemple où ce principe fut contesté par la Prusse, dans mes *Erzahlungen merkwürdiger Falle*, p. 236.

(*b*) *V.* mon *Essai concernant les armateurs*, chap. ii, § 36, 37.

(*c*) Réponse du duc de Newcastle à M. Michel, dans mon *Erzählungen merkwürdiger Fälle*, p. 258; Réponse de la Grande-Bretagne à la déclaration de la Russie, du mois d'avril 1780, dans mon *Recueil*, t. IV, p. 345; Ordonnances des états généraux des Provinces-Unies des Pays-Bas, du 11 décembre 1747 et du 14 février 1748, etc.

(*d*) *Liberté de la navigation et du commerce des puissances neutres*, § 114; de Steck, *Essais*, 1794, p. 68. *V.* aussi mon *Essai concernant les armateurs*, chap. ii, § 27.

(*e*) *V.* mon *Essai concernant les armateurs*, chap. ii, § 30.

[« Les différentes questions traitées, ou plutôt indiquées par l'auteur, dit Pinheiro-Ferreira, dans ces deux § 321 et 322 sont interminables, ainsi qu'il le remarque lui-même, si, pour les décider, on invoque le soi-disant droit positif des nations, car, sur cet article, comme sur la plupart de ceux relatifs aux relations internationales, jamais les puissances n'ont voulu venir à un accord

» On ne sera guère plus avancé, si on consulte la généralité des publicistes; car, plus ou moins soumis aux maximes de l'école positive, leurs principes sont aussi louches que leurs définitions sont inexactes.

» Celle que nous avons donnée de la neutralité, et les principes que nous en avons déduits dans les deux notes précédentes, nous semblent offrir une solution aussi naturelle que satisfaisante des différentes questions mentionnées dans les deux paragraphes que nous analysons actuellement.

» Certes, puisqu'il y a des objets qui peuvent être saisis, ou du moins qu'on peut empêcher de parvenir à l'ennemi, il faut qu'on ait le droit de visiter les vaisseaux ou convois auxquels on peut supposer l'intention de se rendre chez notre ennemi; mais, ainsi que nous le disions au sujet des siéges et des blocus, ce droit de notre part n'entraîne pas à la charge du neutre le devoir de se laisser visiter. Avoir droit signifie, en pareil cas, bien faire, et on fait bien quand on agit de bonne foi. Mais notre bonne foi ne saurait jamais faire une loi aux autres puissances au point de les constituer dans le devoir d'obtempérer à nos injonctions : elles ne sont pas moins indépendantes vis-à-vis de nous que nous le sommes vis-à-vis d'elles.

» La prudence peut donc dicter aux vaisseaux que nous sommons d'amener, de se prêter à cette sommation et de se laisser visiter; mais ils auraient aussi le droit d'y résister, s'ils croyaient notre sommation indue et qu'ils eussent le moyen de repousser la force par la force.

» C'est le cas d'un vaisseau de guerre d'une puissance neutre qui serait impérieusement sommé par un autre appartenant à l'une des nations belligérantes, avec lequel il serait en mesure de se battre. Le commandant qui, en pareil cas, consentirait à se laisser visiter serait à juste titre déshonoré.

» Mais il ne s'ensuit pas que celui qui a cru devoir le visiter soit tenu de s'en désister lorsqu'il reconnaît l'intention où l'on est d'y opposer la force; car il est vrai qu'en général on doit déférer à la parole d'honneur de l'officier qui commande le vaisseau ou le convoi, et qui affirme que rien ne s'y trouve qui, d'après le droit des nations, puisse être saisi ou empêché de passer au pouvoir de l'ennemi; mais le cas peut avoir lieu, et même il n'est pas sans exemple qu'on ait eu la certitude du contraire; et dès lors le devoir du commandant de la force belligérante est de faire la visite à tout prix, le seul cas excepté où une disparité de forces le mettrait dans la nécessité de prendre conseil des circonstances pour ne pas s'engager, sans cependant compromettre son honneur et l'intérêt de son pays, dans un combat qui ne saurait que tourner à son désavantage.

» Il est donc faux que les vaisseaux rencontrés par les vaisseaux des puissances belligérantes soient tenus de se laisser visiter sous peine d'être traités comme coupables envers celui qui leur en aurait fait l'injonction; car, encore une fois, il ne saurait y avoir de délit là où il n'y a pas de devoir.

» Aussi le commandant qui, en usant de son droit, veut forcer le vaisseau sommé à se laisser visiter, doit s'y prendre avec la plus grande modération; car aussi longtemps qu'il peut y avoir raison de le considérer comme neutre ou inoffensif, la présomption est en faveur de celui-ci, c'est-à-dire qu'il est censé user à son tour du droit qui lui appartient de courir tels risques qu'il voudra, plutôt que de se soumettre aux inconvénients inséparables de la visite, sans que pour cela on soit autorisé à le croire recéleur d'objets passibles de saisie ou de détention.

» C'est pourquoi le visiteur, obligé d'employer la force pour le contraindre à amener, doit s'y prendre de manière à ne causer au vaisseau opposant que le moins de dommage possible; son journal, celui du navire séquestré, la déposition des équipages, et enfin les avaries elles-mêmes, devront faire foi par-devant les autorités vis-à-vis desquelles il est responsable s'il s'est ou non conduit avec la modération dont jamais il ne lui est permis d'outre-passer les limites.

» Quant à la visite elle-même, dont M. de Martens s'est dispensé de parler, jamais le visiteur ne doit aller au delà de l'examen des papiers de bord, ou tout au plus d'une enquête à laquelle seront appelés à déposer les personnes de l'équipage et les passagers. Mais ce serait un criant abus de la part des officiers de la visite, que de forcer les coffres, malles ou colis, ou de contraindre le capitaine à leur ouvrir les écoutilles. En un mot, soit que la lecture des papiers et l'enquête dont nous venons de parler confirment, soit qu'elles ne confirment pas les soupçons qui ont motivé la visite, tout emploi de la force doit être interdit ; car on ne saurait permettre l'usage de la force là où il n'y a ni moyen de la contenir, ni le plus souvent possibilité, pour les parties lésées, d'en constater l'abus.

» C'est encore une erreur de M. de Martens, d'inculquer comme un usage licite *celui de capturer provisoirement un vaisseau, parce qu'il ne fournit pas de preuves qui démontrent que ni lui ni la cargaison ne sont exempts de confiscation.*

» M. de Martens a oublié le principe de droit universel, que *le crime ne se suppose pas,* et par conséquent ce n'est pas au commandant du navire visité de prouver qu'il n'y a pas de sujet à saisie ou à détention, mais que c'est le visiteur qui, pour l'amener ou le détenir, doit prouver qu'il avait, pour le moins, de justes soupçons que le navire portait de la contrebande de guerre.

» Une autre omission grave de M. de Martens regarde ce qu'il appelle les *lettres de mer,* c'est-à-dire les papiers que d'après les lois des différents pays, les capitaines sont tenus d'avoir à leur bord pour constater, soit la naturalité du vaisseau et des hommes de l'équipage, soit la destination et la route du voyage, soit l'origine et la nature de la cargaison, ou les personnes à qui elle appartient.

» Il y a, sur ces différents articles concernant les papiers de bord, une telle variété d'usages entre les nations, que rien ne peut être établi en général à cet égard, en sorte que les officiers de mer et les amirautés appelés à prendre des décisions qui doivent être basées sur l'existence de pareils papiers, sont tenus de connaître les lois et les usages du pays auquel le vaisseau appartiendra ; et encore dans ce cas faudra-il renvoyer le vaisseau suspect par-devant les autorités de sa nation, les seules compétentes pour juger s'il est, ou non, dans le tort, toutes les fois qu'il n'aura pas tous les papiers ordonnés par la loi.

» Cette dernière observation nous conduit à examiner la question qui fait l'objet spécial du § 322 de l'auteur, le *jugement des prises.*

» Cette question, ainsi que la plupart de celles soulevées par les jurisconsultes, et notamment par les publicistes, ne présente ces difficultés insurmontables dont M. de Martens se plaint ici, que parce qu'ils ont commencé par adopter sur l'article de la saisie et de la détention des vaisseaux, ainsi que sur la contrebande de guerre, les faux principes que nous avons combattus dans les notes précédentes.

» Aussi, du moment où l'on aura admis que les seuls objets saisissables sont ceux appartenant au gouvernement ennemi, et qui par leur nature ne peuvent que servir à alimenter la guerre, la question se réduit à prouver que les articles rencontrés à bord du vaisseau neutre se trouvent dans ce cas.

» Si le commandant de la visite, après avoir fait les recherches dont nous avons parlé ci-dessus, croit en avoir acquis la certitude malgré l'assertion contraire du capitaine du navire visité, il doit en faire l'appréhension, mais le capitaine à la garde duquel ces objets ont été confiés y faisant opposition, il n'existe aucun autre moyen d'en venir à une décision légitime, que d'en appeler à une autorité judiciaire à laquelle le capteur soit tenu d'obtempérer.

» La prise doit donc être conduite dans un port de la nation du capteur, où le capitaine du navire capturé se constitue partie civile contre le capteur, qui est tenu d'alléguer les raisons qui l'ont induit à croire que les objets saisis appartiennent en effet au gouvernement ennemi, et sont de nature à être considérés comme contrebande de guerre. S'il parvient à le prouver, les objets capturés sont déclarés par le tribunal dûment saisis et confisqués, et le capitaine, libre de reprendre son voyage, a, dans l'arrêt du tribunal, un titre suffisant pour être à couvert de toute responsabilité vis-à-vis des personnes qui lui ont confié les objets saisis ; car nous n'avons pas besoin de répéter ici les raisons que nous avons déduites précédemment contre l'usage généralement reçu de confisquer comme bonne prise le vaisseau à bord duquel on aura trouvé ces objets. »

V., sur la matière des prises, MASSE, *le Droit commercial dans ses rapports avec le Droit des gens*, 2ᵉ édit., t. 1, n. 328 et suiv.; WHEATON, *Eléments du droit international*, t. II, p. 39 et 84; ORTOLAN, *Règles du droit international et diplomatie de la mer*, t. II, p. 35; HEFFTER, *le Droit international public*, traduction

de M. Bergson, § 137 et suiv.; et de Cussy, *Phases et causes céle-*
bres du droit maritime des nations, passim.   Cʜ. V.]

§ 323.

E. Si le navire couvre la cargaison.

Mais la question de savoir si le navire couvre et s'il confisque la cargaison n'a pas toujours été résolue de même en
Europe.

Jusqu'au dix-septième siècle, la disposition du *Consolato*
del mare, cap. ᴄᴄʟxxɪɪɪ, qui n'a égard qu'à la propriété des
marchandises, et non à celle du navire, fut presque universellement adoptée en Europe, tant dans les traités conclus (*a*), qu'en général dans les tribunaux qui décidaient
des prises, de sorte que le navire ne couvrait pas la cargaison. Mais les progrès du commerce ayant fait voir combien ce principe est nuisible aux puissances neutres, et
onéreux pour elles, on commença, au dix-septième siècle (*b*),
à introduire par traité la règle opposée, en convenant que
le navire couvre la cargaison, mais en accordant aussi que
la confiscation du navire ennemi emporte la confiscation de
la cargaison, quoique neutre; et ces traités se sont tellement multipliés, qu'il n'en reste plus qu'un petit nombre
dans lesquels l'ancienne règle soit expressément conser-

(*a*) Lᴀᴍᴘʀᴇᴅɪ, t. I, p. 22; Jᴇɴᴋɪɴsᴏɴ, *Discourse on the conduct of*
the British Government, p. 110; *la Liberté de la navigation neutre,*
§ 93, 109. Le seul traité de 1351, entre l'Angleterre et les villes maritimes de l'Espagne, renferme le principe que le navire couvre la cargaison. *V.* Dᴜᴍᴏɴᴛ, *Corps diplomatique,* t. I, p. ɪɪ, p. 265.

(*b*) Capitulation entre la France et la Porte, de 1604; traité de 1646,
entre la France et les Provinces-Unies des Pays-Bas, etc *V.* Hᴜʙɴᴇʀ,
t. II, p. ɪɪ, chap. ɪᴠ; *la Liberté de la navigation,* etc., § 97, 100, etc.;
Lᴀᴍᴘʀᴇᴅɪ, t. I, p. 125.

vée (*c*), et quelques autres où l'on a adopté encore des modifications (*d*) différentes. Cependant la question, si cette nouvelle règle doit aussi être suivie dans la relation envers des puissances avec lesquelles on n'a point de traité, ou avec lesquelles les traités ne décident pas le principe (*e*), est différemment vue, et divise depuis longtemps l'Angleterre et plusieurs des autres puissances

---

[« Tout ce que nous avons dit dans les notes précédentes, ajoute Pinheiro-Ferreira, sur la distinction à faire entre la propriété particulière et celle du gouvernement ami, qu'il est permis de qualifier de contrebande de guerre, répond à la question qui fait l'objet de ce § 323. M. de Martens se borne, selon sa manière, à nous dire que le droit positif des nations n'a rien fixé à cet égard, et que, quant au droit rationnel, les écrivains ne sont pas plus d'accord que les gouvernements quant au droit positif; en sorte que le lecteur n'est guère plus instruit à cet égard après avoir lu l'ouvrage de M. de Martens qu'il ne l'était auparavant.

» Mais la distinction dont nous venons de parler tranche toute difficulté à cet égard ; car les objets rencontrés à bord du vaisseau neutre sont-ils de contrebande de guerre appartenant au gouvernement ennemi, nous avons tout droit de les saisir; n'appartiennent-ils qu'à des particuliers, notre droit se borne à prendre des mesures pour qu'ils ne passent point au pouvoir de l'ennemi; mais nous ne saurions ni les confisquer ni les détruire.

» Quant aux objets appartenant à des nations neutres, rencontrés à bord des vaisseaux de guerre ennemis, il est contradictoire

(*c*) Tels que les traités de la Grande-Bretagne avec la Suède, de 1661, art. 13 ; avec le Danemark, de 1670, art. 20, tous les deux obligatoires jusqu'à ce jour.

(*d*) Par exemple, Traités de la France avec les villes Anséatiques, de 1655, et autrement, de 1716. *V.* mon *Cours diplomatique*, Tableau, liv. I, chap. x, p. 97

(*e*) Traités entre la Grande-Bretagne et la Russie, de 1734, 1766, 1793, 1797; les trois derniers dans mon *Recueil a*, t. I, p. 141 ; *b*, t. I, p 390; t. V, p. 108; t. VI, p. 722

de les déclarer bonne prise, lorsqu'on reconnaît généralement
qu'on ne saurait les saisir, si on les rencontrait dans le pays ennemi dont on aurait fait la conquête. En effet, l'endroit où nous
rencontrons la propriété neutre ne pouvant lui imprimer un
caractère d'hostilité qui nous autorise à nous en emparer, les
publicistes n'ont pu découvrir d'autre raison en faveur de la saisie
que la présomption de fraude, ou, ce qui revient au même, la difficulté de prouver que ces objets n'appartiennent pas à la nation
neutre à laquelle les papiers de bord et autres preuves addition-
nelles conspirent à assurer qu'ils appartiennent : car, n'oublions
pas que dans les écrits des publicistes, ainsi que dans les usages
des puissances, ce n'est pas au capteur, mais au capturé qu'on
impose le devoir de faire la preuve ; en sorte qu'il suffit qu'il ne
puisse pas montrer que le vaisseau et la cargaison appartiennent
à une puissance neutre, pour qu'on la déclare bonne prise. Or,
toutes les fois qu'il n'a pu faire preuve de propriété neutre que
pour la cargaison, le capteur se verrait dans la nécessité d'en
prouver le contraire ; et comme très-souvent ce n'est pas chose
facile, les puissances ont trouvé qu'il était plus simple d'établir à
cet égard la présomption légale qu'il y avait fraude, et que des
objets embarqués à bord d'un vaisseau ennemi ne pouvaient être,
dans la règle, que propriété appartenant à l'ennemi.

» Mais si l'on admet, ce qui nous semble fondé sur les principes
de la plus évidente justice, que c'est l'agresseur qui doit justifier
des motifs de son agression, c'est au capteur à prouver que le
vaisseau appartient au gouvernement ennemi ; de même qu'il est
obligé de réfuter les preuves sur lesquelles les personnes intéressées s'appuieront pour montrer que les objets rencontrés à bord
appartiennent à une nation neutre »

V. suprà, le § 316, et *infra* les observations sur le § 324.

Ch. V.] ·

§ 321.

3° Origine du système de la Neutralité armée.

Les plaintes amères que, dans toutes les guerres maritimes du dix-huitième siècle, les puissances neutres avaient
formées contre les puissances belligérantes, surtout contre

l'Angleterre, soit sur la non-observation des traités, soit en général sur l'extension de la *notion* de la contrebande et de celle des places bloquées, soit sur la confiscation de marchandises ennemies sous pavillon neutre, ayant été renouvelées dans la guerre de l'Amérique, la Russie, alors neutre, se détermina, par des motifs qui ont cessé d'être secrets (*a*), à proposer un système de droits du commerce neutre, déclarant (*b*) aux puissances belligérantes qu'elle maintiendrait ses sujets dans la jouissance de ces droits, et invitant les puissances neutres à s'unir avec elle pour protéger réciproquement ce commerce de leurs sujets par le secours de forces maritimes.

[La période du droit international maritime désignée sous le nom de *neutralité armée* de 1780 ne se comprendrait qu'imparfaitement sans le rapprochement des précédents de doctrine et des

(*a*) Sur les motifs qui ont pu donner lieu à ce système, et sur la correspondance qui à cet égard avait eu lieu en 1779, entre la Russie et la Suède, *V. Mémoires* D'ALLIEDYL, t 1, p. 46, 52, 57, 69; BUSCH, *Welthandel*, p. 421. Sur les vraies causes qui l'ont fait naître, ou qui en ont hâté le développement, *V.* l'intéressant écrit du comte DE GOERZ, dont l'original allemand n'a jamais paru, mais dont les traductions anglaise et française ont été imprimées, la première sous ce titre : *The secret History of the armed Neutrality together with Memoirs, official Letters and State Papers illustrative of that celebrated Confederacy never before published, written originally in french? by a German Nobleman; translated by A. H.* London (Ratisbonne), 1792, in-8, la traduction française a pour titre : *Mémoire ou Précis historique sur la neutralité armée et son origine*, suivi de Pièces justificatives, 1795, in-8, nouvelle édition, avec le nom de l'auteur, Bâle, 1801, in-8.

(*b*) *V.* la première déclaration de la Russie, du 28 février 1780, dans mon *Recueil a*, t. II, p. 74; *b*, t. III, p. 158; et un recueil des actes publics auxquels elle a donné lieu, dans DOHM, *Materialien*, vierte Lieferung; HENNINGS, *Sammlung der Staatsschriften*, t. II, et dans mon *Recueil a*, t II, p. 74 et t. IV, p. 345; *b*, t. III, p 158-270.

traités antérieurs à cette ligue formée à la voix de la Russie pour
la protection du commerce maritime pendant la guerre, et connue
sous le nom de Neutralité armée.

Si l'on suit l'historique des anciens règlements intérieurs des
principales puissances de l'Europe, de la France principalement,
et des traités, on éprouve le regret de signaler de nombreuses
variations dans l'esprit et dans les dispositions de ces différents
actes, et souvent peu de scrupules dans le maintien des engagements pris Le document le plus ancien à consulter sur cette
matière est le *Consulat de la mer* postérieur aux *Rôles d'Oleron*,
et qui constate les usages des peuples du littoral de la Méditer-
ranée, du Portugal et de l'Espagne. Des règles qu'il contient
résultent d'une part le droit de s'emparer de la propriété ennemie, quelle que soit la qualité du navire sur lequel elle se trouve,
d'autre part l'obligation absolue de respecter la propriété neutre,
même sur bâtiment ennemi. Les règles du *Consulat de la mer*
furent observées en France jusqu'au milieu du seizième siècle.
La preuve de ce fait résulte, suivant ORTOLAN, *Règles internationales et diplomatie de la mer*, t. II, p. 85, des termes mêmes de
l'édit sur l'amirauté, du mois de mars 1584, rendu par Henri III,
et notamment de l'article 69 qui, contrairement au *Consulat de
la mer*, prononce la confiscation des marchandises neutres chargées sur un navire ennemi, Il en fut ainsi jusqu'au moment où
une déclaration du roi, du 1er février 1650 art. 6,, remit en
vigueur la maxime du *Consulat de la mer*, en ordonnant, contrairement à l'édit de 1584, la restitution de ces marchandises.
L'ordonnance de 1681 abandonna les doctrines de la déclaration
de 1650, et fit revivre la maxime que *La robe d'ennemi confisque
celle d'ami*, c'est-à-dire que les marchandises sont confisquées sous
pavillon ennemi sans acception de leur nationalité. L'ordonnance
de 1681, confirmée par arrêt du conseil du 26 octobre 1692 et
l'article 5 du règlement du 23 juillet 1704, alla plus loin, en
déclarant que tous les navires chargés d'effets appartenant aux
ennemis, ainsi que les marchandises des sujets français et des
princes alliés qui s'y trouveront, seront de bonne prise, les marchandises de l'ennemi à bord d'un bâtiment neutre *rendant ennemi le bâtiment qui les porte*. Un règlement du 21 octobre 1744
reproduit la même doctrine; seulement, par l'article 5, il y est
dérogé en vue de traités conclus avec diverses puissances; et, par

un retour à la règle du *Consulat de la mer,* il est ordonné que les effets ennemis seront seuls confisqués, et que le bâtiment neutre sur lequel ils se trouvaient sera relâché. Les doctrines rigoureuses de 1681 et de 1704 étaient particulières à la France : les autres puissances ne saisissaient que les marchandises ennemies. Enfin, sous le règne de Louis XVI, le sage règlement du 26 juillet 1778, relatif à la navigation des bâtiments neutres en temps de guerre, prit une honorable initiative en faveur du commerce des neutres, en introduisant dans la législation de la France le double principe déjà consacré par plusieurs traités, que « Le pavillon ami ou neutre neutralise la marchandise ennemie, quelle que soit son origine et quels que soient ses propriétaires (à moins qu'il ne s'agisse de contrebande de guerre`, » et son corrélatif, que « Le pavillon ennemi rend la marchandise neutre ennemie; » en d'autres termes : Bâtiments libres, marchandises libres; — Bâtiments ennemis, marchandises ennemies : double principe maintenu depuis cette époque, à part des exceptions momentanées et motivées dans nos guerres contre l'Angleterre, jusqu'au régime nouveau né de la guerre d'Orient et de la paix de Paris en 1856.

Quant aux traités qui ont reconnu que le pavillon *couvre la marchandise,* il serait trop long et sans utilité réelle d'en faire l'énumération. Bornons-nous seulement à signaler, d'après DE CUSSY, *Phases et causes célèbres du droit maritime des nations,* t. I, p. 199, les données suivantes · De 1646 à 1846, la France a stipulé ce principe dans vingt-quatre traités. Elle n'a maintenu le principe contraire que dans les traités de 1716 et de 1769 avec les villes Anséatiques, et de 1779 avec le Mecklembourg-Schwerin, pour empêcher les armateurs de ces différents ports de se faire en temps de guerre les agents du commerce et du transport maritime des puissances ennemies de la France. Les nations qui ont signé comme la France des traités consacrant l'immunité du pavillon sont : les Provinces-Unies des Pays-Bas, (de 1646 à 1792, dix-sept traités; l'Espagne (de 1650 à 1819, sept traités; l'Angleterre (de 1654 à 1786, dix traités avec le Portugal, l'Espagne, la Hollande et la France. Depuis 1786, l'Angleterre a suivi une marche différente. Loin de reproduire ce principe dans ses conventions internationales, elle y a fait figurer le principe opposé, comme avec les États-Unis, en 1794 et 1806, avec la Russie, le Danemark et la Suède, en 1801, avec le Portugal, en 1810. Les

Etats-Unis ont maintenu le principe de l'immunité du pavillon (de 1778 à 1839) dans seize traités. A ces diverses nations on peut ajouter le Portugal, le Danemark, la Suède, la Russie, la Prusse, les Deux-Siciles, l'Autriche, les États musulmans, comme la Porte Ottomane, le Maroc, Tripoli. On peut donc dire qu'à partir du dix-septième siècle, et surtout dans le cours du dix-huitième, la tendance du droit conventionnel est bien marquée en faveur de l'adoption du principe qui lie le sort de la cargaison au sort du navire qui en est chargé, et que, d'un autre côté, l'immunité du pavillon est une loi universelle, acquise au droit public de chaque peuple et au droit des gens, que les derniers traités ont consacrée et étendue en décidant que le pavillon neutre couvre la marchandise. La marchandise propriété des neutres trouvée sur bâtiment ennemi doit être restituée. *V.* sur ces diverses questions une note très-complète de M. Pradier-Fodéré sur les § 116, 117, liv. III, ch. vii, DE VATTEL, *le Droit des gens*, édit. Guillaumin.   CH. V.]

§ 325. — Principes de la Neutralité armée.

Ce système de neutralité armée renfermait alors les cinq points suivants : 1° *que les vaisseaux neutres puissent naviguer librement de port en port et sur les côtes des nations en guerre; 2° que les effets appartenant aux sujets desdites puissances en guerre soient libres sur les vaisseaux neutres, à l'exception des marchandises de contrebande; 3° que l'impératrice se tient, quant à la fixation de celle-ci, à ce qui est énoncé dans les articles 10 et 11 de son traité de commerce avec la Grande-Bretagne, en étendant ces obligations à toutes les puissances en guerre; 4° que pour déterminer ce qui caractérise un port bloqué, l'on accorde cette dénomination qu'à celui où il y a, par la disposition de la puissance qui l'attaque avec des vaisseaux arrêtés et suffisamment proches, un danger évident d'entrer; 5° que les principes servent de règle dans les procédures et les jugements sur la légalité des prises (a).*

[Il est à remarquer que cette déclaration, remise en mars 1780 par les ordres de l'impératrice de Russie, Catherine II, aux cours de Londres, de Versailles et de Madrid, de Stockholm et de Copenhague, et bientôt après à toutes les autres puissances neutres, ne s'explique pas sur le sort de la marchandise neutre chargée sur un navire ennemi. En adoptant la maxime : « Navire libre, marchandises libres, » elle passe sous silence l'autre maxime : « Navire ennemi, marchandises ennemies. » On serait porté à conclure à son rejet implicite. L'article 2 d'un règlement russe presque contemporain, du 8 mai 1780, sur la navigation, porte : « Malgré cette sûreté des marchandises non prohibées appartenant à qui que ce soit, on devra éviter de charger ses propriétés sur des vaisseaux des nations en guerre, afin de prévenir par là toute discussion et tout désagrément quelconques. » Ch. V.]

§ 326.

4° Suites et renouvellement du système en 1800.

Nombre de puissances neutres ayant alors accédé à ce système par des actes et des traités conclus avec la Russie, et en partie entre eux (a), avec les modifications de l'article 3 (b) qu'exigeaient leurs traités, et deux des puissances

---

(a) *V.* la déclaration susmentionnée de la Russie, du 28 février 1780.

(a) Tels que le Danemark, le 9 juin 1780, la Suède, le 1er août 1780 ; les Provinces Unies des Pays-Bas, le 5 janvier 1761 ; la Prusse, le 8 mars 1781 ; l'empereur romain, le 9 octobre 1781 ; le Portugal, le 13 juillet 1782 ; le roi des Deux-Siciles, le 10 février 1783, en notifiant leur accession aux puissances belligérantes, et en échangeant en partie entre eux des actes d'accession et d'acceptation. *V.* mon *Essai concernant les armateurs*, § 59.

(b) C'est ainsi que la Russie, ayant pris pour règle, touchant la contrebande, son traité de 1766 avec la Grande-Bretagne, étendu aux autres puissances belligérantes, le Danemark s'en rapporta, avec la Grande-Bretagne, à son traité de 1670, article 3, expliqué par acte de 1780 ; avec

belligérantes, savoir, la France et l'Espagne, en ayant approuvé les principes (c), l'Angleterre, quoique sans jamais
y acquiescer (d), et réclamant surtout envers le Danemark
et la Suède la teneur de ses traités (e), se vit engagée par le
concours de tant de puissances à donner des ordres plus
restrictifs à ses armateurs (f).

Dès les premières négociations entre les puissances neutres, on annonça le dessein de faire servir ce système de
règle aux siècles à venir (g); et quoique le *Code maritime*

la France, à son traité de 1670, article 27, étendu à l'Espagne. La Suède
s'en rapporta sur ce point à son traité de 1661, article 11, avec la
Grande-Bretagne, à sa convention de 1741 avec la France, étendue a
l'Espagne. Les Provinces-Unies des Pays-Bas s'en rapportèrent à l'égard
de l'Espagne, au traité de 1674, article 3, et, à l'égard de la France, à
l'ancien traité de 1739, article 16. La Prusse, qui n'avait point de traités
sur ce point avec les puissances belligérantes, adopta pour règle sur la
contrebande les articles 10 et 11 du traité de 1766, entre la Russie et la
Grande-Bretagne.

(c) *V* leurs réponses dans Dohm, *Materialien*, lief. IV, p. 191, 193, et
dans mon *Recueil*, t. IV, p 345, 346, 348.

(d) Réponse de l'Angleterre a la Russie, dans Dohm, *Materialien*,
lief. IV, p. 189, et dans mon *Recueil*, t. IV, p. 345.

(e) Réponse de l'Angleterre au Danemark, du 25 juillet 1780, dans
mon *Recueil*, t. VI, p. 203; a la Suède, du mois d'aout, *ibid.*, t. IV,
p. 365.

(f) Busch, *Welthändel*, p. 421.

(g) Le Mémoire de la Russie aux puissances neutres, du mois d'avril
1780, énonce le principe suivant, comme devant servir de base : « Afin que,
» par des soins communs de toutes les puissances maritimes neutres, on
» put établir et légaliser, en faveur de la navigation commerçante des
» nations neutres, un système naturel et fondé sur la justice, et qui par
» son avantage réel servit de règle aux siècles à venir. » Dohm, *Materialien*, lief. IV, p. 180. C'est à quoi tendent plusieurs expressions dans
les traités sur la neutralité armée, particulièrement dans celui entre la
Prusse et la Russie, de 1781, article séparé 3 : « A l'époque plus ou moins
» éloignée de la paix entre les puissances belligérantes, S. M. le roi de
» Prusse et S. M. l'empereur de toutes les Russies s'emploieront de la
» manière la plus efficace auprès des puissances maritimes en général,

universel alors projeté n'ait point été sanctionné, quoique dans les guerres de 1787 et 1788 le système n'ait pas été toujours observé (*h*) par ces puissances mêmes, qui étaient les premières à le mettre en avant, quoique les circonstances extraordinaires aient influé sur le langage tenu en 1793 par la Russie et même par la Prusse au Danemark et à la Suède (*i*), on a vu non-seulement insérer dans la plupart des traités de commerce conclus, surtout par la Russie, depuis 1780, les principes sur lesquels il repose, et le Danemark et la Suède s'unir en 1794 pour défendre les droits du commerce neutre (*j*), mais aussi se former à la fin du dix huitième siècle une nouvelle association entre les puissances du Nord.

———————

[C'est avec raison que notre auteur insiste sur l'unanimité, l'Angleterre exceptée, des puissances de l'Europe et de la jeune Amérique à reconnaître les principes en faveur des neutres, contenus dans la déclaration de la Russie. On peut dire que, par l'accord de toutes les puissances, la règle que le pavillon neutre neutralise la marchandise ennemie, a dès lors été consacrée dans le droit international, et que les exceptions qui depuis cette épo-

» pour faire recevoir et reconnaître universellement, et dans toutes les » guerres maritimes qui par la suite des temps pourront survenir, le » système de neutralité et les principes établis dans le présent acte, ser- » vant à former la base d'un Code maritime universel. »

(*h*) C'est ainsi que la Suède étendit par l'article 4 de son règlement du 7 juillet 1788, la *notion* de la contrebande même à l'argent monnayé; *V.* mon *Recueil*, t. VI, p. 235; mais, sur les réclamations des Provinces-Unies, elle défendit l'exécution de cet article; *V. ibid.*, p. 236, note*. C'est ainsi que la Prusse réclama fortement, en 1788, contre la conduite des vaisseaux russes dans la guerre contre la Suède. V. *Niederelb. Magazin*, t. IV, p. 1307.

(*i*) *V.* mon *Recueil*, t. V, p. 138, 259 et suiv.

(*j*) Traité du 27 mars 1794, dans mon *Recueil*, t. V, p. 274.

que ont été admise entre deux ou plusieurs puissances, loin d'é-
branler la règle, en sont au contraire la consécration éclatante.
Les traités de Versailles conclus en 1783 entre la France, l'Espagne et la Grande-Bretagne, celui du 26 septembre, entre la
France et la Grande-Bretagne, étaient basés sur les principes de
la neutralité armée. En 1793, lorsque la guerre maritime éclata,
la France voulut maintenir le règlement rendu par Louis XVI
en 1778 et respecter le commerce et la navigation neutres; mais
l'Angleterre revint alors à la maxime : « Le pavillon ne couvre
pas la marchandise, » et le gouvernement républicain dut à son
tour renoncer momentanément aux principes de la néutralité
armée, du moins vis-à-vis de la Grande-Bretagne.   Cu. V.]

§ 326 a. — Nouvelle association de 1800.

Cette nouvelle association (a), provoquée par la Russie le
15 août 1800, et cimentée par ses traités du 16 décembre
1800 avec la Suède et le Danemark, et du 18 décembre
avec la Prusse, et les accessions réciproques de ces trois
dernières puissances, tendit non-seulement à maintenir à
perpétuité les principes adoptés en 1780, mais encore à
renchérir sur eux, en ce qui concerne la fixation de la contrebande, le blocus, la visite des simples navires marchands
et l'exemption de visite pour ceux qui naviguent sous convoi (§ 321); cependant elle fut non-seulement agréée par
un moindre nombre d'États que celle de 1780, mais aussi
bientôt dissoute, lorsque, après quelques voies de fait survenues entre la Grande-Bretagne et les puissances du Nord,
la Russie signa avec la Grande-Bretagne la convention
maritime du 17 juin 1801, expliquée sous la date du
20 octobre, à laquelle accédèrent le Danemark le 23 oc-

(a) V. l'histoire de l'origine de cette association, et tous les actes
qui s'y rapportent, dans mon *Recueil*, Suppl., t II, p. 344-486; Suppl.,
t. III, p. 193-196.

tobre 1801, la Suède le 30 mars 1802, mais non la Prusse.
Dans cette convention, 1° le principe soutenu par l'Angleterre, que le navire ne couvre pas la cargaison, fut maté-
riellement rétabli; 2° la visite des navires convoyés fut
reconnue appartenir aux vaisseaux de guerre, mais non
aux armateurs; 3° la question relative à la contrebande fut
renvoyée aux traités; 4° la liberté du commerce en général
fut reconnue par l'Angleterre d'après les principes des articles 1, 2, 4 et 5 de l'association de 1780 et des articles 1,
2, 3 de celle de 1800. Cependant cette convention tomba
dès l'an 1807, et n'a pas été renouvelée par la Grande-
Bretagne, ni dans les traités de 1812, d'Orebro avec la
Suède, ni dans celui de 1814 avec le Danemark.

[Les revirements de l'histoire politique peuvent seuls expliquer
les changements rapides qu'a éprouvés cette partie du droit international maritime. De même que l'avénement de l'empereur
Paul Ier au trône de Russie avait amené le rétablissement des
principes proclamés en 1780 à l'égard des neutres, de même
aussi sa mort et l'avénement d'Alexandre amenèrent le triomphe
de l'Angleterre et des principes qu'elle soutenait. Dans une nouvelle convention maritime conclue entre la Russie et la Grande-
Bretagne le 13 juin 1801, et à laquelle durent bientôt accéder la
Suède et le Danemark, il est dit : « Le pavillon ne couvre pas la
marchandise, c'est-à-dire que la liberté des vaisseaux neutres ne
s'étend pas sur les propriétés ennemies dont ils sont chargés. »
Il est remarquable que le traité d'Amiens du 27 mars 1802 entre
la France et la Grande-Bretagne ne contient aucune disposition
sur la question des droits des neutres. Il n'y est même pas dit,
suivant l'usage, que les traités antérieurs entre les puissances
contractantes sont renouvelés. Le rappel implicite des traités de
1713 et de 1783 eût gêné la politique traditionnelle de l'Angleterre.   Ch. V.]

§ 326 *b*. — 4° Commerce neutre depuis 1803. — Système continental
jusqu'en 1813.

Si, malgré les efforts de tant de puissances de l'Europe
pour parvenir à un code maritime universel qui pût servir
de règle aux siècles à venir, les puissances maritimes étaient
demeurées partagées d'opinion sur plusieurs points individuels touchant l'étendue de la liberté du commerce neutre,
au moins elles étaient toutes d'accord sur le principe fondé
dans la loi naturelle, qu'aucune puissance belligérante n'est
autorisée à défendre aux nations neutres ou amies tout
commerce avec son ennemi, ou même tout trafic des productions de celui-ci.

Et, bien qu'avant la fin du dix-huitième siècle on trouve
quelques exemples de tentatives faites pour empêcher tout
commerce des neutres avec l'ennemi (*a*), au moins elles
étaient demeurées sans effet, ou avaient été promptement
abandonnées. Il était réservé au commencement du dix-
neuvième siècle d'offrir à l'Europe étonnée un triste exemple
et de lui prouver jusqu'où le mépris du droit des gens pouvait conduire un conquérant heureux dans son acharne-
ment contre un ennemi qui seul encore semblait s'opposer
à ses projets ambitieux de faire la loi au monde.

(*a*) Par exemple, de la part des Provinces-Unies des Pays-Bas, au
commencement du dix-septième siècle, *V*. Busch, *Ueber die Zerrüttung
des Seehandels*, p. 151; Jenkinson, *Discourse on the conduct*, etc., p.
115; de la part de la Grande-Bretagne et des Provinces-Unies des Pays-
Bas, en 1689, *V*. Bouchaud, *Théorie des traités de commerce*, p. 252,
841. De ce genre étaient aussi les efforts faits en 1793, par la Russie, la
Prusse et la Grande-Bretagne, pour disposer le Danemark et la Suède à
renoncer à tout commerce avec la France; *V*. mon *Recueil*, t. V, p.
238-263; mes *Erzählungen*, t. I, p. 315.

Les vaines tentatives de descentes des Français en Angleterre, les projets infructueux d'atteindre les Anglais aux
Indes par l'Égypte, projets déjoués (b) avant, mais pour-
suivis après la paix d'Amiens jusqu'à la nouvelle rupture
survenue en 1803, et plus encore la journée de Trafalgar
(21 octobre 1805), firent tourner d'un autre côté les plans
du dominateur de la France pour ruiner le commerce
anglais. Secondé par les succès étonnants remportés en
1805 et en 1806 sur l'Autriche, l'Italie, l'Allemagne et la
Prusse, l'empereur français promulgua le décret de Berlin
du 21 novembre 1806 (c), dont les principes, faiblement
couverts du voile de représailles (d), portaient, 1º que les
Iles Britanniques sont déclarées en état de blocus; 2º que
tout commerce et toutes correspondances avec elles sont
interdits; 3º que tout individu anglais dans les pays occupés par la France ou par ses alliés est déclaré prisonnier de
guerre; 4º que toute propriété anglaise est déclarée de
bonne prise; 5º que tout commerce des marchandises anglaises est défendu; 6º que tout vaisseau ayant touché
l'Angleterre est exclu des ports.

Ce décret, promulgué dans tous les Etats occupés par la

(b) *V.* les actes relatifs à l'évacuation de l'Égypte, en 1800, 1801, dans
mon *Recueil*, Suppl., t. II, p. 487-516.

(c) Dans mon *Nouveau Recueil*, t. I, p. 439.

(d) Ces représailles devaient surtout se fonder sur le décret du conseil
britannique, du 15 mai 1806; *V.* mon *Nouveau Recueil*, t. I, p. 436.
Mais ce n'est point prendre la défense de ce décret, et de plusieurs
autres émanés depuis 1803, sur des blocus partiels, que de soutenir
qu'aucun d'eux ne pouvait justifier le décret de Berlin *V.* le *Manuel
diplomatique sur le dernier état controversé concernant les droits des
neutres sur mer*, publié à Leipsick en 1814, in-8, p. 12 et suiv; surtout
p. 77 et suiv.

France, et communiqué aux alliés, ayant provoqué l'ordre
du cabinet anglais du 7 janvier 1807 (e) portant défense de
commerce de l'un à l'autre des ports appartenant à la
France ou à ses alliés, ou étant occupés par eux, ou se
trouvant sous leur influence; et cet ordre ayant été renforcé par celui du 11 novembre 1807 (f), l'empereur français, renchérissant sur les mesures du décret de Berlin,
promulgua celui de *Milan*, du 17 décembre 1807 (g), portant « 1° que tout vaisseau qui aura souffert la visite d'un
» vaisseau anglais, ou se sera soumis à un voyage en An-
» gleterre, ou y aura payé une imposition quelconque au
» gouvernement, est par cela seul déclaré *dénationalisé*,
» devenu propriété anglaise, et de bonne prise; 2° que les
» Iles Britanniques sont déclarées en état de blocus *sur mer*
» *comme sur terre*, et que tout vaisseau expédié dans
» des ports soumis aux Anglais, ou y allant, est de bonne
» prise; 3° que ces mesures continueront d'être en vigueur
» tout le temps que le gouvernement britannique ne re-
» viendra pas aux principes du droit des gens; mais que
» dès lors elles seront abrogées et nulles. »

Ces mesures violentes, par lesquelles l'empereur français
se mettait en opposition avec tous les principes de civilisation (h), ne produisirent cependant point tout l'effet désiré,
quoique l'empereur, dans tous ses traités de paix conclus à

(e) Dans mon *Nouveau Recueil,* t. I, p. 444.

(f) Dans mon *Nouveau Recueil*, t. I, p. 446; il fut déjà modifié par
celui du 25 novembre 1807, *ibid.*, p. 449; ensuite, partiellement révoqué par celui du 26 avril 1809, *ibid.*, p. 483; et en faveur des Améri-
cains, par ceux des 26 avril et 23 juin 1812, *ibid*, t. I, p. 547.

(g) Dans mon *Nouveau Recueil*, t. I, p. 452.

(h) HEEREN, *Handbuch der Geschichte des Europ. Staaten-systems*,
p. 711.

cette époque avec d'autres puissances (*i*), leur eût imposé la condition de fermer leurs ports aux Anglais, et bien qu'il en eût renforcé l'accomplissement par des décrets ultérieurs (*j*), et tâché d'en tirer parti d'un autre côté par le moyen de *licences* (*k*). Après la perte de presque toutes les colonies françaises, il crut encore porter un coup mortel au commerce colonial de la Grande-Bretagne, en frappant, par le décret et le tarif de *Trianon*, du 5 août 1810 (*l*), d'une énorme contribution l'entrée des marchandises coloniales; et, pour combler la mesure de ses violences inouïes, il ordonna, par le décret de *Fontainebleau*, du 19 octobre 1810 (*m*), que toutes les marchandises anglaises seraient brûlées en France, en Italie, et dans tous les États asservis ou occupés par la France.

Après avoir réussi à faire adopter l'ensemble de ces mesures, connues sous le nom de *système continental*, dans les États alliés (*n*) avec la France, et dans la plupart des

(*i*) Traités de Presbourg, de 1805, de Tilsit, de 1807, de Vienne, de 1809, de Paris avec la Suède, de 1810; traité avec la Hollande, du 26 mars 1810, dans mon *Nouveau Recueil*, t. I, p. 327.

(*j*) Décret du 11 janvier 1808, dans mon *Nouveau Recueil*, t. I, p. 457.

(*k*) Décret d'Anvers, du 25 juillet 1810, dans mon *Nouveau Recueil*, t. I, p. 512, en rivalisant à cet égard avec l'Angleterre; V. *Manuel diplomatique*, p. 19.

(*l*) Décret de Trianon, dans mon *Nouveau Recueil*, t. I, p. 517.

(*m*) Décret de Fontainebleau, dans mon *Nouveau Recueil*, t. I, p. 522.

(*n*) Tel que par la Prusse et la Russie, en 1807; V. le traité de Tilsit et les déclarations de la Prusse, du 1er décembre, de la Russie, du 7 novembre 1807; V. aussi SCHOELL, Pièces officielles, t. IX, p. 84; par le Danemark, V. le Décret du 30 octobre 1807, dans le Journal de Francfort, n. 332; par l'Autriche, en vertu du traité de Vienne du 14 octobre 1809; par la Suède, V. le traité de Frederiksham, du 17 septembre 1809; avec la Russie, V. le traité du 6 janvier 1810 avec la France; par la Hollande, V. les traités du 16 mars 1810.

Etats amis, il aurait dû s'attendre à approcher de son but, si des mesures aussi dénaturées pouvaient y conduire.

La Providence mit un terme à ces excès, et, bénissant en 1813 les armes des puissances qui se réunirent pour soustraire l'Europe au joug qui l'accablait, fit triompher la cause de la liberté et celle du droit des gens. Le système continental, adopté partout à regret, et déjà abandonné en 1812 par la Russie et la Suède, dans leurs traités avec la Grande-Bretagne (o) fut alors partout promptement proscrit (p).

[Les pratiques employées durant cette période et dans le cours d'une lutte sans exemple entre la France et l'Angleterre ne peuvent prévaloir contre les principes. Elles en constituaient la violation la plus flagrante et démontrent avec évidence à quels excès leur oubli peut conduire. « Le commerce maritime des neutres, dit KLUBER, *Droit des gens moderne*, édit. Guillaumin, § 310, et même toute communication par mer, et par cela aussi le commerce continental dans toute l'Europe, furent réduits à un point tel qu'on ne l'avait jamais vu. La nécessité d'un code maritime universel n'en fut que plus vivement sentie. » ORTOLAN, *Règles internationales et Diplomatie de la mer*, t. II, p. 146, signale le silence des représentants des puissances européennes au congrès de Vienne et aux congrès qui suivirent, sur les divers points du droit maritime. Seulement, depuis 1815, il a été conclu un grand nombre de traités de commerce et de navigation entre les puissances européennes et les Etats du nouveau monde, et dans ces traités, on a inséré, en prévision d'une guerre maritime, différentes clauses sur les droits des neutres et des belligérants, et ces clauses sont en général inspirées par les principes sur lesquels ont été éta-

(o) Traités d'Orebro, de la Grande-Bretagne avec la Russie, dans mon *Nouveau Recueil*, t. III, p 226, avec la Suède, *Ibid.*, t. I, p. 431, tous deux du 18 juillet 1812.

(p) *V.* par exemple, en Prusse, l'édit du 20 mars 1813, dans *Gesetzsammlung fur die Preuss. Staaten*, 1813, p. 39.

blies la première et la deuxième neutralité armée. Dans ces traités les deux règles corrélatives : que le *pavillon couvre la marchandise*, c'est-à-dire que le pavillon neutre rend la marchandise neutre, et que le *pavillon ennemi rend ennemie la marchandise*, ont prévalu à de rares exceptions près, avec la réserve, formellement exprimée dans ces traités, que les puissances contractantes n'appliqueront ce principe, en ce qui concerne les autres puissances, qu'à celles qui le reconnaîtront également. L'Angleterre seule continuait à soutenir l'ancienne règle du *Consulat de la mer*. C'est dans cette situation respective des deux systèmes, et par un esprit de conciliation qui, nous l'espérons, sera fécond en nouvelles améliorations pour le droit des gens maritime, que sont intervenues les déclarations d'une part, de la France et de l'Angleterre, à la date des 28 et 29 mars 1854, et, d'autre part, le traité entre la Russie et les Etats-Unis, du 22 juillet 1854, et enfin la déclaration du 16 avril 1856 annexée au traité de paix.

Il n'a pu entrer dans le cadre de nos observations sur les § 314 à 326 d'insister sur un grand nombre de questions controversées du droit des gens maritime; nous nous bornons d'une part à renvoyer à notre introduction, de l'autre à résumer, d'après HEFFTER, *le Droit international public*, traduction de M. Bergson, § 165 et 166, quelques cas qui, d'après ce publiciste, et d'après nous, doivent être considérés comme licites, malgré les controverses dont ils sont encore l'objet :

1° Le transport direct d'objets nécessaires aux besoins des troupes de terre ou de mer dans les ports de l'un des belligérants, lorsque ces objets ne sont pas compris parmi les objets de contrebande proprement dits;

2° Le cabotage des ports des belligérants. Il semble en effet, d'après le principe que les vaisseaux neutres peuvent naviguer librement de port en port sur les côtes des nations en guerre, que rien ne doive s'opposer à ce que des sujets neutres achètent librement et sans distinction des objets dans un port des belligérants pour les revendre dans un autre. Cependant cette faculté est limitée dans la pratique, et notamment par la jurisprudence anglaise, au commerce des objets de provenance neutre dans les ports ennemis. Les marchandises chargées dans un port ennemi pour être transportées dans un autre port ennemi sont, dans la crainte de faciliter la contrebande, considérées, malgré l'existence de traités permettant aux neutres de naviguer librement de port en port et sur les côtes des nations en guerre, comme ennemies et susceptibles d'être confisquées, mais sans entraîner le navire dans la confiscation ;

3° Le commerce et la navigation que les puissances belligérantes se réservaient avec leurs établissements d'outre-mer et qu'elles déclarent libres au profit d'une ou de plusieurs nations. Ce changement de politique commerciale et les avantages qui en résultaient pour les peuples pacifiques ont été repoussés par le cabinet de Saint-James : la question a moins d'intérêt depuis que les anciens principes en matière de régime colonial sont chaque jour abandonnés.

Il est, suivant le même auteur, d'autres branches licites de commerce pour les neutres et qui ne semblent pas de nature à provoquer d'observations; telles les assurances des navires et de leurs cargaisons appartenant aux sujets des belligérants, le commerce de commission, l'achat et la vente de denrées et de marchandises non comprises dans les objets de contrebande, et tant qu'elles ne sont pas devenues propriétés ennemies, l'achat de bonne foi, par des sujets neutres, de navires dans le territoire d'un des belligérants, le transport des propriétés d'un des belligérants sous la réserve des règles en matière de blocus, enfin, la vente faite aux belligérants, en territoire neutre, des objets de contrebande, sous la réserve, bien entendu, du transport.

Ch. V.]

CHAPITRE VIII.

DU RÉTABLISSEMENT DE LA PAIX.

§ 327. — Premiers pas vers un rapprochement.

La loi naturelle prescrit à toute puissance belligérante de faire au moins la paix dès qu'on lui offre une satisfaction convenable, une indemnité pour les frais de la guerre et une sûreté pour l'avenir, s'il y a lieu de l'exiger; mais on sent qu'entre des puissances souveraines, dont chacune juge par elle-même si les offres qu'on lui fait remplissent ces objets, ce sont moins les principes d'une théorie abstraite que les circonstances, qui décident de l'époque à laquelle on mettra un terme aux hasards de la guerre.

On gagne même peu à établir la règle que l'ennemi doit écouter les propositions de paix et de négociations que lui fait l'ennemi, tandis qu'on ne peut disconvenir que cette règle souffre des exceptions, et que c'est à la sagesse des puissances à juger si elles existent (a).

Au reste, il se peut que les premières propositions pour

(a) Exemple de 1800, entre la France et l'Angleterre; V. les actes dans le *Moniteur*, an IX, n. 74, 77, et Supplém., p. 295-302.

un rapprochement viennent directement de l'ennemi, ou
d'une puissance neutre, et de même, que les négociations
soient entamées directement entre les puissances en litige,
ou avec le concours de tierces puissances interposant leurs
bons *offices*, ou choisies pour *médiatrices* ou pour *arbitres*
(§ 176).

Il se peut qu'on traite dans la résidence de l'une des
puissances belligérantes, ou d'un État neutre, ou bien qu'on
choisisse un lieu tiers pour y rassembler les ministres de
plusieurs puissances en un *congrès (b)*.

§ 328.

I. *Premier genre de Conventions préliminaires.*

Souvent le traité définitif de paix est précédé de différents genres de conventions préliminaires. De ce nombre
est celle qui touche l'arrangement d'un point duquel l'une
des puissances fait la condition absolue et préliminaire de
toute négociation de paix (a).

§ 329.

Second genre de Conventions préliminaires touchant le Congrès, etc.

S'agit-il de s'assembler en congrès, il est nécessaire de
convenir du temps et du lieu (a), quelquefois de la neutralité de l'endroit et du voisinage, de l'inviolabilité des mi-

---

(b) *Dictionnaire de Trévoux*, au mot *Congrès*.

(a) Renonciation de Philippe V a la succession au trône de France, de
1712 ; concession de l'*assiento*. *V. Actes et Mémoires de la paix
d'Utrecht*, t. I.

(a) Autrefois on était peu disposé à négocier la paix chez l'ennemi,
pour n'avoir point l'air de la chercher ; aujourd'hui on est moins poin-
tilleux à cet égard, on y remédie par l'envoi réciproque de ministres :
cependant le choix du lieu n'est rien moins qu'indifférent.

nistres et des courriers, du cérémonial des ministres, de
leurs pleins pouvoirs, de l'admission de telles puissances, etc. (b); et ces points peuvent donner lieu à un
second genre de conventions préliminaires (c), et même à
des *congrès préliminaires.*

§ 330. — Manière de négocier à un Congrès.

Lorsque les ministres sont assemblés dans le lieu du congrès, et qu'après les premières visites d'usage on est convenu du temps et du lieu de l'ouverture du congrès, il est
d'abord essentiel d'échanger les pleins pouvoirs, soit immédiatement entre les ministres des puissances belligérantes,
soit entre les mains du médiateur ; comme aussi les conférences peuvent avoir lieu ou immédiatement, ou séparément
avec le médiateur, ou en commun sous ses auspices, soit
dans un lieu destiné particulièrement aux conférences, soit
alternativement dans l'hôtel d'un des ministres des puissances belligérantes, ou dans celui du médiateur.

Les circonstances seules décident laquelle de plusieurs
puissances aura l'initiative, mais il semble essentiel, en
distinguant une simple ouverture de la première proposition, que celle ci se fasse par écrit, comme, d'un autre
côté, la nature et le but de tout congrès semblent indiquer
que ce n'est pas aux seules mémoires échangés qu'on doit
se borner.

C'est ainsi qu'alors on continue de négocier de bouche et

(b) Disputes lors de la négociation pour la paix de Westphalie, *V.*
Bougeant, *Histoire des guerres,* etc., t. I, p. 348; Putter, *Geist des
westphalischen Friedens,* p. 21 et suiv.; lors du congrès de Bréda, en
1747, *V.* Moser, *Versuch,* t. X, p. II, p. 240 et suiv.

(c) Adelung, *Staatsgeschichte,* t. VI, p. 324.

par écrit, jusqu'à ce qu'on puisse en venir à la rédaction
et à la signature d'un traité, ou que, l'espoir de s'arranger
étant disparu, les ministres soient rappelés ou invités à
quitter le lieu du congrès (a).

———————

[Il est inutile de revenir ici sur l'importance des congrès et sur
leurs précédents historiques. Nous nous sommes suffisamment
expliqués dans notre introduction sur ces réunions diplomatiques, dans lesquelles on voit souvent figurer des souverains, ou
tout au moins des plénipotentiaires spéciaux, pour délibérer sur
des affaires d'une importance majeure. Les premiers congrès
dont il soit question dans l'histoire du droit des gens moderne,
avaient pour but de mettre fin à une guerre par une pacification
générale. Depuis le commencement du dix-neuvième siècle ces
réunions ont pris un nouveau caractère; elles ont pour but de
compléter, comme le fait très-bien remarquer HEFFTER, le Droit
international public, traduction de M. Bergson, § 240, et d'affer-
mir la paix précédemment conclue, d'en féconder les résultats et
de conjurer les dangers futurs qui pourraient résulter du conflit
des passions et des intérêts. Les congrès diffèrent des conférences
ministérielles qui préparent simplement la solution des affaires.

Il appartient à toute puissance de provoquer la réunion d'un
congrès, d'en préparer et d'en fixer par des négociations et des
conventions préliminaires le but, le lieu et les formes. Ces divers
points arrêtés, les puissances qui doivent y prendre part envoient
leurs plénipotentiaires. Les délibérations, comme le fait observer
notre auteur, commencent par l'échange et l'examen des pleins
pouvoirs. On détermine ensuite la manière de délibérer, les points
du cérémonial, le rang et la préséance, choses qui, à l'honneur
de la diplomatie moderne, n'ont plus l'importance et ne présen-

(a) C'est ainsi qu'au dix-huitième siècle les congrès d'Abo, de 1743,
d'Aix-la-Chapelle, de 1748, de Hubertsbourg, de 1762, de Lunéville, de
1800, furent suivis de la paix; mais qu'on vit se séparer sans succès le
congrès de Cambrai, de 1725, celui de Soissons, de 1729, de Bréda, de
1747, de Focsani, de 1772, de Bucharest, de 1773, de Lille, de 1797, de
Rastadt, de 1799, de Gand et de Châtillon, de 1814.

tent plus les difficultés qu'elles soulevaient autrefois. D'après les usages les plus reculés, la présidence des séances et la direction des délibérations revient au ministre des affaires étrangères ou au chef du cabinet du pays dans lequel le congrès s'est assemblé. Quelquefois cet honneur a été réservé à un ministre médiateur ou à un ministre élu ou à un conseil directeur, ainsi que cela s'est pratiqué au congrès de Vienne. Dans les conférences qui ont eu lieu à Londres après 1830, la présidence a été exercée par le chef du foreign office. De l'indépendance réciproque des Etats dans tous leurs rapports, il résulte que la loi de la majorité, ordinairement applicable aux assemblées délibérantes, ne l'est pas dans les congrès, excepté quand il s'agit de régler des intérêts accessoires et des questions secondaires en vertu de principes précédemment arrêtés. On dresse un procès-verbal ou un protocole à la suite de chaque conférence; ce procès-verbal ou protocole est signé dans l'ordre alphabétique, par les plénipotentiaires qui y ont pris part et après avoir approuvé ce qu'ils contiennent. Il est d'usage de consigner dans un acte spécial les résolutions du congrès.

« Le premier objet à déterminer, dit Pinheiro-Ferreira, lorsqu'il s'agit de la réunion d'un congrès, est le lieu du rassemblement, dont le choix ne saurait être indifférent, surtout lorsque le congrès, devant être fixé pendant la guerre, ne peut avoir lieu qu'en dedans des lignes d'opération des armées ennemies.

» En tout cas, il faudra choisir celui qui paraîtra le plus convenable à la liberté des délibérations, et qui sera placé de manière que chaque ministre puisse recevoir dans le plus court délai possible les ordres de son gouvernement.

» Si le lieu est placé en dedans des lignes d'opération des armées, il faudra le déclarer, ainsi que les environs dans un rayon donné, en état de neutralité, afin qu'aucune des puissances belligérantes ne se permette d'en approcher des forces qui puissent influencer les débats du congrès.

» Il est du devoir, autant que de l'intérêt des gouvernements qui se sont accordés à tenir un congrès, d'inviter à y prendre part toutes les puissances dont les intérêts se trouvent nécessairement compris dans les articles qui doivent être l'objet de la discussion. Au reste, il est loisible à toutes celles qui, par identité de raison, auront droit de contester les discussions du congrès, d'y envoyer leurs représentants ; car il y aurait contradiction à en exclure une quelconque des parties intéressées, quelque minimes que soient les intérêts qu'elle a à faire valoir.

» Ainsi, si, dans le cours des discussions, une des puissances intéressées à y prendre part en était exclue ou n'y était pas appelée ; si les représentants de quelques cours plus influentes se permettaient de dérober à leur connaissance une partie des résolutions par eux prises séparément, il est du devoir de leurs représentants de protester formellement contre tout ce qui pourra avoir été résolu ou accordé, pour autant que ces résolutions ou accords pourront les concerner ; car à défaut de pareilles protestations, ces puissances qui, confiantes dans leurs forces, ont osé prendre à elles seules ces décisions, ne manqueront pas de faire passer, comme généralement approuvés par un consentement tacite, tous les actes *faits* ou *rapportés* en séances générales du congrès.

» Nous disons faits ou rapportés en séances générales, parce que les représentants des puissances influentes sont dans l'usage d'écarter toute discussion en assemblées générales, par la raison toute simple que la méthode de notes et de petits comités est beaucoup plus commode à la médiocrité, sans parler des facilités qu'elle procure à l'intrigue. On a donc adopté l'usage de ne se réunir en séances générales que pour rapporter ce que les plénipotentiaires des grandes puissances jugent à propos de communiquer au congrès, et pour prendre là-dessus des conclusions qui, n'étant point contestées par les présents, sont dès lors regardées comme autant d'articles du droit positif des nations au maintien desquels, par conséquent, on exigera que tous les gouvernements et tous les peuples aient à contribuer dans la suite, sans se permettre le moindre examen : c'est là la loi du contrat.

» Mais ce qui présente une sorte de contradiction, et que nous ne saurions passer ici sous silence, c'est l'usage où l'on est de soumettre à l'approbation des congrès des questions qui, ne concernant que quelques-unes des puissances qui y sont représentées, ne doivent, en aucune façon, être assimilées à celles qui sont d'un intérêt général. Cet esprit d'envahissement se couvre du beau nom de garantie ; car c'est sous le prétexte de se constituer garantes de ce qui sera stipulé par les puissances intéressées, que les tierces puissances s'arrogeront le droit de s'immiscer dans leurs différends ; mais le résultat et le but en sont, qu'au moment

où l'on invoquera leur garantie, ou elles s'y refuseront sous différents prétextes, qui ne manquent jamais au plus fort, ou elles ne
la prêteront que dans le but de la faire tourner à leur propre
avantage, et par conséquent en faveur de celle des deux puïssan-
ces dissidentes qui aura, non pas plus de droit, mais plus de rapport avec leurs intérêts. »　　　　　　　　　　Ch. V.]

§ 331. — Manière de négocier de cour à cour.

Comme, même entre deux cours, il n'est guère praticable de négocier la paix par une simple correspondance
entretenue par courriers (a), on en vient presque toujours
à l'emploi de ministres envoyés, soit d'une part, soit des
deux côtés, et dans ce dernier cas, soit dans un lieu tiers,
soit aux cours réciproques. De tels ministres envoyés à la
cour de l'ennemi et munis d'avance de sa part de passeports, ne sont pas ordinairement admis à l'audience du
souverain, mais ils présentent leurs pleins pouvoirs au
secrétaire d'Etat avec lequel ils entrent en négociation; ils
jouissent au reste de toutes les prérogatives essentielles de
ministres, et surtout de l'inviolabilité, qui doit même être
sacrée lorsque le ministre est rappelé ou renvoyé.

§ 332.

III. Traité préliminaire de paix.

Lorsqu'on est d'accord sur toutes les conditions de la
paix à l'égard des diverses puissances qui y auront part,

(a) La paix entre la Suède et la Pologne, de 1729, fut conclue par
deux lettres, mais il n'y avait plus rien à arranger que le rétablissement
formel de l'amitié. V. DE STECK, Essais sur divers sujets de politique,
n. 2; MONTGON, Mémoires, t. VII, Suppl., n. 25, 26. Dans d'autres cas,
cette voie serait peu praticable; et c'est peu manifester des intentions
pacifiques que de renvoyer un plénipotentiaire en annonçant qu'on pourra
continuer à négocier par écrit. V. Négociations de Lille. de 1797,
SCHOELL, Histoire abrégée, t. V, p. 67 et suiv.

rien n'empêche d'en venir d'abord à la signature du traité
définitif. Mais lorsqu'on n'est d'accord que sur tous les
points essentiels, que cependant il reste encore quelques
points sur lesquels on espère s'arranger, on peut se voir
engagé à signer un *traité préliminaire de paix* (a). Quelquefois ces traités ne sont qu'une minute abrégée des
points essentiels, tandis que dans d'autres cas on y retrouve
toute la forme usitée dans les traités définitifs. Mais l'un et
l'autre genre de traité préliminaire, après avoir été signé
et ratifié, est dès lors obligatoire, indépendamment du
sort du traité définitif, à moins qu'on ne soit expressément
convenu du contraire; ce qui changerait alors le traité
préliminaire en un simple projet.

Les préliminaires conclus, les ministres continuent à négocier pour le traité définitif, soit dans le même endroit,
soit dans un autre, choisi à cette fin.

§ 333. — Traité définitif de paix.

Dans les traités de paix on doit distinguer les articles
généraux, qu'on retrouve dans tous les traités de paix, et
qui, le plus souvent, sont dressés d'une manière semblable,
de ces articles *particuliers*, propres à tel traité individuel,
et rarement susceptibles de comparaison.

Après l'invocation de la Divinité (a) et l'introduction, qui

(a) Exemples des temps plus récents : préliminaires de Vienne, de
1735, de Breslaw, de 1742, d'Abo, de 1743, de Fussen, de 1745, d'Aix-
la-Chapelle, de 1748, de Fontainebleau, de 1763, de Hubertsbourg, de
1763, de Paris, de 1783, de Jassy, de 1791, de Léon, de 1797.

(a) Cette formule d'usage, jusqu'ici observée même dans les traités
avec les Turcs, se trouvait omise dans les traités de la République française, elle fut rétablie dans le traité de Paris du 30 mai 1814.

renferme les motifs du traité et les noms des plénipotentiaires, on fait suivre d'abord l'article qui porte le rétablissement de la paix et de l'amitié (*b*), et souvent les autres
articles généraux touchant la cessation des hostilités (*c*),
des contributions de guerre; l'échange ou la restitution
des prisonniers; *amnistie générale* (*d*), qu'on a quelquefois
soin d'étendre à tout ce qui dans le cours de la guerre a
été entrepris au préjudice de l'autre partie par l'État, par
ses alliés et par les sujets, tant de ceux-ci que des ennemis
mêmes; le rétablissement du commerce, de la correspondance, etc.

Ces articles sont suivis de ceux qui renferment proprement les conditions de la paix; quelquefois même ils y sont
intercalés. Il était jusqu'ici d'usage, à peu d'exceptions
près, d'asseoir ces articles sur la base générale de ceux des
traités antérieurs qu'on avait encore le dessein de conserver, et il semble que le plus fort est le seul qui gagne à
s'écarter de cette voie (*e*).

A proprement parler, tout ce qui a donné lieu à la

(*b*) MOSER, *Teschner Friedensschluss mit Anmerkungen*, p 91.

(*c*) S'il n'y a point encore d'armistice, on convient souvent d'exécuter
cet article même avant la ratification. D'un autre côté, dans les traités
qui terminent les guerres éloignées et maritimes, on convient quelquefois
d'époques postérieures à la signature des traités, après lesquelles seulement ce qui aurait été enlevé serait restitué. *V.* paix d'Utrecht, d'Aix-
la-Chapelle, de Fontainebleau, de Paris, etc., dans mon *Essai concernant les armateurs*, chap. II, § 38.

(*d*) Sur cet article important, *V.* VAN STECK, *De amnistiá*, dans ses
Observ subsecivæ, n. 13; WESTPHAL, *Abhandlung von der Amnistie*,
dans son *Teutsche Staatsrecht*, Halle, 1748, n. 2, MOSER, *Versuch*, t. X,
p. II, chap. II, p. 522.

(*e*) *V.* mon Progr *von der Erneuerung der vorigen Verträge in den
Friedensschlussen der Europäischen Mächte*, Gött., 1797, in-8.

guerre devrait être décidé par la paix, ainsi que ce qui, discuté dans le cours de la guerre (*f*), pourrait laisser un germe de nouvelles mésintelligences, que la paix doit couper, si l'on ne veut pas qu'elle soit plâtrée.

Le point le plus difficile à concilier est sans contredit celui des conquêtes et des possessions réciproques. Sur ce point on prend pour base un *statu quo* quelconque, soit tel qu'il était avant la guerre (*statu quo strict*), ou tel qu'il est au moment de la paix (*uti possidetis*), ou tel qu'il peut se trouver à des époques déterminées, soit antérieures, soit surtout postérieures à la paix; ce qui toutefois n'empêche pas d'admettre des exceptions, et de convenir de compensations particulières (*statu quo limité*); ou bien on préfère la voie des *compensations générales*, en fixant, sans égard à la possession, ce qu'on cédera ou restituera, et ce qui, en échange, sera restitué, cédé ou *consenti*.

Le dernier article touche ordinairement les ratifications, et le temps et le lieu de leur échange.

———

[« Chacun des nombreux objets signalés par l'auteur dans ce paragraphe, dit Pinheiro-Ferreira, comme devant être formellement énoncés dans les traités de paix, mériterait d'être développé ici avec un certain détail. M. de Martens a cru qu'il suffisait d'indiquer les objets à articuler dans un traité de paix, en renvoyant, pour les détails, aux nombreux ouvrages cités dans ses notes.

» Nous souhaiterions suppléer à ces omissions, mais cela nous forcerait à surpasser de beaucoup les bornes d'une note. Nous nous contenterons donc de poser les principes les plus généraux, d'après lesquels ces différentes stipulations doivent se régler.

» Tous ceux dont l'auteur fait mention dans les trois premiers

(*f*) MOSER, *Versuch*, t. X, p. II, p. 364.

alinéas ont pour base le droit de postliminie. Nous en avons exposé ailleurs les fondements et la nature. Ainsi, sans en répéter le contenu, nous en ferons ici uniquement l'application aux articles d'*amnistie générale*, dont les publicistes, sans en excepter ceux mêmes auxquels M. de Martens renvoie les lecteurs, n'ont donné que des idées très-superficielles, lorsqu'ils n'en donnent pas d'absolument fausses, ce qui arrive le plus souvent.

» Rien n'était cependant plus naturel, à vue de la simple notion d'*amnistie*, que d'y reconnaître une espèce de *postliminie*, et, par conséquent, c'est dans la jurisprudence de postliminie qu'il faut puiser celle de l'amnistie.

» Les personnes amnistiées doivent donc être replacées dans la même situation où elles étaient auparavant, sans que le ministère public ou les particuliers, en qualité de parties civiles, puissent les poursuivre pour des faits qui, ayant été pratiqués conformément aux lois en vigueur, n'auront d'autre criminalité que celle qui dérive du principe qui est l'objet de l'amnistie.

» Des poursuites pourront donc être intentées contre l'amnistié, pour des faits contraires aux lois en vigueur, ou lorsque ces lois, introduites pendant l'usurpation ou la conquête, seront évidemment iniques, et que celui qui aura agi d'après elles en pouvait apprécier toute la portée, à moins cependant qu'il n'y ait été contraint.

» Un autre article, sur lequel M. de Martens insiste beaucoup, et avec raison, contre l'avis de la plupart des publicistes, c'est le renouvellement exprès des traités antérieurs à la rupture de la paix, que les deux puissances seront dans l'intention de faire revivre. Mais l'auteur, fidèle à son plan d'énoncer simplement les doctrines sans les motiver, nous laisse ignorer les raisons sur lesquelles il fondait la nécessité de ce renouvellement exprès des traités qui avaient lieu, avant la guerre, entre les deux nations. Force nous est donc de donner la raison qui nous engage à embrasser l'opinion de l'auteur, de préférence à celle de la généralité des publicistes.

» Celui des deux gouvernements qui aura été l'agresseur, soit en commettant les premières hostilités, soit en se refusant à accomplir ses engagements, a donné lieu à des événements qui ont entièrement changé les rapports sous lesquels les deux Etats avaient auparavant contracté. La violation de ces premiers enga-

gements par l'une des parties autorise l'autre à mettre des bornes
à la confiance qu'en contractant elle lui avait d'abord accordée.
Cette bonne foi, base des traités, ayant donc éprouvé une altération par le fait de la guerre, la partie offensée est en droit de ne
plus se regarder comme tenue à observer ce qu'elle n'a promis
que sous le gage d'un retour sur lequel il lui est permis de ne
plus compter. On peut mettre en question lequel des deux gouvernements a été l'agresseur ; mais, de ce que l'un des deux l'a
nécessairement été, il s'ensuit que celui qui a sapé par leur base
tous les traités, autorisant l'autre à lui retirer sa confiance, ne
saurait plus prétendre à des droits qui ne reposaient que sur des
engagements basés sur cette même confiance.

» Le dernier des articles mentionnés par M. de Martens, et,
selon lui, le plus difficile à régler, est celui des *conquêtes et possessions réciproques.*

» Nul doute que, d'après les principes du droit des gens des
monarques absolus, pour lesquels les nations, aussi bien que les
pays qu'elles occupent, ne sont que des propriétés des têtes couronnées, toute guerre ne peut avoir pour but que d'acquérir quelques lieues carrées de territoire et quelques milliers de têtes qui
en sont un accessoire obligé.

» De là, une lutte inévitable au sujet du partage ou de la com-
pensation du butin que chacun des deux combattants aura fait
pendant la guerre.

» Mais, puisque nous sommes arrivés à un siècle où les peuples
semblent ne vouloir plus consentir à être regardés comme du
bétail à partager entre les monarques, et que les citoyens ne
reconnaissent plus au gouvernement de leur pays le droit de disposer à son gré du terrain qui leur appartient en propriété, et
encore moins la nation, de ce qui appartient à la communauté;
lorsque, par conséquent, chaque peuple, dans ses propres intérêts, refuse à son gouvernement le droit de retenir de force une
portion du territoire étranger, malgré les habitants à qui ce territoire appartient; lorsque, en un mot, il n'y a plus de *droit de
conquête,* ce point, qui a paru à M. de Martens, et qui en réalité
ne pouvait manquer d'être fort difficile à arranger, sous le régime
du *droit de la force,* n'embarrassera plus longtemps, nous osons
l'espérer, les négociateurs chargés de conclure des traités de paix
sous le régime du *droit de la raison.*

» Il sera toujours libre à chaque peuple de se séparer de la communauté de ceux avec lesquels ils ne faisait auparavant qu'une seule nation, pour se réunir à un autre dont l'alliance lui présente de plus grands avantages, sauf à dédommager l'Etat dont il se sépare des pertes et préjudices qui pourront résulter de cette résiliation du contrat qui les liait. Mais aucune nation, sans tomber en contradiction avec elle-même, ne saurait s'attribuer le droit de forcer un autre peuple à faire partie de sa communauté. Et si aucune nation n'a ce droit, d'où le monarque, qui ne tient ses pouvoirs que de la nation à laquelle il commande, prétend-il faire dériver un prétendu droit de conquête?

» Certes, lorsqu'enfin il faut en venir à des termes de conciliation, et qu'on veut songer sérieusement à un traité de paix, des dédommagements sont dus de part et d'autre, et une liquidation de pertes et préjudices doit avoir lieu entre les deux parties, liquidation qui entraînera à la charge de celle qui sera vaincue un paiement plus ou moins onéreux; mais ce n'est pas en traînant en esclavage, corps et biens, une partie de la nation, qu'on peut exiger le paiement du solde résultant de cette liquidation.

» Il y eut sans doute un temps où les peuples consentirent à ce que leurs monarques en agissent avec eux comme de leur propriété; et ayant souscrit d'avance à tout ce qu'il leur plairait d'accorder entre eux sur le partage de leurs États, on peut dire que ces monarques agissaient dans leur droit, car ils agissaient d'après les pouvoirs concédés par ceux de qui ils tenaient leurs couronnes. Mais ce que nos ancêtres ont bien voulu donner en instructions aux monarques, leurs mandataires, n'est pour nous, leur postérité, ni une loi, ni un exemple. Ils étaient sans doute les maîtres de céder de leurs droits; nous ne le sommes pas moins de ne point céder des nôtres. »

Il nous suffira, après les développements qui précèdent, de renvoyer aux considérations présentées sur cette matière par HEFFTER, *le Droit international public*, traduction de M. Bergson, § 179 et suiv.   CH. V.]

§ 334. — De la Signature des Traités.

Pour obvier aux difficultés du cérémonial, autrefois élevées touchant la signature des traités, on a aujourd'hui

recours à différentes voies d'altération (*a*), ou aux protestations et aux reversales, jusqu'à ce qu'un jour on puisse
s'arranger (*b*). La signature, l'apposition des cachets et
l'échange des ratifications (*c*) se font souvent sans aucunes
cérémonies ; quelquefois on leur donne plus d'éclat, et il y
a même eu des cas où l'on a permis aux plénipotentiaires
de déployer à cette fin le caractère d'ambassadeur.

§ 335. — Des Articles séparés.

Quelquefois on ajoute des articles séparés, mais en les
déclarant expressément tout aussi obligatoires que s'ils
étaient insérés dans le traité même. Ces articles sont de
deux sortes : quelques-uns touchent les conditions mêmes
de la paix, ou son exécution, et sont ou *publics* ou *secrets ;*
d'autres ont la nature d'une clause *salvatoire*, et concernent surtout les titres et la langue dont on s'est servi, pour
empêcher que ce qui a été accordé cette fois ne tire à
conséquence (§ 179).

« [C'était trop prêter aux formes, dit Pinheiro-Ferreira, que de
donner une valeur spéciale aux articles insérés dans le traité, en
sorte qu'il fût nécessaire de déclarer que ceux qu'on avait conclus
séparément devraient être considérés comme s'ils en faisaient
partie.

» Cependant, ce qui souvent n'était qu'un abus a eu quelquefois une raison fondée , car les traités étant des contrats dont tous
les articles forment pour la plupart un ensemble tellement lié

(*a*) *V.*, sur la paix d'Aix-la-Chapelle, en 1748, *Allgemeine Geschichte
der vereinigten Niederlande*, t. VIII, p 441 et suiv., Moser, *Versuch*,
t X, p. II, p. 337 et suiv., Rousset, *Recueil*, t. XX, p. 174 et suiv.
V. aussi le règlement annexé à l'acte du congrès de Vienne sur le rang
des ministres, dans mon *Nouveau Recueil*, t. I, p. 449.

(*b*) De Réal, t. V, p. 41.

(*c*) Pour l'échange des ratifications on dresse un procès-verbal abrégé.

qu'on ne saurait résilier l'un de ces articles sans porter à tous les autres une atteinte plus ou moins grave, il résulte que, lorsqu'on déclare que les articles séparément conclus devront être considérés comme faisant partie du traité, on est dans l'intention d'établir entre ces articles et ceux du traité la solidarité dont nous venons de parler.

» Quant aux articles secrets, ils ne sauraient plus avoir lieu, si les nations sont pénétrées des graves inconvénients qu'il y a à permettre à leurs agents de disposer, à leur insu, de leur honneur, de leurs biens, et, par suite, de leur indépendance. » Ch. V.]

§ 336. — De plusieurs instruments de paix, de l'Accession et de l'insertion dans les Traités.

Lorsque plus de deux puissances ont pris une part directe à la guerre, et par conséquent doivent concourir à la paix comme parties principales contractantes, il se peut, 1° que chacune d'entre elles signe un traité particulier avec son ennemi, duquel alors il ne résulte ni droit ni obligation pour les autres puissances, à moins qu'on ait mis expressément ces traités en une liaison commune (a) ; 2° ou qu'on dresse un instrument commun pour ces diverses puissances, de sorte qu'alors chacune en devient partie contractante principale ; 3° ou qu'une puissance accède comme partie principale contractante (b), en obtenant par là tous les droits et se chargeant de toutes les obligations qu'elle aurait eues si elle eût signé immédiatement le document principal.

(a) Exemple des traités de Munster et d'Osnabruck. Pour la plupart des traités de paix et autres signés depuis 1813, auxquels plus de deux puissances ont pris part, on a préféré de rédiger des documents particuliers dans chaque rapport individuel, ce qui n'empêche pas que le traité ne devienne général par le moyen d'accession mutuelle.

(b) Accession de l'Espagne, de la Sicile, de la Sardaigne, en 1738; accession de l'Autriche, en 1748.

Mais dans un traité de paix il peut être aussi question, de différentes manières, de puissances qui n'ont point pris une part directe à la guerre, mais, où étaient auxiliaires, ou du moins ont un intérêt quelconque à l'objet de la guerre ou de la paix. Il se peut, 1° que l'une des puissances contractantes principales stipule quelque chose en leur faveur, soit en les comprenant dans le traité (c) (*comprehensi*), de sorte que la paix et l'amitié s'étendront sur elles, sans les rendre par là parties principales contractantes, soit qu'on insère un point particulier en leur faveur (d) : dans ces cas il n'est pas essentiel qu'elles dressent un instrument d'acceptation formelle ; 2° il se peut qu'on ajoute au traité des conventions séparées conclues avec ou entre de tels États, et déclarées faire partie du document principal (e) ; 3° on peut inviter des tierces puissances d'accéder (f), soit pour consentir, soit par honneur.

D'un autre côté, quelquefois de tierces puissances protestent formellement contre un traité de paix ou contre tel de ses articles, en remettant cet acte (g) de protestation aux parties principales contractantes (h).

(c) La République batave stipula, en 1795, qu'elle serait comprise dans tous les traités de paix que signerait la France, ce qui aussi a eu lieu dans les différents traités de paix conclus depuis par la République française.

(d) *V.* l'article 15 du traité de Teschen, de 1779.

(e) Exemple des conventions ajoutées à la paix de Teschen, de 1779.

(f) Van Steck, *von Einschliessung einer dritten Macht in einem Tractate; V. ses Ausführungen politischer und rechtlicher Materien,* 1776, p. 43 et suiv.

(g) Paix d'Aix-la-Chapelle, dans Wenck t. II, p. 310 et suiv.

(h) Protestation du roi d'Espagne et du pape, au sujet de l'acte du congrès de Vienne, dans mon *Nouveau Recueil,* t II, p. 466-475.

[Sur tous ces différents cas, où les puissances contractantes comprennent dans leurs conventions une troisième puissance, sans agir cependant vis-à-vis d'elle sur le même pied qu'elles agissent l'une vis-à-vis de l'autre, nous renvoyons aux remarques faites sur des hypothèses analogues au § 330.   CH. V.]

§ 337. — De la Forme de l'Accession

Toutes les fois qu'une puissance accède à un traité de paix, soit·comme partie principale contractante, soit pour consentir, ou par honneur, elle dresse un acte d'*accession* dans lequel le traité de paix est inséré, et les parties principales dressent leur acte d'acceptation renfermant le traité et l'acte d'accession.

Aux actes de protestation on répond quelquefois par des actes de contre-protestation, etc.

§ 338. — De la Garantie des traités.

Souvent de tierces puissances sont invités à se charger de la *garantie* (§ 63) du traité de paix, soit, comme à l'ordinaire, en faveur de toutes les puissances contractantes (a) et de tout le traité, soit à l'avantage de l'une d'entre elles, ou pour un article particulier. Les actes de garantie sont dressés, quant à la forme, comme le sont les actes d'accession, et ils sont acceptés de même.

La garantie oblige de prêter secours, même les armes à

(a) Quelquefois même les puissances contractantes d'un traité de paix s'en garantissent mutuellement l'exécution, ce qui ne peut avoir lieu que dans les traités conclus entre plus de deux puissances : exemples de la paix de Westphalie, de 1648; de celle d'Aix-la-Chapelle, de 1748, article 23; de celle de Paris, de 1763, article 26. *V.* cependant les objections faites par M. ERHARD, *Prolusio de sponsoribus juris gentium,* Lipsiæ, 1787, in-4.

la main, à celui en faveur duquel on est devenu garant, et
qui en fait la réquisition lorsqu'il y a lieu ; elle ne peut
donc s'étendre qu'aux lésions reprochées à celui contre
lequel on s'est chargé de la garantie (b). Elle n'autorise
pas non plus à s'opposer aux changements que les parties
contractantes voudraient faire au traité ; mais dès lors elle
cesse d'être obligatoire, au moins par rapport à ces changements.

§ 339. — De l'Exécution du Traité.

Le traité de paix signé, ratifié, et les ratifications échan
gées, il ne reste plus qu'à le publier, et surtout à l'exécuter.
La publication se fait quelquefois en pompe, à la tête des
armées, dans la résidence et dans d'autres lieux, où l'on
s'empresse de célébrer ce qu'on appelle le retour du repos.
L'exécution de la paix est souvent plus difficile, surtout s'il
s'agit d'obtenir la cession de provinces qu'on ne possédait
pas au moment de la paix. D'ailleurs, il est juste, en gé-

(b) La garantie de la paix de Teschen par la Russie ne rendit donc pas
cette puissance garante des traités de Westphalie dans toute leur éten-
due, quoique l'article 12 renouvelle ces traités. *V.* les écrits qui ont
paru sur cette question, savoir : V. Rotti, *Frage : ist die Kaiserinn von
Russland durch den Teschner Frieden Garant des Westphälischen
Friedens ?* Frankf. und Leipzig, 1791, in-8 ; *Unpartheyische Prufung der
Frage : ob die Kaiserinn von Russland durch den Teschner Frieden die
Garantie des Westphälischen erhalten habe ?* Frankfurt und Leipzig,
1791, in-8 ; *Unpartheyische Gedanken uber die vom Churtrierischen
Hofe geschehene Anrefung der Kaiserinn von Russland um Unterstut-
zung gegen die Eingriffe Frankreichs.* Frankfurt und Leipzig, 1792,
in-8 ; *Auch eine Beantwortung der Frage : ist die Kaiserinn von
Russland Garant der Westphälischen Friedensschlüsse,* 1793, in 4 ;
Wackerhagen, *Versuch eines Beweises, dass die Kaiserinn von Russland den Westphälischen Frieden weder garantiren könne noch dürfe,*
1791, in-8. *V.* ces écrits rassemblés dans Reuss, *Staatscanzeley,* t. XV,
p. 1 ; t. XXXV, p. 214 ; t. XXXVII, p. 193 ; t. XXXVIII, p. 1-182.

néral, que l'exécution, et surtout l'évacuation des provinces, se fasse à pas égaux. Ceci encore donne quelquefois
lieu à des congrès, et à des recès d'exécution (a) ; trop heureux si du moins ces voies à l'amiable servent encore à
couper les racines de nouvelles guerres.

(a) MOSER, *Versuch*, t. X, p. 1, p. 491 et suiv.

LIVRE IX.

DE L'EXTINCTION DES DROITS ACQUIS.

---

§ 340. — Des Droits primitifs.

Les droits primitifs ou absolus des nations ne sauraient se perdre, dans la généralité, sans que la nation cesse d'exister; mais on peut en sacrifier des parties en faveur d'une autre nation, ou consentir à en limiter l'exercice, sans parler des lésions qui peuvent autoriser à les enfreindre.

§ 341. — De l'Extinction des Droits acquis par Occupation.

Les droits acquis par une nation par occupation peuvent s'éteindre, 1° par l'extinction de l'objet qu'ils affectent; 2° par le délaissement suffisamment constaté; 3° par la cession. Mais la question jusqu'à quel point la simple perte involontaire de possession actuelle peut suffire pour faire expirer nos droits, doit être jugée d'après ce qui a été dit plus haut (§ 70) touchant la propriété et la prescription.

§ 342. — De l'Extinction des Droits acquis par Traités.

L'extinction des droits conventionnels se juge, entre les

nations, d'après les mêmes principes qui ont lieu entre des individus.

Un traité expire lorsque la condition résolutoire existe, ou lorsque le temps pour lequel il a été conclu est échu, à moins qu'il n'ait été prolongé expressément ou tacitement (a).

Le changement total des circonstances qui ont été la cause de la convention la rendent non obligatoire, et il ne peut être question que d'une indemnité à offrir par celui qui aurait volontairement fait naître ce changement. Il en est de même si l'objet de la convention périt ou change. Nul doute que l'accomplissement du traité n'en termine l'obligation.

La volonté mutuelle expresse ou tacite des parties suffit pour changer ou abolir le traité ; mais il n'est permis de se dédire unilatéralement d'un traité valide et obligatoire que lorsque la propre conservation y autorise, ou que le parti contractant a été le premier à s'en écarter. Toutefois ce n'est pas chaque infraction d'un article (b) du traité qui autorise à s'en dédire ; elle ne donne d'abord que le droit d'en exiger l'accomplissement, ou de refuser cet accomplissement pour autant que notre satisfaction le demande. Mais, vu que tous les articles principaux d'un traité sont dans une liaison naturelle, en vertu de laquelle chacun a pour condition l'accomplissement des autres, la partie lésée peut successivement en venir jusqu'à se dédire de tout le

(a) Il existe en Europe un bien plus grand nombre de traités tacitement prolongés qu'on n'aurait lieu de le croire, vu l'importance de l'objet.

(b) GROTIUS, l. II, cap. XIV, § 15 ; VATTEL, l. II, chap XIII, § 202. BUDDÆUS, *De contraventionibus fœd.*, cap. III, § 14

traité, surtout en tant qu'elle n'a pas renoncé à ce droit.

Supposé qu'une puissance manque à un de plusieurs traités conclus avec la même nation, les autres ne cessent pas par là sur-le-champ d'être obligatoires; aussi n'y a-t-il pas toujours la même liaison entre plusieurs traités qu'entre plusieurs articles d'une même convention. Cependant la puissance envers laquelle on manque d'accomplir un traité étant autorisée à nous priver d'autant de droits que sa satisfaction l'exige, elle peut violer d'autres traités conclus avec nous, en usant de représailles, et peut en venir successivement jusqu'à rompre tous ses traités avec nous.

Au reste, les traités conclus entre plus de deux puissances, et rompus par l'une d'entre elles, ne cessent point d'être obligatoires pour les autres, en tant qu'ils sont encore en état d'y satisfaire.

§ 343. — Des Conventions tacites.

Ce qui a été dit touchant l'extinction des conventions expresses est également applicable aux conventions tacites, vraiment telles (§ 65); tandis que ce n'est que la certitude de la volonté mutuelle, et non la manière de l'énoncer, qui décide des effets.

§ 344. — De l'Extinction des Droits coutumiers.

Enfin, en tant qu'il est question de simples droits coutumiers, chaque puissance conserve le droit de les abolir, ou de s'en écarter, pourvu qu'elle en avertisse à temps; à plus forte raison le consentement mutuel des nations peut-il abolir ou changer des points d'usage. Mais, vu l'indépendance des nations, les changements introduits par quelques-unes d'entre elles n'obligent pas les autres à suivre les mêmes mesures, à moins de supposer que l'usage qui a subsisté jusqu'ici ait été contraire à la loi naturelle (a), et que sous ce point de vue les nations soient autorisées à demander de chacune d'entre elles de retourner aux vrais principes puisés à la source commune et invariable des droits des nations, à la *loi naturelle*.

(a) C'est pourquoi, par exemple, la question de savoir si la Grande-Bretagne doit adopter comme règle générale le principe fréquemment introduit depuis le dix-septième siècle en Europe, que le navire couvre la cargaison, repose sur une autre question douteuse et disputée, savoir, lequel des deux principes est conforme à la loi naturelle.

FIN.

BIBLIOGRAPHIE RAISONNÉE

DU DROIT DES GENS

CLASSÉE PAR ORDRE DE MATIÈRES
ET DANS CHAQUE MATIÈRE SUIVANT L'ORDRE ALPHABÉTIQUE.

---

1. — Droit naturel et droit des gens. — Traités et principes généraux.

ABICHT. Darstellung des Natur und-Volkerrechts. *Lübeck*, 1795.

ACHENWALL (Godob.), né en 1719, mort en 1772, professeur à Gottingue.
— Elementa juris naturæ. *Gœtt.*, 1774. Il faut y ajouter ses Prolegomena juris naturalis.

— Juris gentium Europæarum practici primæ lineæ. Fragmentum libelli ob auctoris mortem nunc tandem in lucem editum. *Gœtting*, 1775, in-8.

ACQUITTO (Benedetto d'). Corso di diritto naturale, o Filosofia del diritto. *Palermo*, in-12.

AHRENS. Cours de droit naturel, ou Philosophie du droit d'après l'état de cette science en Allemagne, 3ᵉ édit., 1852, in-8.

ALBERTI. Compendium juris naturæ, orthodoxâ theologiâ confirmatum *Lipsiæ*, 1678.

AUBE (d'). Essai sur les principes du droit et de la morale. *Paris*, 1743, in-4.

BACON. Essai d'un traité sur la justice universelle; trad. nouv., avec le texte en regard, par de Vauxelles. 1824, in 8.

BARBEYRAC (Jean), né à Béziers, le 15 mars 1674, mort en 1729. Sorti de France à la suite de la révocation de l'édit de Nantes, professeur a Berlin et à Groningue. — Le Droit de la guerre et de la paix, traduit du latin de H. Grotius, avec des remarques. *Amsterdam*, 1734. Nouv. édit., *Bâle*, 1768, 2 vol.

BAROLI (P.). Diritto naturale privato e publico. *Cremona*, 1837, 6 vol. in-8. Le droit des gens est traité dans les vol. v et vi.

BATTUR. Traité du droit politique et de diplomatie, appliqué à l'état actuel de la France et de l'Europe. 1828, 2 vol. in-8.

BAUER. Lehrbuch des Naturrechts. *Gœtt.*, 1808.

BAUMBACH. Einleitung in das Naturrecht als eine volksthumliche Rechts philosophie. (Introduction au droit naturel comme formant la philosophie du droit.) *Leips.*, 1823.

BAVOUX (Evariste). Philosophie politique, ou l'Ordre moral dans les sociétés humaines. 1840, 2 vol. in-8.

BECK (Chrét de). Versuch einer Staatspraxis und Kanzleiubung aus der Politik der Staaten und Volker. *Wien*, 2ᵉ édit. 1773.

BECKMANN. Dictrina juris ex jure naturæ. 1676. in-4

BELIME. Philosophie du droit, ou Cours d'introduction à la science du droit. 1844-47, 2 vol. in-8.

BELLO (And.). Principios de derecho di gentes, publié à Santiago di Chili, réimprimé à Paris, 1840, in-8. *Madrid*, 1844.

BENDAVID. Versuch einer Rechtslehre. *Berlin*, 1802.

BENSEY (H). Versuch einer systematischen Entwickelung der Lehre von den Staatsgeschaften, 2 vol. *Erlangen*, 1800-1802.

BENTHAM (Jeremy). Principles of International Law. Dans le tome VIII de ses Works collected bey Bowring. *London*, 1837.

BERGSON. *V.* Heffter.

BESSER (K.-M.). System des Naturrechts. *Halle* et *Leipzig*, 1830, in-8.

BEYER. Delineatio juris divini, naturalis et positivi universalis. In-4, 1712 et 1726.

BIELFELD (Baron de). Institutions politiques. *La Haye*, in-8, 1740.

BLACKSTONE. Commentaries on the laws of England. *Oxford*, 1768, 4 vol in-4 Les éditions de cet ouvrage en Angleterre sont très-nombreuses; la meilleure traduction française est celle de M Chompré.

BLOCK (Maurice). *V.* Dictionnaire général de la Politique

BLONDE. *V.* Pestel.

BLUNTSCHLI. Allgemeines Staatsrecht. Zweite Auflage. *Munich*, 1857.

BŒHMER (Joh.-Frid.). Codex diplomaticus Mænofrancofurtanus (794-1400). *Francfurt*, 1836, in-4

BONALD. Essai analytique sur les lois naturelles de l'ordre social 4ᵉ édit., 1841, in-8.

— Législation primitive considérée dans les derniers temps par les seules lumières de la raison. 5ᵉ édit., 1850, in-8.

Bouvet. Introduction à l'établissement d'un droit public européen de la guerre et la civilisation. 2° édit. Paris, 1856, in-12.

Buddeus (Jos. Fr.). Historia juris naturalis. Cette histoire a d'abord été imprimée en tête des Institutions de Vitrarius.

Buder. Sammlung verschiedener ungedruckten Schriften, berichtet Urkunden, etc., welche zu Erlauterung des Natur-und Volkerrechts dienen *Francfort*, 1735, in-8.

Bulmerincq. De naturâ principiorum juris inter gentes positivi. Dissertatio inauguralis. 1856, in-8.

Burlamaqui (J.-J.), originaire de Lucques, en Italie, naquit à Genève en 1694 et y mourut en 1750. Ses ouvrages sont estimés et ont été traduits en plusieurs langues. — Principes du droit naturel et du droit politique. 1747 ; — *Genève*, 1751, in-4; 3° édit., *Lausanne*, 1784, in-8.

— Principes du droit de la nature et des gens, avec la suite du droit de la nature, par M. de Félice. *Yverdon*, 1766-68, 8 vol. in-8. Une nouv. édit. des 5 derniers volumes a été publiée par M. Dupin. *Paris*, 1820 et 1821, 5 vol. in-8 ; — un extrait : Leçons du droit de la nature et des gens, par M. de Félice. *Yverdon*, 1769, 4 petits vol. in-8.

Bussard. Éléments du droit naturel privé. 1836, in-8.

Bynkershoeck (Cornel. von), né en 1673, à Middelbourg, et mort en 1743 — Quæstionum juris publici libri duo. (Lug. Bat.) 1737. — De foro legatorum, — De dominio maris.

Opusculum de cultu religionis peregrinæ apud veteres romanos.

Carrière. De justitiâ et jure. 1839, 3 vol. in-8.

Chambellan. Études sur l'histoire du droit français. 1847, in-8.

Chambrier (de). Essai sur le droit des gens 1795, in-8, avec un supplément.

Chitty. Law of nations.

Cocceius (Henri), commentateur de Grotius. Autonomia juris gentium. *Franc.*, 1718 et 1720. — Exercitationes juris gentium curiosæ. *Lemgoviæ*, 1722, 2 vol. in-4. *Voyez* aussi Grotius.

Cocceius (Samuel), fils du précédent, a publié les œuvres de son père. On a de lui : Systema novum justitiæ naturalis, sive jura Dei in homines. *Halæ*, 1748, in-8.—Elementa jurisprudentiæ naturalis et romanæ. *Berolini*, 1740, in-8.

Condorcet. Bibliothèque de l'homme public, ou Analyse raisonnée des principaux ouvrages de la politique en général, français et étrangers. 1790-1792, 28 vol. in-8.

Cotelle. Abrégé d'un cours élémentaire du droit de la nature et des gens. *Paris*, 1803, 1 vol. in-8; 2° édit., 1851, 2 vol. in-8.

Courvoisier. Éléments du droit politique. *Paris*, 1792, in-8.

Cumberland. De legibus naturalibus commentatio, in quâ simul refutantur Elementa Hobbesii. *Londres*, 1612. Traduit en français et annoté par Barbeyrac, *Amst.*, 1744.

DAHLMANN (F.-C.). Die Politik an den Grund und das Maas der gegebenen Zustände zurückgeführt *Göttingen*, 1835 ; *Leipzig*, 1847, in-8.

DALLOZ. Jurisprudence générale, ou Répertoire méthodique et alphabétique de législation, de doctrine et de jurisprudence. Nouv. édit., 44 vol in-4. *Paris*, 1845 à 1857. — Surtout aux mots : Agent diplomatique, Consul, Droit naturel et des gens, Traités politiques.

DARIES (Jos.-Germ.). Institutiones jurisprudentiæ universalis naturæ et gentium. *Ienæ*, 1751.

— Observationes juris naturalis ad ordinem systematis sui selectæ. *Ienæ*, 1753, in-8.

DESTRIVEAUX (P.-J.). Traité du droit public. *Brun.*, 1849.

DICTIONNAIRE général de la Politique, par M. Maurice Block, avec la collaboration d'hommes d'État, de publicistes et d'écrivains de tous les pays. — 2 forts vol. in-8 en cours de publication.

DOMIN PETRUSHEWEEZ. — Code du droit international. 1861, 1 vol. in-8°.

DRESCH-Kleine Schriften, 1827 On trouve dans cet ouvrage, p. 11 et suiv., un aperçu des connaissances utiles ou nécessaires au diplomate.

DROST-HULSHOFF (Von). Lehrbuch des Naturrechts oder der Rechts-philosophie. *Bonn*, 1831. 2° édit.

DUGALD STEWART. Histoire abrégée des sciences métaphysiques, morales et politiques. Trad. par Buchon. *Paris*, 1824, 3 vol. in-8.

DUGOUR. Le Droit de la guerre et de la paix *V.* Grotius.

EGGER (Von). Naturliches Staats-und-Volkerrecht *Vienne*, 1807, 1810, 2 vol. in-8.

EGGERS (Ch.-U.). Institutiones juris civitatis, publici et gentium universalis... *Hafniæ*, 1796, in-8.

ELEMENTOS de derecho publico de la paz y de la guerra, illustr. conno-ticias historicas, leyes y doctrinas del derecho espanol. *Madrid*, 1793, 2 vol. in-8°.

ESSAY (an) of the laws of nations as a test of manners. *London*, 1790, in-8.

FABRI (J.-Ev.). Encyclopädie der historischen Hauptwissenschaften und ihrer Hülfs-doktrinen. *Erlangen*, 1808, in 8.

FALLATI Keime des Volkerrechts bei wilden und halbwilden Stammen (In der Tubinger Zeitschr. f. Staatswiss. s. 150 et suiv.).

FEDER (M Jo. Gros Henr.). Dissertatio philosophica : Homo naturà non ferus. *Erlangæ*, 1765, in-4.

— Recht der Natur.

FÉLICE (de). Leçons de droit de la nature et des gens. 1817 et 1830, 1 vol. in-8.

FERRATER (D. Estev. de). Codigo de derecho internacional. I, II. *Barcelona*. 1846, 1847.

FESSMAIER (J.-G.) Grundriss der historischen Hulfswissenschaften. *Erlangen*, 1808, in-8.

FICHTE. Grundlage des Naturrechts nach den Principien der Wissenschaftslehre. *Iéna*, 1796.

— Die philosophischen Lehren von Recht, Staat-und Sitte. 1850.

FILANGIERI. La Science de la législation, trad. de l'italien Nouv. édit. avec un Commentaire de Benjamin Constant. 1841, 3 vol. in-8.

FINETTI (Joannis Fr.). De principiis juris naturæ et gentium adversus Hobbesium, Puffendorfium, Thomasium, Wolfium et alios, libri XII. *Venetiis*, 1777, 2 vol. in-4.

FLEISCHER (J. Laur.). Institutiones juris naturæ et gentium. *Halæ*, 1730; *Lipsiæ*, 1741, in-8.

FORMEY. Principes du droit de la nature et des gens. *Amst.*, 1757, 3 vol. in-8.

FRITOT. Science du publiciste, ou Traité des principes élémentaires du droit considéré dans ses principales divisions. 1820-1823, 11 vol. in 8.

— Cours de droit naturel, public, politique et constitutionnel. 1827, 4 vol. in-12.

GAGERN (H.-C.). Kritik des Völkerrechts, mit praktischer Anwendung auf unsere Zeit. In-8, *Leipzig*, 1840.

— Mein Antheil an der Politik. *Stuttg.* et *Leipz.*, 1823 à 1844, 6 vol. in-8.

GALFEY ou GLAFFEY (Ad.-Fréd.). Vernunft-und Völkerrecht. *Francf.* et *Leipz.*, 1723, in-4; 2ᵉ édit., 1732 et 1746, in-4; dans la 3ᵉ édit., le droit des gens fut détaché sous le titre de : Glafey's Volkerrecht. *Nuremb.*, *Francf.* et *Leipz.*, 1752, in-4.

GARDEN. Traité complet de diplomatie, ou Théorie générale des relations extérieures des puissances de l'Europe. *Paris*, 1833, 3 vol. in-8.

— Code diplomatique de l'Europe. T. Iᵉʳ, 1ʳᵉ partie, 1852, in-8.

GEBAUER (G.-C.). Nova juris naturalis historia. *Wezlar*, 1774, in-8.

GERHARD. Delineatio juris naturalis, sive de principiis justi *Ienæ*, 1712, in-8.

GERLACH. Grundriss der philosophischen Rechtslehre. 1824.

GONDON D'ASSONE. Du droit public et du droit des gens, ou Principes d'association civile et politique, suivies d'un projet de paix générale et perpétuelle. *Paris*, 1808, 3 vol. in-8

GRIBNER (M.-H.), né à Leipsick, en 1682, professeur à Wittemberg, conseiller à Dresde, ensuite professeur à Leipsick, 1734. Principia jurisprudentiæ naturalis. *Wittemberg*, 1710, 1715, 1717, 1723; angm. en 1728, 1733, 1748, in-8.

GRŒN VAN PRINSTERER (G.). Beschouwingen over staats-en Volkenregt. *Leiden*, 1834, in-8.

GROS Lehrbuch der Philosophischen Rechtswissenschaft oder des Naturrechts. (Éléments du droit naturel ou de la science philosophique du droit.) 5ᵉ édit., *Stutt.*, 1829.

GROTIUS (Hugo) ou Hugues de GROOT, né à Delft, en 1583, mort à Rostock, en 1645 — Son principal ouvrage est : De jure belli ac pacis. Traduit en français par Barbeyrac. On a encore de lui le Mare liberum, qui parut en 1634.

— De jure belli ac pacis. *Paris*, 1625, in-4 Editio emendata ab auctore. *Amstelod.*, 1632, in-8 ; repetita, 1642, in-8 : traduit en français par Barbeyrac. D'Ompteda, dans sa Littér. du droit des gens, cite 45 édit. jusqu'à 1758. Les meilleures sont : cum notis J.-F. Gronovii, *Amstel.*, 1700, 1701, 1702 et 1712, in-8 ; cum notis Gronovii et Jo. Barbeyracii, *Amstel.*, 1719, 1720 ; 2ᵉ édit., *Amstel.*, 1735 ; 3ᵉ édit., *Lipsiæ*, 1753, 2 vol. in-8, nouv. édit par Tydemann, *Utrecht*, 1772, in-8 ; cum comment. G. Van der Meulen, *Ultraj.*, 1696, 1700, et *Amst.*, 1704, 3 vol. in-fol.; cum comment. H Cocceji, 1751, 5 vol. in-4. La trad. franç. de Jean Barbeyrac, 1724 et 1729, *Bâle*. 1746 et 1750 ; 4ᵉ édit., *Amst.*, 1754, in-4; 5ᵉ édit , 1759, in 4; 6ᵉ édit., *Bâle*, 1768, en 2 vol Il existe une autre trad. franç., par A.-J. Dugour, *Paris*, 1792, 2 vol. in-8 L'ouvrage a été en outre traduit dans presque toutes les langues de l'Europe. La librairie Guillaumin annonce une nouvelle édition de Grotius. Elle est confiée à M. Pradier-Fodéré.

GUGLIELMO (Andrisio). Juris naturalis et gentium fundamenta. *Napoli*, 1856, in-8.

GUNDLING. (Nicol. Hier). Jus naturæ et gentium, connexâ ratione naâque methodo elaboratum. *Halæ Magd* , 1728, publié d'abord en 1714 sous le titre de : *Via ad veritatem.*

GUNTHER (K.-G.). Europaisches Vokerrechts in Friedenszeiten, nach Vernunft, Vertragen, Herkommen. . *Altenbourg*, 1787 et 1792, 2 vol. in-8.

HÆLSCHNER (H. Ph. C). Diss de jure gentium, quale fuerit apud gentes Orientis. I, *Halæ*, 1842.

HAGEMEISTER (E. F.). Beitrage zum europaischen Volkerrecht. *Stralsund*, 1790, in-8.

HALLER. Mélanges de droit public et de haute politique. *Espagne* et *Portugal*, 1839, 2 vol. in-8

HARTENSTEIN (Gust.). Darstellung der Rechts-Philosophie des H Grotius, — (Abhandlungen der phil. histor Klasse der Konig-Sachs-Gesellschaft der Wissenschaften.) *Leipzig*, 1850.

HAUS (J. J.). Elementa doctrinæ juris philosophicæ, sive juris naturalis. *Gandavi*, 1824, in-8.

Hferen. Handbuch der Geschichte des Europ. Staaten Systems ou Manuel historique du système des États européens et de leurs colonies, depuis la découverte des deux Indes jusqu'à l'année 1829, 5ᵉ édit., *Göttingue*, 1830, 2 vol. in-8. — Il y a aussi une traduction anglaise.

Heffter (A. G.). Le Droit international public de l'Europe. *Berlin*, 1861, 4ᵉ édit., 1 vol. in-8ᵉ en allemand, traduit en français par Jules Bergson sur la 3ᵉ édit. *Berlin* et *Paris*, 1857, 1 vol. in-8.

— Prol. acad. de antiquo jure gentium. *Bonn*, 1823.

Hegel. Grundlinien der Philosophie des Rechts *Berlin*, 1820.

— Naturrecht und Staatswissenschaft.

Heineccius (Jo. Gottlæ). Prælectiones academica in Grotii de jure belli ac pacis libros. *Berolini*, 1744 in-8.

Hemmingius (Nic), professeur à Copenhague. Apodictica Methodus de lege naturæ. *Wittemb.*, 1562.

Hempel (C. F.). Allgemeines Staatsrechts Lexicon, etc. *Francfort* et *Leipzig*. 1751-1755, 9 vol. in 4. — Dans la préface, l'auteur indique 1878 traités dont il se proposait de faire usage dans l'ouvrage rédigé par ordre chronologique. Mais l'ouvrage s'arrête au 9ᵉ vol.

Henrici. Ueber den Begriff und die letzten Grunde des Rechts. *Hanovre*, 1822.

Hepp. Essai sur la théorie de la vie sociale. *Paris* et *Strasbourg*, 1 vol. in-8.

Heydenreich (C. H.) System des Naturrechts nach kritischen Principien. *Leipzig*, 1794 et 1801.

Heyne (C. G.). Progr. de bellis internecinis eorumque causis et eventis. *Gottingæ*, 1794, in fol.

Hinrich Geschichte der Rechts-und Staatsprincipien seit der Reformation, 3 vol. 1848, 1852.

Hinrichs (H. F. W). Geschichte des Natur-und Völkerrechts. *Leipzig*, 1848-1852.

Hobbes (Thomas), né à Malmesbury, en 1588, mort à Hardewick, en 1679. — Elementa philosophica de cive. 1647, in-12

Hoepffner. Naturrecht der einzelnen Menschen, der Gesellschaften und der Volkern. 7ᵉ édit, *Marbourg* 1806

Hoffbauer (J. Chr.). Das allgem. od. Naturrecht und die Moral in ihrner gegenseitigen Abhangigkeit und Unabhangigkeit von einander dargestellt *Halle*, 1816, in-8.

— Naturrecht aus dem Begriffe des Rechts entwickelt 1793, 4ᵉ édit. en 1825.

Hogendorp (H. van). Commentatio de juris gentium studio in patriâ nostrâ post H. Grotium. *Amst.*, 1856, gr. in-8. Ouvrage couronné par la faculté de droit d'Utrecht.

Hubner (Martin). Essai sur l'histoire du droit naturel. *Londres*, 1757,

2 vol. in-8. — Cet ouvrage est regardé comme une bonne introduction à l'étude du droit naturel.

HUFELAND. Lehrsatze des Naturrechts und der damit verbundenen Wissenschaften zu Vorlesungen. *Francf.*, 1790 et 1795.

HUGO. Lehrbuch des Naturrechts als einer Philosophie des positiven Rechts. 4ᵉ édit., *Berlin*, 1819.

ICKSTADT (Joh. Ad.). Elementa juris gentium. *Wirceburgi*, 1740, in-4.

INQUIRY into the Accordancy of war with the Principles of Christianity. 4 th. ed. *Lond.*, 1843.

ISAMBERT. Manuel du publiciste et de l'homme d'État; contenant les chartes et les lois fondamentales, les traités, etc. 1826, 4 vol. in-8.

— Tableau historique des progrès du droit public et du droit des gens jusqu'au dix-neuvième siècle. *Paris*, 1832, 1 vol. in-8.

JACOBS Philosophische Rechtslehre, oder Naturrecht. *Halle*, 1795.

JACOBSEN. Handbuch des Volkerrechts. *Hamb*, 1803, 2 vol. in-8.

JOUFFROY. Cours de droit naturel. 2ᵉ édit., 1842, 2 vol. in-8

JOUFFROY (B.). Catéchisme de droit naturel. *Berlin*, 1841, in-8.

KAHLE (C. M.). Die speculative Staatslehre, oder Philosophie des Rechts. *Berlin*, 1846, in-8

KÖLLE. Considérations sur la diplomatie (en allemand). *Stuttgard*, 1838, in-12.

KALTENBORN (Carl. Von) Zur Geschichte des Natur-und-Volkerrechts so wie der Politik. *Leipzig*, 1848, in-8.

— Kritik des Volkerrechts nach dem jetzigen Standpunkte der Wissenschaft *Leipzig*, 1847, in-8.

— Die Vorlaufer des Hugo Grotius auf dem Gebiete des jus naturæ et gentium. 1848.

KANT. Metaphysische Anfangsgründe der Rechtslehre. *Kœnigsberg*, 1797.

— Il y a deux traduct. franç., l'une de Tissot, l'autre de Barni, sous le titre de :

— Éléments métaphysiques de la doctrine du droit, suivis d'un Essai philosophique sur la paix perpétuelle, et d'autres petits écrits relatifs au droit naturel, trad par Jules Barni, 1853, in-8.

— Principes métaphysiques du droit, trad de l'allemand par Tissot, 2ᵉ édit., 1853, in-8.

KENT (J.) Commentaries on American Law. *New-York*, 1844

KLANCK (J.). Institutiones juris naturalis. *Amst.*, 1665. *Parisiis*, 1670, in-12.

KLAPROTH. Principes du droit naturel (en allemand). *Lausanne*, 1771, in-12.

KLÜBER (J. L.). Droit public de la Confédération germanique et des États de la Confédération. 3ᵉ édit., *Francfort*, 1831, 1 vol. in-8 en deux parties.

— Le Droit des gens moderne de l'Europe. 1831, 2 vol in-8. Cet ouvrage est un traité succinct, mais très-clair, du droit international.

— La dernière édition revue, par M. Ott et publiée en 1862 par Guillaumin et C⁰, est très-supérieure aux éditions précédentes. 1 vol. in-8.

Kœhler. Juris naturalis exercitationes. *Ienæ*, 1729, 1733 et 1738.

— Juris socialis et gentium ad jus naturæ revocati specimina. *Ienæ*, 1736, in-4.

Kœhler (P. T.). Einleitung in das praktische Europäische Volkerrecht. *Mayence*, 1790, in-8.

Kolderup-Rosenvinge. Grundrids af den positiv Folkeret. *Copenhague*, 1839.

Kölle (Fr.). Betrachtungen uber Diplomatie. *Stuttg.* und *Tub.*, 1838.

Krause. Grundlage des Naturrechts oder Philosoph. Grundr. des Ideals des Rechts. *Iéna*, 1803.

— Abriss des Systems der Philosophie des Rechts, oder des Naturrechts. *Gœtt.*, 1828.

Krug. Naturrechtliche Abhandlungen od. Beiträge zur natürl. Rechtswissenschaft. *Leipzig*, 1811.

— Aphorismen zur Philosophie des Rechts. *Leipzig*, 1800.

Krug (V. O.). Das international Recht der Deutschen. *Leipzig*, 1851.

Külmann. Droit public de l'antiquité (en all). *Cologne*, 1820, in-8.

Laferrière. Cours de droit public et administratif, 3ᵉ édit., *Paris*, 1852.

Lampredi. Diritto publico universale, ec. (droit public et universel du droit de la nature et des gens). *Pavie*, 1818, 4 vol. in-8. L'ouvrage avait été écrit en latin. Il a été traduit en italien par le docteur Sacchi.

— Juris publici universalis, sive Juris naturæ et gentium theoremata. *Livourne*, 1776-1778.

Laurent. Histoire du droit des gens et des relations internationales. 1850, 3 vol. in-8. *Paris*, 3ᵉ édit., 1853.

Leibnitz. Nova methodus discendæ docendæque jurisprudentiæ. *Francf*, 1668.

— Codex juris gentium diplomaticus. *Hanov.*, 1693, in-fol , suivi de : Mantissa codicis juris gentium diplomatici. *Hanov* , 1700, 2ᵉ édit., 1724; *Wolfenbuttel*, 1747, in-fol.

Leone Lévi.—The Law of nature and nations ad affected by divine Law. *London*, 1855, in-8.

Leonhardi. Austragalverf, assung des deutschen Bundes.

Lepage. Éléments de la science du droit. 1819, 2 vol. in-8.

Lerber. De legis naturâ summa. *Tiguri*, 1752, in-4.

Lerminier. Philosophie du droit 3ᵉ édit., 1852, in-18.

— Introduction générale à l'histoire du droit. 2ᵉ édit., 1835, in-8.

Lézardière (mademoiselle de la). Théorie des lois politiques de la monarchie française. 1844, 4 vol. in-8.

Lherbette Introduction à l'étude philosophique du droit. *Paris*, 1829, in 8. •

Lichtenstern (J M. Freih. von) Was hat die Diplomatie als Wissenschaft zu umfassen und der Diplomat zu leisten? *Altenburg*, 1820.

Lipenius (Martin). Bibliotheca juris naturalis et gentium. 4° édit., *Leipzig*, 1757, 2 vol. in-fol., continuée par Schott (1775), le baron de Senkenberg (1789) et Madihn (1817-1819).

Lunig (J. Chr). Teutsches Reichs-Archiv. *Leipzig*, 1710-1722, 24 vol. in-fol

— Codex Germaniæ diplomat *Leipzig*, 1732-33, 2 vol. in-fol.

— Bibliotheca deductionum, continuée par Holzschuher et Siebenkees. *Nuremberg*, 1778-1783, 4 vol. in 8.

— Grundfeste Europäischer Potentaten-Gerechtsame, worinnen durch auserlesene Deductionen dargethan wird, wie es um aller Potentaten hohe Jura, Ansprüche und Präcedenz Streitigkeiten beschaffen sei. *Leipzig*, 1716, in-fol.

— Selecta scripta illustrium. *Leipzig*, 1723, in-fol.

— Europäische Staats Consilia seit den Anfang des sechszehnten Sæculi bis 1715. *Leipzig*, 1715, 2 vol. in-fol.

— Litteræ procerum Europæ, etc., ab anno 1552 usque ad ann. 1712, linguâ latinâ exaratæ. *Lipsiæ*, 1712, 3 vol. in-8.

— Sylloge publicorum negotiorum, etc., intra vicennium latinâ linguâ tractatorum. *Francof.*, 1694, in-4

— Supplementum et continuatio Syllog., etc., ab ann. 1674 ad 1702. *Francof.*, 1702, in 4.

Mably (l'abbé Gabriel Bennot de), né à Grenoble en 1709, mort à Paris en 1785. — Principes des négociations — Droit public de l'Europe fondé sur les traités. *Paris*, 1717, 2 vol.; nouv. édit par Rousset, *Amst.*, 1748, 5° édit avec la plupart des remarques de Rousset et avec les Principes des négociations. *Amst.* et *Leipzig*, 1773, 3 vol. in-8; réimpr.: *ibid.*, 1777, *Genève*, 1776, 3 vol. in-8, et 1792. (Se trouve aussi dans les OEuvres complètes, nouv. édit. augm. de 3 vol. d'œuvres posthumes. *Paris*, 1821, 15 vol)

Mackintosh (J.). Discourse on the Study of the Law of nature and nations. *London*, 1800, in-8. — Discours sur l'étude du droit de la nature et des gens, trad. de l'anglais, par *Royer-Collard*, in-8.

Maffioli (J.-P.). Principes du droit naturel appliqués à l'ordre social *Paris*, an XIII, 1803, in-8, 2 vol.

Mailher de Chassat Traité des statuts (lois personnelles et réelles) ou du Droit international privé. *Paris*, 1845.

MAILLARDIÈRE (vicomte de la). Précis du droit des gens, de la guerre, de la paix et des ambassades. *Paris*, 1775, in-12.

MALPEYRE. Précis de la science du droit naturel et du droit des gens. *Paris*, 1829, in-18.

MARCHAND, projet de paix perpétuelle. *Paris*, 1842

MAREZOLL (G.-L.). Lehrburch des Naturrechts *Giessen*, 1819.

MARIN. Historia del derecho natural y de gentes. *Madrid*, 1807, 2 vol. in-8.

MARTENS (Ch. de). Causes célèbres du droit des gens. *Leipzig*, 1827, 2 vol. in-8.

— Nouvelles Causes célèbres du droit des gens. *Leipzig*, 1844, 2 vol. in-8.

— Le Guide diplomatique, précis des droits et des fonctions des agents diplomatiques et consulaires, avec la collaboration de Fréd. Wagmann. 4ᵉ édit., 1852, 2 vol. in-8. La librairie Brockhaus de Leipsick en prépare une 5ᵉ édition qui est confiée

MARTENS (Georges-Frédéric de), professeur à l'université de Gœttingue, ministre de Hanovre à la diète germanique, mort en 1822. — Précis du droit des gens moderne de l'Europe, fondé sur les traités et sur l'usage, 2 vol. in-8.

Un grand nombre d'éditions atteste le mérite et l'utilité de l'ouvrage de G. de Martens. Les notes ajoutées par M. Ch. Vergé aux deux éditions publiées par la librairie Guillaumin l'ont mis au courant des faits et des doctrines du droit des gens.

— Cours diplomatique ou Tableau des relations extérieures des puissances de l'Europe, tant entre elles qu'avec d'autres États dans les diverses partie du globe. *Berlin*, 1801, 3 vol in-8.

— Grundriss einer diplomatischen geschichte der europaischen Staatshändel und Friedensschlusse. *Berlin*, 1807.

MARTINI. De lege naturali positiones. *Vienne*, 1772. — De lege naturali exercitationes. *Vienne*, 1776. — Lehrbegriff des Natur-Staats-und-Volkerrechts. *Wien*, 1799.

MASCOV (J.-J.). Principia juris publici.

MASSABIAU (F.). De l'esprit des institutions politiques Nouv. édit., 1837, 2 vol. in 8.

MEISTER. Lehrbuch des Naturrechts. *Francf.*, 1809.

MELANCHTHON. Epitome philosophiæ moralis. 1538.

MELLIN. Grundlegung zur Metaphysik der Rechte. 1796.

MERLIN. Répertoire universel et raisonné de jurisprudence, surtout aux mots Prises maritimes, Consul, Contrebande de guerre, etc Cet ouvrage a eu cinq éditions. La dernière est de 1828.

MEYER. Esprit, origine et progrès des institutions judiciaires des principaux pays de l'Europe. 1823, 5 vol. in-8

MICHEL (C. L. S). Considérations nouvelles sur le droit en général et particulièrement sur le droit de la nature et des gens. *Paris*, 1813, in-8.

MICHELSEN (A. L. J.). Grundriss zu Vorlesungen über positives Volkerrecht. *Kiel*, 1840.

MONTESQUIEU. Esprit des lois.

MOSER (Jean-Jacques), né à Stuttgart en 1701, mort en 1785. J -J. Moser fut l'écrivain politique le plus fécond qui ait jamais existé. On compte environ 700 volumes publiés par lui, d'une valeur sans doute inégale, mais qui attestent une érudition prodigieuse. Cette fécondité merveilleuse lui a fait donner en Allemagne le nom de Père du droit des gens (*der Vater des Völkerrechts*). *Voyez* l'article qui lui est consacré dans la Biographie de Michaud. — (Essai sur le droit des gens moderne; Versuch des neuesten europaischen Volkerrechts. 10 vol. de 1777 à 1780.

— Essai sur le droit des gens le plus moderne des nations européennes en paix et en guerre. 1778-1780.

— Grundsatze des jetzt üblichen Europaischen Volkerrechts in Kriegszeiten. 1752, in-8.

— Erste Grundlehrendes jetzigen Europaischen Volkerrechts. *Nuremberg*, 1778, in-8.

— Anfangsgründe der Wissenschaft von der heutigen Staatsverfassung von Europa, und dem unter den Europäischen Potenzen üblichen Volker-und allgemeinen Staatsrecht, *Tubingue*, 1732, in-8.

MOSER (Fr. C. V.), fils de J.-J. de Moser, se fit remarquer en Allemagne par une verve politique qui lui attira de nombreuses persécutions. Il fut le premier écrivain politique de l'Allemagne. — Beitrage zu dem Staats-und-Völkerrecht. *Frankf. ad M*, 1764, 1765-1772, 4 vol. in-8.

— Kleine Schriften zur Erlauterung des Staats-und-Volkerrechts. *Francf. ad M.*, 1751-65, 12 vol. in-8.

MULLER-JOCHMUS (M.). Geschichte des Volkerrechts im Alterthum. *Leipzig*, 1848.

NETTELBLADT. Systema elementare universæ jurisprudentiæ nat. *Halle*, 1749.

NEYRON. Principes du droit des gens européen conventionnel et coutumier. *Brunswick*, 1783, in-8. Le deuxième volume n'a pas été publié.

NÖRREGAARD (Lauriz). Folkeretts forste Grunde (Principes du droit des gens). *Copenhague*, 1776, in-8.

OKE MANNING (W.). Commentaries on the Law of nations. *Lond.*, 1839.

OLDENDORP. Elementaris Introductio juris naturæ, civilis et gentium. 1539.

OMPTEDA (D. H. L. van). Literatur des gesammten, so wohl naturlichen als positiven, Völkerrechts *Regensbourg*, 1785, 2 vol in-8. — Cet ouvrage, qui s'arrête à 1784, a été continué par Kamptz jusqu'en 1817.

OPPENHEIM (H. B.). System des Volkerrechts, *Frankf.*, 1845.

OSENBRUEGGEN (Ed.). De jure belli et pacis Romanorum liber singularis. *Leipzig*, 1836.

OUDOT. Premiers Essais de philosophie du droit. 1846, in-8.

PANDO (don Josè Maria). Elementos del derecho internacional. In-8, *Madr.*, 1843.

PERREAU. Éléments de législation naturelle. *Paris*, 1807, in-8. Cet ouvrage est rempli de notions justes et présentées dans un bon style.

PESTEL. Fundamenta jurisprudentiæ naturalis. *Lugd. Batav.*, 1774-1776, in-8, et 1788, 1 vol. in-8. Traduit en français par Blonde, avocat au parlement de Paris.

— De necessitate et usu juris gentium dissertatio.

PFEIFFER (L). Das princip des internationalen Privatrechts. *Tub.*, 1851.

PHILIMORE (R.). Commentaries upon international Law. *Londres*, 1854.

PINHEIRO-FERREIRA. Cours de droit public interne et externe, 1830, 2 vol. in-8.

— Principes du droit public, constitutionnel, administratif et des gens. 1834, 3 vol. in-12.

— Précis du droit public interne et externe. 1841, in-8.

PÖLITZ (K. H. L.). Praktisches (Europäischen) Volkerrecht. *Leipzig*, 1824-1828.

— Comment. de mutationibus, quas systema juris naturæ ac gentium à Grotii temporibus hucusque expertum fuerit. *Vittemberg*, 1806, in-4.

— Die Staaten-system Europas und Americas. *Leipzig*, 1826, 3 vol.

POLN (Car). De juris divini et naturalis origine. *Brixiæ*, 1750, in-4.

POLSON (A.). Principles of the Law of nations. *London*, 1848, in-8.

PORTIEZ (de l'Oise). Code diplomatique.

PÖZL (J.). Grundriss zu Vorlesungen uber europaischen Völkerrecht. *München*, 1852.

PUFFENDORF ou Pufendorf, ainsi que le nom s'écrit en Allemagne, est né à Chemnitz en Saxe, en 1631 ou 1632, et mort à Berlin en 1694.

— Elementa juris naturæ methodo mathematicâ. *Leyde*, 1660, in-8. De jure naturæ et gentium libri VIII. *Londini Scanor* , 1674, in-4, augmenté par l'auteur d'un 4ᵉ vol. *Francof. ad Viadr.* (Francfort sur l'Oder), 1684, in-4 Cette dernière édition fut réimprimée six fois. Ensuite elle fut publiée cum adnotat. J. Nic. Hertii. *Francof.*, 1706; *Amst.*, 1715; *Francof.*, 1716.

— Traduction française, par J. Barbeyrac, avec des remarques. *Amsterdam*, 1706, 2 vol. in-4; *ibid.*, 1712, in-4; *Paris*, 1713, 1715. *Bâle*, 1732, in-4; revue par le traducteur et augmentée de deux discours, *Amsterdam*, 1734, 2 vol. in-4; *Bâle*, 1750 et 1771, in-4.

Putter (K.). Beitrage zur Volkerrechtsgeschichte-und-Wissenschaft. *Leipzig*, 1843.

— Specimen juris publici ac gentium Medii ævi. *Leipzig*, 1833.

Rachfl. De jure naturæ et gentium dissertationes duæ. *Kiel*, 1766.

Rasler. Institutiones juris naturalis *Tubingæ*, 1756, in-8.

Ralmer. Ueber die geschichtliche Entwickelung der Begriffe von Recht, Staat und politik. 2ᵉ édit , *Leips.*, 1832.

Rayneval (Joseph-Mathias Gérard de), né en 1736, mort en 1812. Institution du droit de la nature et des gens, avec un appendice contenant des idées sur la politique. *Paris*, 1803, 1 vol. in-8. 2ᵉ édit., 1851, 2 vol. in-8.

Reddie (J.). Inquiries in International Law public and private. *Edinb.*, 1851.

Riquelme (A.). Elementos de derecho publico internacional español, *Mad.*, 1849

Rœder. Grundzuge des Naturrechts und Rechtsphilosophie. *Heidelberg*, 1846.

Romagnosi (J. P.). Assunto primo della scienza del diritto naturale, etc., ou Principes de la science du droit naturel. *Milan*, 1820, in-8

Römer (C. H. van). Volkerrecht der Deutschen. *Halle*, 1789, in-8

Rosbach. Die Perioden der Rechtsphilosophie 1842.

Rossi. Mélanges d'économie politique, d'histoire et de philosophie. 2 vol. in-8. *Paris*, 1857.

Rotteck (von). Lehrbuch des Vernunftrechts und der Staatswissenschaften. 4 vol., 1829-35, *Stuttgard*.

Rotteck (C. V) und Welcker (C.). Staatslexicon, oder Encyclopædie der Staatswissenschaften. 15 vol. 4 id. Supp. *Altona*, 1834-38

Rutherforth. Institutes of natural laws , being the substance of a Course of lectures on Grotius' De jure belli et pacis. *London*, 1754, in-8.

Ryssel (Jo. Jac. A.). De jure naturæ et gentium libri duo. *Lipsiæ*, 1689, in-8.

Saalfeld (F.). Handbuch des positiven Völkerrechts. *Tub.*, 1833.

— Grundriss eines Systems des Europaischen Volkerrechts. *Gotting*, 1809, in-8.

Saint-Pierre (abbé de). Projet de traité pour rendre la paix perpétuelle. *Utrecht*, 1713.

Santarem (Visc. de). Quadro elementar das relações politicas e diplomaticas de Portugal desde o principio da Monarchia Portuqueza até a nossos dias. *Par.*, 1842-1854.

Schaeffner (W.). Entwickelung des internationalen Privatrechts. *Frankf.*, 1841

Schletter (H. T.). Handbuch der juristischen und staatswissenschaft lichen Literatur. *Grimma*, 1843, gr. in-8.

Schlöser (Chrétien de). Table des matières contenues dans la Science du droit des gens moderne de l'Europe. *Dorpat*, 1804, in-8.

Schmalz. Das Europäische Volkerrecht, in-8 ; *Berlin*, 1817, in-8. Traduit de l'allemand par le comte de Bohm, sous le titre de : Le Droit des gens européen. *Paris*, 1823, in-8.

Schmauss (J. J.). Einleitung zur Staatswissenschaft. *Leipzig*, 1740 et 1747, 2 vol.

— Das Recht der Natur. *Kœnigsberg*, 1795, réédité en 1831, à *Leip zig*, sous le titre de : Die Wissenschaft des naturlichen Rechts.

— Corpus juris gentium

Schmelzing (Jul). Systematischer Grundriss des Europäischen Volkerrechts *Rudolstadt*, 3 vol. in-8, 1818-1820

— Lehrbuch des europ Volkerrechts. *Altenburg*, 1821, in-8.

Schmidlin. De juribus gentium mediar.

Schröder (Lud. Conr.). Elementa juris naturæ, socialis et gentium. *Groningæ*, 1775, in-8.

Schrodt. Systema juris gentium quod sub directoratu F. W. S. de Cronenfels publicæ disputationi submittit Adalb. comes Czernin de Chudenitz. *Prague*, 1768, in-4 ; 2ᵉ édition publiée sous le nom de Schrodt, *Bamberg*, 1780, in-8.

Schutzenberger. Études sur le droit public. 1841, in-8.

— Les Lois de l'ordre social 1851, 2 vol. in-8.

Schwartz (Ignat.). Institutiones juris naturæ et gentium. *Venet.*, 1760, 4 vol. in-4.

Simoni (A. de). Saggio critico, storico e filosofico sul diritto di natura e delle genti e sulle successive legi, instituti e governi politici. (Essai critique, historique et philosophique sur le droit naturel, sur le droit des gens et sur les lois, les institutions et les gouvernements civils.) *Milano*, 1822, 4 vol. in-8.

Solimene. Justice et liberté ; le Code des nations. *Paris*, 1845, in-8

Stahl (F J.). Die Philosophie des Rechts nach geschichtlichen Ansicht. *Heidelberg*, 1830-37 et 1847, 3 vol. in-8.

Steck (de) Essais sur divers sujets de politique.

Stephani. Grundlinien der Rechtswissenschaft oder des so genannten Naturrechts. *Erlangen*, 1797.

Stockler. Éléments de droit naturel (en port). *Lisboa*, 1827, in-12.

Story. Droit public des États modernes (États-Unis d'Amérique), traduit en français par P. Odent. 1846, 2 vol. in-8.

— Commentaries on the conflict of laws, foreign and domestic. Publié de 1834 à 1841 à Boston et à Édimbourg.

Strive (G. von) Ueber das positive Rechtgesetz in seiner Beziehung auf räumliche Verhältnisse, oder über die Anwendung der Gesetze verschied. Orte. *Karlsr.*, 1834.

Suarez. Tractatus de legibus et de legislatore.

Taparelli (L.) Saggio teoretico di diritto naturale. *Palermo*, 1840-41, 5 vol in-8; *Napoli*, 1841-45, 3 vol. in-8.

Textor (Jean-Wolfg.), né en 1637, professeur à Altorf, ensuite à Heidelberg, puis syndic à Francfort, mort en 1701. — Synopsis juris gentium *Bâle*, 1680, in-4.

Thomasius (Christian), né en 1655, professeur à Halle. en 1694, ensuite directeur de l'académie, mort en 1728. — Institutiones jurisprudentiæ divinæ. *Halæ-Magd.*, 1694-1702.

— Fundamenta juris naturæ et gentium. *Halæ*, 1705, 1708, 1718, in-4.

Tyndall. (Matthew L. L. D). An Essay concerning the Laws of nations and the Rights of Sovereigns.

— Traité complet de diplomatie, par un ancien ministre. *Paris*, 1833. 3 vol. in-8.

Tolomei (G.). Corso elementare di diritto naturale o razionale. *Padova*, 1848.

Toze. Allgemeine christliche Republik. *Gotting*, 1752.

Traité complet de diplomatie, par un ancien ministre. *Paris*, 1833. 3 vol. in-8.

Trendelenburg. Le droit naturel sur la base de la morale (en all.). *Leipsick*, 1860, in-8.

Tubinger Zeitschrift für Rechtswissenschaft. (Voir dans ce recueil divers articles, et notamment ceux de M. Fallati.)

Turckheim (J. von). Betrachtungen aus dem Gebiet der Verfassungs- und-Staaten-Politik. *Carlsruhe*, 1842, 2 vol.

Valbezen (E. de). Observations sur notre organisation diplomatique *Paris*, 1842.

Vattel., né en 1714, dans la principauté de Neufchâtel, mort en 1767. — Le Droit des gens, ou Principes de la loi naturelle appliqués à la conduite et aux affaires des nations et des souverains. 1829, 2 vol. in-8. La première édition parut à *Neufchâtel* et à *Leyde*, en 1758, 2 vol. in-4; nouv. édit., augm , *Neufchâtel*, 1760 et 1773, 2 vol. in-4; *Bâle*, 1773, 3 vol. in-12; *Amsterdam*, 1775, 2 vol. in-4; *Nîmes*, 1793, 3 vol in-8; *Lyon*, 1802, 3 vol. in-8; *Paris*, 1820.

— Le même ouvrage, revu par M. Royer-Collard, et augmenté de notes, par Pinheiro-Ferreira. 1835-38, 3 vol. in-8.

— Le même ouvrage, revu par M. d'Hauterive. 1839, 2 vol. in-8

— Le même ouvrage revu par Pradier-Fodéré, édité par Guillaumin 3 vol. in-8. 1863.

— Trad. allem. par Schulin, *Francf.* et *Leips.*, 1760, 3 vol. in-8, trad angl , par Chitty, dernière édit., *London*, 1834.

VEDER. Historia philosophiæ juris apud veteres. *Liége*, 1832.

VICAT. Traité du droit naturel et de l'application de ses principes au droit civil et au droit des gens. *Lausanne*, 1777, 4 vol. in-8.

VITRIARIUS (P. Reinh.). Institutiones juris naturæ et gentium ad methodum Hugonis Grotii. *Lugd. Batav.*, 1734, in-8. *Lausannæ*, 1745, in-4.

VOLLGRAFF. Die Systeme der praktischen Politik. *Giessen*, 1828-29, 4 vol. in-8.

Voss (Chr.-D.). Handbuch der allgemeinen Staatswissenschaft.

Le tome IV est intitulé : Staatsgeschæftenlehre oder Staaten Praxis. Les vol. V et VI ont été publiés sous le titre de : Einleitung in die Geschichte und Literatur der allgemeinen Staatswissenschaft. *Leipzig*, 1800-1802.

VREDER, Oratio de juris publici et gentium præceptis. *Utrecht*, 1861.

WACHSMUTH. Jus gentium quale obtinuit apud græcos. *Berol.* 1822.

WACKSMUTH. Jus gentium apud græcos. *Berol.* 1822.

WAGNER (J. Georg.). Fundamenta juris naturæ et gentium. *Halæ*, 1750, in-8.

WAL (G. de). Inleiding tot de Wetenschap van het Europesche Volkenregt. *Groningen*, 1835, in-8.

WARD (Robert). Enquiry into the foundation and history of the law of nations in Europe, from the time of Greeks and Romans to the age of Grotius. *London*, 1795, 2 vol. in-8.

WARNKOENIG. Rechtsphilosophie als Naturlehre des Rechts. *Fribourg*, 1839.

WEGMANN (baron de). Traité complet de diplomatie par un ancien ministre. *Paris*, 1833, 3 vol.

WEISS. Lehrbuch der Philosophie des Rechts. 1704.

WELCKER. Encyclopædie und Methodologie. *Stuttgard*, 1829.

WELKER. Die letzten Grunde von Recht, Staat und Strafe, etc. *Giessen*, 1813.

WENCKIUS. Codex juris gentium recentissimi. *Lipsiæ*. 1781, 3 vol in-8.

WERNHER (J. Balt.). Elementa juris naturæ et gentium. *Wittemb.*, 1720, in-8.

WHEATON (Henri). Elements of international law (Éléments du droit international). 1852, 2 vol. in-8. L'original anglais a été publié à *Londres*, 1836, en 2 vol. in-8.

— Histoire du progrès du droit des gens en Europe et en Amérique, depuis la paix de Westphalie jusqu'à nos jours. *Leipzig*, 1846-1853, 2ᵉ édit., 2 vol. in-8. C'est le meilleur abrégé de l'Histoire du droit des gens moderne.

WHEWHELL (William). Hugonis Grotii de Jure belli et pacis libri tres accompanied by an abridged Translation.

Wieland. De necessitate et usu juris gentium, etc. (Philadelphia, 1849)

Wiesand. Kurzer Entwurf einer Historie des Natur-und-Volkerrechts *Leipzig*, 1759, in-8.

Wildman (R). Institutes of international Law. *Lond.*, 1850.

Winkler. Principiorum juris libri V

Winter. Systeme de la diplomatie. *Berl.* et *Par.*, 1830.

Wolff (Chrétien de), né en Silésie en 1689, mort à Halle en 1770.

— Jus naturæ methodo scientificâ pertractatum. *Halle*, 1741-49, 8 vol. in-4.

— Institutiones juris naturæ et gentium, 1750, in-8.

— Trad. allem. sous le titre de : Grundsatze des Natur-und-Völkerrechts. *Halle*, 1754; 2ª édit., 1769, in-8. — Trad. franç., sous le titre de : Institutions du droit de la nature et des gens; trad. avec des notes, par Élie Lusac. *Leyde*, 1772; 2ª édit., avec le texte latin, 6 vol. in-8, *Leyde*.

— Un extrait : Principes du droit de la nature et des gens, extrait du grand ouvrage latin de M. de Wolff, par M. Formey. *Amsterd.*, 1758, 3 vol. in-12.

Zachariæ (K. S.). Vierzig Bucher vom Staate. *Heideld.*, 1841.

— Philosophische Rechtslehre oder Naturrecht und Staatslehre. *Breslau*, 1820.

— Deutsches-staats-und Bundesrecht. (Gottingue, 1841).

Zechin (J. C. L.). Abandlungen uber das Europæische Volker-Kriegs-und-Friedensrecht, nach systemat. Ordnung entworfen. *Halle*, 1794.

Zeiller (Franc. de). Jus naturæ privatum. *Vienne*, 1820, in-8 Écrit en allemand et traduit en latin par le professeur Egger.

Zentgravius (Jo. Joac.). Disquisitio de origine, veritate et obligatione juris gentium. *Argentor.*, 1684, in-8.

— Specimen doctrinæ juris naturalis secundum disciplinam christianorum. *Argentorati*, 1678, in-8.

Zœpfl. Principes de droit public universel en allem. *Heid.*, 1841, in-8.

Zouch. De jure inter gentes.

II — Histoire, mémoires et correspondance.

Adair (Sir Rob.). Historical memoir of a mission to the court of Vienna in 1806. *Lond.*, 1844.

— The Negociation of the peace of the Dardanelles in 1808-1809. 2 vol., *Lond.*, 1845.

Adams (John-Quincy). Correspondance diverse.

Albedyle. Recueil des Mémoires et autres pièces authentiques relatives aux affaires de l'Europe, et particulièrement à celles du Nord, pendant la dernière partie du dix-huitième siecle. *Stockolm*, 1798, in-8.

AMELOT DE LA HOUSSAYE. Hist. de Venise.

— Lettres, mémoires et négociations du cardinal d'Ossat. *Paris,* 5 vol. in-12.

ANGOULÊME (Charles de Valois, comte de Béthune, duc d'). Ambassade extraordinaire en 1620, avec les observations politiques de M. de Béthune, le tout publié par Henri de Béthune. *Paris,* 1667, in-fol.

ANNUAIRE des Deux-Mondes.

ANNUAIRE historique universel.

ANQUETIL. Motifs des guerres et des traités de paix de la France, pendant les règnes de Louis XIV, XV, XVI Paris, 1798, in-8.

ARCHIVES parlementaires, publiées par MM. Mavidal et Laurent. — Recueil complet des débats législatifs et politiques des chambres financières de 1800 à 1860, faisant suite à la réimpression de l'ancien *Moniteur,* et comprenant un grand nombre de documents très-rares, 1864. En cours de publication.

ARGENSON. (Mémoires de d'), publiés récemment par M. Ralhery.

ARLINGTON (le comte d'). Lettres. *Utrecht,* 1701.

ARNAULD (Henri). Négociations à la cour de Rome. 1748, 5 vol. in-8.

ARNOULT. Système maritime et politique des Européens pendant le dix-huitième siècle, fondé sur leurs traités de paix, de commerce et de navigation. 1797.

AUBERNON (J.). Considérations historiques et politiques sur la Russie, l'Autriche et la Prusse, et sur les rapports de ces trois puissances avec la France et les autres États de l'Europe. In-8, 2° édit., 1827

AVAUX (Cl. de Mesmes, comte d'). Mémoires touchant les négociations du traité de paix fait à Munster en 1648. *Cologne,* 1648, in-12.

BARBEYRAC. Histoire des anciens traités depuis les temps les plus reculés jusqu'à l'empereur Charlemagne. *Amsterd.,* 1739, 2 vol. in-fol. Forme aussi le premier vol. du Supplém. du Corps univ. diplom., continué par Rousset

— Supplément au précédent. 5 vol. in-fol., *La Haye,* 1739. Les tomes II, III, IV et V renferment les suppléments par Rousset de 1315 à 1738 et le Cérémonial diplomatique du même auteur.

BASSOMPIERRE (Maréchal de). 1° Ambassades (en Espagne en 1621, en Suisse en 1625, en Angleterre en 1626). *Cologne,* 1668, 4 vol. in-12. 2° Mémoires. *Cologne,* 1665, 3 vol. in-12 ; *Amsterd ,* 1692, *Rouen,* 1703, 2 vol 3° Nouveaux Mémoires, recueillis par le président Hénault. *Paris,* 1802, in-8.

BEAUMONT-VASSY. Histoire des États européens, depuis le congrès de Vienne (t. I à VI). 1853, in-8.

BELLIÈVRE et SILLERY. Mémoires sur la paix de Vervins. *Paris,* 1660, 1677, 1700, 2 vol. in-8 ; *La Haye,* 1696, 2 vol. in-8 ; 1725, 2 vol. in-12.

BIGLAND. Précis de l'histoire politique et militaire de l'Europe, depuis

1783 jusqu'à l'année 1814. *Paris*, 1819, 3 vol. in-8. Traduit en français et continué par Mac-Carthy jusqu'en 1819.

Bignon. Congrès de Troppau. *Paris*, 1821.

— Les Cabinets et les Peuples. *Paris*, 1822.

— Histoire de la diplomatie, depuis le 18 brumaire jusqu'à la paix de Tilsitt.

Boderie (de la). Ambassades en Angleterre, sous le règne d'Henri IV et la minorité de Louis XIII, depuis 1606-1611. *Paris*, 1750, 5 vol.

Bolingbroke's. Letters on the study and use of history.

Bougeant, jésuite, né à Quimper, en 1690, mort en 1743. Histoire des guerres et négociations qui précédèrent le traité de Westphalie. *Paris*, 1727-1742, 1767, 3 vol in-4, et 1744, 7 vol. in-12.

Brienne (H.-A. de Loménie, comte de). Mémoires (1613-1661). *Amsterdam*, 1719, 3 vol. in-12.

British and foreign State Papers. Compiled by the Librarian and Keeper of the Papers, Foreign Office. *Lond* , grand in-8.

Brougham (lord Henri). Historical and political dissertations. *London* and *Glascow*, 1857, in-12.

Burrow Reports.

Canning (G). Political Life by A. G. Stapleton. *London*, 1831, 3 vol

Cantu. Histoire des Italiens (traduit de l'italien), 12 vol. in-8.

Capefigue. Diplomatie de la France et de l'Espagne depuis l'avénement de la maison de Bourbon. *Paris*, 1846.

Carleton (Sir Dudley). Letters during his embassy in Holland (1616-1620). *London*, 1787, in-4. (Trad. en français. *Leyde*, 1667, 3 vol. in-12.)

Chateaubriand Congrès de Vérone.

Colbert (J.-B.), marquis de Torcy. Mémoires pour servir à l'histoire des négociations, depuis le traité de Ryswik jusqu'à la paix d'Utrecht. *La Haye* (Paris), 1756, 3 vol. in-12; ou 1757, 3 vol. in 8.

Collection of State-papers relating to the war against France now carrying on by Great-Britain and the several other European Powers. *London*, 1794-1796, 5 vol. in-8.

Combes (F.). Histoire générale de la diplomatie européenne, t. I. Histoire de la formation de l'équilibre européen aux traités de Westphalie et des Pyrénées. *Paris*, 1854.

Communications between the Représentatives of Austria, Prussia and Russia in Switzerland and the President and Council of Berne. Parl. Pap., 1847. in fol.

Considerations respecting the Marriage of the Duke of Montpensier with reference to the Treaty of Utrecht. *London*, 1847.

Constitutiones Poloniæ seu Prawa Konstytucye, etc. (1347-1780). *Varsovie*, 1732-1790, 8 vol. in-fol.

CORRESPONDENCE relating to the Marriages of the Queen and Infanta of Spain, presented to both Houses of P. by command of H. M. *London*, 1847, in-fol.

CORRESPONDENCE of John fourth Duke of Bedford, with an introduction by Lord J Russel, I III. *Lond.*, 1842-1846.

CORRESPONDENCE resp. the failure of the Greek Government to provide for the interest of the Greek Loan. Parl. Pap., 1846, in-fol.

CORRESPONDENCE rel. of demands upon the Greek government (Pacifico and so on.), 1842 Parl Pap., 1850, in-fol.

CORRESPONDENCE between some of the Continental Powers and Gr. Britain resp. the foreign Refugees in London, pres. to Parl. 1852, in-fol.

CORRESPONDENCE rel. to the recent events in Greece, 1843-1844. Parl. Pap., 1844, in-fol.

CORRESPONDENCE rel. to commercial privileges in Spain. Parl. Pap. 1845, in-fol.

CORRESPONDENCE rel. to the affairs of Italy, 1846-1858. I-III. Parl. Pap, 1849, in-fol

CORRESPONDENCE rel. to Naples and Sicily, 1814-1816; 1848; 1848-1849. Parl. Pap., 1849, in-fol.

CORRESPONDENCE rel. to the affairs of Hungary 1847-1849. Parl. Pap., 1850, in-fol.

CORRESPONDENCE resp the relations existing between Foreign Powers and the court of Rome, I-III. Parl. Pap., 1851, in-fol.

CORRESPONDENCE resp. the affairs of Rome 1849. Parl. Pap., 1851, in-fol

CORRESPONDENCE rel. to the affairs of Switzerland, 1844-1847. (Sonderbund). Parl. Pap., 1847-1848, in-fol

CORRESPONDENCE rel. to the Marriages of the Queen and infanta of Spain. Parl Pap., 1847, in-fol.

CORRESPONDENCE resp. the British Protestant Chapel in Florence. Parl. Pap., 1851.

CORRESPONDENCE between Gr Britain and Foreign Powers rel. to loans made by British Subjects, 1823-1847. Parl. Pap, 1847, in-fol.

CORRESPONDENCE rel. to the trial of a Maltese in the Court of the Bey of Tunis. Parl. Pap., 1844, in-fol.

CRANCH. Reports.

CRÉTINEAU-JOLY. Histoire des traités de 1815. *Paris*, 1842.

DIARIES and Correspondence of James Harris first Earl of Malmesbury, ed. by his grandson. Ed. 2, I-IV. *London*, 1845.

DIPLOMATIC Correspondence of the Revolution, ed. by J. Sparks. I-XII. *Boston*.

DIPLOMATIC Correspondence of the U. S. from 1783-1789, by Sparks, I VII. *Boston*.

DIPLOMATISCHES Archiv für Zeit-und-Staaten-Geschichte. *Stuttg.* und *Tub.*, 1821-1833.

DISPATCHES (the) of Fieldmarshal the Duke of Wellington from 1799-1815. *London*, 1848.

DOCUMENTS communiqués aux chambres par le ministre des affaires étrangères. Mariages espagnols. *Paris*, 1847, in-4.

EICHHORN (J. G.). Histoire des trois derniers siècles. 3ᵉ édit , *Hanovre*, 1817, 1818, 6 vol. in-8.

ESTRADES (le comte d'). Mémoires.

FALLATI. Tubinger Zeitschrift für Reichtswissenschaft. 1850. (Pour le droit international des peuples sauvages et demi-sauvages.)

FLASSAN. Histoire générale et raisonnée de la diplomatie française, depuis la fondation de la monarchie jusqu'à la fin du règne de Louis XVI, avec des tables chronologiques de tous les traités conclus par la France. *Paris et Strasbourg*, 6 vol. in-8, 2ᵉ édit., 1811, 7 vol. in-8.

— Histoire du congrès de Vienne. 1829, 3 vol in-8.

GARDEN. Histoire générale des traités de paix et autres transactions principales entre toutes les puissances de l'Europe, depuis la paix de Westphalie, ouvrage comprenant les travaux de Koch, Schœll, etc., 1848-1853, 20 vol. in-8. (14 ont paru.)

GEBHARD. Actes et mémoires concernant les négociations qui ont eu lieu entre la France et les États-Unis de l'Amérique depuis 1791 jusqu'à la conclusion de la convention du 30 septembre 1800. *Londres*. 1807, 3 vol. in-8.

En anglais sous le titre : State-Papers relating to the diplomatic transactions between the American and French Governments, from 1793 to the conclusion of the convention of the 30th of Sept. 1800 *Londres*, 1816, 3 vol. in-8.

GENTZ (de) Ungedruckte Denkschriften, Tagebücher und Briefe (en allemand). 5 vol. in-8 *Manheim*, 1840.

— Mémoires et lettres publiés par G. Schlesier. *Stuttgard*, 1841. 1 vol. in-8.

GÖRTZ (le comte Eustache de). Mémoire historique de la négociation, en 1778, pour la succession de Bavière. *Francf.*, 1812, in-12.

GOURVILLE. Mémoires (1643-1698). *Paris*, 1724, 2 vol. in-12. *Amst* , 1782, 2 vol in-12.

GRAMMONT (maréchal de), Mémoires *Amst* , 1717, 2 vol. in-12.

HANSARD. Débats parlementaires.

HARRACH (le comte de) Mémoires publiés par M. de la Torre. *La Haye*, 1720, 2 vol. in-12 ; *ibid.*, 1735.

HAUSSONVILLE (d'). Histoire de la politique extérieure du gouvernement français, de 1830 à 1848. *Paris*, 1850.

HENNINGS (Aug.). Sammlung von Staatsschriften,, die während des Seekriegs von 1776 83, so wohl von den kriegfuhrenden als auch den neutralen Machten offentl. bekannt gemacht sind 2 vol. in-8. *Hambourg*, 1792.

HERMANN (Ernest). Geschichte des Russischen Staats, etc... (Histoire de l'empire russe), t. I à V. *Iéna*.

HUBNER (Martin), publiciste danois et professeur à l'université de Copenhague, né en 1725 et mort en 1795. — Le Politique danois, ou l'Ambition des Anglais démasquée par leurs pirateries. 1756 Cet ouvrage a été reproduit sous le titre de : Esprit du gouvernement anglais

— Essai sur l'histoire du droit national. 1757.

JEANNIN (le président). Négociations. *Paris*, 1651, in-fol.; *ibid.*, 1653-1656; *Amst.*, 1675, 4 vol. in-8.

JENKINSON (Lord Liverpool). Discours sur la conduite des Anglais à l'égard des neutres.

KERSLAND (John Ker of). Memoirs containing his secret negociations in Scotland, England, the Courts of Vienna, Hanover, etc. *London*, 1726, 3 vol. in-8. (Trad franç., *Rotterdam*, 1726-28, 3 vol. in-8.)

KOCH (Chr. Guill. de). Tableau des révolutions de l'Europe. *Paris*, 4 vol. in-8.

— Abrégé de l'Histoire des traités de paix entre les puissances de l'Europe depuis la paix de Westphalie. *Bâle*, 1796, 1797, 4 vol. Continué sous le titre de : Histoire abrégée des traités de paix entre les puissances de l'Europe depuis la paix de Westphalie ; ouvrage entièrement refondu, augmenté et continué jusqu'au congrès de Vienne et aux traités de Paris de 1815, par Fr. Schœll. *Paris*, 1817 et 1818, 15 vol. in-8.

LABARTHE. Annales maritimes et coloniales. *Paris*.

LABOULAYE (Édouard) Études contemporaines sur l'Allemagne et sur les pays slaves.

LACROIX. Constitution des principaux États de l'Europe.

— La France et la Russie. — Question d'Orient. *Par.*, 1854.

LAMBERTY. Mémoires pour servir à l'histoire du dix-huitième siècle, contenant les négociations, traités, etc (1700-1718). *La Haye*, 1724-1734, 14 vol. in-4 ; 2ᵉ édit., 1731-1740.

LEFEBVRE (Armand). Histoire des cabinets de l'Europe pendant le consulat et l'empire. 3 vol *Paris*, 1845.

MAHON (Lord). History of England from the peace of Utrecht.

MALMESBURY (James-Harris, Earl of). Diaries and Correspondence. 2ᵉ édit. *London*, 1845, 4 vol.

MAY DE ROMAINMOTIER. Histoire militaire des Suisses dans les différents services de l'Europe jusqu'a 1771. *Berne*, 1772, 2 vol. in-8.

MAZARIN (le cardinal). Lettres et négociations relatives à la paix des

Pyrénées. *Amsterdam*, 1746, 2 vol. in-12. Cette édition est due à l'abbé d'Allainval.

Mémoire pour la liberté du commerce maritime en temps de guerre. *Hambourg*, 1842.

Mémoire sur la neutralité maritime, accompagné de pièces officielles justificatives. *Paris*, 1812, in-8

Mémoire sur les principes et les lois de la neutralité maritime (officiel). *Paris*, 1812.

Mémoires du gouvernement suédois, à consulter sur le péage du Sund. *Stockh* , 1839.

Mémoires et actes authentiques relatifs aux négociations qui ont précédé le partage de la Pologne, tirés du portefeuille d'un ancien ministre du dix-huitième siècle 1810, in-8.

Mémoires historiques des négociations de 1761. Édit. in-8

Memoirs and Correspondence (official and familiar) of sir R. M. Keith, from 1769 to 1792 ; ed. by Mrs. Gillepsie Smith. I, II, *London*, 1840.

Memoirs and Papers of sir Andrew Mitchell, by A. Bissett I et II.

Mignet. Négociations relatives à la succession d'Espagne sous Louis XIV. *Paris*, 1835-42, 4 vol. in-4.

Montgon. Mémoires.

Moser. Teschner Friedensschluss mit Anmerkungen.

— Versuch des Neuesten Europäischen Volkerrechts.

Noailles (Gilles de). Ambassades en Angleterre, rédigées par l'abbé de Vertot et publiées par don Pernety. *Paris*, 1765, 5 vol. in-12.

Ossat (Arnauld, cardinal d'). Lettres (1594-1604). *Paris*, 1627, in-fol., 1641 ; avec les notes de M. Amelot de la Houssaye, *Paris*, 1697, 2 vol in 4 ; *Amsterdam*, 1708, 5 vol. in-12 ; *ibid.*, 1732. *V.* aussi Amelot de la Houssaye.

Papers rel. to the affairs of Greece and Belgium, print by the Foreign Office. *Lond* , 1835.

Papers rel. to the affairs of Greece (protocols of conferences held in London and in Constantinopel, etc.). 1830, *Lond.*, in-fol.

Papers rel. to the affairs of Spain and correspondence between sir H Bulwer and the duke of Sotomayor, 1844-47. Parl. Pap., 1848, in-fol.

Papers rel. to the king of Prussia on the claims rel. to the affairs of the Coast of Portenticin 1834-35. Parl. Pap , 1845, in fol.

Papers rel. to the sulphur monopoly in Sicily. Presented to Parl. *Lond.*, 1840, in-fol.

Papers rel. to the suppression of the free state of Cracau. Parl. Pap., 1847, in-fol.

Papers rel. to the treaty of 1824, by the Netherland authorities in the East-Indies. Present. to the H. of Comm. *Lond* , 1840.

Pergou (Jacques Davy, cardinal de). Ambassades et négociations, depuis 1590-1618, recueillies par César de Ligny. *Paris*, 1623.

— *Ibid*., 1629, 1633, 1645 et 1715, in-fol.

Pomponne (le marquis de). Mémoires du marquis de Pomponne, ministre des affaires étrangères sous Louis XIV, publiés d'après le manuscrit du corps législatif, par F. Mavidal. 2 vol. in-8.

Pœlitz. Les constitutions des États de l'Europe, depuis les vingt-cinq dernières années (en allemand). *Leipzig*, 1817-1825, 4 vol. in-8

Pradt (Dominique de), ancien archevêque de Malines : Histoire de l'ambassade dans le grand-duché de Varsovie. *Paris*, 1814.

— Du congrès de Vienne. 2 vol., *Paris*, 1815.

— Le congrès de Carlsbad. *Paris*, 1819 ; 2° édit., 1820.

— L'Europe après la paix d'Aix-la-Chapelle, faisant suite au congrès de Vienne. *Paris*, 1817.

— L'Europe et l'Amérique depuis le congrès d'Aix-la-Chapelle. *Paris*, 1821, 2 vol.

— De la Belgique depuis 1784-94. *Paris*, 1820.

— Mémoires historiques sur la révolution d'Espagne. *Paris*, 1816.

— De la révolution actuelle de l'Espagne et de ses suites. *Paris*, 1820.

— Les Trois Ages des colonies. *Paris*, 1800.

— Des colonies et de la révolution actuelle de l'Amérique. *Paris*....

— Les Quatre Concordats, etc. 3 vol. *Paris*, 1815.

— Concordat de l'Amérique avec Rome. *Paris*, 1827.

— La Prusse et sa neutralité. *Paris*, 1799.

— Le Congrès de Panama. *Paris*, 1825.

— L'Europe et l'Amérique en 1822 et 1823. *Paris*, 1824.

Prize. Essays on a Congress of nations. *Bost.*, 1840.

Raumer (Fr. von). Europa's Geschichte seit dem Ende der 15ten Jdts. I-VIII. *Leipzig*, 1832-1850.

— Beiträge zur neueren Geschichte aus dem Britischen und Franzosischen Reichsarchives. Cet ouvrage a aussi pour titre : L'Europe depuis la fin de la guerre de Sept ans jusqu'à la fin de la guerre d'Amérique, 1763-1783.

Report of the proceedings of the 4th general Peace-Congress held in London, 1851. *Lond*., 1851.

Report of the proceedings of the 3d general Peace-Congress held at Frankfort. *Lond.*, 1851.

Report of the proceedings of the 2d general Peace-Congress held in Paris, 1849. *Lond.*, 1849.

Richelieu (cardinal de). Lettres, auxquelles on a joint des mémoires et instructions secrètes de ce ministre pour les ambassadeurs de France en diverses cours. *Paris*, 1696, 2 vol. in-12.

RICHELIEU (maréchal, duc de). Mémoires *Londres* et *Paris*, 1790, 4 vol in-8

RULHIÈRE. Histoire de l'anarchie de Pologne.

RUSDORF (Jo. A). Consilia et negotia politica. *Francf.*, 1725, in-fol.

— Mémoires et négociations secrètes, rédigés par E. G. Cuhn. *Leipzig*, 1789, 2 vol. in-8.

SAINTE-CROIX. Des anciens gouvernements fédératifs. *Strasbourg*, 1800.

SAINT-PRIEST (Jean-Yves). Histoire des traités de paix et autres négociations du dix-huitième siècle, depuis la paix de Vervins jusqu'à la paix de Nimègue (1597-1679). *Amst.*, 1735, 2 vol in fol. Cet ouvrage forme aussi le quatorzième volume du *Corps dipl. univ.*, par Dumont De Saint-Priest a été secrétaire de M. de Torcy, considéré comme le véritable auteur de l'ouvrage.

SAINT-PRIEST (Alexis de). Études diplomatiques et littéraires.

SCHAUMANN. Geschichte der Bildung des Deutschen Bundes auf dem Wiener Congresse, in Raumer's Histor. Taschenbuch. 1850

SCHILLER (de). Allgem. Samlung historicher Memoiren.

SCHMAUSS (J.-J.) Einleitung zu der Staatswissenschaft und Erklärung des Corpus juris gentium und aller seit mehr als 2 Seculis geschlossenen Bundnisses-Friedens-und Commercien-Tractate. *Leipzig*, 1741-47, 2 vol., 2ᵉ édit., 1760, in-8. (Comprend les traités conclus depuis 1435-1743.)

SEGUIER (L. P.). Politique de tous les cabinets de l'Europe pendant les règnes de Louis XV et de Louis XVI. 2ᵉ édition, *Paris*, 1801, 3 vol. in-8.

SEGUR (de). Décade historique, ou Tableau politique de l'Europe depuis 1786 jusqu'en 1796, contenant un précis des révolutions de Brabant, de Hollande, de Pologne et de France. 5ᵉ édit., *Paris*, 1828, 3 vol. in-8

— Politique des cabinets de l'Europe pendant les règnes de Louis XV et de Louis XVI.

SIRI (Victorie). Memori recondite (1601-1640) publiés en 8 vol. in-4°, d'abord à Ronco, ensuite à Paris, et plus tard à Lyon. Siri, abbé de l'ordre des bénédictins, appelé aux conseils du roi de France, fut un des écrivains politiques les plus instruits de son époque. Il a publié également le *Mercurio* qui embrasse l'époque depuis 1635-1655 et qui a paru en 17 vol. in-4 depuis 1644 1682 successivement à Casale, Genève, Lyon, Paris et Florence.

SPARK. Diplomatic Correspondence.

SPIEGEL (J. B. J van den). Résumé des négociations qui accompagnèrent la révolution des Pays Bas autrichiens. *Amst.*, 1841.

State-Papers and other Documents of the U. S. I-IX. *Bost.*, 1817.

SULLY (Maxim. de Béthune, duc de). Œconomies royales ou Memoires

d'Estat politiques et militaires de Henry le Grand (1570-1611).
Tomes I et II, *Amsterdam*, 1649 ; tomes III et IV, *Paris*, 1662, in-fol.
Amsterdam, 1725, 2 vol. in-12 ; *Londres* (Paris), avec des remarques
par l'abbe de l'Écluse, 3 vol , 1745 et 1747, in 4, et en 8 vol. in-12 ;
Londres, 1778, 10 vol. in-12 ; *Liége*, 1688, 10 vol. in-8.

TEMPLE (le chevalier de). Lettres. *La Haye*, 1700, in-12.

THIERS. Histoire du consulat et de l'empire, faisant suite à l'*Histoire de
la révolution française*, par le même écrivain.

TORCY (de). Mémoires pour servir à l'histoire des négociations depuis le
traité de paix de Ryswik jusqu'à la paix d'Utrecht. *Londres*, 1757,
3 vol. in-8. *La Haye*, 1758, 3 vol. in-12 ; *Londres*, 4 vol. in-12.

TORRE (de la). Mémoires et négociations secrètes de diverses cours de
l'Europe. *La Haye*, 1721, 5 vol. in-8.

VALORI (marquis de). Mémoires ou Négociations, accompagnés d'un recueil des lettres de Frédéric le Grand, etc., publiés par le comte H. de
Valori. 2 vol, in-8, *Paris*, 1820. L'auteur fut ministre de France à la
cour de Berlin, depuis 1735-55.

WALPOLE (Horatio, lord). Memoirs selected from his correspondence and
papers, and connected with the history of the times, from 1678 to
1757, by William Coxe. *London*, 1802, in-4 ; 2ᵈ edition, corrected
and enlarged, 2 vol., *ibid.*, 1805, gr. in-8, 3ᵈ edition ; *ibid.*, 1820,
gr in-8.

WALPOLE (Robert). Memoirs, by William Coxe. *London*, 1798, 3 vol.
in-4.

WALSINGHAM (Franc.). Mémoires et instructions pour les ambassadeurs,
traduit de l'anglais par L. Boulesteis de la Contie. *Amsterdam*, 1700,
4 vol.; 2ᵉ édition, *ibid.*, 1717, 4 vol. in-12.

WASHINGTON (G). Writings. *Boston*, 1834-37, 12 vol.

WATTEVILLE. Histoire de la Confédération helvétique.

VERTOT (l'abbé de) Ambassades de MM. de Noailles en Angleterre. Relation rédigée par l'abbé de Vertot et publiée par Dom A. J. Pernety
Leyde et *Paris*, 1763, 5 vol. in-12.

VESQUE VON PUTTLINGEN (J.). Uebersicht der Vertrage Oesterreichs mit
auswartigen Staaten von dem Regierungsantritte Maria Theresia's an-
gefangen bis auf die neueste Zeit. *Wien*, 1854

— Die gesetzliche Behandlung der Auslander in Oesterreich. *Wien*,
1842.

WITT (Jean de). Lettres et négociations. *Amsterdam*, 1725, 5 vol.
in-8.

ZIMMERMANN. Des relations politiques des empires carlovingiens d'après
le traité de Verdun (en all). *Berlin*, 1830, in-8.

ZURLAUBEN (baron de). Histoire militaire des Suisses *Paris*, 1751-53,
8 vol. in-12.

III. — Collections de traités.

ABREU Y BERTODANO (Jos. Ant. de), mort en 1775. Collection de los tratados de paz, alianza, neutralidad, etc. (1598-1700). *Madrid*, 1740-52, 12 vol. in fol.

ARÉTIN (C. M Freih. von) Chronologisches Verzeichniss der Bayerischen Staatsvertrage von 1503-1819, nebst einer Sammlung von 94 bisher ungedruckten Recessen u. s. w. *Passau*, 1839.

BERNARD (Jacques), Recueil des traités de paix, de trève, de neutralité, de confédération, d'alliance, de commerce, de garantie depuis 536-1700. *La Haye*, 1700, 4 vol. in-fol. Un extrait par Dumont a été publié sous ce titre : Recueil des divers traités, etc. *La Haye*, 1707, 2 vol.

BOITEAU (Paul) Les traités de commerce, texte de tous les traités en vigueur, notamment des traités conclus avec l'Angleterre, la Belgique, la Prusse (Zollverein) et l'Italie, avec une Introduction historique et économique, etc. .

BOUTAREL (Aimé). Le traité de commerce et le libre-échange.

CALVO (Charles). Recueil complet des traités, conventions, capitulations, armistices et autres actes diplomatiques de tous les États de l'Amérique latine, compris entre le golfe du Mexique et le cap de Horn, depuis l'année 1493 jusqu'à nos jours, précédé d'un mémoire sur l'état actuel de l'Amérique, de tableaux statistiques, d'un dictionnaire diplomatique, avec une notice historique sur chaque traité important. De 1862 à 1864, 6 vol ont paru, la collection doit se composer de 20 vol.

CANTILO (A. del). Tratados de paz y de comercio que han hecho con las Potencias estranjeras los monarcas españoles desde el año de 1700 hasta el dia. *Madrid*, 1843, in-4.

CAUETR et SCHELTUS Het groot Placaet-boek (depuis 1576-1794). *La Haye*, 1658-1796, 9 vol. in-fol.

CHALMFRS (George). A collection of maritime treaties of Great-Britain and other Powers. *London*, 1690, 2 vol. in-8. Ce recueil est très-estimé. Les traités ne sont pas en original, mais dans une traduction anglaise.

CHRONOLOGIE des allgemeinen Staatsarchivs, worin die Friedensschlüsse so wohl in Europa als in andern Theilen der Welt, von 1536 bis 1703, angezeigt wordensind. *Hambourg*, 1704, in-4.

COLLECTION de los tratados de paz, alianza, comercio, etc. (1701-1800. *Madrid*, 1796-1801, 3 vol. in-fol.

COLLECTION (a general) of treaties, declarations of war, manifests and other public papers (1648-1731). *Londres*, 1710-1732, 4 vol. in-8.

COLLECTION (a general) of treaties, declarations of war manifests and other public papers relating to peace and war among the Potentates of Europe, 1648-1731. *London*, 1710-1732, 4 vol. in-8.

COLLECTION of the treaties of peace betwen Great-Britain and other Powers, from 1648 till 1771. *Londres*, 1772, 2 vol in-8. Une nouvelle édition a été publiée par Ch. Jenkinson (depuis comte Liverpool), sous le titre : *Collection of all the treaties*, etc. from the treaty signed at Munster in 1648, to the treaties signed at Paris in 1783, vol. I, from 1648 to 1713; vol. II, from 1713 to 1748; vol. III, from 1750 to 1784. *London*, 1785, in-8.

CUSSY (F. de) et le baron Ch. de MARTENS. Recueil manuel et pratique de traités, conventions et autres actes diplomatiques *Leipzig*, 5 vol. in-8.

— Die Urkunden und Friedensschlusse zu Osnabrück und Munster, nach auth. quellen. *Zurich*, 1848.

DOGIEL (Matth.). Codex diplomaticus regni Poloniæ et magni ducatûs Lithuaniæ. *Vilnæ*, t. I, 1758; t. IV, 1774, t. V, 1759, in-fol Les tomes II, III, VI, VII et VIII sont conservés en deux manuscrits à Vilna, dans le couvent des Piaristes, et à Saint-Pétersbourg.

DUFAU, DUVERGIER et GUADET. Collection des constitutions, chartes et lois fondamentales des peuples de l'Europe et des deux Amériques. *Paris*, 1823 1825, 6 vol in-8.

DUMONT (Jean). Corps universel diplomatique du droit des gens (de 800 à 1731). *Amsterdam* et *La Haye*, 1726-1731, 8 vol. in fol. Avec compléments publiés par Barbeyrac, Rousset et J. Y. de Saint-Priest.

DYK (H. A. van). Répertoire historique et chronologique des trait's conclus par la Hollande depuis 1789 jusqu'à nos jours *Utrecht*, 1845.

EGGERS (C U. D. von). Actenstucke uber das Misverstandniss zwischen Danemark und England. *Copenhague*, 1801, in-8.

ELLIOTT (J.). Américan diplomatic Code, embrac. the Treaties and Conventions between the U. S. and foreign Powers from 1778-1834, I, II, *Wash*, 1834.

— Indian Treatises between the U. S. and the several Tribes from 1778-1837 New. ed., *Wash.*, 1837

ENSLIN (A). Ueber internationale Verlagsvertrage mit besonderer Beziehung auf Deutschland. *Berlin*, 1855.

EXTRACTS from the several treaties subsisting between Great Britain and other Kingdoms and States. *London*, 2ᵈ edit., 1758, in-4.

FABER (Ant.). Europæische Staatscanzeley, 45 vol. *Nuremberg*, 1697-1760, suivis de 9 vol. de table, 1761-1772, in-8

— Neue Europæische Staatscanzeley, 30 vol. et 2 vol. de table *Ulm*, 1761-72, in-8.

— Fortgesetzte neue Europæische Staatscanzeley, 25 vol. *Ulm*, 1772-1782, in-8, avec une table des 10 premiers vol.

Furneaux (M.). Abridged history of the principal treatises of peace, with reference to the question of the neutral flag protecting the property of the ennemy. *London*, 1837, in-8.

Garcia de la Vega (D. de). Recueil des traités et conventions concernant le royaume de Belgique. *Bruxelles*, 1850.

Gebhardt. Recueil des traités de paix, d'amitié, etc., conclus entre la république française et les différentes puissances de l'Europe, depuis 1792 jusqu'à la paix générale (1802), 4 vol. *Hambourg*, 1803.

Georgisch (J. P. de). Regesta chronologico-diplomatica (ab a. 314, usque ad a. 1730). *Halle*, 1740-44, 4 vol. in-fol.

Georgius. Progress. historia fœderum inter Sueciam et Russiam; 2° Le même, Progr. I-VII, historia fœderum, præcipue recentiorum, Sueciam inter et Daniam, 1758-1762, in-4.

Ghillany (F. G.). Diplomatisches Handbuch. Sammlung der wichtigsten Europæischen Friedensschlusse. *Nord.*, 1854-55.

— Manuel diplomatique, recueil des traités de paix européens les plus importants, des actes de congrès et autres documents relatifs à la politique internationale depuis le traité de Westphalie jusqu'à ces derniers temps, augmenté de traductions françaises et d'une introduction générale, par J. H. Schnitzler. 2 vol. in-8°, *Paris* et *Bruxelles*, 1856.

Gleser. Specimen observationum circa Helvetiorum fœdera. *Bâle*, 1760, in-8.

Govi (F.). Tratado de las relaciones internacionales de España. *Madrid*, 1848.

Gosselin. A complete collection of maritime treaties of Great-Britain. *Lond.*, 1779, in-8.

Guido von Meyer. Corpus constitutionum Germanicarum. *Francfort*, 1845.

Guistgard (Iv.). Index chronologicus, sistens fœdera pacis, defensionis, navigationis, a regibus Daniæ et Norwegiæ ac comitibus Holsatiæ inita cum gentibus intra et extra Europam. *Gotting.*, 1792, in-8.

Hartwel Horne (T.). A compendium of the court of admiralty, relative to the ships of war, privateers, prizes, recaptures and prizemoney, with notes and precedents. *London*, 1803, in-12.

Hauterive (comte A. d'), et Cussy (Bor. de). Recueil des traités de commerce et de navigation de la France avec les puissances étrangères depuis la paix de Westphalie. Suivi des principaux traités entre les puissances étrangères et de la théorie des traités de commerce par Bouchaud, I-X. *Paris*, 1833-1839.

Henning. Sammlung von Staatsschriften die wæhrend des Seekriegs von 1776-1783, so wohl von den kriegführenden als auch von den neutralen Mæchten offentlich bekannt gemacht worden sind, in so weil solche die Freiheit der Schiffahrt und des Handels betreffen. *Hambourg*, 1784, 1785, 2 vol. in-8.

HERTSLET (L.). Collection of the treaties and conventions at present subsisting between Great-Britain and foreign Powers relating to commerce and navigation, etc. From authentic documents. I-VIII, *Lond.*, 1427-1451.

HERTZBERG (Le comte de), ministre d'État. Recueil des déductions, manifestes, déclarations, traités et autres actes et écrits publics qui ont été rédigés et publiés pour la cour de Prusse (depuis 1756-1790). *Berlin*, t. I et II, 1788 et 1789, t. III. *Hambourg*, 1795, in 8.

HOFFMANS, D'HAUTERIVE et DE CUSSY Recueil des traités de commerce et de navigation de la France avec les puissances étrangères depuis 1648, etc. 1834-1844, 10 vol. in-8.

HOLZER. Die Bundnisse und Vertrage der Helvetischen Nation, welche theils die unterschiedenen Stadte und Republiquen mit einandern, theils alle insgesamt mit auswærtigen Potentatem haben. *Bern*, 1734, in-4.

— Sammlung der vornehmsten Bundnissen, Vertragen, Vereinigungen, etc., welche die Cron Frankreich mit loblicher Eydgenossenschaft und der Zugewandten insgesamt und insbesondere aufgerichtet. *Bern*, 1732, in-8.

HOUSSAYE (Amelot de la). Préliminaires des traités faits entre les rois de France et tous les princes de l'Europe, depuis le règne de Charles VII. *Paris*, 1692, in-8. Se trouve aussi dans le recueil des traités par Léonardi.

JOHANNES de Johanne. Codex diplomaticus Siciliæ. *Panormi*, 1743, in-fol.

KLUIT (Adrien). Historiæ fœderum Belgii fœderati primæ lineæ. *Lugduni Bat.*, 1789-1791, 3 vol. in-8. Le 3e vol. porte aussi ce titre : Index chronologicus sistens fœdera pacis, défensionis, navigationis, etc , ab ordinibus reipublicæ Belgiæ fœderatæ inita cum gentibus intra et extra Europam (1276-1789).

KOCH, né en Alsace en 1737, mort en 1812, professeur de droit des gens à Strasbourg.—Tables des traités de paix, d'alliance, de commerce, etc. entre la France et les puissances étrangères depuis la paix de Westphalie jusqu'à nos jours. *Bâle* et *Paris*, 1801 et 1802, 2 vol. in-8. *Voyez* aussi Schœll.

LAWS (the) of the United States of America. *Philadelphie*, 1799, 4 vol. in-4. Ce recueil contient les traités conclus par les États-Unis depuis 1789-1799.

LECLERC (Jean). Négociations secrètes touchant la paix de Munster et d'Osnabruck, depuis 1642 jusqu'en 1648. *La Haye*, 1724-1725, 4 vol. in-fol. *Voyez* Dumont.

Léonard (Frédéric). Recueil des traités de paix, de neutralité et confédération, etc., faits par les rois de France depuis les trois derniers siècles. *Paris*, 1693, 6 vol. in-4. Ce recueil contient environ 900
traités, depuis 1435-1687. Le recueil de Dumont l'a remplacé avec
succès.

Maillardière (Ch. Franç. de). Abrégé des principaux traités conclus
depuis le commencement du quatorzième siècle jusqu'à présent, entre
les différentes puissances de l'Europe, disposé par ordre chronologique.
Paris, 1778; 2ᵉ édit., 1783, 2 vol.

Martens (G F. de) Esquisse d'une histoire diplomatique des traités de
paix et de commerce, depuis la fin du seizième siècle jusqu'à la paix
d'Amiens (1577-1802). *Berlin*, 1807, in-8.

— Recueil des principaux traités de paix, d'alliance, de trève, de neutralité, de commerce, de limites, d'échange, etc., et de plusieurs autres actes servant à la connaissance des relations étrangères des puissances de l'Europe, depuis 1761 jusqu'à nos jours. 1853, 45 vol. in-8.
Gœttingue, 1791-1819, 15 vol. in-8, non compris les volumes de suppléments publiés successivement et séparément depuis la mort de l'auteur, par son neveu, et par MM. Saalfeld et Murrhard.

L'ouvrage est ainsi divisé: Traités de paix, t. I à VIII. 1817-1835, 8 vol.

Nouveau recueil par Martens, Saalfeld, t. I à IX. 1817-1843, 16 vol.

Nouveau Supplément, par Murrhard, t. I à III. 1839-1842, 3 vol.

Table des vingt-quatre premiers volumes. 1837-1843, 2 vol.

Nouveau Recueil général, par Murrhard, 1840-1844, 12 vol. Chaque
volume se vend séparément.

Martens (Ch. de) et de Cussy. Recueil manuel et pratique de Traités et
autres actes diplomatiques sur lesquels sont établis les relations et les
rapports existant aujourd'hui entre les divers États souverains du
globe, depuis l'année 1760 jusqu'à l'époque actuelle (1847). *Leipzig*,
1846-1849, 5 vol. in-8.

Minot (Ch). Treatises conclud by the U. St. of Am. with foreign nations
and Indian Tribes, 1844-1850. *Bost.*

Modée. Utdrag af de emellan Hans Kongl. Maj. och Cronan Sverige
an ena och utrikes Magter a Andra Sidan Sedan, 1718, slutna Alliance, Tractater och Afhandlingar (1718-1753). *Stockholm*, 1761,
in-4.

Munch. Vollständige Sammlung aller Concordate. *Leipzig*, 1830, 2 vol.

Murrhard (Frédéric) Nouveau recueil général des traités, convocations,
et autres transactions remarquables servant à la connaissance des relations étrangères des puissances et États, dans leurs rapports mutuels.
Continuation du grand Recueil de Martens de 1831 jusqu'à nos jours.
23 vol. in-8. Ce Recueil se continue

Neuman (Léopold), professeur de droit des gens à l'université de Vienne.

Recueil des traités et conventions conclus par l'Autriche avec les puissances étrangères depuis 1763 jusqu'à nos jours. *Leipzig*, 1854, 4 vol. in-8.

OECHSLE (S. S). Verzeichniss der von Wurtemberg mit auswärtigen Regierungen abgeschlossenen Verträge, Uebereinkünfte u. s. w., von 1800-1840. *Stuttg.* u. *Tub.*, 1842 (bes. Abdruck aus Wurt., Jahrbüchern, *Jahrg*, 1840).

OFFICIELLE Sammlung der das Schweizerische Staatsrecht betreffenden Actenstücke, etc., und der zwischen der Eidgenossenschaft und den benachbarten Staaten abgeschlossenen besondern Verträge. *Zurich*, 1820, in-4. Ce recueil, dont une livraison doit être publiée chaque année n'a pas paru dans la librairie.

PUBLIC Statutes at large of the U. St. of A., ed. by R. Peters *Bost.*, 1848. Le septième volume en 2 forts tomes comprend les traités avec les États étrangers et avec les Indiens. Des remarques détachées avec renvois en facilitent l'usage.

RECUEIL des traités de paix relatifs à la pacification générale de l'Allemagne, conclus par la République française avec les différentes puissances belligérantes. *Munich*, 1802. Ce recueil a paru en allemand et en français.

RECUEIL des traités de paix, de trève, de neutralité entre les couronnes d'Espagne et de France, depuis 1526-1611. *Anvers*, 1645, in-12.

RECUEIL de tous les traités, conventions, mémoires et notes, conclus et publiés par la couronne de Danemark, depuis 1766-1794. *Berlin*, 1796. Ce recueil a été publié par H. F. C. Clausen, d'après les archives du ministère des affaires étrangères à Copenhague

RECUEIL van de Tractaaten tuschen de H. M. Heeren Staaten Generael en de verscheidene Koningen, etc. *La Haye*, 1726, 2 vol. in-4. Ce recueil officiel, qui a été publié par le libraire Jacques Scheltus, a été continué sous le titre : Vervolgh van het Recueil van de Tractaaten, etc. 4 vol. in-4 Les traités qui y sont compris vont depuis 1576-1794.

RECUEIL des traités de paix relatifs à la pacification générale de l'Allemagne, conclus par la République française, depuis 1795 jusqu'à présent *Berlin*, 1801, in-8.

RECUEIL général des traités de paix, etc., conclus par la République française avec les différentes puissances continentales pendant la guerre de la Révolution, depuis le traité conclu avec le grand-duc de Toscane, jusqu'au traité avec la République cisalpine (1798). *Paris*, 1798, in-12.

RECUEIL des actes diplomatiques concernant la négociation de lord Malmesbury avec la République française à Paris du 22 octobre au 20 décembre 1796, par l'auteur de la Politique raisonnée, à Hambourg, à La Haye, à Londres, à Paris in-8 (sans indication d'année).

Recueil des traités politiques, territoriaux et de commerce concernant le royaume des Pays-Bas, de 1814-1830, I-III. *Bruxelles*, 1843, 1850.

Rohrscheid (W. F. von). Preussens Staatsverträge. *Berlin*, 1852, lex. in-8.

Rosselet. Versuch einer Abhandlung von den Schweizerischen Schutz- und Schirm-Bündnissen, 1757, in-4.

Rousset (Jean). Recueil historique d'actes, négociations, mémoires et traités (1714-1748). *La Haye*, 1728-1755, 21 vol. Continuation du Recueil de Dumont. *Voyez* Dumont.

Rymer (Thomas). Fœdera, conventiones, etc., inter reges Angliæ et alios quosdam Imperatores, reges, etc., habita aut tractata (depuis 1101 jusqu'à 1654). *Londres*, 1701-1717, 20 vol. in-fol Cette première édition est très-rare Une deuxième édition fut publiée par Georges Holmes, depuis 1727-1735 en 17 vol. Une troisième édition augmentée parut en 10 vol. à La Haye de 1739-1745. On y a ajouté une traduction française des documents anglais, un abrégé historique par Rymer et une table complète. Un Supplément au Recueil de Rymer en 57 vol. in-fol. est conservé dans le Musée britannique. Enfin, sur les ordres de Georges III, du 17 juillet 1800, portant l'impression des Public Records aux frais de l'État, une nouv. édit. fut publiée par Clarke et Colebrooke. Le 1er vol., partie I, depuis 1066-1272 ; 2e part. de 1272-1307. *Londres*, 1816, vol. II, partie Ire de 1307-1327, in-fol. Cette édition de luxe n'est pas entrée dans la librairie. Le gouvernement anglais envoie des exemplaires aux souverains et aux bibliothèques étrangères.

Saalfeld. *Voyez* Martens

Saint-Priest (de). Histoires des traités de paix et autres négociations du dix-septième siècle, depuis la paix de Vervins jusqu'à celle de Nimègue. *Amsterdam*, 1725, 2 vol. in-fol. *Voyez* Dumont.

Sammlung der Verträge. . in Beziehung auf die Zoll-und Steuervereinigung zwischen Hannover und Braunschweig. *Braunschweig*, 1835, in-4.

Schmauss. Corpus juris gentium academicum. *Lipsiæ*, 1730-1732, 2 vol. in-8 (Recueil des traités de 1096 à 1731.)

Schnitzler. *Voyez* Ghillany.

Schœll (Frédéric). Histoire abrégée des traités de paix entre les puissances de l'Europe, depuis la paix de Westphalie, par de Koch. Ouvrage entièrement refondu, augmenté et continué jusqu'aux congrès de Vienne et aux traités de Paris de l'année 1815. Cet ouvrage, d'une grande importance pour l'histoire, a été publié, en 15 vol. dans les années 1817 et 1818.

Schwarzkopf (de). Recueil des principaux actes publics sur les relations politiques de la France avec les États de l'Italie, depuis l'année 1787 jusqu'au mois de mai 1796. *Francfort*, 1796, in-8.

Ségur Dupeyron. Négociations commerciales et maritimes du règne de Louis XIV. 1 vol. in-8.

Smidt (J. H. W.). Handels-und Schiffahrtsvertrage der freien Hanse stàdte und Bremen's insbesondere. *Bremen*, 1842.

Snell. Handbuch des Schweizerischen Staatsrechts. *Zurich*, 1837, 2 vol. Ce manuel contient les principaux traités en vigueur entre la Suisse et les puissances étrangères.

Sousa (Ant. Cajetano de). Historia genealogica da casa real Portugueza. *Lisbon.*, 1733 1747, 12 vol. in-4. Six volumes de ce recueil forment le Codex diplomaticus.

Traités publics de la royale maison de Savoie avec les puissances étrangères depuis la paix de Cateau-Cambrésis jusqu'à nos jours, I, VI, *Turin*, 1836-1849, in-4.

Traités de commerce avec l'Italie. *V.* Zeitfelerift fur auslàndische Gesetzgebung, t. XII, p. 461.

Traité de commerce et de navigation entre la France et la Grande-Bretagne, ratifié en 1786, précédé du traité de même nature, arrêté entre Sa Majesté Louis XIV, roi de France et Sa Majesté Anne, reine d'Angleterre, en l'an 1713, etc.

Usteri. Manuel du droit public de la Suisse. *Aarau*, 1816, 2 vol. in-8. La moitié de cet ouvrage contient les traités conclus par la Suisse avec les puissances étrangères.

Vogel, grand juge des gardes suisses. Traité historique et politique des alliances entre les treize cantons, depuis Charles VII jusqu'à présent. *Paris*, 1733, in-8.

— Priviléges des Suisses accordés aux villes impériales et anséatiques et aux habitants de Genève résidant en France. *Yverdon*, 1770, in-4.

Voss (C. D.). Geist der merkwurdigsten Bundnisse und Friedensschlusse des 18ten Jahrhunderts. *Gera*, 1801-1802, 5 vol in-8.

Wenck (F. A. G). Codex juris gentium recentissimi. *Lipsiæ*, 1781. 1786 et 1795, 3 vol. in-8. Il embrasse une période de trente-sept ans, de 1735 à 1772, et continue le Corps universel diplomatique.

Winkopp. Der rheinische Bund. *Francfort*, 1806-1812, 20 vol. Le même ouvrage a paru en français sous le titre : Collection des actes, reglements, ordonnances et autres pièces officielles relatives à la confédération du Rhin 3 vol in-8. *Paris*, 1808. Une continuation du même ouvrage sous le titre : Allgemeine Correspondenz. *Offenbach*, 1812 et 1813, 2 vol. in-8.

Witte (F.). Die Rechtsverhaltnisse der Auslànder in Russland *Dorp*, 1847.

Wurm. Dissertation insérée dans le Vierteljahrschrift, 1845, I, p. 168. (Cette dissertation est relative à la ratification des traités.)

Zellweger (J. H.). Geschichte der diplomatischen Verhältnisse der Schweiz mit Frankreich von 1698-1784. St Gallen und. Bern, 1848-1849. L'ouvrage doit avoir trois volumes, à notre connaissance, le premier seul a paru.

IV. — Traités particuliers et monographies diverses.

A DROIT MARITIME.

Abreu y Bertodano (Le chevalier Félix Jos.). Trattado juridico-politico sobre presas maritimas (traité juridico-politique concernant les prises), publié à Cadix, en 1746; traduit en français, en 1758, et réimprimé en 1702, avec des annotations de Bonnemain.

Ascher (C. W.). Beitràge zu einigen Fragen u d. Verhältnisse der neutralen Schifffahrt. Hamb., 1854.

Azuni (Dominique-Antoine). Système universel des principes du droit maritime de l'Europe, traduit de l'italien par J. M Digeon, sous les yeux de l'auteur pendant son séjour en France. 2 vol. in-8. Publié en 1795 et traduit en 1797. Dans cet ouvrage l'auteur se rapproche beaucoup des principes exposés par Lampredi, mais il défend mieux le droit des neutres. On a encore de lui : Dictionnaire universel de la jurisprudence mercantile. 5 vol., publiés de 1786 à 1796.

Baldasseroni (A.). Dizionario ragionato di giurisprudenza marittima. Livorno, 1811, 4 vol. in-4.

Barère (de). De la liberté des mers.

Beaussant. Code maritime composé des lois de la marine marchande, réunies, coordonnées et expliquées. 1840, 2 vol. in-8.

Bécane. Commentaire sur l'ordonnance de la marine, du mois d'août 1681, par Valin. 1834, 1 vol. in-4 ou 2 vol. in 8.

Boehmer (J. E.). Observations sur le droit de la nature et des gens touchant la capture et la détention des vaisseaux et effets neutres en temps de guerre (tirées du Nouveau Droit controversé latin). Hambourg, 1771, in-4.

Bergh van den Cremer. Disputatio historica juris gentium, continens historiam novarum legum de fluminum communium navigatione. Lugduni Bat., 1835. Cette dissertation contient des détails historiques sur la question de la libre navigation des fleuves.

Boer (G R). De dominio gentium aquatico. Trajecti ad Rhen., 1846. Sous l'expression commune de territorium aquaticum, l'auteur discute les principes qui régissent le domaine maritime et la propriété des fleuves et rivières. Il examine surtout les questions qui se rattachent à la navigation du Rhin

BORNEMANN (M. A.). Ueber die gebrauchliche Visitation neutraler Schiffe, etc., aus dem Danischen übersetzt *Copenhagen* u . *Leipsick,* 1801, in-8.

BOROUGH (T.). Imperium maris Britannici. *Lond.,* 1686.

BOUCHER. Le Consulat de la mer, ou Pandectes du droit commercial et maritime. 2 vol. in-8.

BOULAY-PATY. Cours de droit commercial maritime, d'après les principes et suivant l'ordre du Code de commerce. *Paris,* 1823, 1834, 4 vol. in-8, *Bruxelles,* 1838.

BROSSARD (A. de). Atteinte à la liberté des mers. *Paris,* 1842.

— Études sur le droit de visite. *Paris,* 1842.

BRUCKNER. De explorationibus et exploratoribus. *Jenæ,* 1700, in-4.

BUDER. De dominio maris suevici. *Ten.,* 1742.

BUNAU (H. comes de). De jure Imperatoris atque Imperii circa maria *Lipsiæ,* 1744, in-4.

BURGE (W.). Commentaries on colonial and foreign laws, generally and in their conflict with each other and with the law of England. I-IV, *Lond.,* 1838.

BURGUS. De dominio maris Ligustici.

BYNKERSHOECK. De dominio maris. Ce traité a été traduit en français par Barbeyrac. In-4, *La Haye,* 1723.

CANCRIN (Fr. Lud. V.). Abhandlungen von dem Wasserrechte, so wohl dem naturlichen als positiven, vornehmlich aber dem deutschen. *Halle,* 1789-1800, 4 vol. in-4.

CARATHÉODORY (Étienne). Le droit international concernant les grands cours d'eau. 1 vol. in-8.

CAUCHY (E.). Le droit maritime, considéré dans ses origines et dans ses rapports avec les progrès de la civilisation. 2 vol. in-8.

CHAMPAGNE (J.-F.). La mer libre, la mer fermée, etc. *Paris,* 1805, in-8.

CHARDON. Code des prises.

CLEIRAC. De la juridiction de la marine.

CLOQUET (M). Recueil des lois maritimes et commerciales. *Brux.,* 1840.

COLLIANDER (Sam). De jure principum belligerantium merces et navigia neutralium vel pacatarum gentium intercipiendi. 2 vol. in-8

CONWAY. De neutralitate maritimâ, ejusque quæ dicitur armata historiâ. *Gand,* 1827.

CORINGIUS. Dissert. de imperio maris.

CRAMER (de). De pari jure civitatium imperialium a ` gentium liberarum in recipiendis legatis.

CROEKE. Remarks on Mr. Schlegel's Work upon the visitation of neutral vessels 1801, in-8.

DAS SEERECHT und die Neutralitat auf der See. *Leipzig,* 1854.

DUFRICHE-POCLAINE. Code des prises.

ELVERS (C.-T.). Beiträge zum Wasserrechte. *Gottingen*, 1841, in-8.

ÉMÉRIGON. Traité sur les assurances et les contrats à la grosse. 1784.

Essai sur le commerce maritime des neutres. *Dorp.*, 1825.

FERAND-GIRAUD. De la juridiction française dans les échelles de Levant et de Barbarie. *Paris*, 1859, in-8.

FRETAS (de). De justo imperio Lusitanorum asiatico, adversus Grotii Mare liberum.

GALLIANI (l'abbé) Dei doveri dei principi neutrali verso i principi guerreggianti e di questi verso i neutrali (des devoirs des souverains belligérants et neutres les uns envers les autres). Publié à *Naples*, en 1782.

GALLO (V.). Trattati e convenzioni di commercio e di navigazione fra stati esteri, vol. I. *Trieste*, 1845.

GŒNZ (Le comte de). The secret History of the Armed Neutrality together with memoirs, official letters and state-papers illustrative of that celebrated confederacy, never before published, written originally in French? by a German Nobleman; translated by A. II *London* (*Ratisbonne*), 1792, in-8. L'original allemand n'a jamais paru. La traduction française a pour titre: Mémoire ou précis historique sur la neutralité armée et son origine, suivi de pièces justificatives. 1795, in-8; nouvelle édit. avec le nom de l'auteur, *Bâle*, 1801, in-8.

GOTOFREDUS (Jacobus). De dominio maris ad leg. 9. Dig de lege Rhodiâ, de jactu.

GRASWINKELL. Vindiciæ Maris liberi.

GRAVERUS. Dissertatio de mari naturâ libero, pactis clauso.

GROENENGIUS. Navigatio libera.

GROENINGIUS (Joannes). De navigatione liberâ.

GRUND (F.-J.). Das untersuchungsrecht. *Leipzig*, 1842.

GUIDON (le) de la mer.

HAUTEFEUILLE (L.-B.). Des droits et des devoirs des nations neutres en temps de guerre maritime. 1848-1850, 2ᵉ édit., 3 vol in-8.

— Histoire des origines, des progrès et des variations du droit maritime. 1 vol. in-8.

HAUTERIVE (le comte d'). Mémoires sur les principes et les lois de la neutralité maritime, accompagnés de pièces officielles justificatives. *Paris*, 1812, in-8.

HAZILTI (W) et ROCHE (R.). A manual of maritime warfare, embodying the decisions of lord Stowell. *Lond.*, 1854.

HEIM (Van der). Diss. hist. politica de aquæ superfluæ in Flandria émissione, ejusque inter Neerlandiam et Belgium ordinatione per conventum ad diem 20 maii 1843 Gandavi factam. *Lugd. Bat.*, 1844 (Dissert. sur le traité conclu entre la Hollande et la Belgique, qui termine la série de conventions relatives à la navigation des eaux communes à ces deux pays.

HEINECCIUS ou HEINECKE (Jean Gottlieb), né à Eisenberg en 1681, mort en 1741, professeur de droit à l'université de Halle. De navibus ob vecturam vetitarum mercium commissis dissertatio.

HOLST (J.-L.), Versuch einer kritischen Uebersicht des Volkerseerechts, aus der Geschichte der Geschichte, der Staatslehre und der Philosophie in Hinsicht auf ihre Streitigkeiten bearbeitet. *Hamburg*, 1802, in-8.

HOORN (Van). Dissertatio de navigatione et mercaturà in mari Nigro. *Amst.*, 1834.

HORNE (Thomas-Hartwell). A compendium of the court of admiralty relative to the ships of war, privateers, prizes, recaptures and prize money, with notes and precedents. 1803.

HOSACK. The Rights of british and neutral commerce, as affected by recent royal declarations. *Lond.*, 1854.

HUBNER. De la saisie des bâtiments neutres, ou du droit qu'ont les nations belligérantes d'arrêter les navires des peuples amis. 1759, 2 vol.

HUTT (W.). On the sund. dues. *London*, 1839.

JACOBSEN (F.-J.). Handbuch uber das praktische Seerecht der Englander und Franzosen. *Hamburg*, 1804, 2 vol.

— Seerecht des Kriegs und des Friedens in Bezug auf die Kauffahrtei-schifffahrt. *Altona*, 1815.

JENKINS (L.), juge à la cour de l'amirauté en Angleterre sous Charles II; né en 1625, et mort en 1684. — Consultations en matière de prises.

JOUFFROY (J). Droit des gens maritime universel, ou Essai d'un système général des obligations réciproques de toutes les puissances, relativement à la navigation et au commerce maritime. *Berlin*, 1806, in-8.

KALTENBORN (C. V.). Grundsätze des praktischen Europaischen Seerechts besonders im Privatverkehre, mit Rucksicht auf alle wichtigeren Particularrechte. *Berlin*, 1851, 2 vol. in-8

KAMPTZ (C.-A. von). Die Handels und Schifffahrtsvertrage des Zolvereinesgesammelt und mit Rucksicht auf der Fremdlander Gesetzgebung beleuchtet. *Braunschw.*, 1845.

KARSEBOOM (F.-F.). De navium detentione, quæ vulgò dicitur embargo. *Amst.*, 1840.

KENT. Practical treatise on commercial and maritime law. *Edinburg*, 1838, in-8.

KEPHALAS (Nicolas). Recueil des lois maritimes (en grec vulgaire). *Vienne*, 1817, in-8.

LAMPREDI Commercio dei popoli neutrali in tempo di guerra. Publié à *Florence* en 1788, traduit en français sous le titre de : Du commerce des neutres en temps de guerre, par Jacques Peuchet, avec notes et documents. *Paris*, 1802, 1 vol. in-8

LEBEAU. Code des prises maritimes An VII, 4 vol. in-8 ou 3 in-4.

— Code des bris, naufrages, etc. 1844, in-8.

Lemonius Ueber die Verhältnisse des Sundzolles. *Stettin*, 1841.

Loccenius. De jure maritimo et navali. *Holmiæ*, 1651, in-8 ; 1652, in-12.

Lock (W.-A.). A practical legal guide for sailors and merchants during war. *Lond.*, 1854.

Luchesi-Palli. Principes du droit public maritime, traduits de l'italien. 1842, in-8. C'est moins un traité de ce droit qu'un exposé des principes de la matière.

Macquardus. De jure maritimo.

Madison. Examination of the british doctrine which subjects to capture a neutral trade not open in time of peace. Publié en 1806.

Malouet (A.). Considérations historiques sur l'empire de la mer chez les anciens et chez les modernes *Paris*, 1812, in-8.

— Atteinte à la liberté des mers. Du droit de visite maritime accordé à l'Angleterre par les puissances du continent. *Paris*, 1842, in-8.

Manteuffel. Volkerrechtliche grundsatze uber die Blokade Dorport, 1860. *Leipzig*, chez Koehler.

Marisoltus. Orbis maritimus.

Marquardson (Doctor Heinrich). Der Trentfall. *Erlangen*, 1862.

Martens (G. F. de). Essai concernant les armateurs, les prises et surtout les reprises, d'après les lois, les traités et les usages des puissances maritimes de l'Europe. *Gottingue*, 1795, 1 vol. in-8.

— Mémoire du gouvernement suédois relatif au péage du Sund. *Stockh* 1839.

— Réplique du gouvernement danois, etc. 1840.

Minus (Alex). Das Seerecht und die Flussschifffahrt nach den preussischen Gesetzen, mit Rucksicht auf die wichtigsten fremden Staatsgesetzgebungen *Leipsig*, 1838, 1839.

Mollay. De jure marit. et navali.

Mumsen (J.). Diss. de navibus populorum belli tempore mediorum non capiendis. *Lipsiæ*, 1799

Nau. Volkerseerecht.

Oakey. Concise Digest of the law affecting the intercourse of the subjects of Gr. Br. and France. 5th edition.

Offenheim (H. B.). Der freie Deutsche Rhein. *Stuttgard*, 1842. Dissertation sur la libre navigation du Rhin, qui résume les nombreux débats auxquels cette question a donné lieu depuis 1792.

Ortolan (Th) Règles internationales et diplomatie de la mer. 2e édition, 1853, 2 vol. in-8. Une nouvelle édition beaucoup plus complète se publie en ce moment. Le tome II a seul paru.

Paulus (Julius). De dominio maris Adriatici disceptatio.

Pardessus. Collection des lois maritimes antérieures au dix-huitième siècle. *Paris*, 15 vol in-4 Il existe quelques exemplaires dans lesquels ne se trouvent pas les introductions qui forment la partie la plus essentielle de l'ouvrage.

— Us et coutumes de la mer, ou Collection des usages maritimes des peuples de l'antiquité et du moyen âge. 1847, 2 vol. in-4.

Pauli (Ch. Fr.) De jure belli societatum mercatorias. *Hal.*, 1751.

Pestel. Selecta capita juris gentium maritimi. *Lugd. Bat.*, 1785.

Pestel (F. G.). De dominio maris Mediterranei. *Rinteln*, 1764.

Pœhls. Darstellung des gemeinen Deutschen und des Hamburg. Handelsrechts. *Hamburg*, 1828-34, 4 vol. in-8.

Poll (Van der). De principiis fœderis quod dicitur Neutralitas armata. *Lugd*, 1821.

Pöls. Seerecht.

Pontanus (Joh. Isaacus). Discussiones historicæ de mare libero vel clauso.

Portalis père. Discussion au conseil des prises, du 14 flor. an VIII.

Pothier. Traité de la propriété. Dans cet ouvrage, le célèbre jurisconsulte a commenté l'ordonnance de la marine de 1681, en ce qui concerne les prises maritimes.

Raccolta dei trattati concernenti il commercio e la navigazione dei sudditi Austriaci negli stati della Porta Ottomana. *Vienna*, 1844

Avveval (Joseph-Mathias Gérard de). De la liberté des mers. 1811, 2 vol. in-8. C'est un traité complet sur les droits des neutres et des belligérants. La discussion est pleine de force et de raison.

Reddie (James). Researches historical and critical on maritime international Law. *Edimb.*, 1845, 2 vol

Reeves (John). History of the law of shipping and navigation. *London*, 1807, in-8. C'est surtout une apologie et une défense du système anglais.

Replique au mémoire du gouvernement danois sur le péage du Sund. *Stockholm*, 1840.

Rhetius (C F.). Diss. de jurisdictione ac vectigalibus portuum, et de jure ab iis quos volunt arcendi et angariarum navibus imperandi *Francof. ad Viadr.*, 1671, in-4.

Ricardo. The anatomy of the navigations laws *London*, 1847, in-8.

Robinson Admiralty Reports.

Rœrensee. De jure circa aquas majestatico.

Royards. De placito : Liberâ navi libera merx. *Traj*, 185?.

Samhaber (ou Stalpf.) Abhandl uber einige Rechte und Verbindlichkeiten neutraler Nationen in Zeiten des Krieges. *Würzburg*, 1791.

Sammet (Jean-Geffroy). De neutralium obligatione. *Lipsiæ*, 1761.

Santerna. De assecur.

Scarpi. Del Dominio del mare Adriatico.

428   BIBLIOGRAPHIE.

Schmidlin (J. Fr.). De juribus et oblig. gentium mediarum in bello. *Stuttg.*, et *Ulm*, 1780.

Scherer (H.). Der Sundzoll, seine Geschichte, sein jetziger Beistand und seine staatsrechtlichpolitisches Losung, als Beilagen die auf den Sund-zoll bezuglichen Vertrage. *Berlin*, 1845

Schmidt. Versuch einer Darstellung der Danischen Neutralitatssystems während des letzten Seekriegs, mit authentischen Belegen und Acten-stucken. 1802.

Schoockius (Martinus). Imperium maritimum.

Schultze (J.). Dissertatio de jure angariarum (de l'embargo de vais-seaux). *Dantzig*, 1686, in-4.

Selden (Jean), publiciste anglais, né en 1584 et mort en 1634 ; a soutenu le droit de souveraineté de l'Angleterre sur toutes les mers qui l'en-tourent. — Mare clausum

Sollicofre. Mémoire contre le droit de recousse. Inséré par extrait dans les Mémoires politiques de Linguet.

Steck (de). Versuche uber Handels-und Schifffahrtsvertrage.

Stephen. War in disguise, or the Frauds of the neutral flag. *London*, 1806.

Stepmannus (Franciscus). De jure maritimo.

Stewart. Vice-admiralty Reports.

Stirling (Pat. F.). Philosophie du commerce. 1 vol.

Straccha. De nautis.

Strackeyarn (F A.). Schifffahrts handbuch.

Strauchius. De imperio maris

Stypmanus. Ad jus maritimum Anseaticum.

Tahga. Ponderazioni maritime.

Tellegen. Disputatio de Jure in mare, imprimis proximum. *Groning*, 1847 Excellent résumé historique de tout ce qui a été écrit sur la question du domaine maritime.

Tetens (J N.). Betrachtungen uber die gegenseitigen Befugnisse der kriegfuhrenden Machte und der Neutralen auf der See. *Kiel*, 1802, in-8

— Considérations sur les droits réciproques des puissances belligérantes et des puissances neutres sur mer, avec les principes du droit de guerre en général. *Copenhague*, 1805.

Thomson (H Byerley). The Laws of war, affecting the commerce and shipping. *London*, 1854

Totze. La liberté de la navigation et du commerce des nations neutres, considérée selon le droit des gens universel, celui de l'Europe et les traités. *Londres* et *Amsterdam*, 1780

— Essai sur un code maritime général européen *Leipsick*, 1782. Ces deux ouvrages ont été traduits en allemand. *Leipsick*, 1780 et 1782, in-8.

TRAYA (Carlo). Capitula et ordinationes maritimæ civitatis Amalphitanæ. *Vienne*, 1844.

UCHTRITZ (A. W B. Van). Von Durchsuchung der Schiffe neutraler Volkerschaften. *Rothenbourg*, 1781, in-8.

VALIN (Réné-Josué), né à la Rochelle en 1695 et mort en 1765. Commentaire sur l'ordonnance de la marine de l'année 1681.

— Traité des prises.

VINNIUS AD PECKIUM. De navibus non excus.

WARD (Robert). Treaties on the rights and duties of belligerants and neutral nations in maritime affairs; in which the principles of armed neutralities and opinions of Hubner and Schlegel are fully discuted. 1801.

— Essay of Contraband. *Lond* , 1801.

WALTERHALSEN. Urkundliche Geschichte des Ursprunges der Deutschen Hanse.

WEIDENFELD. Grundliche Entwirkelung der Dispens-und Nuntiatur Streitigkeiten 1788, in-4 ; et suppl , 1788.

WELWOD. De dominio maris. *Hagæ-Comitum*, 1703.

WHEATON (Henri). Enquiry on the right of search. *London*, 1842, in-8.

— A Digest of the Law of maritime captures and prizes. *New-York*, 1815, in-8.

WILLENBERG. De eo quod justum est circa excursiones maritimas. *Gedani*, 1711-1726; in-8.

WURM (C. F.). Von der Neutralitat des Deutschen Seehandels in Kriegszeiten. *Hamburg*, 1841.

ZOUCH. De jure nautico.

ZUARIUS. De usu maris.

B. CONSULS — INSTITUTIONS CONSULAIRES ET COMMERCIALES.

BOREL (Fr.). De l'origine et des fonctions des consuls. *Saint-Pétersbourg*, 1807, *Leipzig*, 1831, in-8.

— Formulaire des consulats. *Saint-Pétersbourg*, 1809, in-8.

BOUCHAUD. Théorie des traités de commerce entre les nations. 1777.

BRUYÈRE (la Reynie). Manuel des commissaires des relations commerciales, des négociants maritimes et des armateurs en course. 1808.

BURSOTTI. Guide des agents consulaires. *Nap.*, 1838, 2 vol. in-8.

BUSCH Erorterung der Frage : Was hat Deutschland in Ansehung seines Land-und Seehandels von den sondken Friedenshandlungen zu erwarten. 1795.

BUSSY (Th. Rol. de). Dictionnaire du Consulat de France. *Alger*, 1854.

CASAREGIS. Discursus legales de commercio et mercaturâ.

— Nuova spiegazione del Consolato del mare. *Venise*, 1737. Le Consulat de la mer fut imprimé pour la première fois en langue catalane à Barcelone en 1494 *V*. Pardessus. Une traduction espagnole, avec commentaire, a été publiée à Madrid en 1794.

CLERCQ (Al. de) et DE VALLAT. Guide pratique des consulats.

— Formulaire à l'usage des consulats. *Paris*, 1848.

CONDILLAC. Le commerce et le gouvernement. Ouvrage inachevé.

CUSSY (le baron Ferd de). Dictionnaire, ou Manuel lexique du diplomate et du consul. *Leipzig*, 1846, in-12

— Règlements consulaires des principaux États maritimes de l'Europe et de l'Amérique. *Leipzig*, 1852, in-8.

— Phases et causes célèbres du droit maritime des nations. *Leipzig*, 1856, 2 vol. in-8.

FYNN (A.). British Consuls abroad ; their origin, rank, privileges, etc. *London*, 1841, 3ᵈ edit.

GOURAUD (Ch.). Histoire de la politique commerciale de la France, et de son influence sur le progrès de la richesse publique depuis le moyen âge jusqu'à nos jours. 2 vol. in-8.

— Essai sur la liberté du commerce des nations, examen de la théorie anglaise du libre échange. 1853, 1 vol. in-8.

GRENVILLE MURRAY (E. C.). Droits et devoirs des envoyés diplomatiques. *Londres*, 1853.

HENDSHAW (J. Sidn). A manual for the United States Consuls. *New-York*, 1849.

HUET. Histoire du commerce et de la navigation des anciens.

JOCHMUS. Handbuch fur Consul und consular Beamte mit besonderer Rücksicht auf Deutschland. *Dessau*, 1852.

KÖNIG (B. W.). Preussens Consular-Reglements nach seiner heutigen Geltung und in seiner heutigen Anwendung. *Berl.*, 1854.

LACET DE PODIO. Juridiction des consuls de France à l'étranger. 2ᵉ édit , *Marseille*, 1842, 2 vol. in-8.

LETAMENDI. Tratado de jurisprudencia diplomatico-consular. *Madrid*, 1843.

LÉTI. Il cérémoniale historico e politico. *Amsterdam*, 1685, 6 vol. in-8

LUDOVICI (J. Fr). De capitulationibus. *Hal.*, 1707.

LÜNIG (T. C.) Theatrum ceremoniale historico-politicum. *Leipzig*, 1716, t. II, 1719-1720.

MAGNONE (chev. de). Manuel des officiers consulaires sardes et étrangers. *Marseille*, 1848.

MAISEAU. Répertoire universel du commerce et de la navigation, contenant les droits de navigation, etc. *Paris*, 1831-1837, 4 vol. in-8

MARTENS (G. F de). Lois et ordonnances des diverses puissances euro péennes concernant le commerce, la navigation et les assurances depuis la moitié du dix-septième siècle. 1802.

Mensch (F. A. de). Manuel pratique du consulat, consacré aux consuls de Prusse et autres États formant le Zollverein. *Leipzig*, 1846, in-8.

Miltitz (Alex. de). Manuel des consuls 1837-1843, 5 vol. in-8 C'est un des ouvrages les plus complets sur la matière. *Londres* et *Berlin*.

Mirus (A.). Das Europæische Gesandsschaftsrecht. 2 cahiers. *Leipzig*, 1847.

Moreuil. Manuel des agents consulaires français et étrangers, *Paris*, 1850.

Moshamm (Fr. Xav. de). Europæisches Gesandtschafsrecht. *Landshut*, 1805.

Neufville (Van Gelder de) De mercaturá et navigatione gentium in bello mediarum. *Amst*, 1834

Neumann (L.) Handbuch des Consulatwesens, mit besonderer Berücksichtigung des Oesterreichischen. *Wien*, 1854.

Noodt. De Pactis.

Oppenheim (H. O.). Praktisches Lehrbuch der Consulate aller Lænder. *Erlang*, 1854.

Oser. L'ambassadrice et ses droits. *Berlin*, 1754, in-8.

Pacassi (T., baron de). Einleitung in die Samtlichen Gesandtschaftrecht *Wien*, 1777.

Platner (Fred.). De pactis principum captivorum. *Lipsiæ*, 1754.

Podio (Laget de). De la juridiction des consuls de France à l'étranger. 1826.

Ribeiro dos Santos (José), consul général portugais, et Castilho-Barreto (le docteur José-Feliciano de), vice consul, ont publié en 1839, en 2 vol. et en langue française, un Traité du consulat. Cet ouvrage sur les devoirs et les fonctions consulaires, est tout à fait pratique, consciencieux, et rempli d'utiles et judicieuses observations.

Silva (Joseph de). Principios do directo mercantil e leyes de marinha. 1806 à 1812.

Soetbeer (A.). Schifffahrtsgesetze, so wie Handels-und Schifffahrtsverträge verschiedener Staaten im Jahr 1847. *Hambg.*, 1848.

Steck (de). Essai sur les consuls. *Berlin*, 1790.

— Essai sur divers sujets relatifs à la navigation et au commerce pendant la guerre. In-8, *Berlin*, 1774. Le nombre de dissertations relatives au droit des gens, publiées par de Steck est assez considérable. On en compte treize, notamment ses Essais sur divers sujets de politique et de jurisprudence, 1779, in-8; Versuch uber Handlungs-und Schifffahrtsverträge. *Halle*, 1772; Handelsverträge, etc., ses divers écrits, publiés sous le titre de : Essais sur quelques sujets intéressants pour l'homme d'État et de lettres. *Halle*, 1784; *Berlin*, 1785; *Halle*, 1789-1790.

TOUBEAU. Inst. du droit consul.

VALLAT (de). *Voyez* Clercq (de).

WARDEN (David-Bailie), consul général des États-Unis en France. On the origin, nature, progress and influence of the consular establishments. 1813 — De l'origine, de la nature, des progrès et de l'influence des établissements consulaires. 1815. Traduit en français par Barrère (de Morlaix), consul de France à la Corogne.

C. AMBASSADE ET AMBASSADEURS. — TRAITÉS.

ACHENWALL. De transitu et admissione legati ex pacto repetendis. *Gottingæ*, 1748, in-4.

AHVERT (C.-G). Lehrbegriff der Wissenschaften, Erfordernisse und Rechte der Gesandten. *Dresde*, 1784, 2 vol. in-8.

ARCO (comes de). De capitulationibus.

BECK (Chr.). Versuch ein. Staatspraxis, oder Canzeleiübung aus der Politik des Staats-und Volkerrechts. *Wien*, 1754 et 1778.

BENSEN (H). Versuch einer systematischen Entwickelung der Lehre von Staatsgeschæften. 2 vol., *Erlangen*, 1800-1802

BÖHMER (J. H). De privatis legatorum sacris.

BUDER. De legationibus obedientiæ. *Tenæ*, 1737.

CALLIÈRES (de). De la manière de négocier avec les souverains. Il y a une édition augm., par Barbier, et des trad. angl., ital., allem. *Paris*, 1716; nouvelle édition. *Londres*, 1750; *Ryswick*, 1756.

CONRADUS (F.-C.). De fecialibus et jure feciali populi Romani. *Helmst.*, 1734, in-4.

DASSEL (Chr.). Ueber Friede und Friedenstractate, conventionen, Capitulationen, etc. *Neustadt*, 1817.

DIE politische Unterhandlungskunst, oder Anweisung, mit Fursten und Republiken zu unterhandeln. *Leipzig*, 1811.

DRESCH (Leonh. de). Ueber die Daner der Volkerverträge. *Landshut*, 1808.

ENSLIN (Ad). Ueber internationale Verlagsverträge. *Berlin*, 1855

ESTOR (G.-J.). De jure poscendi litteras quas vocant credentiales a legatis. *Jenæ*, 1748, in-8.

EVERSTEN DE TONGE (E.). Over de Grenzen van de Reglen van Gezanten. *Utr.*, 1850.

FRANQUESNAY (J. de la Sarra du). Le Ministre public dans les cours étrangères. *Paris*, 1731.

GALARDI Réflexions sur les mémoires pour les ambassadeurs. *Villefranche*, 1677, in-12.

GEBAUER (G. Chr.). Programma de cærem. naturâ atque jure. *Gœtting*, 1737.

GENTILIS (Albericus). De legationibus lib. III, *London*, 1583 et 1585, in-4. *Hannover*, 1596, 1607, 1612.

GESSNER (L.). De jure uxoris legati et legatæ. *Hal. Sax* , 1851.

GRENVILLE MURRAY (E. C.). Droits et devoirs des envoyés diplomatiques. 1 vol. in-12, *Lond* , 1853.

GUNDLING (N. H.). De efficientiâ metûs in promissionibus liberarum gentium, etc. *Halæ*, 1711.

HAGEDORN. Discours sur les différents caractères des envoyés ordinaires, etc. *Amst.*, 1736.

HELLBACH. Handbuch des Rangrechts. *Ansp.*, 1804.

HOOGEVEEN. Legatorum origo et sanctimonia. *Luyd. Bat.*, 1763, in-4

HOWEL. Discourse on precedency of Kings whereunto is also adjoined a treatise of ambassadors. *London*, 1664

ICKSTADT. De legatorum in civitatibus immediatis ac liberis residentium privilegiis ac juribus. *Wurtzbourg*, 1740, in-4

JUGLER. De litteris legatorum credentialibus. *Jenæ*, 1741, in-4.

KAMPTZ (C. A. V.). Neue Literatur des Volkerrechts seit dem J 1784, als Ergænzung u. Fortsetzung des Werks des Gesandten Van Ompteda. *Berlin*, 1817, in-8.

KAYSER (J. J.). De legato testatore. *Giessæ*, 1740, in-4.

KULPIS. De legationibus statuum Imperii.

LAVARDINUS. Legatio romana ejusque cum romano pontifice Innocentio XI Dissidia, 1688. 1697, in-12.

LEOPOLDIS (P. C. A.). De effectu novi belli quoad vim obligandi pristinarum obligationum. *Helmstädt*, 1792.

LESCALOPIER DE NOURAR (C. A.). Le ministère du négociateur. *Paris*, 1763, in-8.

LETI Cæremoniale historico-politicum. *Amsterdam*, 1685, 6 vol. in-12.

LEUTRUM (Ad -Freih. von). Beitræge zur Gestaltung einer Deutschen Diplomatie. *Wien*, 1848.

LEYSER. De legatis transeuntibus.

LUDOVICUS. De capitulationibus bellicis. *Halæ*, 1707, in-4.

LUNIG. Theatrum cæremoniale historico-politicum. *Lipsiæ*, 1720, 2 vol. in-fol

MARTENS (G.-F. de). Dictionnaire ou Manuel lexique du diplomate et du consul. 1840, in-12.

MEISEL (H.). Cours de style diplomatique, d'après les cahiers de M. d'Appel. *Dresde*, 1823-1826; *Paris*, 1826, 2 vol. in-8.

MIRUS (Alex.). Das Europæische Gesandtschaftsrecht, nebst einem Anhange von dem Gesandtschafsrecht des d Bundes, einer Bucherkunde und vielen Beilagen. *Leipzig*, 1847.

Moser (C.-F. de). L'Ambassadrice et ses droits, 3e édit. *Francfort*, 1757.

Mosham (F. Xav. de). Europæisches Gesandtschaftsrecht. *Landshut*, 1805, in-8.

Murray. *Voyez* Grenville.

Nettelbladt De formâ litterarum credentialium. *Halæ*, 1753, in-4.

Pacassi Einleitung in die Gesandtschaftsrechte. *Vienne*, 1777, in-8.

Paulus (C. F.). De obsignatione rerum legati ejusque comitatus diss. *Halæ*, 1751, in-4.

Ritter (C. D). De fecialibus populi Romani. *Lipsiæ*, 1732, in-4.

Roemer (C. H. de). Versuch einer Einleitung in die rechtlichen, moralischen und politischen Grundsætze uber die Gesandtschaften. *Gotha*, 1788, in-8.

— Handbuch für Gesandte. *Leipzig*, 1791

Rohr (J B. de). Einleitung zur Ceremonial wissenschaften. *Berlin*, 1730 et 1735.

Rymer. Fœdera, conventiones, litera et Acta Publica inter reges Angliæ et alias Principes. (*London*, 1704)

Sarra du Franquesnay (J. de la). Le ministre public dans les cours étrangères, ses fonctions et ses prérogatives. *Amsterdam*, 1731, in-12.

Sneedorf. Essai d'un traité du style des cours. *Gottingue*, 1758, in-8.

Snouckafrt van Schalburg. Essai sur les ministres publics. *La Haye*, 1833, in-8.

— Dissertatio de legatis rebusque ab his agendis. *Traj.*, 1827.

Stievens (G.). Europæisches Hofceremonial. *Leipzig*, 1714 et 1723.

Tancoigne. Le Guide des chanceliers 1847, in-12.

Thomasius (Chrét). De jure asyli legatorum ædibus competente. *Lipsiæ*, 1689 et 1698, in-4.

Treitschke (Geo. Carl). Versuch einer Bestimmung und Beantwortung der Frage : Ob die am Kaiserlichen Hofe residirende reichsstændische Gesandten der Gerichtbarkeit des Reichshofraths unterworfen sind. *Leipsick*, 1777, in-8.

— De prudentiâ circa officium pacificationis inter gentes. *Lipsiæ*, 1727, in -4.

Tröltsch (E. W. de). Versuch einer Entwickelung der Grundsætze, nach welchen die Fortdaner der Volkervertræge zu beurtheilen. *Landshut*, 1809.

Uhlich. Les Droits des ambassadeurs et des autres ministres publics les plus éminents. *Leipzig*, 1731, in-4.

Upmark (J.). De franchisiâ quarteriorum, seu jure asyli apud legatos. *Upsal*, 1706, in-8.

Vera (don Antonio de). Le Parfait Ambassadeur *Paris*, 1635

WÄCHTER (Fréd. Ch.). De modis tollendi pacta inter gentes. *Stuttg.*, 1779-1780.

WAGENSEIL (G). De Legato a latere. *Altorf*, 1696.

WALDNER DE FREUNDSTEIN (F. I.). De firmamentis conventionum publ. *Giessen*, 1709 et 1753.

WEISKE. Considérations sur les ambassadeurs des Romains, comparés avec les modernes. *Zwickau*, 1834.

WICQLEFORT. L'Ambassadeur et ses fonctions. *La Haye*, 1680-1681.

WILDVOGEL. De testamento legati.

WILLENBERG. De jurisdictione legati in comites suos. *Gedani*, 1705, in-4.

WINTERFELD (F. G. de). Teutsche und ceremonial Politica. 3 vol. *Francf.* und *Leipzig*, 1700 et 1702.

WOLLER (C. F.). De modis qui firmandis pactionibus publicis proprii sunt. *Vindob.*, 1775

WURM (C. F.). Ueber den Rang diplomatischer Agenten, in der Tub. Zeitsch. für Staatsrecht. 1854.

D. DROIT DE PROPRIETÉ LITTÉRAIRE INTERNATIONALE, ET SUJETS DIVERS.

ANCILLON (Fr.). Ueber Souveranität und Staatsverfassung. *Berlin*, 1818, in-8.

— De l'esprit des constitutions politiques et de son influence sur la législation, trad. de l'allemand. 1850, in-8.

ARENDT. Essai sur la neutralité de la Belgique, considérée principalement sous le point de vue du droit public. *Brux*, 1845.

ARNOLLD. Résultats des guerres, des négociations et des traités qui ont précédé et suivi la coalition contre la France, pour servir de supplément au Droit public de l'Europe de Mably. *Paris*, 1803, in-8

AUSTIN. Province of jurisprudence determined. *London*, 1832.

BAR Das international privat und Strafrecht. *Hannover*, 1862.

BAUER (J. G.). Mediationes de vero fundamento quo inter civitates nititur retorsio juris. *Lipsiæ*, 1740, in-4.

BEAUREPAIRE (Ch de). Essai sur l'asile religieux dans l'empire romain et la monarchie française 1855, in-8.

BERNER (A. F.). Wirkungskreis des Strafgesetzes nach Zeit, Raum und Personen. *Berl.*, 1853.

BELLWITZ (G. F. de). De auxiliis hosti præstitis more gentium hodierno hostem non efficientibus. *Halæ*, 1747, in-4.

BIOT. L'abolition de l'esclavage ancien. *Paris*, 1841.

BLANC (Et.) et BEAUME (Al.). Code général de la propriété industrielle, littéraire et artistique, comprenant les législations de tous les pays et les traités internationaux. *Paris et Leipzig*, 1854

Brfuning (C. H). De fugâ obsidum. *Lipsiæ*, 1766, in-4.

Brinkman. Glossarium diplomaticum. 2 vol., 1859, *Gotha*, chez Perthes.

Buddœls. De contraventionibus fœd.

Bulmeringq (A.). Das Asylrecht. *Dorpat.*, 1854.

Burke (P.). The Law of international copyright between England and France. *Lond.*, 1852.

Brumleges Dissertatio de occupatione Bellica.

Bynkershoeck. De foro competente legatorum.

Cassius (Wilde). Diatribe de jure et judice legatorum. *Francof. ad Mœn*, 1717, in-4.

Casaregis. Discursus legales de commercio.

Cocceus. De postliminio in pace et amnistia

Concours institué par les sociétés anglo-américaines de la paix au congrès de Bruxelles. Rapport des commissaires *Bruxelles*, 1849.

Congrès des amis de la paix universelle, réunis à Bruxelles en 1848, *Brux.*, 1849.

Contostaules. De jure expellendi peregrinos. Diss. *Berol.*, 1849.

Crell (C. L.). De jure obsidum invitorum. *Witeb.*, 1734.

Cuneus. Resp in causâ postlimimii.

Das Leben des Ministers Freiherrn von Stein *Berlin*, 1851, 1852.

D et R. Traité sur le droit d'intervention. *Paris*, 1823.

Deffaudis. Questions diplomatiques, et particulièrement des travaux et de l'organisation du ministère des affaires étrangères. *Paris*, 1849, in-8.

Delalain (J.). Législation française et belge de la propriété littéraire et artistique. *Paris*, 1854.

Demangeat. Histoire civile des étrangers en France. *Paris*, 1841.

Drisler De juribus principis incognito péregrinantis odiosis. *Martisb.*, 1730.

Engelbrecht (C. G.). De servitutibus juris publici. *Helmstad.*, 1715; *Lips.*, 1749, in-8.

Erdmann. Das Nationalitaets princip. (Du principe des nationalités) `

Erhard. Prolusio de sponsoribus juris gentium. *Lipsiæ*, 1787, in-4.

Ewald. Von den kleinen Krieg *Cassel*, 1785, in-8.

Fant. Dissertat. de primis Sueciæ fœderibus extra septentrionem. *Upsalæ*, 1782, in-4.

Felz (J H). De servitutibus juris publici, seu de jure in alieno territorio. *Argentor*, 1701, 1737.

Ferrater (Don E. de). Legislacion Española sobre estrangeros (in su Codigo del derecho international.

Fœlix. Traité du droit international privé, ou Des conflits des lois des différentes nations en matière de droit privé. 3ᵉ édit., 1856, in-8.

Galern (H. C von). Der zweite Pariser Frieden.

GAND. Code des étrangers, ou Etat civil, politique, etc. *Paris*, 1853.

GARCIA DE LA VEGA (D de). Guide pratique des agents politiques du ministere des affaires étrangères. *Brux.*, 1852-1854.

GARNIER (J.). Congres des Amis de la paix réunis à Paris, 1849. *Paris*, 1850.

GASCHON. Code diplomatique des aubains, ou du Droit conventionnel entre la France et les autres puissances relativement à la capacité réciproque d'acquérir, etc. 1818, in-8.

GEBAUER (G. Chr.). Programma de ceremon. natura atque jure. *Goetting*, 1737.

GIRAUD (Charles). Le Traité d'Utrecht, 1847

GLAFEY (A. F.). Vollstandige Geschichte des Rechts der Vernunft. *Leipzig*, 1739, in-4 ; 2ᵉ édit., *Francfort*, 1746, 2 vol. in-4.

— Disquisitio juris naturalis et gentium, de justo Gyllenborgii et Goertzii Sueciæ legatorum in Britannia et Confœd Belgio arresto. *Francfort et Lipsiæ*, 1717, in-4.

GONNE. Entdeckung der Ursachen, warum die Kriegsankundigung unter freyen Volkern fur nothig gehalten worden.

GUDELIN. De Pace.

GUNDLING (N. H.). De efficentia metus in promissionibus liberarum gentium, etc. *Hal*, 1711.

HAAS (J. A. Ferd.). Diss. de effectu exceptionis rei judicatæ in territorio alieno. *Gottingæ*, 1791, in-4

HAAS (D.). Ueber das Repartitions-Princip des Staatsschulden *Bonn.*, 1831.

HALDIMUND (Abr. Gerh. Sam.). Diss. de modo componendi controversias inter æquales, et potissimum de arbitris compromissariis. *Lugd*, *Bal.*, 1738, in-4.

HARTOGH (H. Al.). De regulâ juris : Locus regit actum. *Hagæ*, 1838.

HASE. Das Jus postliminii und die Fictio legis Corneliæ. *Halæ*, 1851.

HAUTERIVE (le comte d'). De l'état de la France à la fin de l'an VIII.

HEIBERG Das Princip der Nicht-intervention in Beziehung auf die aussere und innere Organisation der Staate *Leipzig*, 1842.

HELMERTSHAUSEN. De subjectione territorial personarum illustrium.

HILDEBRAND. De territorio clauso et non clauso. *Altorf*, 1715.

HOFFMANN (H. M). Diss. de gentium pactionibus ac fœderibus ex historiâ illustratis. *Traj.*, 1824.

HUBERUS. De conflictu legum.

HUGUET. *Voyez* Pataille.

KAHLE (L M.) De trutinâ Europæ, quæ vulgo appellatur *la Balance*, præcipuâ belli et pacis normâ. *Gottingæ*, 1744.

— De justis represaliarum limitibus, cum a gentibus tum a statibus Imperii observandis. *Gottingæ*, 1746, in-4.

KAMPTZ (de). Volkerrechtliche Erorterung des Retchts der Europaischen Machte, in die Verfassung eines einzelnen Staats sich zu mischen. *Berlin*, 1821.

KLINKHAMER (S. C.). De bello propter successionem regni Hispanici gesto, pace Rheno-Trajectinâ composito. *Amst.*, 1829. Attribué par de Mohl à Den Tex.

KLUIT. De deditione profugorum.

LACROIX. De la petite guerre. 1752.

LE BARON. Le Code des étrangers, ou Recueil des lois anglaises concernant les étrangers dans le R. U. de la Gr. Br. *Paris*, 1849.

LECKIE (G. Fr.). Historical Research into the nature of the balance of power in Europe. *London*, 1817.

LEGAT (B. J). Code des étrangers, ou Traité de la législation française concernant les étrangers. *Paris*, 1832.

LEIBNITZ. De suprematu principum Germaniæ.

LETI (Gregorio). Ceremoniale historico e politico. 6 vol., *Amstel.*, 1685.

LEOPOLD (P. C. A.). De effectu novi belli quoad vim obligandi pristinarum obligationum. *Helmstadt*, 1792.

LILIENFELS. Neues Staatsgebäude. *Leipsick*, 1767.

— Ueber die Europäische Republic. *Francfurt*, 1787, in-8.

— Nouvel Essai du projet de paix perpétuelle. *Lausanne*, 1789, in-8.

LIMBACH (T. Ch.). De Forensibus. *Giess.*, 1669.

LUDEWIG (T. P.) De juris gentium lasionibus. *Hal.*, 1741.

LYMAN SPALDING. The Diplomacy of the United States, being an account of the foreign relations of the country. *Boston*, 1826.

LYNKER. De jure represaliarum. *Jenæ*, 1691, in-4.

MARCHAND (P. R.). Nouveau projet de traité de paix perpétuelle. *Paris*. 1842.

MARCKART (F. G.). De jure atque obligatione gentium Succurrendi injuste oppressis. *Harderov.*, 1748.

MEER DE WYS (J. H. Van der). De quæstione, an bello oborto pereat inter bellum gerentes fœderum auctoritas. *Amst.*, 1830.

MEERMANN. Von dem Recht der Eroberung nach dem Staats-und Volkerrecht. *Erfurt*, 1774, in-8.

MEIS (J C.). De Civitatis deditione. *Lipsiæ*, 1698, in-4.

MENIUS (Ch. A.). Dissertatio de finibus territorii. *Lips.*, 1740.

MOHL (R.). Revision der volkerrechtlichen Lehre vom Asyle. *Tub*, 1853. Besonderer Abdruck aus der Tub. Zeitschr. fur Staatsv., 1853.

MOLINARI (G. de). L'Abbé de Saint-Pierre, membre exclu de l'Académie française, sa vie et ses œuvres, 1857. 1 vol in-12. Fait partie de la *Bibliothèque des sciences morales et politiques*.

MOSHEIM (Fr. A.). Ueber den Rang der Europaischen Machte. *Salzbach*, 1819.

Muxdt (Th.). Machiavel und der Gang der Europaischen Politik. Leipzig, 1853, 2ᵉ édition.

Muquart (Ch.). De la propriété littéraire internationale. *Brux.*, 1851.

Neumann. De processu judiciario in causis principum.

Neufville (J. de). De iis, quæ ad tollendum servorum Afrorum commercium inde a congressu Viennensi inter populos gesta sunt. *Amst.*, 1840.

Neyron. Essai historique et politique sur les garanties. *Gotting*, 1777.

Noodt (Ger.). Dissertatio de relig. ab imperio, jure gentium.

Oakey (C). Droits, priviléges et obligations des étrangers dans la Grande-Bretagne. 3ᵉ édit., *Paris*, 1837.

Ortolan (Eugène). Des moyens d'acquérir le domaine international ou propriété d'État entre les nations, d'après le droit des gens public, comparés au moyen d'acquérir la propriété entre particuliers, d'après le droit privé, et suivis de l'examen des principes de l'équilibre politique. 1851, 1 vol. in-8.

Paolo (Seb). Codice diplomatico del sacro militare ordine geroso-limitano. *Lucca*, 1733, 1734, in-fol.

Pataille et Huguet. Code international de la propriété industrielle, artistique et littéraire, Guide pratique des inventeurs, auteurs, compositeurs, artistes et fabricants français et étrangers *Paris*, 1855, in-8

Pauli (G. F.). De obligatione rerum legati ejusque comitatus. *Halæ*, 1751.

Pecquet. De l'art de négocier avec les souverains. *La Haye*, 1738, in-8.

Pfeiffer. Das Recht der Kriegseroberung in Bezug auf Staatscapitalien. *Cassel*, 1823.

— In wiesern sind Regierungshandlungen eines Zwischen herrschers für den rechtmässigen Regenten nach dessen Ruckkehr verbindlichen. 1819.

Püttmann (Lud. Ern.). De jure recipiendi hostes alienos. *Lips.*, 1777.

Pinder. Das Recht getrennter Landestheile auf gemein Schaftl. Legate. *Weimar*, 1824.

Putter Geist des Westphalischen Friedens.

Putter (Th). Das praktische Europæische Fremdenrecht. *Leipzig*, 1845.

Puttingen (de). Die gesetzliche Behandlung der Ausländer in Æsterreich.

Quain (J R.) The right of foreigners to acquire copyright in England considered. *London*, 1854.

Reumont. Italienische Diplomaten von 1260-1550, dans Fréd. de Raumer historisches Taschenbuch. 1841.

Rivarol (le comte de). Dissertation sur l'universalité de la langue française, ouvrage qui a remporté le prix à Berlin en 1784, in-4.

Robertson (A.). A treatise on the law of personal succession in the different parts of the Realm, and on the cases regarding foreign and international succession, which have been decided in the British courts. *London*, 1835.

Rocco (N.). Dell' uso e autorità delle leggi del regno delle Due Sicilie cons. nelle relazioni colle persone e col territorio degli stranieri. *Naples*, 1837 et 1843.

Rotteck (H. von). Das Recht der Einmischung in die inneren Angelegenheiten eines fremden Staates. *Freiburg*, 1845.

Salinas (Don J.). Manuel des droits civils et commerciaux des Français en Espagne, et des étrangers en général. *Paris*, 1829, in-8.

Sapey. Les étrangers en France sous l'ancien et le nouveau droit Paris, 1843

Schaumann (Ludw.). Die rechtlig Verhæltnisse des legitimen Fursten, des Usurpators und des unterjochten Volkes. *Cassel*, 1820.

Scheidemantel. (H G). Diss. de nexu feudali inter gentes *Jenæ*, 1767, in-4.

Schiara. Theologia bellica.

Schilter (J.). De jure et statu obsidum. *Rudolstadt.*, 1664, in-8.

Schooten (Guill.). De jure hostem imminentem præveniendi. *Lugd. Bat.*

Schutzenberger. Condition civile des étrangers en France 1852, in-8.

Schwarz (Chr. Gottl.). De jure victoris in res incorpor. *Altorf*, 1720.

Soloman. Essai juridique sur la condition des étrangers. 1844, in 8.

Steck (de). De fœminâ obside.

— Eclaircissements de divers sujets. *Ingolst.*, 1785.

Seiler An liceat obsignare in alieno territorio res hæreditarias, 1752, in-4

Simon. Quomodo jure gentium bona subditorum pro debitis principis obligari possunt. *Ten.*, 1675.

Story. Commentaries on the conflict of laws foreign and domestic Boston, 1841.

Strube. Rechtliches Bedenken.

Struben (F. H.). Abhandlung von der Kriegtsaison und dem Convenienzrecht (Sammlung auserlesener juristicher Abhandl.). *Leipzig*, 1768.

— The Peace-congress at Brussels, 1848. *London*.

Tittmann (C. A). Die Strafrechtpflege in volkerrechtlicher Hinsicht. *Dresden*. 1817.

Tittmann (F. W.). Ueber den Bund der Amphictyonen. 1812

Trinkhusius. De illicito venenatorum armorum usu. *Jenæ*, 1667.

Trois meetings des amis de la paix à Londres, Birmingham et Manchester, 1849. *Paris*, 1850.

Villefort (A.). De la propriété littéraire et artistique au point de vue international. *Paris*, 1851.

WACHTER (C. G. Von). Ueber die Collision der Privatrechtsgesetze verschiedener Staaten, dans Archiv fur civil Praxis, vol. XXV et XXVI.

WERNHER. Observat forenses.

WYCK (H A. M. VAN ASCH). De delictis extrà Regni territorium admissis. (*Utrecht*, 1839).

YOUNG (H. Ed.), De jure postlim. quod ad res pertinct. *Berolini*, 1854.

ZACHARIÆ. Uber die verbindende Kraft der Regierungshandlungen des Eroberers *Heidelberg*, 1816.

ZIEGLERUS. De juribus majestatis.

ZINSERLING (A. E.). Le système fédératif des anciens mis en parallèle avec celui des modernes *Heidelberg*, 1809.

ZURICKE. Quæst. illust.

ZWANZIG. Theatrum procedentium. *Francf.*, 1706 et 1709.

FIN DE LA BIBLIOGRAPHIE.

TABLE SOMMAIRE

DÈS

LIVRES, CHAPITRES ET PARAGRAPHES

CONTENUS DANS LE TOME SECOND.

LIVRE V.

DES DROITS RELATIFS A LA PERSONNE ET A LA FAMILLE DES SOUVERAINS.

LIVRE VI.

DES NÉGOCIATIONS A L'AMIABLE ET DIPLOMATIQUES.

LIVRE VII.

DES AMBASSADES.

LIVRE VIII.

DE LA DÉFENSE ET DE LA POURSUITE DES DROITS ENTRE
LES NATIONS PAR DES VOIES DE FAIT.

LIVRE IX.

DE L'EXTINCTION DES DROITS ACQUIS.

FIN DE LA TABLE DU TOME SECOND.

TABLE GÉNÉRALE

ET ALPHABÉTIQUE DES MATIÈRES

(§§ 1 à 344.)

(Les chiffres romains indiquent le tome, et les chiffres arabes les paragraphes
et les observations qui suivent les paragraphes).

A

D

E

F

G

H

M

N

O

P — Q

R

S

T — U

V

FIN DE LA TABLE GÉNÉRALE DES MATIÈRES.

Saint-Denis — Typographie de A. MOULIN.

LIBRAIRIE DE GUILLAUMIN ET Cᵉ,
RUE RICHELIEU, 14, A PARIS.

TRAITÉ

THÉORIQUE ET PRATIQUE

DES

ENTREPRISES INDUSTRIELLES

COMMERCIALES ET AGRICOLES

OU

MANUEL DES AFFAIRES

Par J.-G. COURCELLE SENEUIL

Deuxième Édition

1 fort volume in-8°. Prix : 7 fr. 50.

Ce livre est pour les hommes d'affaires en général ce que le *Traité des opérations de Banque* est pour les banquiers. Voici en quels termes l'auteur en expose l'objet : « Ce livre a pour objet l'étude des entreprises dont le but direct et avoué est la recherche des richesses, et qui ont pour condition commune la propriété personnelle et l'échange libre des services et des produits, en un mot, des *entreprises industrielles,* soit qu'elles s'exercent par l'agriculture, par le commerce ou par l'industrie sous toute autre forme... de l'administration des deux forces élémentaires, capital et travail, qu'emploient les diverses entreprises industrielles, des *affaires* proprement dites, qui sont la matière du métier d'entrepreneur. »

Ainsi, ce livre, laissant de côté ce qu'il y a de spécial dans les diverses professions industrielles, ne considère et n'étudie que ce qu'elles ont de général et de commun, les affaires proprement dites, sujet neuf et qui n'avait pas encore été traité, malgré son immense importance. Il suffit pour faire comprendre l'utilité de cet ouvrage d'en indiquer le contenu.

Ce volume se divise en une introduction et quatre livres subdivisés eux-mêmes en vingt-quatre chapitres. Dans l'introduction, l'auteur expose l'objet de l'ouvrage et fait ressortir l'importance des principes généraux dans l'industrie et l'importance de l'industrie entre les diverses fonctions sociales.

Le premier livre est consacré aux principes de l'arrangement intérieur des entreprises industrielles. L'auteur commence par en formuler le but, le principe fondamental et les lois générales. Ensuite il examine les principes relatifs à l'emploi du travail personnel de l'entrepreneur, aux dépenses personnelles et industrielles, à l'usage du crédit, à l'emploi du travail d'autrui sous les diverses formes de contrat qui sont le plus usitées, telles que travail salarié, à temps, aux pièces, avec participation aux bénéfices et aussi sous l'empire du contrat de société. La législation relative à ce contrat y est étudiée avec beaucoup de soin et une critique remarquable.

Le second livre traite des rapports extérieurs et d'échange. Il étudie d'abord les lois générales de l'échange, les débouchés, les crises commerciales, le commerce de spéculation et surtout les méthodes qui peuvent faire connaître le prix de revient. Un chapitre considérable est employé à exposer les principes généraux de la comptabilité en partie double et les formes diverses qu'elle prend pour s'appliquer aux entreprises commerciales, à l'agriculture et à l'industrie manufacturière. Ce chapitre est plus clair et même plus complet à certains égards que la plupart des traités de tenue de livres, et il enseigne non-seulement la tenue des livres, mais, ce qui est moins généralement compris, la théorie générale de la comptabilité.

Dans le troisième livre, l'auteur expose et discute les principes relatifs à la constitution et à l'administration pratique des entreprises. Il traite d'abord de l'assortiment et de l'étendue des entreprises dans les diverses branches d'industrie; il étudie ensuite l'application de ces principes dans les grandes, moyennes et petites entreprises dans le commerce, dans les manufactures et dans l'agri-

culture, ce qui donne lieu à trois petits traités dont chacun est
spécial à chacune des grandes branches de l'industrie. Puis il s'occupe du contentieux et des difficultés sans nombre auxquelles il
donne lieu ; enfin des dangers spéciaux aux nouveaux entrepreneurs et aux nouvelles entreprises.

La quatrième livre, plus court, mais non moins original que les
trois autres, examine les opinions générales relatives aux affaires.
Il traite de l'instruction appliquée aux affaires, des dépenses de
luxe, des rapports des entrepreneurs avec les ouvriers et avec les
capitalistes, de la concurrence, des opinions relatives aux affaires
et aux fortunes privées et de l'esprit d'entreprise et des affaires.
On voit, en le lisant, combien l'auteur a étudié son sujet, combien
il l'aime, combien il s'intéresse à la prospérité des entreprises et
des entrepreneurs. On y trouve en germe les considérations qu'il a
développées plus tard dans son *Traité d'économie politique* et dans
ses *Études sur la science sociale*, relativement à la grandeur et à la
noblesse trop méconnue des services industriels.

Un manufacturier très-éclairé disait, après avoir lu ce livre :
« J'y ai trouvé peu de maximes dont je n'eusse ouï parler auparavant, peu de préceptes que je n'eusse entendus ; mais ces maximes
et ces préceptes n'avaient pas pour moi la même clarté qu'aujour-
d'hui, ni la même généralité. Rien ne les liait les uns aux autres
et n'en expliquait la sagesse de manière à laisser l'esprit satisfait.
J'ai puisé en outre dans cet ouvrage un sentiment nouveau, très-
calme, mais très-raisonné, de l'importance et de la dignité de ma
profession, que j'aime et estime davantage. Je désirerais vivement
que ce livre eût un grand nombre de lecteurs, parce que les jeunes
gens peuvent y apprendre vite et bien les principes généraux des
affaires et acquérir en même temps un sentiment exact de leur
position dans l'industrie et dans le monde, et les chefs de maison
des souvenirs et des préceptes d'une immense utilité, qu'un trop
grand nombre d'entre eux perdent de vue. Aucun livre n'est plus
propre que celui-ci à inspirer aux industriels, d'une part le courage et la fierté, de l'autre la modestie et la patience. »

L'auteur lui-même dit dans sa préface : « J'ai voulu faire un
livre dans lequel les maximes de la pratique se trouvassent véri-

fiées, confirmées et résumées dans une théorie, un livre qui indiquât à ceux qui entrent ou veulent entrer dans les affaires comme chefs d'entreprise les principaux courants et les principaux écueils de l'océan sur lequel ils s'engagent. Ce livre pourrait éclairer même les praticiens qui, voués dès leur enfance aux affaires, n'ont pas eu le temps d'y réfléchir assez pour s'en faire une théorie. Enfin il peut servir aux gens du monde studieux, aux esprits investigateurs qui, placés hors des affaires, veulent cependant en connaître l'esprit, les habitudes, les exigences, le sens et la portée sociale. »

L'auteur a atteint son but et a porté dans l'exécution la réunion de deux qualités trop souvent séparées, la concision et la clarté, qui rendent la lecture de son livre à la fois attrayante et très-instructive.

En envoyant un mandat de 7 fr. 50 c. sur la poste, on recevra l'ouvrage franco.

Paris. — Imprimerie de A. PARENT, rue Monsieur-le-Prince, 31.

LIBRAIRIE DE GUILLAUMIN ET Cⁱᵉ,
RUE RICHELIEU, 14, A PARIS.

TRAITÉ COMPLET

D'ARITHMÉTIQUE

THÉORIQUE ET APPLIQUÉE

AU COMMERCE, A LA BANQUE

AUX FINANCES, A L'INDUSTRIE,

CONTENANT UN RECUEIL DE PROBLÈMES AVEC LES SOLUTIONS,

Cours professé à l'École supérieure du Commerce

NOUVELLE ÉDITION, AVEC FIGURES ET TRÈS-CONSIDÉRABLEMENT AUGMENTÉE

Par M. JOSEPH GARNIER,

Ancien directeur des études à l'École supérieure du Commerce,
professeur d'économie politique à l'École impériale des Ponts et Chaussées.

OUVRAGE ESSENTIELLEMENT UTILE

A tous ceux qui s'occupent d'affaires ; aux jeunes gens qui se destinent aux
carrières financières, commerciales, industrielles, agricoles, maritimes ;
à ceux qui étudient comme à ceux qui enseignent.

1 très-fort vol. in-8°. — Prix : 7 fr. 50

Envoyer un mandat-poste de 7 fr. 50 pour recevoir l'ouvrage *franco.*)

La connaissance de l'Arithmétique, d'une grande utilité dans toutes les professions, est indispensable à ceux qui suivent les carrières commerciales, industrielles, financières, administratives, etc. L'étude de cette science sert d'introduction à toutes les autres ; elle est de plus un excellent cours de Logique pratique.

Il existe déjà plusieurs traités dits d'arithmétique commerciale ; mais la plupart n'ont de commercial que le nom, et le peu qui sont justement appréciés pour quelques parties sont tout à fait incomplets sur les autres.

Celui-ci correspond positivement à son titre; il est à la fois théorique et essentiellement pratique.

La première édition, très-favorablement accueillie du public, manquait depuis plusieurs années dans la librairie.

La nouvelle édition, beaucoup améliorée et très-considérablement augmentée dans la partie pratique, vient donc remplir une lacune dans l'enseignement professionnel.

Les principes de la science des nombres y sont démontrés plus succinctement que dans aucun autre; les **applications au commerce, à la banque, aux finances, à l'industrie** y sont exposées d'une manière infiniment plus complète, plus simple et plus méthodique.

Il sera précieux, non-seulement pour tous ceux qui ont besoin de s'instruire et qui y trouveront les moyens d'apprendre rapidement et de n'étudier que ce qui est directement utile dans la science des nombres; — mais encore pour les **professeurs** qui ne trouveront dans aucun autre ouvrage autant de renseignements que dans celui-ci; — et aussi pour les personnes qui, dans les diverses branches du commerce, de l'industrie, de l'administration, ont besoin de revoir un raisonnement ou une méthode oubliés, ou d'apprendre ce qu'on ne leur a jamais enseigné.

Dans ce Traité, fruit d'un long professorat spécial et d'élaborations successives, l'auteur a voulu appliquer cet aphorisme de Montaigne : « Il ne s'agit pas seulement d'être plus savant, mais **mieux** savant, » c'est-à-dire plus rapidement et plus économiquement savant. Il est revenu à la méthode simple des arithméticiens du dernier siècle, tout en tenant compte des progrès de la science et en traitant longuement des questions auxquelles donnent lieu les **affaires nouvelles**.

En même temps que cet ouvrage se fait remarquer par l'ordre des matières, la clarté des raisonnements, une heureuse classification des problèmes, il se distingue par le soin avec lequel sont exposés toutes les méthodes pratiques et les divers procédés d'**abréviations** connus seulement de quelques calculateurs d'élite, — qui impriment de la rapidité au calcul à la plume et facilitent le **Calcul mental**.

Voici en substance le contenu de ce volume *vade mecum* de l'homme de bureau, véritable encyclopédie de la science du calcul, dont un grand nombre de chapitres sont traités d'une manière entièrement neuve.

1re PARTIE.

PRINCIPES D'ARITHMÉTIQUE GÉNÉRALE, THÉORIQUE ET PRATIQUE.

Théorie et calcul des *quatre Règles* des *Entiers* et des *Fractions décimales* avec *Preuves* et *Abréviations*. — Divisibilité des nombres. — Facteurs premiers. — Plus grand commun diviseur. — Plus petit nombre divisible. — Théorie et calcul des *Fractions ordinaires* seules ou réunies à des Entiers — *Parties aliquotes*. — Théorie et calcul des *Nombres négatifs*. — Élévation aux *Puissances* et extraction des *Racines*.

2e PARTIE.

COMBINAISON DES QUATRE RÈGLES.

Équations, — *Rapports et Proportions*, — *Progressions*. — Théorie et calcul des *Logarithmes*. Moyens abréviatifs qu'ils présentent.

3e PARTIE.

POIDS ET MESURES.

Notices sur les *Mesures métriques* avec **gravures**, et sur les *Mesures anciennes*. — Calculs des *Nombres complexes*. — *Conversions*. — *Mesures étrangères*.

4e PARTIE.

RÈGLES ET PROBLÈMES.

PLUS DE 300 QUESTIONS-TYPES AVEC SOLUTIONS MÉTHODIQUES ET RAISONNÉES

Des divers procédés de Solution. — Classification des Problèmes.

Questions sur les Poids, les Mesures, les Monnaies, avec indication de formules de la géométrie pour l'Arpentage, le Toisé, etc., et avec **figures** dans le texte.

Règle de Trois. — Règle Conjointe. — Calculs du Tant pour cent.

Questions d'Intérêt simple; — d'Annuités; — d'Amortissement, applicables, aux questions que présentent les Entreprises de Chemins de fer, d'Assurance, de Crédit foncier, etc.

Questions de Partages proportionnels : règles de Société, de Répartition, de Fausse position.

Questions sur les Mélanges et les Combinaisons : Règle de Mélange, — Règle d'Alliage, — calculs des Moyennes. — Questions sur l'Échéance commune et les autres combinaisons d'Effets de commerce.

Calculs des opérations de Banque, — de Bourse, — de Changes, — de Comptabilité.

Questions et Problèmes divers.

NOTES COMPLÉMENTAIRES.

Manière d'apprendre l'Arithmétique. — Coup d'œil historique sur l'Arithmétique. — Tableau des chiffres romains et des chiffres financiers. — Notice sur le Calcul mental. — Notice sur les Tables, Barêmes ou Comptes faits. — Notice sur les moyens mécaniques pour faire ou abréger les calculs : — Jetons ; — Abaques ; — Bâtons de Napier ; — Règles, Cercles et Cadrans ; Arithmographes ; — Arithmomètres ; — Machines arithmétiques — e.c. etc.

AUTRES OUVRAGES DE M. JOSEPH GARNIER.

Traité des mesures métriques. Petit in-18.......... » 75
Extrait de l'ouvrage ci-dessus et augmenté d'une notice historique.

• **Traité d'économie politique.** 5e édition. Très-fort vol.
in-18... 7 fr. »
Adopté dans plusieurs écoles ou universités.

Abrégé des éléments de l'économie politique (2e tirage), suivi de la *Science du bonhomme Richard*, par FRANKLIN.
— **De l'économie politique en une leçon**, par BASTIAT.
In-32.. 2 fr. »

Traité de finances. 2e édition. In-18.   3 fr. 50

Notes et petits traités contenant les Éléments de statistique, etc. In-18........................ 3 fr. 50

(*Voir le Catalogue de la Librairie* GUILLAUMIN ET Cᵉ.)

DICTIONNAIRE UNIVERSEL

THÉORIQUE ET PRATIQUE

DU COMMERCE

ET DE

LA NAVIGATION

CONTENANT TOUT CE QUI CONCERNE LE COMMERCE :

Marchandises ; — Géographie et Statistique commerciales ; — Métrologie universelle ; — Comptabilité ; — Droit commercial terrestre et maritime ; —
Navigation ; — Marine marchande ; —
Douanes ; — Économie politique, commercia'e et industrielle.

*2 superbes volumes grand in-8, contenant 3280 pages à deux colonnes,
sur beau papier collé et glacé,* PRIX *broché*................. (4) fr. •
— *Le même en demi reliure veau ou maroquin,* PRIX........... (4) fr. •

PARIS. — Imprimerie de A. PARENT, rue Monsieur-le-Prince, 31.

LIBRAIRIE DE GUILLAUMIN ET Cᵉ,
RUE RICHELIEU, 14, A PARIS.

LES

TRAITÉS DE COMMERCE

TEXTE

DE TOUS LES TRAITÉS EN VIGUEUR

NOTAMMENT DES TRAITÉS CONCLUS AVEC

L'ANGLETERRE,

LA BELGIQUE, LA PRUSSE (Zollverein) ET L'ITALIE

AVEC UNE INTRODUCTION HISTORIQUE ET ÉCONOMIQUE,

DES RENSEIGNEMENTS SUR LES MONNAIES, LES MESURES, LES DOUANES,
LES USAGES,

ET UN CATALOGUE ALPHABÉTIQUE DES PRINCIPAUX ARTICLES TARIFÉS
DANS LES DIVERS PAYS DU MONDE;

PAR

M. Paul BOITEAU.

1 très-beau volume in-8°. Prix : 7 fr. 50.

'En envoyant un mandat de poste on recevra l'ouvrage *franco*.'

La conclusion du traité de commerce anglo-français a inauguré
définitivement une ère nouvelle, celle de la liberté commerciale
qui fait chaque jour de nouveaux progrès et à laquelle il est impossible que désormais les peuples renoncent.

Le traité conclu avec l'Angleterre a été suivi de plusieurs autres,
et notamment du traité avec la Belgique qui entre en 1864,
comme le traité anglais, dans la seconde phase de son exécution ;
— du traité avec le Zollverein qui, un jour ou l'autre, sera mis en
vigueur, et le traité avec l'Italie qui vient d'être promulgué ces
jours-ci.

Au commencement de l'année 1864, il n'y a pas moins de 43 États avec lesquels la France a signé des Traités et des Conventions toujours en vigueur ; savoir :

Pour l'Europe : — l'Angleterre (23 janvier 1860), — la Belgique (1er mai 1861), — le Zollverein (2 août 1862), — l'Italie 1863) , — la Russie (14 juin 1857) , — la Turquie (29 avril 1861), — les Pays-Bas (25 juillet 1840),— le Portugal (9 mars 1853),—le Danemark (23 août 1742), — Monaco (8 novembre 1854),— l'Espagne Convention consulaire) , 7 janvier 1862.

Pour l'Amérique : — les États-Unis (24 juin 1822) , — le Brésil (7 juin 1826), — la Confédération argentine (10 juillet 1853), — le Pérou (9 mars 1861), — le Chili (15 septembre 1846), — l'Uruguay (8 avril 1836), — Haïti (12 février 1838), — le Mexique (9 mars 1839) , — la Nouvelle-Grenade (15 mai 1856) , — le Venezuela (25 mars 1843),—Guatémala (8 mars 1848),—l'Équateur (6 juin 1843), — la Bolivie (9 décembre 1834), — Costa Rica (1848), — le Paraguay (4 mars 1853), —Honduras (22 février 1856) , — Salvador (2 janvier 1858), —Nicaragua (11 avril 1859), — les Iles Sandwich (29 octobre 1857) et les îles Wallis (4 novembre 1842).

Pour l'Afrique : — Tunis (15 novembre 1824), — Tripoli (30 prairial an IX), — Maroc (27 mai 1767), — Madagascar (12 septembre 1862),—Liberia (17 avril 1852), — les Touaregs (26 novembre 1862,.

Et pour l'Asie : — la Chine (27 juin 1858), — la Perse (12 juillet 1855), — Siam (15 août 1856), — le Japon (9 octobre 1858),— l'Iman de Mascate (17 novembre 1844), et le royaume d'Annam (5 juin 1862).

Il était à peu près impossible de trouver les textes de ces traités qui n'ont pas tous été publiés par le *Moniteur* ou le *Bulletin des Lois*, ni même par les *Annales du commerce extérieur*, et qu'il est cependant devenu nécessaire à tant de personnes d'avoir incessamment sous la main.

Les traités de commerce sont en effet une source certaine d'activité et de bénéfices, mais pour ceux-là surtout qui, comprenant bien la mission nouvelle de l'industrie régénérée et du commerce agrandi, tiennent à honneur de ne rien ignorer de tout ce qui peut, en servant leurs intérêts particuliers, contribuer au developpement de l'échange, c'est-à-dire du bien-être universel. Or, s'il y a d'abord un instrument d'échange qu'il faille bien connaître, c'est évidemment le texte de ces traités qui ont si profondément changé les mœurs de l'ancien commerce.

Le recueil que publie M. Paul Boiteau est un ouvrage d'un caractère essentiellement pratique, où l'on n'a rien épargné pour que l'usage en soit commode et fructueux. Son premier mérite est de ne former qu'un seul volume, quoiqu'il contienne tous les tarifs annexés aux traités et qu'il contienne, en outre, des renseignements fort nombreux ; et ce volume si exact et si complet, qui a été exécuté avec une rare perfection typographique, ne coûte que le prix d'un volume ordinaire de librairie : 7 fr. 50.

Nous n'avons pas besoin de faire ressortir l'utilité de cette publication qui, nous le répétons, doit rendre de si grands services aux négociants et aux commissionnaires français. Ils ne trouveront que là, recueillis en un même corps d'ouvrage, les textes dont ils ont besoin, et ils y trouveront en même temps des renseignements de divers genres qui complètent fort avantageusement le volume : par exemple un index historique des anciens traités de commerce de la France, des tableaux d'importations et d'exportations, des documents variés et rédigés sur un nouveau plan, sur les monnaies, les poids et les mesures, des notices sur les changes, les usages, commissions, etc., et des listes par ordre alphabétique des principaux articles tarifiés dans les divers pays du monde. On sait combien les notions relatives aux monnaies et aux mesures sont précieuses à posséder, et combien il est rare que l'on puisse se fier à celles que les livres donnent, ou encore combien il est rare que l'on puisse s'en servir aisément. Les calculs deviennent tout simples et ne risquent point d'être inexacts avec les éléments de l'appendice du recueil de M. Paul Boiteau. Quant à la collection de tarifs, disposés par ordre alphabétique, c'est une idée heureuse que d'en avoir enrichi ce volume, et il est certain que l'incontestable utilité de ces suppléments ne peut manquer de plaire à ceux qui l'auront manié une fois.

Une fort belle introduction historique et économique ajoute à l'utilité d'un recueil dont l'exécution était depuis longtemps réclamée et qui paraît dans les conditions les plus avantageuses pour ceux qui doivent le posséder : la commodité du format, la beauté, la netteté de l'impression et la modicité du prix.

Le journal anglais l'*Economist*, en rendant compte de ce volume,

(6 février 1864) a exprimé le désir qu'un pareil recueil fût publié en Angleterre et reconnu que la publication de cet ouvrage était un service rendu, non-seulement au commerce de la France, mais à celui de toutes les nations du globe. Un autre journal anglais, très-répandu et très-autorisé, le *Shipping and mercantile Gazette*, fait également le plus grand éloge de ce livre utile et montre bien comment il s'est formé dans tout l'univers une communauté d'intérêts commerciaux, que les traités de commerce vont sans cesse développer, et pour l'intelligence et le service desquels il est absolument nécessaire de connaître ces traités.

Après avoir fait ressortir les divers genres d'utilité de ce volume, le *Journal des Débats* (17 février 1864) s'exprime ainsi au sujet de l'introduction de M. Paul Boiteau : « C'est un morceau qui se recommande par le libéralisme des doctrines et l'intérêt du récit. L'auteur y présente en résumé l'historique du système protecteur en France, et raconte quelques-unes des péripéties qui ont précédé la conclusion du traité de commerce avec l'Angleterre, point de départ des autres traités de la même nature. Si les causes de l'établissement et du maintien du système protecteur, poussé jusqu'à la prohibition, si les effets qu'a eus ce régime sous l'Empire, sous la Restauration, sous le gouvernement de Juillet, sous la République de 1848 et durant la première période du nouvel Empire n'occupent qu'un nombre de pages limité, du moins ce résumé est-il plein d'enseignements dans sa brièveté substantielle. Aucun trait essentiel n'y manque, et ce qu'il y a de généreux dans les sentiments, de scientifique dans les idées, de vif et d'animé dans l'exposition de M. Paul Boiteau, fait lire avec un vrai profit ce morceau d'histoire rempli d'indications précieuses pour ceux qui connaissent ces questions comme pour tous ceux qui ont besoin de les étudier. » La plupart des organes de la presse française ont accueilli l'ouvrage avec la même faveur, devançant ainsi les suffrages du public spécial auquel il s'adresse.

Paris. — Imprimerie de A. PARENT, rue Monsieur-le-Prince, 31.

LIBRAIRIE DE GUILLAUMIN ET Cⁱᵉ,

RUE RICHELIEU, 14, A PARIS.

TRAITÉ

THÉORIQUE ET PRATIQUE

DES

OPÉRATIONS DE BANQUE

PAR

J.-G. COURCELLE SENEUIL.

Quatrième Édition.

1 fort volume in-8° de 640 pages. Prix : 7 fr. 50.

Cet ouvrage, consacré par un succès qui ne s'est pas un instant démenti, est désormais classique. Il réunit à un haut degré deux sortes de connaissances trop souvent séparées et dont la réunion est souvent indispensable pour faire un commerçant complet, les connaissances théoriques et les connaissances pratiques. C'est une espèce de manuel dans lequel les personnes qui s'intéressent à un titre quelconque au commerce de banque peuvent trouver un exposé simple, lucide et complet des notions qui constituent l'art du banquier.

D'autres livres recommandables à divers titres ont été écrits en français sur cette matière; mais les uns ont été conçus au point de vue de la théorie pure, et ne considèrent les banques que quant au service public dont elles sont chargées, tandis que les autres se bornent aux détails matériels en quelque sorte du mé-

canisme et traitent longuement de la comptabilité ou de l'arithmétique, des comptes courants, des arbitrages, etc. Il en résulte
que, faute de connaissances pratiques, ceux qui ont traité les questions de théorie pure n'ont pu donner à leurs démonstrations un
degré d'évidence suffisant, tandis que les praticiens, faute de voir
de haut la matière qu'ils traitaient, ont laissé les principes obscurs
et se sont presque toujours étendus sans utilité dans l'exposition
des détails.

Le *Traité théorique et pratique* est exempt de ces inconvénients.
Il embrasse dans son ensemble et dans ses moindres détails la matière dont il traite; il est assez élémentaire pour être compris même
par les ignorants qui le liraient avec attention; il est assez
complet pour que les gens qui savent le plus y trouvent, sinon
quelque chose à apprendre, au moins beaucoup de choses à se
rappeler.

Le plan de l'ouvrage est fort simple. On y remarque une partie
plus spécialement théorique, qui remplit quatre livres, une partie
purement pratique, qui remplit deux livres, et un appendice dont
la plus grande part se rattache à la dernière section.

Le premier livre, purement théorique, mais assez court, est une
sorte d'introduction. Il expose en 76 pages les notions générales
sur les monnaies, les capitaux et le crédit qui sont indispensables
à quiconque s'occupe du commerce de banque.

Le second livre contient la description élémentaire et la définition en quelque sorte des diverses opérations de banque, et notamment du change des monnaies, des dépôts, des virements, des recou-
vrements, des changes et arbitrages, de l'escompte, des comptes
courants, des émissions de billets au porteur, des prêts sur consi-
gnation, nantissement et hypothèque, des négociations d'em-
prunts publics et d'actions et des spéculations de bourse. Ces dernières opérations sont décrites avec quelques développpements
et une grande clarté.

Dans le troisième livre, l'auteur étudie comment se combinent
les diverses opérations de banque pour constituer une entreprise
commerciale. Après de brèves considerations relatives au change
sur place, il étudie avec une prédilection marquée les banques de

commerce, les classe et recherche avec une grande connaissance
de la matière les conditions de leur succès et les dangers auxquels elles sont exposées. Ensuite il expose l'histoire et les fonctions de la principale de ces banques en France, qui est le Comptoir
d'escompte de Paris. Puis vient une étude complète et très-con-
cluante sur les banques de circulation, une monographie très-
intéressante de la Banque de France et enfin les études sur
les banques hypothécaires, sur les banques de placement et de
spéculation, accompagnées de l'histoire sommaire des sociétés du
Crédit foncier et du Crédit mobilier.

Après avoir recherché comment les opérations se combinent dans
la formation d'une maison de banque, l'auteur examine dans le
quatrième livre comment se groupent et se combinent, en divers
pays, les maisons de banque. Il passe en revue, dans un tableau
assez ample et rempli de faits intéressants, les banques d'Ecosse,
des États-Unis, d'Angleterre, de Belgique, d'Italie, d'Espagne et
d'Allemagne. Ensuite il compare ces divers systèmes et examine les
divers problèmes auxquels la discussion de ces systèmes a donné
lieu, tels que l'organisation des banques de circulation, la constitution des systèmes monétaires et les projets de banque d'échange.
Toutes ces questions si hautes et si importantes sont traitées avec
une grande sûreté et résolues dans le sens de la liberté en vertu
de considérations originales et pratiques.

Dans le cinquième livre sont abordés les détails supérieurs de
la pratique, notamment les considérations relatives au caractère,
aux habitudes personnelles et à l'administration du banquier.
Ensuite viennent les études relatives aux questions et difficultés légales, au contentieux, et enfin celles si intéressantes
auxquelles donne lieu l'établissement d'une comptabilité.

Le sixième livre contient les notions d'arithmétique les plus nécessaires dans la pratique de la banque, comme celles relatives au
calcul des intérêts et des escomptes, à la tenue des comptes courants, à la pratique des changes et arbitrages.

Un petit dictionnaire des termes de banque résume la définition
des opérations et donne le sens précis des termes les plus usités
dans la pratique.

On remarque dans l'appendice des détails importants sur les bourses de Paris, Londres et New-York, et surtout une description complète de la comptabilité d'une moyenne maison de banque.

Dans cette quatrième édition, l'auteur a fait de nombreuses corrections de détail : il a mis à jour la partie historique de son œuvre et perfectionné notablement la partie pratique et en particulier le chapitre important des comptes courants, qui a été complétement refondu. Loin de s'endormir sur le succès, il s'est efforcé de le mériter davantage, en mettant à profit, pour améliorer son livre, les leçons du temps et de l'expérience.

Aujourd'hui plus que jamais le *Traité théorique et pratique des opérations de banque* est digne des opérations de l'économiste et plus encore de celles du banquier et de l'étude constante des jeunes gens qui se destinent à pratiquer les opérations si délicates et si importantes de la banque, quels que soient le lieu où ils veuillent s'établir et la branche de ce commerce à laquelle ils veuillent se livrer. Ce livre doit être leur *vade mecum*, celui de la lecture duquel ils peuvent consacrer le plus utilement les demi-heures et les quarts d'heure que l'intermittence des occupations courantes leur laisse parfois disponibles.

En envoyant un mandat de 7 fr. 50 c. par la poste, on recevra l'ouvrage franco.

www.ingramcontent.com/pod-product-compliance
Lightning Source LLC
Chambersburg PA
CBHW031621210326
41599CB00021B/3251